한국철학 다시읽기

인물로 보는
한국철학사

한국철학 다시읽기

조성환 장규언 김원명 김윤경 최재목 이병욱 김호귀 한재훈 김경수
김성환 이주연 황종원 김대식 이호재 지음

원광대 한중관계연구원 동북아시아인문사회연구소, (사)한알마을 기획

모시는사람들

한국철학 다시읽기

등록 1994.7.1 제1-1071
1쇄 발행 2024년 8월 31일

기 획 원광대 한중관계연구원 동북아시아인문사회연구소, (사)한알마을
지은이 조성환 장규언 김원명 김윤경 최재목 이병욱 김호귀
한재훈 김경수 김성환 이주연 황종원 김대식 이호재
펴낸이 박길수
편집장 소경희
편 집 조영준
관 리 위현정
디자인 조영준
펴낸곳 도서출판 모시는사람들
03147 서울시 종로구 삼일대로 457(경운동 수운회관) 1306호
전 화 02-735-7173 / 팩스 02-730-7173
인 쇄 피오디북(031-955-8100)
배 본 문화유통북스(031-937-6100)
홈페이지 http://www.mosinsaram.com/

값은 뒤표지에 있습니다.
ISBN 979-11-6629-203-3 03100

이 저서는 2017년 대한민국 교육부와 한국연구재단의 지원을 받아
수행된 연구임 (NRF-2017S1A6A3A02079082)

서문

우리는 한국철학에 대해서 얼마나 알고 있는가?

이 책은 2023년 3월부터 7월까지 강원도 원주에서 열린 시민강좌 〈한반도의 사상가〉의 강의안을 수정하여 단행본으로 묶은 것이다. 강좌는 총 16강으로 구성되었고, 온라인·오프라인 병행으로 진행되었다. 이번 강좌는 원주에 있는 사단법인 한알마을에서 기획하였고, 15명의 강연자 섭외는 조성환이 하였다. 아울러 책으로 출판하자는 제안도 조성환이 하였다. 다행히 한알마을의 김용우 이사장님과 모시는사람들의 박길수 대표님이 흔쾌히 승낙해 주셨다.

한알마을은 생명사상에 바탕을 둔 지역운동가들의 모임으로, 오래전부터 인문학 공부모임을 병행해 왔다. 인문학 공부야말로 지역 운동의 토대이자 동력이라고 생각하기 때문이다. 이번 강좌도 그 일환으로 기획되었다. 다만 이번 강좌가 특별했던 것은, 그동안은 주로 동학을 중심으로 하는 개벽사상을 공부해 왔는데, 이번에는 한국사상 전반으로 관심을 확장시켰다.

강좌 이름을 '한국의 사상가'라고 하지 않고 '한반도의 사상가'라고 한 것은, 남북한을 아우르는 통칭으로는 '한반도'가 적절하다고 주최 측에서 판단했기 때문이다. 책으로 출판하면서 일반 대중들에게 좀 더 친숙한, 『한국철학 다시읽기: 인물로 보는 한국철학사』로 수정하였다.

2023년 말로 기억하는데, 한알마을 김용우 이사장님으로부터 "〈한반도의 사상가〉라는 강좌 프로그램을 개설하고 싶다"는 연락을 받고 상당히 충격을 받았다. 무엇보다도 요즘은 대학에서조차 그런 강좌를 개설하기가 쉽지 않은 상황이기 때문이다. 더군다나 한알마을은 주로 동학과 개벽사상에 관심을 갖는 분들의 모임이라는 인상이 강했는데, 그 선입견이 여지없이 깨지고 말았다.

강좌를 기획하면서 가장 중점을 둔 점은 '균형'이었다. 시대적으로 특정 시기에 치우치거나, 내용적으로 불교나 유교 어느 한쪽에 기울어지지 않도록 유의하였다. 하지만 주된 청중이 한알마을 회원들이라는 점도 감안하지 않을 수 없었다. 이분들은 적어도 수년 동안 동학에 대해서 전문적인 공부를 하신 '도인'들이다. 그래서 프로그램에서 최제우나 최시형과 같은 동학 사상가는 제외시켰다. 지루한 반복이 될 수 있다고 생각했기 때문이다. 대신 전병훈이나 변찬린과 같이 우리에게는 생소한, 하지만 한국사상사에서는 독특한 위치를 차지하는 사상가들을 배치시켰다.

조선 시대의 경우에도 주자학 일변도로 보이지 않도록 홍대용이나 최한기와 같이 서양과 접촉한 실학자들을 포진시켰고, 도교에 대한 최소한의 배려로 고려시대의 이광현을 넣었다(하지만 도교 강좌가 하나뿐인 것은 전적으로 한국도교 연구에 대한 나의 무지에서 비롯된 것이다). 박중빈이나 이돈화와 같은 원불교 창시자와 천도교 이론가를 프로그램에 넣은 것도 종래의 『한국철학사』와 차별화되는 부분이라고 생각한다.

다행히 강의를 맡아주신 선생님들께서 해당 분야의 최고 전문가인데다 강좌 기획에 맞게 원고를 써주셔서 강의 수준도 매우 높았고 청중들의 반응도 아주 좋았다. 덕분에 한국철학의 다양성과 독창성 그리고 차별성을 균형 있게 보여주고자 했던 당초 의도에 부합하는 철학사를 엮을 수 있었다. 가령 맨 처음에 등장하는 원측의 '화쟁적 글쓰기'(제1장)는 사상의 포용성을 강조한다는 점에서, 이후에 이어지는 화랑의 포함정신(제4장)이나 최한기의 동서융합(제9장), 그리고 전병훈의 철학조제(10장) 등과 상통한다. 그리고 이러한 입장에서 한국사상을 이해하는 범부 김정설의 풍류론을 소개하는 최재목 교수의 글도 매우 흥미롭다(제4장).

또한 근현대에 등장한 최한기의 기학(제9장)과 이돈화의 동학철학(제12장), 그리고 전병훈의 정신철학(제10장), 소태산의 은혜철학(제11장), 변찬린의 풍류학(제14장)은 중국에서는 찾아보기 힘든 한국인의 문제의식을 반영한 철학들이다. 그런 점에서 한국철학의 독창성과 차별성을 유감없이 보여주는 사례라고 할 수 있다. 아울러 우리에게는 이름이 낯익은 원효나 의천 또는 보우와 같은 불교학자의 경우에도 이 책에서는 새로운 해석과 접근을 시도하였다. 원효는 한반도의 하늘철학의 맥락에서 재조명되고 있고(제2장), 대각국사 의천은 화엄을 수용하고 주화를 제안한 한국적인 천태사상가로(제5장), 태고 보우는 중국에서 깨달음을 인가받아 한반도에 임제종을 뿌리내린 정통 선사로(제6장), 퇴계 이황은 원칙과 변통을 겸비한 조선 예학의 선구자로(제7장), 홍대용은 "중국을 지방화한" 지구학자이자 기학자로(제8장), 함석헌은 절대자유를 추구한 공공철학자로(제13장), 각각 새롭게 자리매김하였다. 한편 제3장에서 김윤경 교수는 발해의 도교 수련가 이광현이 쓴 『백문결』을 당시의 도교사의 맥락에서 분석하여, 발해의 종교문화와 한국도교사를 새롭게 구성할 수 있는 중요한 자료로 평가하고 있다.

독자들은 이상의 분석과 시각을 통해 한국철학의 다양성과 실천성, 그리고 독창성과 차별성을 체험할 수 있으리라 기대한다. 아울러 그들을 소개하고 있는 저자들의 한국철학에 대한 애정과 한국철학의 정체성에 대한 고민을 몸소 느낄 수 있을 것이다. 무쪼록 이러한 한국철학 강좌와 기획이 앞으로도 계속해서 이어지기를 바란다. 나아가서 이런 한국사상 공부모임이 원주를 넘어서 전국 방방곳곳에서 활성화되기를 희망한다. 좌담회에서도 지적이 나왔듯이, 한국사상 전체를 한 학기에 담기에는 턱없이 부족하다. 시기적으로 나눠도 삼국, 고려, 조선, 근현대와 같이 네 단계로 분류할 수 있고, 철학 사조로 나누어도 유교, 불교, 도교, 그리스도교 그리고 토착사상의 다섯 가지 분류가 가능하다. 이것들을 개론 수준에서 공부한다고 해도 적지 않은 시간이 걸릴 것이다. 서양철학사나 중국철학사에 투자하는 시간 만큼이 필요하다.

10여 년 남짓 한국사상을 연구하고 있지만, 서양철학이나 중국철학에 대해 해박한 식견을 자랑하는 한국의 지식인들은 많이 봤어도, 정작 자기가 살고 있는 한국의 사상가들에 대해서 포괄적인 지식을 갖고 있는 연구자는 좀처럼 만나기 어려웠다. 다행히 요즘 동학에 대한 바람이 불고는 있지만, 동학은 2천여 년 동안의 한국사상의 축적의 산물이다. 그 과정이 어떠했는지를 추적하는 것도 우리 자신의 사상적 정체성을 찾아가는 데 중요한 작업일 것이다. 이번 기획이 이 작업에 조금이나마 보탬이 됐으면 하는 바램이다. 마지막으로 이 작업을 위해 멀리 원주에까지 와서 강의를 해주시고, 책의 출판을 위해 강연 원고를 수정해 주신 집필자 선생님들께, 그리고 한국철학과 동학사상을 알리기 위해 불철주야 애써주시는 도서출판 모시는사람들의 박길수 대표님께 깊은 감사를 드린다.

2024년 7월

조성환

차례

프롤로그

한국철학, 어떻게 할 것인가?

조성환

1. '한국철학' 이라는 개념

지금으로부터 40여 년 전, 한국의 서점가를 강타한 인문학 서적이 한권 있었다. 도올 김용옥 선생의 『동양학 어떻게 할 것인가』가 그것이다.[1] 당시만 해도 '동양철학' 이라고 하면 점을 치는 '철학관' 을 떠올리던 시절이었다. "동양철학을 공부한다" 고 하면 "점을 봐 달라" 는 대답이 돌아오곤 할 정도였다. 그런 세간의 인식에 일대 전환의 계기를 가져다 준 책이 『동양학 어떻게 할 것인가』 였다.

그렇다면 이 책에서는 동양학에 대해 어떤 문제를 제기했을까? 어디에 문제가 있고 어떻게 바로잡아야 한다는 것일까? 그 대답은 이 책에 수록된 「번역에 있어서의 공간과 시간」 이라는 논문에 있다. 여기서 '번역' 의 대상은 '동양 고전' 이다. 즉 "동양 고전을 어떻게 번역할 것인가?"가 이 책의 주된 물음이었다. "한문 고전을 어떻게 하면 살아 있는 현대 한국어로 옮길 수 있을까?"가 당시 한국의 동양학계가 당면한 선결 과제라는 것이다. 일본학계의 정교한 번역이나 서구학계의 현대적 번역에 비하면 한국의 고전 번역은 부정확하고 불친절하며 불명확하다는 비판이었다. 저자의 주장은 학계에 커다란 반향을 일으켰고, 한문 번역의 중요성을 대중에게 각인시켰다.

1 1985년 1월 15일에 민음사에서 초판이 나왔다.

김용옥 선생은 그 뒤로도 40여 가까이 왕성한 저술과 강연을 통해 동양철학을 한국 사회에 알리는데 커다란 공헌을 하고 있다.

이렇게 보면 "동양학 어떻게 할 것인가"는 "고전 번역 어떻게 할 것인가" 내지는 "중국철학 어떻게 할 것인가"로 바꿔 말할 수도 있다. 저자가 주로 예로 드는 고전은 중국 고전이고, 저자의 전공도 중국철학이기 때문이다. 그래서 이 책에서 "한국철학 어떻게 할 것인가"라는 물음에 대한 구체적인 해답을 찾기는 어렵다. 아니 어떤 의미에서는 이 책의 파급력으로 인해 한국철학이 중국철학에 가려졌다고 해도 과언이 아니다. 이 글은 이러한 문제의식에서 출발한다. 40여 년 전에 제기된 "동양학 어떻게 할 것인가?"에 이어서 "한국철학 어떻게 할 것인가?"라는 물음에 답을 찾으려는 시론이다.

이 물음에 답을 하려면 먼저 '한국철학'의 정의를 생각하지 않을 수 없다. '한국철학'을 개념적으로 분해해 보면 '한국'과 '철학'의 두 요소로 나눌 수 있다. 이 중에서 '한국'은 '한반도'라는 공간의 별칭으로 사용되고 있다. 즉 지금의 대한민국만이 아니라 한반도와 그 주변 지역을 통칭하는 용어가 '한국'이다. 만약에 북한학자라면 한국철학이 아닌 '조선철학'이라는 용어를 썼을 것이다. 우리의 국호가 '대한민국'이듯이, 그들의 국호는 '조선민주주의인민공화국'이기 때문이다. 2017년에 일본에서 나온 오구라 기조(小倉紀藏)의 『조선사상전사(朝鮮思想全史)』는 이러한 입장에서 제목을 붙인 책이다. 즉 '한국사상전사'라고 하지 않고 '조선사상전사'라고 한 것은, 지금의 남북한을 아우르는 개념으로 '한국'이 아닌 '조선'을 택했기 때문이다(참고로 이 책의 한국어 번역서 제목도 '조선사상사'로 되어 있다).

한편 '철학'이라는 말은 19세기에 서양어 philosophy의 번역어로 탄생한 용어이다. 그리고 그것은 religion의 번역어인 '종교'와 대비되는 개념이다. 19세기 이전에 동아시아에는 philosophy나 religion에 정확히 대응되는 용어(개념)는 없었다. 그래서 그것에 해당하는 신조어를 창안하지 않을 수 없었던 것이다. 오구라 기조가 '철학사'나 '종교사' 대신에 '사상사'라는 말을 쓴 이유도 여기에 있다. 한국의 철학과 종교, 심지어는 문학이나 신화까지 망라하는 범주로 '조선사상사'라는 용어를 사용하고 있다.

철학과 종교가 19세기 이전의 동아시아에는 없었던 개념 범주라고 한다면, 동아시아에는 어떤 고유한 범주가 있었을까? 어떤 개념으로 철학과 종교를 표현하였을까? 그 해답은 '철학'이나 '종교'라는 번역어에 들어 있다. 즉 철학의 '학(學)'과 종교의 '교(敎)'가 동아시아에서 사상 일반을 나타내는 기본 개념이었다. 가령 유학이나 유교라고 할 때의 '학'과 '교'가 그것이다. 여기에서 학과 교는 서로 대립되는 개념이 아니라 동전의 양면처럼 짝이 되는 개념이다. 교는 '가르침'을 의미하고, 학은 '배움'을 나타내기 때문이다. 그래서 학과 교는 기본적으로 스승과 제자 사이에서 사용되는 용어이다. 가령 유교의 창시자인 공자는 스승이고, 그의 가르침을 배우고 실천하는 퇴계는 제자이다. 불교 역시 마찬가지이다. 붓다는 불교의 가르침을 전파하는 스승이고, 그것을 배우고 실천하는 불교 신자는 붓다의 제자이다.

이처럼 동아시아에서는 근대 서구의 철학이나 종교와 같은 범주가 아니라, 스승과 제자 사이의 가르침과 배움이라는 교와 학의 범주로 사상을 표현하였다. 그 가르치고 배우는 내용이 철학적일 수도 있고 종교적일 수도 있다. 단지 인생을 사는 올바른 '길'을 제시해주면 된다. 그 길을 한자어로는 도(道)라고 한다. 따라서 도(道)가 교(敎)와 학(學)의 내용이 되는 셈이다. 유도, 유학, 유교 또는 불도, 불학, 불교가 서로 호환되는 개념으로 통용되었던 것은 이러한 이유에서이다. 그래서 19세기 이전에 서구적인 철학과 종교를 아우르는 동아시아적 개념을 찾는다면 '도학(道學)'이 제일 가까울 것이다. 즉 '도'를 배우고 가르치는 것이 철학이자 종교였던 것이다.

그런데 유교든 불교든, 한국의 입장에서 보면 그 가르침을 설파한 이들은 모두 한국 밖에 있었다. 공자는 중국 사람이었고, 인도의 붓다의 가르침도 중국을 통해서 한국에 수용되었기 때문이다. 그래서 전통적으로 한국은 중국의 성인(공자) 또는 중국화된 성인(붓다)의 가르침을 배우는 '학자(學者)'의 입장에 있었다. 이러한 상황은 일본 역시 마찬가지였다. 다만 학습자의 환경이나 자질에 따라 받아들이는 내용이나 이해 방식이 달라지게 마련이다. 바로 여기에 중국철학과 한국철학 또는 한국철학과 일본철학 사이에 차이가 발생하는 이유가 있다. 즉 같은 유교라고 해도 중국의 유교와 한국의 유교가 같을 수 없고, 한국의 유교와 일본의 유교가 동일할 수 없다.

따라서 전통 시대의 한국사상을 '철학적' 측면에서 이해하려면 두 가지 요소를 먼저 알아야 한다. 하나는 중국에서 전개된 '철학'(도학)을 이해하는 것이고, 다른 하나는 그것을 수용한 '한국'의 풍토이다. 중국이 '내용'이라면 한국은 '틀'에 해당한다. 어떤 틀로 수용하느냐에 따라 내용도 달라지기 마련이다. 또는 중국이 요리의 재료라면, 한국은 그것을 요리하는 요리사라고 할 수 있다. 이 요리사의 취향과 입맛에 따라 같은 재료라고 해도 요리의 종류와 내용이 달라진다.

한편 19세기에 진행된 서세동점으로 인해 중국의 동아시아 지배력이 약해지자, 이번에는 한국인들이 직접 만든 자생 학문이 탄생하게 된다. '기학'(氣學)과 '동학'(東學)이 그것이다. 기학은 동아시아의 기(氣) 개념을 바탕으로 서구 학문을 수용하여 새롭게 건립한 이론 철학이고, 동학은 한반도의 '하늘' 개념을 중심으로 종래의 유불선 사상을 융해하여 창제한 민중 종교이다. 기학과 동학의 특징은, 종래와 같이 중국에서 수용한 사상이 아니라, 한반도에서 직접 만든 사상체계라는 점이다.

이어서 일본이 한반도를 지배하는 20세기에 들어서면, 이번에는 일본을 통해 서양의 지식이 수용된다. 특히 일본에서 유학한 '개화파' 지식인들이 그런 창구 역할을 담당하였다. 그중에는 '개벽'을 주창하는 천도교 지식인들도 있었다. 이들이 『천도교회월보』(1910년 창간)나 『개벽』(1920년 창간)과 같은 월간지에 일본의 학문적 동향과 서양의 지식을 소개하고 이를 주체적으로 수용하였다. 그래서 이들을 개화파에 대해서 '개벽파'라고 부르기도 한다. 그런데 개화파든 개벽파든, 서구 지식에 대한 열망이 강렬했던 것은 식민지 지배라는 현실에 대한 '성찰'이 있었기 때문이었다. 즉 일본과 같이 성공적으로 개화를 하지 못했다는 반성이 서양에 대한 동경과 관심을 급증시킨 것이다.

그로부터 1세기가 지난 지금, 우리는 글로벌 시대에 살고 있다. 국경과 언어를 넘어서 지식이 유통되고, 시간과 공간에 구애받지 않고 정보가 공유된다. 하지만 산업혁명 이래로 시작된 지구온난화는 '인류세'라는 새로운 시대 인식과 기후변화라는 지구적 위기 상황을 초래하였다. 이러한 지구 위기 시대에 한국철학은 어떤 의미가 있을까? 인류공동체에 어떤 공헌을 할 수 있을까? 이하에서는 이러한 문제의식을 중심으로, 전통 시대에 한국철학과 중국철학의 관계, 근대 시기의 한국철학의 특징, 그리고 인류세 시대에 한국철학의 방향에 대해서 생각해 보기로 한다.

2. 중국철학과 한국철학: 혼종성과 순수성

중국에서 유교와 불교 그리고 도교의 이른바 '삼교'가 정립되는 시기는 대략 5세기 무렵이다. 그런데 여기서 말하는 '교'는 철학이나 종교와 같은 학문적 범주라기보다는 "국가에서 공인한 사상"을 의미하는 '제도적' 범주이다. 즉 공자나 붓다 그리고 노자의 '가르침'을 국가에서 공식적으로 인정했다는 의미에서의 '교'이다. '학'과 '교'의 차이는 여기에 있다. 의미상으로는 배움과 가르침이라는 짝 개념이지만, 역사적으로 보면 '교'는 "세상 사람들을 교화할 수 있는 공식적인 가르침"이라는 의미로 쓰였기 때문이다.

가령 "한나라 때에 유교가 국교화되었다"고 할 때의 '국교'가 그러한 의미이다. 여기에서 국교는 "나라에서 정한 가르침"이라는 뜻이다. 그때부터 중국의 지식인들은, 자신의 의지에 상관없이, 공자의 제자가 되어 유교의 가르침을 배우지 않으면 안 되었다. 나라에서 그렇게 정했기 때문이다. 그리고 그것이 제도화되어 유학의 문헌을 '경전'으로 격상시키고, 그것을 가르치는 학교가 세워지게 된다. 수당 시대에 이르면 유교 경전에 관한 지식으로 관리를 선발하는 과거제도도 시행된다. 이처럼 전통시대에 '교'는, '학' 개념과는 달리, 그 앞에 '국가' 또는 '공인된'이라는 수식어가 숨어 있다. 반면에 그 이외의 사상들은 국가의 공인을 받지 못한 이른바 이단으로 간주된다. 사교(邪教)니 사학(邪學)이니 하는 표현이 따라다니게 되는 것이다.

한편 위진남북조 시대 혼란기가 되면, 붓다와 노자의 가르침도 공자의 가르침과 같이 '국교'로 인정받게 된다. 이것이 이른바 중국사에서의 '삼교의 정립'이다. 이제 중국에는 세 명의 성인과 세 개의 가르침이 공존하게 된다. 그래서 삼교의 정립과 더불어 등장한 것은 삼교조화론 내지는 삼교회통론이다. 유불도 삼교[2]가 표면적으로는 상이한 것 같지만 근본적으로는 서로 배치되지 않고 상통한다는 주장이다. 이것은 서로 다른 가르침 사이의 충돌을 막기 위해 요청된 이론화 작업의 결실이었다.

그 후 한반도에 수용된 외래사상들은 하나같이 중국에서 공식적으로 인

2 참고로 한국에서는, 적어도 동학부터는, '유불도'라는 명칭 대신에 '유불선'이 즐겨 사용되었다.

정된 삼교였다. 한국사 교과서에서 "4세기에 백제가 불교를 수용했다"고 할 때의 불교는 중국에서 막 공인된 사상이었고, 그것이 한반도로 전해졌음을 의미한다. 유교나 도교 역시 마찬가지다. 그리고 9세기 통일신라 시기에 이르면, 최치원에 의해서 "삼교를 포함하는 것이 화랑의 풍류이다"라고 하는 '포함삼교론'이 등장한다. 최치원의 포함삼교론은 중국의 삼교조화론 내지는 삼교회통론과 비슷하면서도 달랐다. 왜냐하면 '포함'이라는 말에는, 해석 여하에 따라서는, 단순한 조화를 넘어서 '수용'이라는 의미도 담겨 있기 때문이다. 가령 "중국에서 공인된 삼교를 하나도 빠짐없이 모두 담고 있는 것이 풍류도이다"라는 식의 해석이 그것이다.

그래서 풍류 안에서는 삼교가 서로 상충되지 않고 어우러져 있다. 그런 점에서는 중국의 삼교회통론과 다르지 않다. 다만 화랑의 경우에는 사상적 정체성이 유불도 삼교 중 어느 하나에 귀속되지 않는다는 점이 다르다. 즉 중국의 삼교회통론에서는 유교나 불교와 같은 특정한 정체성을 유지한 상태에서 다른 사상을 수용하는 방식을 취한다. 가령 유학자가 유학자로서의 정체성을 유지하면서 불교나 도교의 가르침에 대해서도 거부하지 않고 받아들이는 것이 '삼교회통'의 태도이다.

반면에 화랑은 유불도 삼교와는 다른 '풍류'라는 새로운 정체성이 부여된다. 그런데 역설적이게도 그 풍류에는 특정한 내용이 없다. 그 내용은 유불도의 대표적인 사상들로 채워져 있기 때문이다. 그래서 풍류도는 내용을 의미한다기보다는 태도를 나타내는 개념으로 이해될 수 있다. '바람[風]과 흐름[流]'이라는 풍류의 문자적 의미처럼, 어느 하나의 사상체계에 고정되지 않고 여러 사상들을 자유롭게 넘나드는 태도가 풍류이다. 신학자 이정배가 "포함삼교"의 '포함'을 외래 사상의 '수용'이라는 의미로 해석한 것도 이 점에 주목했기 때문일 것이다. 미국의 비교철학자 브룩 지포린은 『장자』에 나오는 지인무기(至人無己)를 "최고의 경지에 있는 사람은 고정된 정체성이 없다"라고 해석하였는데, 이런 '무기(無己)'의 정체성이야말로 풍류가 지향하는 '포함'을 성취할 수 있는 열린 태도이다.

최치원의 포함삼교는 이후의 한국철학과 한국문화의 특징을 설명하는 단서를 제공한다. 즉 외래 사상의 적극적인 수용을 통해 자신의 사상을 구축해 나가는 것이 한국철학을 관통하는 기본 흐름으로 볼 수 있기 때문이다. 이것을 오구라 기조는 '하이브리드'라는 말로 표현하였다. 그리고 이러한 하이브리드 경향은 조선의 주류 경향인 '순수지향성'을 음으로 양으로 위협해 왔다고 지적하였다(『조선사상사』, 17쪽). 즉 오구라 기조가 보기에 한국사상의 주된 특징은 중국으로부터 전래된 사상의 순수성을 지키는 데에 있는데, 그런 순수지향성을 위협하는 하이브리드 지향성도 동시에 존재한다는 것이다.

실제로 조선 유학자들의 중국 주자학에 대한 태도는 이와 같은 순수지향성을 설명할 수 있는 대표적인 사례이다. 그들은 누가 더 주자학적이냐를 둘러싸고 논쟁을 벌였고, 그것을 기준으로 정통과 이단을 구분하였다. 그래서 오구라 기조가 말하는 순수지향성은 '원조지향성'이라는 말로 바꿔 말할 수 있다. 한마디로 하면 오리지널리티를 둘러싼 헤게모니 싸움이다. 지금으로 말하면 철학적 '근본주의'에 해당한다.

그런데 이와 같은 근본주의적 경향은 조선 성리학에 유독 두드러졌고, 오구라 기조가 지적했듯이, 조선시대라고 해도 모두 그러한 경향만 있었던 것은 아니다. 가령 조선 후기가 되면 양명학이나 천주교를 일부 지식인들이 주체적으로 수용하게 되고, 기학이나 동학과 같은 하이브리드적 자생 사상이 탄생하기 때문이다. 따라서 순수성과 혼종성, 이 중에서 한국철학의 특징을 무엇으로 볼 것인가는 앞으로 두고두고 따져봐야 할 문제이다. 분명한 것은 양자가 공존하는 것이 한국철학의 특징이라는 점이다.

혼종성과 순수성이라는 특징은 다른 말로 하면 주체와 사대로도 표현될 수 있다. 즉 조선시대와 같이 정치적으로 안정된 시기에는 선진 문물을 수용하는 데 치중하는 경향이 두드러진다. 당시의 개념으로 말하면 '사대(事大)', 즉 큰 것을 섬기는 경향이다. 그러다가 최치원이 살았던 신라 말기나 최제우가 활동했던 조선 말기 같은 전환기가 되면 혼종성이 두드러지게 된다. 그리고 바로 이때에 기존의 외래사상을 토착 사상과 융합시켜서 새로운 자생 사상을 모색하려는 움직임이 활발해진다. 풍류나 동학, 또는 대종교나 원불교가 대표적인 예이다.

3. 성찰하는 한국근대: 구학에서 신학으로

19세기 후반은 중국 중심의 동아시아적 질서가 깨지고 그 자리를 서구열강과 일본제국이 대신하기 시작한 시기이다. 그로 인해 한국사상에도 두 가지 새로운 흐름이 형성된다. 하나는 민중 차원에서 종래의 삼교를 대신하는 새로운 사상을 만들어서 종교적 형태로 표현하는 흐름이고, 다른 하나는 일본이나 서양을 통해 신학문을 수용하여 기존의 삼교를 대체하고자 하는 흐름이다. 전자는 개벽종교의 창시자들이고, 후자는 개화파 지식인들이다. 그런데 양자의 공통점은 모두 종래의 삼교를 구학(舊學)으로 간주하고 신학(新學)을 추구한다는 점이다.

가령 1860년에 수운 최제우는 "유도와 불도의 운이 다했다"고 천명하면서 보국안민(輔國安民)과 다시개벽의 슬로건으로 '동학'을 제창하였다. 그리고 그 뒤를 이은 해월 최시형은 "새로운 하늘과 땅, 새로운 인간과 만물(新乎天新乎地, 人與物亦新乎矣)"의 도래를 선포하면서 후천개벽과 인심개벽을 주창하였다. 이들이 말하는 개벽은 우주의 새로운 질서이자 철학의 근본적인 전환을 의미한다. 그래서 동학은 구학이 아닌 신학을 표방하는 진영에 속한다. 동학을 이은 천도교에서 『신인간(新人間)』을 간행하고 『신인철학(新人哲學)』(이돈화)과 『새사람과 새한울』(오지영)이 잇달아 나온 이유도 여기에 있다.

1910년대에 천도교는 서양철학을 수용하는 창구 역할을 담당하였다. 1910년에 창간한 『천도교회월보』에서는 니체나 마르크스 또는 하이데거와 같은 현대철학자들을 소개하였고, 서양의 자연과학이나 종교학을 지속적으로 연재하였다. 이러한 경향은 1920년에 창간한 『개벽』으로 이어졌다. 이 모든 것이 일본학계의 자극을 받은 결과인데, 일본과의 차이는 '동학'이라는 자생 사상을 바탕에 두고 있다는 점이다.

천도교와 비슷한 움직임은 불교 진영에서도 일어났다. 1916년에 깨달음을 얻은 소태산 박중빈은 종래의 불교를 대신하는 새로운 불교로서 원불교를 창시하였다(초기 명칭은 '저축조합', '불법연구회'). 그런데 이때의 원불교는 여러 가지 점에서 종래의 불교와 달랐다. 첫째는 붓다의 설법이 아닌 박중빈의 말씀을 경전으로 삼았고, 둘째는 그 말씀에는 동학에서 표방한 '개벽'의 시대정신과 철학사상이 담겨 있다. 셋째는 유불도 삼교의 학문이 '수양학'을 중심으로 녹아 있다. 그런 점에서 원불교는 하이브리드 사상의 대표적인 사례에 속한다. 넷째는 세상의 모든 종교의 회통을 말하고 있다. 이것은 종래의 중국적인 삼교회통을 백교(百敎)회통으로 확장시킨 형태인데, 이 또한 신라의 풍류 전통이 당시의 시대 상황과 맞물려 표출된 것으로 볼 수 있다.

한편 동학이 '하늘님' 관념을 바탕으로 새로운 사상을 수립했다면, 원불교는 '은혜' 관념을 중심으로 새로운 불교를 구축하였다. 여기에서도 한국적인 특징을 찾아볼 수 있다. 먼저 동학의 경우를 보자. 전통적으로 중국의 하늘 관념에는 두 가지 의미가 담겨 있다. 하나는 만물을 주재한다는 의미이고, 다른 하나는 만물의 속성은 '스스로 그러하다'는 의미이다. 전자를 대표하는 개념이 천명(天命)이나 상제(上帝)이고, 후자를 대표하는 개념은 무위(無爲)와 자연(自然)이다. 천명이나 상제는 공맹으로 대표되는 유가(儒家)에서 즐겨 사용하였고, 무위와 자연은 노장으로 대표되는 도가(道家)에서 주로 사용하였다.

그런데 동학과 천도교의 하늘 관념에는 상제나 자연과는 다른 의미가 가미되었다. 그것은 바로 "내 안의 하늘님"이라는 사상이다. 동학을 창시한 최제우는 '시천주(侍天主)'라고 하였고, 천도교로 개칭한 손병희는 '자천(自天)' 개념을 사용하였다. 시천주나 자천은 내 안에 신성한 존재가 깃들어 있다는 뜻이다. 그런 점에서 그것은 중국철학에서 말하는 인성(仁性)이나 불성(佛性)과는 차원이 다른 개념이다. 왜냐하면 인성이나 불성은 누구나 수양을 하면 공자나 붓다와 같은 완벽한 인격을 갖춘 존재가 될 수 있는 '가능성'을 가지고 태어났다는 의미이기 때문이다. 반면에 시천주는, 그리스도교적으로 말하면, 누구나 '신'과 같은 존엄성을 지닌 채 태어났다는 의미이고, 따라서 모두가 하느님과 같이 존엄한 존재로 대우받아야 한다는 당위를 함축하고 있다. 동학이 동학농민혁명과 같은 사회개혁운동으로 발전할 수 있었던 것은 이러한 의미의 '하늘사상'을 가지고 있었기 때문이다. 바로 이 점이 중국철학과의 차이이다. 아마도 이와 같은 사상이 나올 수 있었던 것은 중국보다는 한국에서 인간과 하늘의 간극이 적었기 때문일 것이다. 그것을 조선성리학자들은 '천인무간(天人無間)'이라는 말로 표현하였다.

한편 원불교의 경우에는 동학에서의 하늘님을 부처님으로 대체하면서, 인도 불교의 대전제인 "일체개고(一切皆苦)"를 "일체개은(一切皆恩)"으로 전환시켰다. 즉 인도의 싯다르타가 모든 것이 무상하고 고통이라는 사실을 자각함으로써 해탈을 얻을 수 있다고 가르쳤다면, 한국의 박중빈은 내가 마주하는 모든 대상이 부처이고 은혜라는 깨달음을 얻으라고 설파하였다. 이렇게 전환할 수 있었던 것은 "모든 게 얽혀 있다"는 불교적 진리로부터 윤리적 의미를 읽어냈기 때문이다. 싯다르타가 "모든 게 연기(緣起)에 의해 얽혀 있다, 따라서 영원한 것은 없다"고 하는 해체적 존재론을 통해 영원성에 대한 집착에서 벗어날 것을 설파했다면, 박중빈은 거기에 더해서 "모든 게 연기(緣起)에 의해 얽혀 있다, 따라서 우리는 타자의 도움으로 존재한다, 그래서 모든 것에 감사해야 한다"는 윤리적 의미까지 읽어낸 것이다. 원불교의 제1교리가 네 가지 은혜(四恩), 즉 천지·부모·동포·법률의 은혜에서 시작되는 것은 이러한 이유에서이다.

물론 중국불교에서도 은혜 사상이 없었던 것은 아니다. 마치 동학의 '하늘'에 상응하는 말이 중국에도 '천'이나 '상제'로서 존재하였듯이, 중국불교에도 『부모은중경』과 같이 은혜를 강조하는 경전도 있었다. 하지만 원불교의 교리처럼 '얽힘의 존재론'이라는 차원에서 말한 것은 아니고, 그래서 은혜가 제1교리로 격상된 적은 없었다. 가령 중국의 불교나 유교에서 '부모의 은혜'라고 하면 "나를 낳아주고 길러준 고마움"이라는 의미에서의 은혜이지, 부모와 내가 존재론적으로 떼려야 뗄 수 없는 얽힘의 관계에 있다는 의미에서 은혜를 말하는 것은 아니다. 반면에 원불교의 은혜 사상은, 우리가 흔히 말하는 '악'의 존재까지도 은혜로 설명해야 하는 부담이 따르게 된다. 모든 것이 은혜라고 말하기 때문이다.

이처럼 동학과 원불교에서는 종래의 중국철학과는 성격이 다른 하늘 관념과 은혜 관념을 바탕으로 새로운 사상 체계를 창조하였다. 그리고 그것을 2대 지도자, 3대 지도자를 거치면서 계속해서 발전시켜 나갔다. 그렇다면 이들은 어떻게 해서 이런 새로운 사상을 창조하고 발전시킬 수 있었을까? 그 원인은 일차적으로 서세동점과 식민지 지배라는 절박한 시대 상황에서 찾을 수 있다. 즉 중국철학의 효력이 다해 가는 시점에서 새로운 '길'이 요청되었고, 그것을 자신들이 가지고 있던 사상 자원에서 찾은 것이다. 그리고 그것을 유학이나 불교와 같은 동아시아의 '학'적 체계에 담아냈다. 최제우가 동학이라는 새로운 학문 체계를 만들 수 있었던 것은 그가 유학적 소양을 갖추고 있었기 때문이었고, 원불교의 제2대 지도자인 정산 송규 역시 마찬가지였다.

여기에 한 가지 요소를 더 추가한다면, 그것은 바로 '성찰'이다. 식민지 시대를 살았던 20세기 초의 지식인들은, 그들이 개벽파이건 개화파이건, 하나같이 과거에 대한 성찰에서 출발하고 있다. 그리고 그 성찰의 내용은 '망국(亡國)'에 대한 반성이었다. "왜 우리는 일본의 지배를 받게 되었을까?"라는 반성적 고찰이 한국 근대를 추동한 정신적 원동력이었고, 그것은 지금까지도 한국 사회를 지배하고 있다. 가령 원불교를 창시한 박중빈은 당시 조선의 현실을 다음과 같이 성찰하였다.

> 혼몽 중에 있던 우리, 취중(醉中)에 있던 우리,
> 사농공상의 차서(次序) 있는 교육을 받지 못한 우리,
> 상당한 사람을 쓰지 아니하고 권세와 재산 형식을 쓰던 시대에 있던 우리,
> 외방(外邦) 문명과 물화(物貨)를 보지 못한 우리,
> 발원(發願) 없고 연구 없는 우리, (…)
> 박애심이 없고 합자심(合資心)이 없고 감화심이 없던 우리, (…)
> 자리이타(自利利他)가 화(化)하지 못하여 내가 이(利)를 취하면 저 사람이 해(害)가 되고,

저 사람이 이(利)를 취하면 내가 해를 입는 고로, 서로 상충하여 서로 의리가 끊어지고,

자행자지(自行自止)로 백발이 된 우리.

-『불법연구회 규약』, 1927.

여기에서 우리는 박중빈이 원불교를 창시한 동기를 엿볼 수 있다. 마치 최제우가 "나라를 도와 백성을 편안하게 할(輔國安民)" 인문학적 처방으로 동학을 창시하였듯이, 박중빈도 우물 안 개구리와 같은 조선의 현실에 대한 반성에서 원불교를 창시한 것이다.

이러한 성찰적 태도는 당시에 일본에서 유학하고 있던 이른바 개화파 지식인도 마찬가지였다. 1915년에 동경유학생들이 창간한『학지광(學之光)』에서 주종건은 신년을 맞은 소회를 다음과 같이 피력하였다.

제군이여 금일 우리 반도에 참신한 사조(思潮)가 있으며 생명 있는 예술이 있는가, 산업이 홍기하며 학문이 진보하는가? 이르기를, 없다 하노니 아! 이는 모두 과거의 인과(因果)이다. 우리는 과거를 한탄하고 성공을 동경하고자 함은 아니나 세계가 한 걸음 나아가면 반대로 한 걸음 물러나는 반도를 강 건너 불구경하듯이 보는 것은 실로 우리가 차마 하지 못하는 바가 아닌가. 갑인(1914년) 연간에 세계의 일대 성사(成事)는 유럽 대륙의 전쟁이라 하노니 반도의 동포 중에 그 원인을 아는 자 그리고 알고자 하는 자가 몇 명이나 있으며 그 장차 닥칠 일을 탐구하는 자 그리고 반도에 미친 영향을 아는 자가 몇 명이나 있을까, 아니다. 이것은 지나치게 원대하다 하노니 반도의 인사(人士) 중에서 삶을 알며 자기를 알고 생활을 알며 조선을 아는 자가 과연 몇 명이나 될는지?

- 주종건, 「새해를 맞이하여 유학생 제군에게 드림」, 『학지광』 4호, 1915.02.27.[3]

여기에서 주종건은 박중빈이 그랬듯이, 이렇다 할 자랑거리가 없는 조선의 후진적 현실을 개탄하고 있다. 일본 유학생으로서, 일찍부터 서구 문물을 수용하여 근대화를 이룬 일본의 모습과 제자리 걸음을 하는 조선의 현실이 겹쳐지면서 나온 탄식이다. 그다음 호에서는 최승구가 「너를 혁명하라」는 글에서 다음과 같이 말하고 있다.

최근 민주주의 승리자 윌슨은, 자국의 법률이 사회상태의 변화와 나란히 가지 못하여, 인민의 진보된 정도가 출발점에서 우물쭈물함을 개탄하였고, 세계에서 희망하고 표시하는 점까지 도달하려면, 합리적 진행의 예정보다 두 배의 속도가 요구됨을 절규하였다. 이 절규는 우리로 하여금 송구스럽고 부끄럽게 한다. 보아라, 우리의 위치는 어떤 지점에 있나. … 이들은 문명의 선(線)에서, 더 나은 문명 더 높은 문명을 요구함이거니와, 우리는 더 못한 문명, 더 얕은 문명의 선까지 가기에도 전도(前途)가 아직 멀었고, 문명선(文明線) 이내 – 제2선(第二線)의 출발점에도 아직 도달하지 못하였다.

- 최승구, 「너를 혁명하라」, 『학지광』 5호, 1915년 5월.[4]

주종건과 최승구 그리고 박중빈의 글에서 공통적으로 느껴지는 것은 문명에 뒤처진 조선의 현실을 대한 처절한 반성이다. 그리고 그 반성에서 시작하는 새로운 출발에 대한 다짐과 독려이다. 이 반성과 채찍질이 한국 근

3 번역은 김정현 엮음, 『동북아, 니체를 읽다』, 책세상, 2023, 210-211쪽 참조.

4 번역은 『동북아, 니체를 읽다』, 224-225쪽.

대의 지식인들을 추동시킨 정신적 원동력이었고, 그것은 오늘날까지 이어지고 있다.

4. 인류세의 한국철학

그로부터 100여 년이 지난 2000년, 서양의 대기화학자 파울 크뤼천과 생물학자 유진 스토머는 '인류세(anthropocene)'라는 개념을 제창하였다. 인류세란 산업혁명 이래의 지구의 역사를 지칭하는 지질학적 개념으로, "인간의 활동이 지구 시스템을 변화시킨 시대"라는 뜻이다. 그 결과는 우리가 오늘날 경험하고 있는 '기후변화'이다. 산업혁명은 자동차와 비행기, 핵폭탄과 같이 대기 환경을 변화시키는 도구들을 발명하였고, 인간이 이러한 도구들을 사용하면 사용할수록 지구온난화는 가속화되었다. 지난 반세기 동안 열심히 산업화의 길을 걸어온 한국도 지구온난화 현상에 일조했음에 틀림없다. 그렇다면 이러한 현실 앞에서 한국철학은 어떤 의미가 있을까? 여기에서는 동학과 기학을 중심으로 이 문제를 생각해 보기로 하자.[5]

먼저 인류세인문학을 열었다고 평가받는 역사학자 디페시 차크라바르티는 오늘날 기후위기의 원인을 자연에 대한 '외경'의 상실에서 찾았다.

> 인간이 처음에 동물로 출현했을 때, 그들의 동물적 삶은 두려움으로 가득 차 있었다. … 그것은 다른 동물에 대한 두려움이자 인간 이외의 존재에 대한 외경이었다. … 그리고 홀로세와 인간 문명이 등장했다. 이어서 차축시대의

5 이하의 내용은 조성환, 『K-사상사: 기후변화 시대 철학의 전환』, 다른백년, 2023의 일부를 요약한 것이다.

종교들은 우리는 만물의 중심에 있다고 느끼게 했다. 그리고 마침내 유럽적 제국과 자본주의 근대가 탄생했다. 우리는 점차 고대의, 토착 종교들이 토대를 두고 있던 외경의 문화를 점차 망각해 갔다.

[로크나 칸트와 같은] 17~18세기의 유럽 사상가들은 인간의 지위를 지나치게 과신했다. 19~20세기 근대화의 물결에서, 전기와 기술의 결합으로, 그리고 도시와 인구의 증가로, 인간들은 다른 생명체들과 자신들에게 주어진 것에 대한 두려움의 감각을, 그리고 외경의 감각을 극복했다.

근대가 된다는 것은 근본적으로 두려움을 극복하는 것이다. … 행성은 우리에게 두려움을 극복하려는 충동이 … 손실이었음을 상기시켜 준다. 그것도 치명적인 손실이다. 행성은 인간에게 경이로우면서도 두렵다. 사람들이 말하는 '지구 윤리(Earth ethic)'를 발전시키려면, 놀람과 외경이 결합된 길을 찾을 필요가 있다.[6]

즉 서구 근대는 과학기술의 발전으로 인한 '자연에 대한 공포'의 극복과 '만물에 대한 외경'의 상실로 시작되었다는 것이다. 그러나 그것은 오늘날 인류가 기후변화로 인해 마주하고 있는 지구의 행성적 측면에 대한 망각을 야기했다. 인간의 과학기술로 지구를 통제할 수 있다는 오만이 역설적으로 통제 불가능한 지구의 거친 모습을 일깨운 것이다. 인류는 지구온난화가 현실로 드러난 지금에서야 지구에 대한 두려움을 느끼기 시작했다.

차크라바르티의 진단은 19세기 동학사상가 해월 최시형이 설파한 '경물(敬物)' 사상의 중요성을 다시 한번 각인시켜 준다. 인간 이외의 존재를 도

6 https://bulletin.hds.harvard.edu/the-planet-an-emergent-matter-of-spiritual-concern/(검색일 2023.11.28). 번역은 필자.

구적 존재로 간주하는 것이 아니라, 그 자체로 존엄하고 신성한 하늘님으로 대하라는 해월의 가르침은 차크라바르티가 말하는 외경의 감각에 다름 아니다. 나아가서 지구를 인간과 만물의 '부모'로서 공경하고 섬기라는 해월의 천지부모 사상은, 지구를 단지 천문학적 탐구의 대상으로 간주해 왔던 근대적 사고로부터의 전환을 촉구한다. 지구는 자연과학적 관찰의 대상일 뿐만 아니라 은혜로운 감사의 대상이기도 하다는 것이 천지부모 사상이기 때문이다. 차크라바르티는 이것을 놀람(과학)과 외경(종교)이 결합된 길이라고 말한다. 박중빈과 장자의 표현을 빌리면, 물질개벽과 정신개벽이 양행(兩行)하는 길이다.

한편 인간이 만든 도구로 인해 지구의 대기 조건이 바뀌고 있는 현실은 도구에 대한 인식을 새롭게 하고 있다. 즉 도구가 단순히 인간의 편의를 위해 존재하는 수동적 사물이 아니라, 그것이 작동됨으로써 지구 환경을 변화시킬 수 있는 '힘'을 지닌 존재임을 일깨워 주고 있다. 이러한 관점에서 신유물론자인 제인 베넷은 사물을 'thing-power'로 규정하였다. 한자로 번역하면 '물력(物力)'이다. 베넷의 '물력' 개념은 최한기가 기학에서 제창한 물기화(物氣化) 개념을 연상시킨다. 원래 '기화'는 동아시아 철학에서 '자연의 변화'를 설명하는 개념이었다. 그런데 최한기가 말하는 기화는 '활동' 개념이 가미된 기화이다(활동운화). 즉 사물뿐만 아니라 도구도 '활동'이라는 주체적 행위를 하고, 그 활동이 우주의 기(氣)의 변화를 가져온다는 것이다. 이것은 사물에 대한 종래의 이해를 근본적으로 뒤집는 발상이다. 마치 해월이 "만물도 하늘님이다"라고 했듯이, 최한기는 "만물도 행위자이다"라고 말하고 있기 때문이다. 바로 여기에 오늘날 우리가 마주한 인류세적 현상을 설명하고 대응할 수 있는 존재론을 발견하게 된다.

서구 근대의 인간관과 자연관은 인간이 이성을 사용하여 도구를 만들고,

그것을 활용해서 자연을 통제하고 활용한다고 하는 인간 중심의 철학이 지배적이었다. 여기에서는 인간 이외의 존재는 능동성이나 활동성을 부여받지 못하고, 수동적 존재로 전락하게 된다. 하지만 이러한 인간관과 자연관에서는 지금과 같은 기후변화를 설명하지 못한다. 왜냐하면 기후변화는 인간이 만든 도구에 의해 초래된 현상이기 때문이다. 따라서 도구도 지구 환경을 변화시킬 수 있는 힘을 지닌 존재로 새롭게 인식해야 하는데, 그것을 제인 베넷은 '물력' 개념으로 표현한 것이다. 그런데 19세기 후반에 최한기는 이미 도구도 활동하는 존재이고 기를 변화시키는 힘을 지니고 있다고 설파하였다. 그가 이러한 사물관을 가질 수 있었던 것은 동아시아 전통의 기철학의 토대 위에 서양의 과학기술의 위력을 반영했기 때문이다.

그래서 기학적 존재론에 의하면, 우리가 매일 사용하는 도구도 대기의 변화를 가져올 수 있는 '활동하는 행위자'로 이해된다. 그래서 그것들을 대하는 태도도 해월이 설파한 것처럼 '공경'으로 전환해야 한다. 바로 이것이 인류세 시대에 요청되는 존재론과 윤리학에 다름 아니다. 이처럼 기학과 동학, 동학과 기학은 기후변화 시대에 주목받기에 충분한 사상 자원이다.

제 1 부 신라철학

01

원측, 동아시아 유식 사상의 헤르메스

장규언

1. 생애와 저술

원측(圓測, 613~696)은 동아시아불교사를 장식한 대표적인 유식(唯識) 사상가이다. 그는 한자불교권을 넘어서 티벳불교권에까지 영향을 끼친 국제적인 불교사상가로, 사상 수용의 지리적·문화적 범위에서 볼 때 20세기 이전의 전통 시대에 가장 범아시아적인 한국사상가로 볼 수 있다. 이 장에서는 원측의 보편적 영향력이 그의 저술에 나타난 불교 전통의 폭넓은 수학과 포용적 해석에서 기인하고 있음을 밝히고, 거시적 관점에서 불교사상사에서의 그의 위상에 대해 조명하고자 한다.

먼저 그의 생애와 현존하는 저작을 간단히 소개하면 다음과 같다. 신라 서라벌(지금의 경주)에서 태어난 원측은 15세에 당(唐)에 유학가서 628년 무렵 당시 장안(지금의 서안)에서 이름을 떨쳤던 법상(法常, 567~645)과 승변(僧辯, 568~642)을 찾아간다. 그리고 그들로부터 당시 중원(中原)에 유행하고 있던 인도 승려 진제(眞諦)[1]가 번역하고 전해 준 불교 사상을 공부한다. 원측보다 1~2년 앞서 현장(玄奘, 600(또는 602)~664)) 역시 법상과 승변에게서 배웠기 때문에 원측과 현장은 동문의 선후배 사이라고 볼 수 있다. 어떤 연구

1 빠라마르타 Paramārtha, 499~569.

자는 현장이 인도에 가기 전에 두 사람은 이미 알았을 것이라고 추측한다.[2] 645년에 현장이 인도에서 귀국하자 원측은 장안의 서명사(西明寺)에 머물면서 불경 번역 현장에서 이루어진 공개 강의 수강과 '수시로 이루어진 자문'을 통해 현장이 인도에서 배워온 새로운 계통의 불교 사상을 적극적으로 공부하였다.

진제와 현장이 동아시아에 전해준 인도 대승불교 학파의 사상을 흔히 '유식 사상'이라 부른다. 그렇다면 특정 학파의 별명인 '유식'이라는 명칭은 어디에서 유래하며, 그 말은 무엇을 의미할까? 유식이라는 이름은 『성유식론(成唯識論)』에서 왔다고 볼 수 있다. 인도 사상가 세친(世親)[3]이 운문 형식인 송(頌, 까리까 kārikā) 30개를 통해 유식이라는 핵심 주장을 압축적으로 펼친 저작이 『유식삼십송(唯識三十頌)』인데, 이책에 대한 후대 사상가들의 주석을 현장이 선택적으로 번역하여 편집한 텍스트가 『성유식론』이다. 『유식삼십송』에서 유식은 '유식무경(唯識無境)'의 줄임말인데, '마음과 무관한 객관적 대상[境]은 없으며[無] 그 대상을 떠올리는 마음[識]만이 있을 뿐[唯]'이라는 주장이다.

예를 들어 우리가 나무를 본다고 하자. 이 경우에 유식무경은 '인식 행위와 무관하게 객관적으로 존재하는 나무는 실은 없고, 나무를 인식 대상으로 떠올리는 마음만이 있을 뿐'이라는 의미이다. 사람들은 보통 어떤 말에 대응하는 불변의 현상 또는 존재[法]가 있다고 생각한다. 하지만 유식 사상가들은 그런 생각은 잘못되었고, 오히려 현상에 대한 집착, 즉 법집(法執)을 불

2 陳景富, 「圓測與玄奘·窺基關係小考」, 黃心川·葛黔君 主編, 『玄奘硏究文集』, 中州古籍出版社, 1995. 99쪽.

3 와수반두 Vasubandhu.

러온다고 보았다. 대표적인 예가 '나'라는 말에 대응하는 '불변의 자아'가 있다는 생각과 그것에 기반한 '내 것'에 대한 집착이다. 이와 같은 오해를 바로잡고 법집을 제거하도록 하기 위해 유식무경을 주장한 것이다.

다시 말해 '불변의 자아'는 내 마음이 만들어낸 허상에 불과함을 보여줌으로써 자아라는 상상에 근거하여 생긴 '내 것'에 대한 집착을 제거하려 한 것이다. 『성유식론』에 의하면 대상을 떠올리는 마음, 즉 식(識)은 자아 중심적 이분법적 사고인 분별을 특징으로 하기 때문에 괴로움을 불러일으키며, 분별을 제거한 완전한 앎, 즉 무분별지(無分別智)를 성취한 뒤에야 제거된다. 예를 들어 우리는 귀중한 것을 잃어버리면 본래 '내 것'이었다는 생각에 자책과 후회에 빠진다. 하지만 붓다의 깨달음의 눈으로 보면, 그것은 모든 것을 '내 것'과 '내 것 아닌 것'으로 나누어 보는 분별 때문에 생기는 괴로움이며, 그 괴로움은 그것을 초래한 '내 것'이라는 잘못된 생각을 초월한 완전한 앎을 성취함으로써 제거될 수 있다.

유식 사상은 『유식삼십송』과 『성유식론』의 주제인 식(識)을 가진 중생이 겪는 괴로움과 그것의 원인인 식의 작동 방식, 식의 제거 방법, 식 제거 후의 완전한 앎, 즉 지(智)의 경지 등에 대해 탐구하는 지적 전통이다. 원측을 비롯하여 현장을 계승한 사상가들은 대부분 『성유식론』을 근거로 이러한 주제들을 해석했기 때문에 다른 학파에서 그들을 '유식종(唯識宗)'이라 불렀다. 또한 그들이 식과 관련된 현상들[法]의 특징[相]을 분석하는 지적 작업을 중시한다는 점에서 '법상종(法相宗)'이라고 부르기도 했다.

원측은 오랜 기간에 걸친 폭넓은 배움을 바탕으로 생애 만년에 이르기까지 주로 현장이 새로 번역한 경전과 논서들에 주석을 달았다. 하지만 그중 상당수는 유실되었고 지금은 3부(部)[4]만이 전해진다. 현존하지 않은 원측 저작 중 가장 중요한 것은 『성유식론소(成唯識論疏)』[5]이다.

『성유식론소』는 진제 계통과는 다른 새로운 불교 사상을 대표하는 논서인 『성유식론』에 대한 원측의 주석이다. 이 책은 『성유식론』 번역 후 그리 오래 지나지 않아 저술된 것으로 추측되는데, 『송고승전(宋高僧傳)』[6]「원측전(圓測傳)」에 따르면 당시 널리 읽혔다고 하니까 원측의 출세작이라 할 만하다.

나당 전쟁 시기(671~676)에는 장안 남쪽 교외에 있는 종남산(終南山)에 들어가 경전 연구에 몰입하였는데, 현존하는 『반야심경찬』[7] 1권도 이 시기에 완성된 것으로 추정된다. 이 주석은 유식 사상의 입장에서 중관(中觀) 사상의 핵심인 공(空) 사상을 이해한 역작으로, 동아시아 불교에서 자주 언급되는 중관 사상가 청변(淸辨)[8]과 유식 사상가 호법(護法)[9] 간의 이른바 '공(空)-유(有) 논쟁'에 대한 원측의 해석이 잘 드러나 있다.

여기에서 앞으로의 논의의 편의를 위해, 중관 사상, 공 사상, 공-유 논쟁에

4 '부(部)'는 저작의 수를 나타내는 전통적인 표현이다. 지금의 '권'에 해당한다.

5 '소(疏)'는 '소통한다'는 의미이고, 『~소』는 독자들과 소통하기 위해 경전이나 논서의 의미를 해석하는 주석 장르이다. 그래서 『~소』는 경전이나 논서를 구성하는 각 단어, 문구, 문장 등의 의미를 하나씩 풀이하는 것에 집중한다.

6 고승들의 공식적인 전기로, 987년(북송)에 찬녕(贊寧) 등이 완성하였다.

7 지금의 『반야심경찬(般若心經贊)』이라는 명칭은 옛 문헌들에 수록된 원측의 저술 목록에는 보이지 않는다. 대신 그 문헌들에는 모두 『반야심경소(般若心經疏)』라는 저술명이 등장한다. 그런데 『반야심경찬』을 펼쳐 읽어보면 그 주석 장르적 특징이 '소(疏)'에 부합하므로, 원래는 『반야심경소』이었는데 어느 시점부터 『반야심경찬』으로 바뀐 듯하다.

8 바(와)위웨까 Bhā(va)viveka, 약 500~570.

9 다르마빨라 Dharmapāla, 약 530~561.

대해 간략히 설명하고자 한다. '중관 사상'은 인도 사상가 용수(龍樹)[10]가 지은 『중론(中論)』의 핵심 주장인 중도(中道)의 통찰[觀]을 중시하고 계승하는 지적 전통을 말한다. 용수와 그를 계승한 중관 사상가들을 '중관학파'라고 하는데, 중관학파의 핵심 철학은 '공(空) 사상'이다. 그 내용은 다음과 같다. 우리는 경험 대상에 대해 '불변의 본질이 있다'와 '경험 대상조차 없다'는 양 극단의 잘못된 생각에 기초하여 행위하기 때문에 괴로움을 겪는다. 따라서 괴로움을 제거하기 위해서는 그 원인인 양 극단의 잘못된 생각을 버리고 올바른 진리의 길, 즉 중도를 통찰해야 한다. 이 중도가 함축하는 진리인 '경험 대상에 불변의 본질이 없음[無] 또는 비어 있음[空]'을 공성(空性) 또는 줄여서 공(空)이라고 한다.

용수 이후에 등장한 세친과 같은 유식 사상가들은, 한편으로는 중관학파의 공 사상을 수용하면서도 다른 한편으로는 우리가 겪는 괴로움을 지적으로 이해시키기 위해 대상을 떠올리는 마음, 즉 식(識)을 통해 구성되는 경험 대상을 분석하는 일을 중시하였다. 그러자 중관학파는 유식 사상가들이 경험 대상을 불변의 본질을 지닌 것으로 잘못 보는 극단적인 생각에 빠졌다고 비판하면서, 경험 대상에 불변의 본질은 없다는 공성[空]을 재차 강조하였다. 이러한 비판에 대응하여 유식학파는 중관학파의 '공성' 강조가 '경험 대상조차도 없다'는 또 다른 극단에 빠질 위험이 있다고 비판하면서, 대상을 떠올리는 마음은 있다면서 '존재[有]'를 강조하였다. 이것이 이른바 청변과 호법 간의 '공-유 논쟁'이다. 그렇다면 원측은 어떤 입장일까? 원측은 존재를 강조하는 호법의 입장에 서서, 한편으로는 경험 대상에 불변의 본질이 없음을 강조한 청변의 역할을 긍정하면서, 다른 한편으로는 그와의 비판적

10 나가르주나 Nāgārjuna.

거리를 두고자 하였다.

나당 전쟁이 끝나고 무측천(武則天)이 실권을 장악할 무렵 다시 장안으로 돌아간 원측은, 5세기 이래로 당시까지 중국에 전승되어 온 여러 계통의 유식 사상과 여타 학파의 해석에 기반하여 불교 사상의 주요 주제들을 해설한 대작 『해심밀경소(解深密經疏)』[11] 10권을 저술하게 된다. 이 책이 저술될 무렵은(684년 9월 이후) 중국불교사에 변화가 일어난 시기였다. 즉 무측천의 등장으로 그때까지 당 태종(太宗)과 고종(高宗)의 지원을 받아 영향력을 확대해 온 현장 계열의 새로운 불교 사상이 보다 전통적인 진제 계열의 사상가들의 강한 반발에 직면한 시기였다. 원측은 그 사상적 충돌의 핵심 쟁점들을 피해 가지 않고 자신의 입장을 적극적으로 피력하였다. 그 대표적인 예가 뒤에서 소개할 '종성(種性)' 해석의 문제이다.

이 무렵부터 원측은 무측천이 후원하는 불경 번역에 일종의 감수 역할인 '증의(證義)'로 참여하였다. 그리고 만년에는 또 다른 현존 저술인 『인왕경소(仁王經疏)』 6권을 완성하였다. 『인왕경소』 역시 유식 사상의 입장에서 공 사상을 해석하는 원측의 입장을 잘 보여주는 저작이다. 생의 마지막 시기에는 화엄종[12]의 실질적 창시자인 법장(法藏, 643~712)이 주도하는 80권 『화엄경』 번역 사업에 참여하였는데, 이 새로 번역된 경전을 강의하다가 낙양(洛陽)의 불수기사(佛授記寺)에서 학승으로서의 긴 삶을 마감하였다.

---

11 현대 학자들은 『해심밀경』을 세친 전후 세대의 인도 유식 사상가들에 의해 편집된 문헌이지만, 자기들의 주장의 권위를 높이기 위해 붓다의 말씀을 뜻하는 '경(經)'이라는 명칭을 붙였다고 본다. 물론 현대적인 문헌 비평 의식이 없는 현장이나 원측은 『해심밀경』을 붓다의 직설로 보았을 것이다.

12 대승 경전들 중의 하나인 『화엄경』을 붓다의 최고의 가르침으로 삼는 학파이다.

2. 현장과의 관계를 어떻게 볼 것인가?

이상의 소개에서 짐작할 수 있듯이, 원측의 생애에서 가장 큰 영향을 끼친 사상가는 현장이다. 그렇다면 양자의 관계를 어떻게 보아야 할까? 이 문제에 대한 대답은 유식종 안에서 원측의 위상과도 관련되어 있으며, 앞으로 소개할 원측의 현장 해석의 신뢰성 문제와도 결부되어 있으므로 필자의 입장을 명시하고자 한다. 양자의 관계에 대해서 연구자에 따라 여러 해석이 있는데, 필자는 일본과 한국의 다수 연구자들이 지지해 온 "원측은 현장과 대립한 독립적 유식 사상가였다"는 관점이 오히려 원측 인식의 장애가 되고 있다고 생각한다.

필자는 이와 같은 해석의 뿌리가 『송고승전』「원측전」에 등장하는, "원측이 문지기를 매수하여 현장의 강의를 도청했다"라는 '헛소문'에 있다고 생각한다. 이 헛소문을 만들어 낸 이들은 아마도 현장의 제자 규기(窺基, 632~682)를 계승한 유식종 계열의 사상가 그룹이었을 것이다. 헛소문을 관통하는 것은 "우리의 스승 규기는 현장의 번역 강의를 직접 들은 '정통' 제자인데 반해, 원측은 현장과 친분이 없었기 때문에 그의 가르침을 올바로 전할 수 없는 '외부' 사람이다"라는 인식이다. 이 내외(內外)의 구분 논리가 일본 법상종의 '정통 현장-규기 대(對) 이단 원측'의 양분법으로 발전하였고, 그것을 은연중에 답습한 것이 20세기 일본과 한국 연구자들의 원측 이미지, 즉 현장 및 그를 계승한 '중국 유식 사상'과 대립하는 '신라 유식 사상'의 영수로서의 원측이다.

하지만 이것은 역사적 사실에 부합하지 않는 허상에 가깝다. 내외의 구분을 통해 원측을 현장으로부터 배제하려는 논리를 최초로 명시적으로 설파한 이는 규기의 제자 혜소(慧沼, 650~714)이다. 그는 자신의 스승 규기만이

현장, 원측, 규기의 사리탑(舍利塔) (2015년 필자 촬영)

현장의 참된 제자임을 강조하기 위해 원측이 "수시로 현장을 방문하여 자문한 뒤 현장의 뜻을 제멋대로 해석했다"고 비난하였는데, 여기서 등장하는 표현이 원측의 수학(修學) 방식 중 하나인 '수시로 이루어진 자문', 즉 종시자문(縱時諮問)이다. '종시자문'은 혜소로서는 달갑지 않은 상황인데도 그가 그것을 언급했다는 것은 이 일은 부인하고 싶어도 부인할 수 없는 역사적 사실임을 반증한다. 그리고 이 사실은 역설적으로 모종의 선입견이나 정서 때문에 일부 연구자들이 그동안 보지 못했거나 또는 일부러 보려 하지 않았던 현장과 원측의 친밀한 관계에 대한 확실한 증언에 다름 아니다.

위의 사진처럼 세 사상가가 한 자리에 모인 것은 북송(北宋) 초인데, 현장을 계승한 당시의 중국 유식종 사상가들은 중앙에 현장을 두고 오른쪽에 연장자인 원측을, 왼쪽에 연소자인 규기를 배치함으로써 현장이 번역한 불경의 가르침을 전한 양대 사상가 중 하나로 원측을 인식하였음을 시각적 상징을 통해 확실하게 보여준다.

그렇다면 "원측은 현장과 대립한 사상가였을 것이다 또는 사상가여야 한다"라는 선입견이나 정서는 어디에서 연원하였을까? 지난 100여 년의 원측 연구사를 살펴보면, 그 주된 이유는 아마도 원측을 현장의 제자나 그의 권위를 존중한 사상가가 아니라 그와 대립했던 사상가로 보아야 중국 불교와 구별되는 한국 불교의 정체성을 확립할 수 있다고 생각했기 때문인 듯하다. 이러한 해석 경향은 장안 및 낙양 불교와 직접 교류하면서도 사상가 개인의 역사적 조건에 따라 다양한 색깔의 사상을 꽃피웠던 한국 불교를 비하하기 위해 "한국 불교는 중국 불교의 모방에 불과하다"고 낙인찍은 일본 제국주의자들의 이른바 식민사관의 윽박질에 대한 방어적 민족주의 정서에 기반한 듯하다. 간단히 말해, 식민사관이 한국 연구자들에게 일종의 '고유성 콤플렉스' 또는 '독창성 콤플렉스'를 심어준 것이다.

그러나 사실 사상을 포함한 모든 문화의 특성은 하이브리드, 즉 이질적인 것들의 혼합이다. 현장 사상도 중국 고유 사상, 인도 유학 전 수용한 불교 사상, 인도에서 새로 수용한 불교 사상 등의 조합이었을 것이고, 원측 사상도 유학 전 신라에서 체화된 사상, 유학 후 수용한 불교 사상, 현장에게 새로 배운 불교 사상 등의 조합이었을 것이라고 보는 것이 합리적이다. 그런 점에서 '현장의 제자'라는 사실이 사상가 원측의 정체성의 중요한 부분인 것은 말할 필요도 없지만, 그것 때문에 사상가로서의 그의 독립성이나 개성이 사라지는 것은 아니다. 마치 안드라스 쉬프(Andras Schiff)의 바흐 연주[13]

13 안드라스 쉬프의 바흐「프랑스모음곡 제5번」연주 영상(https://www.youtube.com/watch?v=TEOrT_eXic0) 참조.

를 좋아한다고 말했던[14] 피아니스트 임윤찬의 바흐 「프랑스모음곡 제5번」 연주[15]에서 쉬프와 유사한 느낌이 묻어나면서도 그만의 개성과 아름다움이 빛나듯이 말이다.

필자는 자신의 스승 규기의 정통성을 강조하기 위해 원측과 현장 사이를 이간질하려 노력한 혜소 이래의 규기계 사상가들, 그들이 날조해낸 '도청'이라는 헛소문, 그 헛소문에 근거해 형성된 일본 유식종의 '정통 현장-규기 대 이단 원측'의 양분법, 그리고 그것을 은연중에 답습한 20세기 일본과 한국 연구자들의 원측 이미지로부터 이제는 벗어날 때가 되었다고 생각한다. 거칠게 말하면, 얄궂게도 지금까지 다수의 원측 연구자들은 현장과 원측의 막역함을 시기했던 혜소를 계승한 사람들이 만들어낸 '도청'이라는 가짜 뉴스의 선의의 피해자였다고 볼 수 있다.

3. 후대의 수용과 영향

국내외 연구자들의 평가에 의하면, 원측의 학문은 당시까지 중국에 전승되어 온 유식 사상의 큰 맥을 섬세하게 집대성한 규모와 깊이를 갖추고 있었다. 이 점은 그의 저술이 당대에 널리 읽혔을 뿐만 아니라 후대에도 중원, 신라와 고려, 돈황(敦煌), 일본, 티벳 등에 전파되어 학습되었던 역사적 사실에 의해서도 증명된다.

중원의 경우 원측의 사리탑(舍利塔)을 서안 교외의 흥교사(興敎寺)로 옮길

14 임윤찬의 『경향신문』 인터뷰(https://www.khan.co.kr/culture/culture-general/article/202110051559001) 참조.

15 임윤찬의 바흐 「프랑스모음곡 제5번」 연주 영상(https://www.youtube.com/watch?v=ivXNNP5pt2Q) 참조.

때인 1115년 송복(宋復)이 지은 「탑명」[16]을 통해 당시까지도 『성유식론소』와 『해심밀경소』를 비롯한 7부(部)의 저술이 읽혔음을 알 수 있다.

신라의 경우 695년 전후에 성립된 것으로 추정되는 경흥(憬興)의 『무량수경연의술문찬(無量壽經連義述文贊)』, 늦어도 705년에는 완성된 둔륜(遁倫)의 『유가론기(瑜伽論記)』, 태현(太賢, 742~764 활동)의 『성유식론학기(成唯識論學記)』 등에 원측의 저술과 해석이 다수 인용되어 있다. 고려의 경우 1090년에 작성된 의천(義天, 1055~1101)의 『신편제종교장총록(新編諸宗敎藏總錄)』을 통해 「탑명」의 목록과 거의 일치하는 7부의 저술이 당시 유통되고 있었음을 알 수 있다.

돈황의 경우 안법사(晏法師)의 『대승백법론의장(大乘百法論義章)』「서론」의 일부가 『해심밀경소』의 관련 부분을 그대로 채용하고 있음이 확인되었다. 안법사와 동시대인으로 추정되는 담광(曇曠)이 755년경 장안으로 유학가서 원측이 머물렀던 서명사에서 수학한 후 귀향하면서 원측의 저작이 이 지역에 전파되었을 것으로 추정된다. 훗날 토번(吐蕃, 고대 티벳왕국)이 이 지역을 점령하자 그가 토번왕에게 적극 협력했다는 점에서 토번 점령기인 820년대에 이곳에서 『해심밀경소』가 티벳어로 번역된 계기도 그와 무관하지 않다고 볼 수 있다.

일본의 경우 선주(善珠, 723~797) 이래로 꾸준히 읽혔으며, 1176년 장준(藏俊)이 작성한 『주진법상종장소(注進法相宗章疏)』를 통해 당시까지도 『성유식론소』와 『해심밀경소』를 비롯한 6부의 저술이 여전히 유통되고 있었음을 확인할 수 있다. 그중 『반야심경찬』과 『인왕경소』는 1924~34년에 발행된

16 정식 명칭은 「대주서명사고대덕원측법사불사리탑명병서(大周西明寺故大德圓測法師佛舍利塔銘并序)」이다.

『대정신수대장경(大正新修大藏經)』 속에 들어가서 거의 온전히 전해지고 있고(약간의 필사 오류가 있다), 『해심밀경소』는 1905~1912년에 발행된 『만속장경(卍續藏經)』 속에 포함되어 불완전하게나마 오늘날까지 전해지고 있다(총 10권 중 '제10권 전체'와 '제8권 첫부분'이 없으며, 여타 부분에도 적지 않은 필사 오류가 존재한다.).

하지만 원측의 사상적 매력을 좀 더 극적으로 확인할 수 있는 곳은 티벳 불교 전통이다. 동아시아 지역의 독서는 어떤 형태로든 사승(師承) 관계를 통한 전파에 기반했을 것으로 추정되는데, 그 관계를 상정할 수 없는 티벳에서 『해심밀경소』가 인용된 것은 오로지 저작이 지닌 매력 때문이었을 것이다. 『해심밀경소』는 한역(漢譯) 불경에 대한 주석서로는 드물게 티벳어로 번역되었을 뿐만 아니라 번역 후에도 티벳 불교사에서 잊히지 않고 전승되어 오다가, 티벳 불교를 대표하는 사상가 쫑카빠(Tsoṅ Kha pa, 1357~1419)가 자기 주장의 근거로 인용하면서 지금까지 큰 결락 없이 거의 온전하게 전승되고 있다.[17] 『해심밀경소』 티벳어역은 티벳 불교 사상가들과 구미(歐美) 연구자들의 불교 인식에도 영향을 주었다.

먼저 쫑카빠의 경우를 살펴보자. 중관 사상을 계승하고자 하는 쫑까빠가 원측을 언급한 이유는 그의 해박한 학식에 대한 존경과 함께 비록 시간적으로는 멀리 떨어져 있지만 영향력을 지닌 학자의 견해를 교정하고자 하는 소망 때문이었으리라 추측된다.[18] 간단히 말해 쫑카빠에게 원측은, 앞서

17 이 티벳어역을 통해 만속장경 본(本)에는 없는 제10권 전체와 제8권 첫부분을 한문으로 복원하는 작업이 20세기 중반에 일본에서 진행되었고, 근래에는 제1권 중 '한문 텍스트 없이 티벳어역만 보존된 부분'의 소개와 제10권 전체와 제8권 첫부분을 제외한 '여타 한문 텍스트 속 필사 오류'의 수정이 한국에서 진행 중이다.

18 Jeffrey Hopkins, *Emptiness in the Mind-Only School of Buddhism: Dynamic Responses*

공-유 논쟁에 대한 설명에서 짐작할 수 있듯이, 중관 사상과 연속적이면서도 단절적인 지적 전통으로 이해된 유식 사상에 다가가도록 이끄는 박학한 '길잡이'인 동시에, 자신이 계승하고자 하는 중관 사상이 극복해야 할 '비판 대상'으로 인식되었던 듯하다.

다음으로 앞서 소개한 공-유 논쟁과 관련된 원측의 불교사 인식 중에서 중관과 유식 사상 간의 연속성을 강조하는 측면이 쫑카빠의 스승, 쫑카빠, 그리고 쫑카빠를 계승한 사상가들의 불교사 인식에 영향을 주었다. 형식적 측면에서도 『해심밀경소』 티벳어역의 세밀한 주제 분류 방식은 그와 유사한 후대 티벳 불교의 주석 방식의 기원으로 조심스럽게 추측되기도 한다.[19]

끝으로 『반야경』과 공-유 논쟁에 대한 원측 해석은 현대 연구자들에게 일반적인 해석과 다른 관점에서 그 주제에 접근하는 안목을 제공해 주기도 하였다.[20]

to *Tsoṅ-kha-pa's The Essence of Eloquence 1*, Berkeley: University of California, 1999, pp.44~46.

19 John Powers, *Hermeneutics and Tradition in the Saṃdhinirmocana-sūtra*, Leiden: E. J. Brill, 1993, p.19, footnote 40.

20 Jay Hirabayashi and Shotaro Iida, "Another Look at the Mādhyamika vs. Yogācāra Controversy Concerning Existence and Non-existence", *Prajñāpāramitā and Related Systems: Studies in honor of Edward Conze*, Lewis Lancaster and Luis O. Gómez (ed.), Berkeley: Berkeley Buddhist Studies Series, 1977, pp.341~360.

4. 글쓰기의 특징

1) 글쓰기의 일반적 특징

이 절에서는 글쓰기 형식을 통해 드러나는 원측 사유의 특징을 소개하고자 한다. 자기주장에 대한 객관적이고 논리적인 증명을 지향하는 요즘 학자들과는 달리, 고승들의 글쓰기 방식은 이미 진리로 확정된 붓다의 말씀을 담은 '경(經)'과 그 말씀에 대한 선대 불교사상가들의 해설인 '논(論)'을 인용하여 해당 주제를 해설하는 주석학적 보완에 중점이 놓여 있다. 원측의 글쓰기는 이러한 경향의 전형이라 할 수 있는데, 그 특징을 요약하면 다음과 같다.

첫째, 경전과 논서에 근거한 불교 사상의 주요 주제에 대한 포괄적이고 통시적인 해설을 꼽을 수 있다. 원측은 어떤 주제를 해설하면서 소승(小乘)과 대승(大乘)의 여러 학파들의 주장을 차례대로 명시하면서 그들이 근거하고 있는 경전과 논서의 핵심 구절들을 인용하며, 필요시 '해운(解云)', 즉 해설과 해석의 형식을 통해 학파들 간 해석의 공통점과 차이점 설명, 인용 구절 속 단어의 의미 해석, 문답을 통한 해당 주제에 심화된 토론 등 보충적 해석을 제공한다. 이러한 특징 때문에 필자는 원측의 글을 읽으면서 불교사상을 구성하는 기본 개념의 정의와 불교 사상사적 맥락을 이해하는 데 적지 않은 도움을 받았다.

둘째, 불교사상사의 쟁점에 대한 균형 잡힌 소개와 포용적 해석이 돋보인다. 원측은 불교사상사에서 논쟁을 일으켰던 두 진영의 핵심 주장과 각 진영이 근거하고 있는 경과 논의 핵심 구절들을 차례대로 소개한 뒤, 그들 주장의 기본 의도가 무엇인지를 드러내고, 어떤 지점에서 양자가 양립 가능한

지를 모색하려 노력하였다. 앞서 언급한 '공-유 논쟁'과 '종성' 해석에서 원측의 이러한 특징이 잘 드러난다.

셋째, 자기주장을 직접 내세우기보다는 전대 및 당대 불교 사상가들의 다양한 해석을 소개하고 그 의미를 깊이 이해하려는 노력이 돋보인다. 원측은 특정 주제에 대한 상이한 견해들이 존재할 때 '일운(一云)', 즉 "어떤 사람들은 다음과 같이 말한다"는 형식을 통해 각 의견의 요지와 그것이 근거하는 경전과 논서 구절들을 차례대로 소개한 후, 여러 관점에서 그 상이한 의견들을 분류하는데 공을 들인다. 그 과정에서 때로는 조심스럽게 특정한 의견을 지지함으로써 간접적으로 자신을 드러내기도 하지만, 그것조차도 자기 의견을 불교 사상사적 맥락에서 객관화하는 작업이라는 점에서 주창자보다는 '해석자'의 역할에 충실하고자 한다.

2) 화쟁(和諍) 지향 글쓰기: 무성유정(無性有情) 해석

글쓰기를 통해 드러나는 원측 사유의 특징을 좀 더 구체적으로 보여주기 위해 그의 글쓰기의 두 번째 특징인 갈등 조정자, 즉 화쟁가(和諍家)로서의 모습을 잘 보여주는 예로, 앞서 언급한 '종성'이라는 주제의 한 축을 형성하는 무성유정(無性有情) 해석의 특징을 간략히 소개하고 싶다.

'종성'에 대한 일승가와 삼승가의 상반된 관점: 포용적 인식 대(對) 위계적 인식

이어지는 무성유정 해석의 맥락을 이해하기 위한 예비 작업으로서 우선 종성의 의미를 살펴보겠다. 인도불교 전통에서 유래한 '종성(種性, gotra)'은 특정한 '부류'와 그 부류가 공유하는 '본성'을 동시에 의미하는 중의적 단어이다. 대승불교 사상가들은 대체로 중생을 깨달음의 관점에서 다섯 부류로 나눈다. 즉, 자신의 수행 역량에 따라 각각 자기 부류의 깨달음을 추구하는 성문종성(聲聞種性), 연각종성(緣覺種性), 보살종성(菩薩種性), 잠정적으로 이 셋 어디에도 속하지 않는 부정종성(不定種性), 그리고 마지막으로 깨달음의 본성, 즉 불성(佛性)이 없어 깨달음 부류에서 배제된 무성유정(無性有情, agotrasattva) 등 다섯 부류의 중생이 있다고 말한다. 이 중 성문은 스승과 벗들로부터 붓다의 음성[聲], 즉 가르침을 듣고[聞] 점진적 수행 과정을 거쳐 해탈을 추구하는 부류의 수행자이다. 이에 반해 연각은 붓다가 보리수 아래에서 깨달은 진리로 불교 전통에서 공인된 '연기(緣起)', 즉 모든 것이 상호의존적으로 존재한다는 사실을 깨닫는 방법을 통해 해탈을 추구하는 부류의 수행자이다. 이들은 성문과 달리 스승과 벗들의 가르침 없이 홀로[獨] 깨달음[覺]을 추구하기 때문에 '독각(獨覺)'이라고도 부른다. 그리고 성문은 작은 깨달음을 추구하고, 연각은 중간 정도의 깨달음을 추구한다는 점에서 위계의 차이가 존재한다. 깨달음을 통해 자기 구원을 추구하는 이 두 부류와 달리 보살은 중생을 구원하려는 큰 뜻을 세워 수행하는 부류를 지칭한다. 그리고 성문, 연각, 보살은 각각 자기 부류에 속한 성불 가능성, 즉 성문종자(聲聞種子), 연각종자(緣覺種子), 보살종자(菩薩種子)를 그 부류에 알맞은 수단을 통해 실현하려는 존재이다. 그래서 불교 전통에서는 세 부류의 수행자가 각자의 수레[乘, yāna]를 타고 해탈이라는 목적지에 도달하려고 나아간다는 점에서 비유적으로 각각 '성문의 수레를 탄 이들[聲聞乘]', '연각의 수레를 탄 이들[緣覺乘]', '보살의 수레를 탄 이들[菩薩乘]'이라 부르고, 세 부류를 '삼승(三乘)'이라 통칭한다. 대승 불교 전통에서는 성문승과 연각승은 소승(小乘), 즉 '작은 수레를 탄 이들'로 낮추어 부른다. 반면에 보살승은 대승(大乘), 즉 '큰 수레를 탄 이들'로 높여 부름으로써 삼승 수행자 간에 위계를 설정한다.

이처럼 종성 논의는 부류의 구분을 통해 수행자들을 보살종성(또는 보살승), 연각종성(또는 연각승), 성문종성(또는 성문승), 무성유정 순으로 위계적으로 분류한 뒤, 각 부류의 수행자가 어떻게 깨달음을 성취하는지를 설명한다는 점에서 일종의 '불교 구원론'이라 할 수 있다. 여기서 우선 눈에 띄는 것은 지금까지 설명한 삶의 지향과 수행 역량을 기준으로 한 부류의 차이에 대한 위계적 인식이다. 하지만 거기에는 동시에 모든 중생은 부류의 현실적 차이를 초월하여 해탈의 이상, 즉 '이상의 불성[理佛性]'을 공유하고 있다는 포용적 인식도 포함되어 있다. 다시 말해 종성 논의에는 구원 대상인 중생에 대한 대승불교 사상가들의 수직적이고 위계적 인식과 그와 상반된 수평적이고 포용적 인식이 마치 씨줄과 날줄처럼 교차되어 있다. 이상의 설명을 표로 정리하면 다음과 같다.

<table>
<tr><th colspan="5">위계적 인식</th><th>포용적 인식</th></tr>
<tr><td rowspan="4">'깨달음' 가족 구성원들</td><td>정식 성원</td><td colspan="3">붓다</td><td>붓다:
해탈의 이상(=이상의 불성[理佛性])을 실현한 존재</td></tr>
<tr><td rowspan="3">예비 성원</td><td>보살종성(보살승)</td><td>대승</td><td rowspan="3">부정 종성</td><td rowspan="4">중생 또는 유정:
해탈의 이상(=이상의 불성)을 지닌 존재</td></tr>
<tr><td>연각종성(연각승)</td><td rowspan="2">소승</td></tr>
<tr><td>성문종성(성문승)</td></tr>
<tr><td>'깨달음' 가족 바깥의 존재</td><td colspan="4">무성유정</td></tr>
</table>

원측에 따르면, 동아시아 불교에서 이 상반된 인식 중에서 전자의 측면이 두드러진 사상가가 현장이고, 후자의 측면이 두드러진 인물이 진제이다. 이후 논의의 편의를 위해 전자와 그를 추종하는 사상가 그룹(유식종 또는 법상종)이 삼승, 즉 좀 더 구체적으로 소승과 대승 간의 차이를 강조한다는 점에서 그들을 '삼승가(三乘家)'로, 반대로 후자의 사상가 그룹(진제 외 화엄종, 천태

종[21] 등)이 삼승 간의 차이보다는 그것을 초월하는 성불 가능성의 동일성을 강조한다는 점에서 그들을 '일승가(一乘家)'로 부르기로 하겠다.

원측은 동아시아 불교에서 첨예화된 종성 해석을 둘러싼 삼승가와 일승가의 심각한 갈등을 우려하였다. 그래서 그는 각 진영의 핵심 주장과 그 주장의 경전적 근거들을 차례대로 소개한 뒤, 경전 언어들 간의 표면적 모순이 사실은 모순이 아님을 보여줌으로써 양 진영 간의 갈등을 해결하려 노력하였다.

'일승가'의 무성유정 해석: 붓다의 대비심에 주목

원측은 먼저 "모든 중생에게 불성이 있다"는 진제 진영의 전체 주장을 소개하고, 이어서 그 주장을 뒷받침하는 경전적 근거로 『능가경(楞伽經)』 등 여러 경전 구절 등을 제시한 후, 결론적으로 "무성유정도 성불할 수 있다"는 부분 주장을 도출한다. 이어서 다시 전통적으로 용수의 저작으로 인식된 구마라십(鳩摩羅什) 번역 『대지도론(大智度論)』 등의 구절을 인용한 뒤, 그것을 근거로 "무성유정이란 결코 없다"는 부분 주장을 이끌어 낸다.

진제 진영에서 경전적 근거로 제시한 것들 중 무성유정 해석과 관련하여 주목할 만한 것은 『능가경』 구절이다. 왜냐하면 거기에서 무성유정의 대명사로 이해된 일천제(一闡提)에 대해 흥미로운 언급을 하기 때문이다. '일

21 '천태종(天台宗)'은 중국 불교사상가 지의(智顗, 538~597)를 계승하는 학파로, 『법화경(法華經)』을 붓다의 최고의 가르침으로 여긴다. 지의가 만년에 머물렀던 산이 천태산(天台山)이었기 때문에 '천태'는 그의 별명이 되었고, 그의 가르침을 따르는 사상가들을 '천태종'이라 부른다. 천태종과 화엄종은 모두 유식종 또는 법상종이 신봉하는 『해심밀경』이 성문, 연각, 보살 간의 차이를 강조하는 '삼승'의 가르침에 머물러 있다는 점에서 자신들보다 열등하며, 자신들이 각각 신봉하는 『법화경』과 『화엄경』은 그 차이를 초월하는 '일승'이라는 붓다 최고의 가르침을 설한다는 점에서 더 우월하다고 보았다.

천제'는 산스끄리뜨어 '잇찬띠까(icchantika)'의 발음을 모방한 외래어이다. 그리스도교가 처음 중국에 들어왔을 때 중국 문화에 헬라어 '크리스토스(christos)'에 대응하는 인간 유형이 없었기 때문에 '기독(基督)'이라고 음사한 것처럼, 대승 경전들이 번역될 당시 중국 사상에 '잇찬띠까'에 대응하는 인간 유형이 없었기 때문에 소리 나는 대로 '일천제'로 표기한 것이다. 일천제의 의미는 대승 경전마다 조금씩 다른데, 『능가경』에서는 '욕망의 즐거움을 추구하는 윤회적 삶을 지속하기를 바라는 존재'를 지칭한다.

그런데 문제의 『능가경』에 따르면, 이 일천제에도 두 부류가 있다. 그중 '모든 선함의 뿌리를 태워 없애버린[焚燒一切善根] 일천제'는 붓다나 지혜를 얻은 사람[善知識]을 만나면 '선함의 뿌리', 즉 깨달음의 잠재력이 다시 생겨나 궁극적으로 열반에 들 수 있다. 반면 모든 중생을 연민하여 그들의 윤회적 삶이 끝나기를 바라는 이른바 '보살일천제(菩薩一闡提)'는 오히려 영원히 열반에 들지 않는 존재로 이해되고 있다.

그렇다면 보살일천제는 왜 열반에 들지 않을까? 그 이유 중 하나는 그에게는 우리가 사는 윤회적 삶이 깨달음의 눈으로 보면 사실은 모든 괴로움으로부터 자유로운 상태인 열반임을 통찰하는 지혜가 있기 때문이다. 그래서 그는 중생들이 사는 윤회적 삶을 벗어나 따로 열반을 추구하지 않는다. 다른 하나는 그는 지혜와 동시에 윤회적 삶 속에서 괴로워하는 중생에 대한 무한한 대비심(大悲心)을 지닌 존재이기 때문이다. 따라서 '모든 선함의 뿌리를 태워 없애 버린 일천제'처럼 구원 받을 중생이 존재하는 한 보살일천제는 그들에 대한 대비심 때문에 영원히 열반에 들지 않는다. 그러므로 전자는 후자의 존재 이유이며, 그 점에서 양자는 불가분의 관계에 있다고 볼 수 있다.

다음으로 주목할 것은 『대지도론』의 구절이다. 『대지도론』의 저자는 "보살의 진리는 중생들의 수행 역량에 맞추어 중생들을 대승의 큰 길에 머물도록 인도하는데, 열반에 드는 것을 감당하지 못하는 자는 사람[人]과 천신[天]의 복과 즐거움을 향유하면서 열반의 원인을 짓도록 한다"라고 말한다. 다시 말해, '열반에 드는 것을 감당하지 못하는 자', 즉 열반에 들 능력이 없는 자라 할지라도 붓다는 그들이 우선 사람과 천신들이 추구하는 세속적인 행복을 목표로 삶을 영위하면서 장기적으로 열반의 원인을 쌓도록 유도한다고 인식하였다. 이러한 인식은 성문, 연각, 보살의 깨달음 부류에서 제외된 무성유정일지라도 붓다의 인도를 따라 도덕적 삶을 살면서 단계적으로 수행한다면 '언젠가는' 열반할 수 있으며, 그 점에서 '실질적 의미의' 무성유정, 즉 영원히 구원받을 수 없는 중생은 존재하지 않는다는 이해를 전제한 것으로 보인다.

지금까지 살펴본 진제 진영의 무성유정 해석의 특징은 무성유정에 대한 구원의 희망을 끝내 버리지 않는 붓다의 대비심에 주목했다는 데에 있다.

'삼승가'의 무성유정 해석: 붓다의 지혜와 대비심 모두에 주목

이에 반해 현장은 "중생은 다섯 부류가 있는데 그중 무성유정에게는 열반 가능성이 없다"는 주장을 내세운 뒤, 그 주장의 근거로 여러 경전과 논서 구절을 제시하고, 다시 표현만 약간 바꾸어 "무성유정은 열반의 원인이 없다"라는 결론을 내린다.

여기서 우리는 현장이 무성유정을 열반 가능성 또는 열반의 원인이 없는 존재로 인식하고 있음을 확인할 수 있는데, 문제는 그 없음의 상태가 일시적인가 영원한가이다. 이에 대한 대답과 관련하여 우리가 주목해야 할 것은 '무성유정의 성불 불가능' 주장의 근거로 제시된 여러 인용문들 중 『대승장엄경론(大乘莊嚴經論)』과 『불지경론(佛地經論)』의 구절이다. 이 두 문헌을 제외한 여타 문헌의 구절들은 성문, 연각, 보살 등과 달리 '열반 가능성을 결여하고 있는 부류'가 엄연히 존재함을 강조할 뿐, 그 결여 상태가 일시적인지 영원한지에 대한 명시적 언급은 없다. 하지만 『대승장엄경론』과 『불지경론』은 그렇지 않다. 『대승장엄경론』은 "불성 없는 자에도 두 종류가 있다. 첫째는 완전한 열반의 특성이 '일시적으로[時邊]' 없는 자이고, 둘째는 완전한 열반의 특성이 '전혀[畢竟]' 없는 자이다. 그중 완전한 열반의 특성이 '전혀' 없는 자는 열반의 원인이 없기 때문에 완전한 열반 가능성이 없으며, 다만 윤회적 삶만을 추구하고 열반을 바라지 않는 사람이다"라고 말한다. 『불지경론』도 무성유정을 지칭하는 "제5의 부류에게는 붓다만이 지닌 세상적인 것을 초월하는 힘을 발생시키는 원인이 없기 때문에 열반하는 때가 '결코[畢竟]' 없다"라고 말한다. 이처럼 『대승장엄경론』은 완전한 열반의 특성이 '전혀' 없는 존재를 명시하고 있고, 『불지경론』에서는 무성유정에게는 '열반하는 때가 결코 없다'라고 말하고 있다. 양자 모두 '절대적으로'를 뜻하는 부사어 '필경(畢竟)'을 통해 영원히 구제받을 수 없는 존재가 있음을 부인하지 않는다.

그렇다면 이렇게 구원받을 수 없는 중생에 대해 붓다는 구원론적으로 어떠한 태도를 취했다고 삼승가는 보았을까? 이와 관련하여 앞서 삼승가가 자기주장의 근거로 제시한 경전과 논서 구절들 중에서 『대보살장경(大菩薩藏經)』 구절과 『승만경(勝鬘經)』 및 『보살지지경(菩薩地持經)』 구절이 상반된 인식을 보여준다는 점에 주목할 필요가 있다.

먼저 『대보살장경』은 "나쁨으로 본성이 확정된 중생들은 '진리의 그릇이 못되며' 여래께서 그를 위해 진리를 설하든 설하지 않든 끝내 해탈을 얻을 수 없다. 여래께서는 그 중생이 진리의 그릇이 못 됨을 사실 그대로 알아보신[如實知] 뒤에 버리신다"라고 단언한다. 여기서 우리는 뜻밖에도 '나쁨으로 본성이 확정된 중생[邪定衆生]', 즉 무성유정의 현실을 '사실 그대로 알아보며', 즉 냉철하게 직시하며, 그 결과 그들에 대해 절망하고 포기하는 붓다를 만날 수 있다.

하지만 『승만경』과 『보살지지경』은 이와 상반된 붓다의 모습을 전한다. 『승만경』은 "올바른 진리를 받아들이는 좋은 가문의 아들딸들은 지혜를 얻은 이를 멀리하여 진리를 들은 적이 없는 '진리의 그릇이 아닌 중생들'을 사람과 천신이 본래 가지고 있는 선함의 뿌리를 통해 완성하도록 인도한다"라고 말한다. 『보살지지경』은 붓다는 "종성 없는 자는 사람과 천신의 땅과 같은 '좋은 곳'에 태어나도록 인도함으로써 성숙시킨다"라고 말한다. 여기서 우리는 현장이, 무성유정의 다른 표현으로 보이는 '진리의 그릇이 아닌 중생들[非法衆生]'과 '종성 없는 자[無種性者]'(=불성이 없는 자)를 내버려 두지 않고 어떤 방식으로든 그들의 잠재력을 성숙시키려고 노력하는 붓다의 또 다른 일면에도 주목하고 있음을 알 수 있다.

이처럼 현장의 무성유정 해석에는 무성유정의 구원 가능성에 대한 붓다의 희망과 절망이 교차되어 있음을 쉽게 확인할 수 있다.

원측의 '일승가'와 '삼승가' 간의 화쟁 시도
: 붓다의 대비심에 주목하면서도 구원 불가능한 중생 존재를 묵인

이와 같이 양 진영의 해석을 소개하는 중간에 원측은 다시 지면을 할애하여 스스로 일승가와 삼승가의 입장에 서서 반대 진영의 주장과의 모순을 해결하려는 시도를 진행한다.

우선 일승가의 주장과 그 경전적 근거를 모두 소개한 후, 그 경전 구절들과 외면상 모순되어 보이는, 삼승가가 제시한 무성유정의 성불 불가능성을 명시한 경전과 논서의 말을 어떻게 모순 없이 이해할 수 있는지에 대한 자신의 견해를 밝힌다. 그는 우선 삼승가가 의지하는 『해심밀경』, 『유가사지론(瑜伽師地論)』 등의 "결코 성불할 수 없다"는 말은 무성유정의 능력이 성숙하지 못했을 때에 한정해서 한 말이지 절대적으로 성불하지 못한다는 말은 아니라고 해명한다. 이어서 그 근거로 『보성론(寶性論)』을 인용하여 "지금껏 '일천제는 언제나 열반에 들지 못하며 열반 가능성이 없다'고 말해 왔는데 이 말의 의미는 무엇인가? 대승에 대한 그의 비방이 성불할 수 없음의 원인임을 드러내고자 하기 때문이다. 실은 그에게 번뇌 초월을 지향하는 청정한 본성[淸淨性]이 있기 때문에, '그에게 번뇌 초월을 지향하는 청정한 마음[淸淨心]이 영원히 절대적으로 없다[常畢竟無]'고는 말할 수 없다"라고 말한다. 요약하면, 원측은 일천제 역시 성불 가능성이 남아 있다는 전제 하에서, 삼승가가 의지하는 경전과 논서의 "결코 성불할 수 없다"는 말 역시 실질적 성불 불가능의 단언이 아니라, 붓다가 설법 대상인 무성유정으로 하여금 성불의 장애 요인인 '대승에 대한 비방을 멈추게 하기 위한 방편적 충격요법'으로 한 말로 이해한다. 그리고 이를 통해 무성유정의 성불 가능성을 주장하는 일승가도 "대승을 비방하는 편견에 사로잡힌 미성숙한 무성유정은 결코 성불할 수 없다"는 삼승가의 주장을 포용할 수 있음을 보여준다.

다음으로 원측은 이와 반대로 현장의 입장에 서서 진제 진영에서 자기주장의 근거로 제시한 경전 구절들을 재해석하면서 양 진영의 대립을 해소하려 노력한다. 앞서 일승가는 『대지도론』의 "보살의 진리는 열반에 들어가는 것을 감당하지 못하는 자의 경우 그들로 하여금 사람과 천신의 복과 즐거움을 향유하면서 열반의 원인을 짓도록 한다"라는 말에 근거하여 '열반에 들어가는 것을 감당하지 못하는 자', 즉 무성유정의 성불 가능성을 주장하였다. 원측은 삼승가의 입장에서 『대지도론』의 이 말은 두 가지로 해석할 수 있다고 본다.

하나는 앞서 『대승장엄경론』의 구분과 유사하게 사람과 천신을 '열반 가능성이 결코 없는[畢竟無] 존재'와 '열반 가능성이 일시적으로 없는[暫時無] 존재'로 구분한 뒤, 붓다가 열반의 원인을 짓도록 인도하는 대상은 그중 후자, 즉 '일시적으로 열반 가능성이 없는 존재'에만 해당한다고 봄으로써 전자, 즉 '영원히 열반할 수 없는 무성유정'이 존재함을 간접적으로 묵인한다고 읽는 것이다.

다른 하나는 붓다는 자비[悲]와 중생구제 의지[願]로 말미암아 성불 여부와 무관하게 일시적으로 열반 가능성이 없는 존재이든 영원히 구원받을 수 없는 존재이든 '모든 종류의 무성중생'을 열반으로 인도하려고 노력하는 존재로 읽는 것이다.

이처럼 양 진영 간의 화쟁을 통해 원측은 무성유정을 구원하고자 "결코 성불할 수 없다"는 단언적 충격요법까지도 마다하지 않으며, 성패와 무관하게 모든 중생을 구제하기 위해서 최선을 다하는 붓다의 자비와 중생 구제 의지에 주목하였다. 그러나 그는 동시에 그것에 부응하지 못하는 중생, 즉 영원히 구제받을 수 없는 중생도 엄존한다는 현실을 부인하지 않았다. 이 해결책이 과연 갈등 해결에 성공했는지에 대해서는 독자마다 판단이 다를 것이다. 하지만 필자는 원측의 소개와 해석을 따라가며 '종성'과 '무성유정' 해석과 관련된 불교사상사적 맥락을 좀 더 깊이 이해할 수 있었다. 만약 독자 여러분도 필자가 요약한 원측 해석을 따라오면서 그런 이해에 도달했다면 쫑카빠나 필자와 마찬가지로 원측의 해박한 학식과 포괄적 해석의 수혜자가 된 셈이다.

5. 해석의 특징과 사상사적 위상

이처럼 원측은 통시적이고 포용적인 해석과 갈등 조정을 지향하는 글쓰기를 통해 불교 사상의 주요 주제에 대한 포괄적 해설을 제시하였으며, 특정 주제의 해석을 둘러싼 쟁점을 불교사상사적 맥락에서 해명하려고 노력하였다. 이하에서는 이러한 과정을 통해 드러나는 그의 불교 사상 해석에서 가장 두드러지는 특징들을 간략히 소개하고, 이와 관련하여 불교사상사에서의 그의 위상을 가늠해 보고자 한다.

첫째, 원측은 진제와 현장 유식 사상 간의 연속성과 단절 모두에 주목하였다. 전자의 측면은 종성과 관련된 일승(一乘) 해석에서 잘 드러난다. 원측은 앞서 언급한 일승가들이 "무성유정을 포함한 모든 중생이 성불할 수 있다"라는 주장의 핵심 근거로 제시했던 『법화경』의 '일승' 설법에 주목하였다. 『법화경』에서 붓다는 소승 수행자 성문이든 대승 수행자 보살이든 내가 말하는 진리를 들으면 모두 의심의 여지없이 성불할 것이라고 전제한 뒤, "온 사방의 붓다의 땅에는 오직 일승의 진리만이 있을 뿐이며, 제2도 제3도 없다네. 붓다께서 방편으로 설하는 경우를 제외하고는"이라고 말한다. 원측은 '제2승'과 '제3승'에 의해 설정되는 차이를 초월하는 이 일승을 현실적 차이를 지닌 성문승, 연각승, 보살승(또는 소승과 대승), 즉 '삼승 수행자 간의 이상[理]·수행의 길[道]·수행의 종착지[果]의 동일성'을 강조한 말로 이해하면서, 진제의 일승(=이상·수행의 길·수행의 종착지의 동일성) 강조와 현장의 삼승(=현실적 차이) 강조는 서로 모순되지 않는다고 주장한다. 다시 말해, 진제가 강조하는 삼승 수행자들 간의 수행 이상·수행 방법·수행 목표의 동일성은 그들 간의 삶의 지향이나 수행 역량에 따른 현실적 차이를 전제로 하며, 반대로 현장이 강조하는 삼승 수행자들 간의 현실적 차이는 그들 간의 수행

이상·수행 방법·수행 목표의 동일성을 부정하지 않는다고 본 것이다. 앞서 무성유정 해석에서 부분적으로 암시되었듯이, 그는 이러한 입장에 서서 종성 해석에 있어 양 진영의 차이보다는 공통성을 강조하면서 갈등의 화해를 시도하였다. 이 점은 같은 주제를 논하면서 양 진영의 차이를 강조함과 동시에 진제 진영의 해석을 비판한 규기와는 대조적이다.

후자의 측면은 진제의 제9 아마라식(阿摩羅識) 개념 비판에서 두드러진다. 앞서 언급했듯이 유식 학파는 인식 대상을 떠올리는 마음, 즉 식(識)을 통해 우리가 겪는 괴로움의 원인과 그 극복 방법을 설명하려 한다. 그들은 대체로 식을 시각[眼識], 청각[耳識], 후각[鼻識], 미각[舌識], 촉각[身識] 등 다섯 종류의 감각적 인식, 제6의 식인 사유[意識], 자아의식인 제7의 말나식(末那識), 그리고 이상 일곱 종류의 식의 근본 원인이 되는 잠재적 마음인 제8의 아뢰야식(阿賴耶識)으로 구분한다. 아뢰야식은 우리가 '자아 의식을 지닌 채' 보고, 듣고, 냄새 맡고, 맛보고, 촉감을 느끼고, 생각함을 통해 인식하고 행위한 것들이 사라지지 않고 잠재적 형태로 저장되어 있는 마음 창고이다. 인식과 행위의 창고 속에 있던 그 잠재적 마음은 조건이 성숙해지면 다시 나머지 일곱 종류의 마음을 통해 경험 대상으로 떠오른다. 개인적인 예를 들면, 신해철의 〈그대에게〉를 들으면, 마음 저 깊은 곳에 저장되어 있던 그 노래를 들었던 과거 여러 순간의 소리, 장면, 상념 등이 노래를 들을 당시의 나의 생각과 결합하여 되살아나는 것과 같다. 때로는 사랑의 아름다움을, 때로는 가수의 부재가 불러온 인생 무상을 느끼게 하면서….

그런데 아뢰야식은 두 가지 상반된 본성을 지니고 있다. 한편으로 그것은 괴로움을 겪는 '윤회적 삶의 원인'이라는 점에서 번뇌의 영향 하에 있는 마음이다. 다른 한편으로 그것은 자신 안에 본래 '번뇌 초월적 본성'도 가지고 있는데, 그 본성을 철저히 자각했을 때에는 분별을 본질로 하는 식에서 '분별을 초월한 완전한 앎'으로 질적으로 변화한다. 이 과정을 "식을 변화시켜 지를 성취한다(전식득지轉識得智 또는 전식성지轉識成智)"라고 한다. 이 관점에서 볼 때, 아뢰야식은 수행자가 자기 안에 본래 있는 번뇌 초월적 본성을 철저히 자각할 경우에는 그로 하여금 깨달음을 성취하게 만든다는 점에서 '번뇌 초월적 완전한 앎의 기반'이기도 하다. 아뢰야식의 후자의 측면을 유식 사상가들은 깨달음을 성취하기 위해 반드시 통찰해야 할 진실, 즉 진여(眞如)라고 보았다.

이 진여의 성격을 어떻게 볼 것인가의 문제에서 진제와 『성유식론』을 따르는 현장-원측의 입장이 갈린다. 진제는 이 번뇌 초월적인 성격을 지닌 진여 자체가 자기 자신을 인식 대상으로 하는 '식'이라고 보았다. 그래서 번뇌 영향 하의 아뢰야식과 구별하기 위해 번뇌라는 때[垢]가 없는 '식'이라는 의미에서 '무구식(無垢識)' 또는 '아마라(阿摩羅, amala)식'[22]이라 불렀다.

하지만 위에서 설명한 팔식 체계를 수용한 원측은 아마라식이 두 가지 측면에서 문제가 있다고 보았다. 하나는 제8 아뢰야식 안에 이미 진여의 측면이 함축되어 있기 때문에, 그 바깥에 따로 '제9의 식'으로 설정할 필요가 없다고 보았다. 즉 옥상옥(屋上屋)에 불과하다는 것이다. 다른 한편으로는 진여는 그 본성이 '본래 있는 것'이며, 어떤 조건에 의해 생겨나는 것이 아닌 존재, 즉 비조건적 현상[無爲法]인데 반해, '식'은 본성상 자신이 떠올리는 인식 대상 등을 조건으로 해야만 생겨날 수 있는 '조건적 현상[有爲法]'이라는 점에서 진여인 식, 즉 '아마라식'이라는 개념 자체가 논리적 모순임을 지적하였다. 즉 관념 속에서만 존재하는 허상에 불과하다는 것이다.

22 '아마라'에 대응하는 산스끄리뜨어 '아말라amala'는 부정(否定) 접두사 'a'와 '때'를 의미하는 'mala'가 결합된 말이며, 뜻을 취하여 번역하면 '무구(無垢)'이다.

둘째, 원측은 중관과 유식 사상 간의 연속성과 단절성 모두에 주목하였다. 전자의 측면은 "중관 사상가 용수와 유식 사상가 무착(無著)[23] 간에 모순이 없었다"는 그의 불교사 인식에서 가장 두드러진다. 이 관점은 쫑카빠를 비롯한 일부 티벳불교 사상가들의 "중관과 유식 사상은 연속적이다"라는 인식에 영향을 끼쳤다. 하지만 동시에 원측은 중관 사상이 자칫 사람들로 하여금 "우리가 경험하는 대상에 불변의 본질이 없다"는 진실인 공성(空性)을 오해하여 "아무것도 존재하지 않는다"고 생각하는 허무주의에 빠지게 할 위험이 있다고 보았다. 또 그런 점에서 유식 사상에 비해 불완전하며, 유식 사상을 통해 허무주의를 제거할 필요가 있음을 강조하였다. 이 맥락에서 원측은 청변과 호법 간 '공-유 논쟁'에서 중관 사상가 청변을 부분적으로 비판하였다. 물론 이 관점은 중관 사상을 핵심 가르침으로 삼는 쫑카빠에 의해 의도적으로 거부되었다.

지금까지 유식 사상가 원측의 지적 여정, 불교사상사의 주요 주제에 대한 통시적 해석과 논쟁에 대한 화쟁적 해석을 특징으로 하는 그의 글쓰기 방식, 불교사상사적 맥락에서 본 그의 사상 해석의 특징 등을 간략하게 살펴보았다. 앞서 언급했듯이, 북송 초 중국의 유식 사상가들은 원측의 사리탑을 현장과 그의 제자 규기의 사리탑이 함께 있었던 흥교사로 옮겨 오면서 그것을 중앙의 현장탑을 중심으로 왼쪽의 규기탑과 대칭적으로 오른쪽에 위치시켰다. 황실 관리였던 송복은 이 공간 배치의 종파적 의도를 의식하고 「탑명」을 쓰면서 원측의 역사적 공헌에 대해 다음과 같이 평가하였다: "심오한 불경에 날개를 달아주어 그것을 이해하고자 하는 당대인들의 눈과 귀

23 무착(아상가 Asaṅga)은 세친의 형으로 알려져 있으며, 동생 세친과 함께 유식 사상의 기본 구조를 구축한 사상가로 평가되고 있다.

원측사리탑. 「탑명」이 새겨져 이 안에 보존되어 있었다. (2015년 필자 촬영)

가 되어주었다. 그 결과 현장을 도와 붓다의 진리가 인도 동쪽으로 전파되어 붓다의 무궁한 가르침이 널리 펼쳐지도록 만들었다."[24]

이 말은 『해심밀경소』가 티벳어로 번역된 사실을 인지하지 못한 상태에서 이루어졌으며, 원측을 '현장의 제자'로 한정짓는 역사적 맥락에서 내려진 평가이다. 필자는 앞서 무성유정 해석에서 확인했듯이 현장뿐만 아니라 구라마십, 진제 등 전대 및 당대의 여타 역경가들이 전한 용수, 세친, 무착, 청변, 호법 등 다양한 인도 불교사상가들의 불교 사상에 대한 '박학하고 포용적인 해석자' 원측의 위상, 티벳 불교에 끼친 그의 영향, 구미 연구자들의 불교 사상 인식에 끼친 영향 등을 종합적으로 고려하여 뒷부분을 지금의 상

24 秘典之羽翼, 時人之耳目. 所以贊佐奘公, 使佛法東流, 大興無窮之教者也.

황에 맞게 다음과 같이 수정하고 싶다: "그 결과 여러 역경가와 불교사상가들을 도와 붓다의 진리와 인도 및 동아시아의 유식 사상이 동아시아에 널리 알려지고 이해되게 만들었을뿐만 아니라 문화권을 초월하여 티벳 불교 사상가들의 불교사 인식과 유식 사상 이해에 도움을 주었으며, 나아가 구미 연구자들에게 불교 사상 해석의 새로운 관점을 제공하기도 하였다." 그리고 마지막으로 이 말을 덧붙이고 싶다. "한마디로 말해, 원측은 동아시아 유식 사상과 그와 관련된 불교 사상의 헤르메스(Hermes)라고 부를 수 있다."

* 이 글의 주요 논지는 전체적으로 필자의 역주 작업인 장규언, 『원측 『해심밀경소』 「무자성상품」 종성론 부분 역주 - 티벳어역에 의한 텍스트 교정을 겸해』, 씨아이알, 2013과 그동안 발표한 다수의 논문(필자의 홈페이지(https://independent.academia.edu/candramukham)에서 이용 가능)을 토대로 하고 있다. 이 외에 특별히 언급할 참고 문헌은 다음과 같다.

41쪽의 『해심밀경소』의 성립 시기에 관해서는 조경철, 「원측의 승의제에 대한 이해와 동아시아 여왕시대의 성불론」, 이종철 외, 『원측 『해심밀경소』의 승의제상품 연구』, 한국학중앙연구원, 2013, 175~177쪽과 장규언, 「원측 『해심밀경소』 「심의식상품」 역주(6) - 텍스트 교정을 겸해」, 『불교학리뷰』 34, 2023, 126쪽을 참고할 수 있다.

42쪽의 '원측 도청설'에 대해서는 湯用彤, 『隋唐佛教史稿』(『湯用彤全集』 第二卷), 河北人民出版社, 2000, 158쪽의 실증적 비판과 장규언, 위의 책, 18~20쪽을 참고할 수 있다.

46쪽의 『무량수경연의술문찬』 저술 연대와 원측 저술 인용에 대해서는 김양순, 「憬興의 『無量壽經連義述文贊』 연구」, 한국학중앙연구원 한국학대학원 박사학위논문, 2008, 64~67쪽을 참고하였다. 『유기론기』의 저술 연대에 대해서는 湯用彤, 「讀

書札記」(『湯用彤全集』 第七卷), 河北人民出版社, 2000, 279쪽을, 『유기론기』에 인용된 원측 저술의 인용 횟수에 대해서는 江田俊雄, 「新羅の遁倫と'倫記'所引の唐代諸家」, (『朝鮮佛教史の研究』), 國書刊行會, 1977, 198쪽을 참고하였다. 『성유식론학기』에서의 원측 저술 인용 횟수에 대해서는 方仁, 「太賢의 唯識哲學 硏究」, 서울대학교 철학과 박사학위논문, 1995, 17쪽을 참고하였다. 안법사와 담광에 대해서는 上山大峻, 『敦煌佛教の研究』, 法藏館, 1990, 386쪽 이하를 참고하였다.

63쪽의 중관과 유식 사상을 연속적으로 보는 쫑카빠를 비롯한 티벳불교 사상가들의 인식에 대해서는 Kapstein Matthew T., *The Tibetan Assimilation of Buddhism: Conversion, Contestation, and Memory*, Oxford, New York: Oxford University Press, 2000, pp.80~81과 Gareth Sparham in collaboration with Shotaro Iida, *Ocean of Eloquence: Tsong Kha pa's Commentary on the Yogācāra Doctrine of Mind*, Delhi: Sri Satguru Pub., 1993, pp.48~49와 John Powers, *Hermeneutice and Tradition in the Samdihinirmocana-sûtra*, Leiden:Brill, 1993, pp.87~88, footnote 15, 그리고 장규언의 「『해심밀경』 티벳어역의 사료적 가치 - 최신 발견 자료의 소개를 겸해」, 『불교학연구』 35, 2013, 33~38쪽 및 「제2시와 제3시 설법의 관계에 대한 원측(圓測) 인식의 특징 - 『해심밀경소』 티벳어역 속 신발굴자료에 대한 소개를 겸해」, 『불교학연구』 40, 2014, 123~127쪽을 참고할 수 있다.

같은 쪽의 쫑카빠의 원측 비판에 대해서는, 장규언 「쫑카빠의 원측 비판과 그 불교 해석학적 함축 - 『해심밀경』 '삼시교판(三時教判)'과 '자상(自相)' 해석을 중심으로-」, 『선문화연구』 35, 2013, 149~200쪽이 참고할 만하다.

* 평소 공부한 바를 일반 독자와 공유하는 소중한 인연을 만들어 주신 조성환 학우님, 어려운 내용을 경청하고 진지하고 본질적인 질문을 해주신 김용우 선생님 이하 한알마을 선생님들, 비전공자 입장에서 원고를 읽고 개선 방향을 조언해 주신 최필수, 박재휘 두 학우님께 감사의 마음을 전합니다.

02

원효, 불교를 한국화하다

- 일심(一心)은 하늘마음이다

김원명

1. 한국인 존재지혜의 기원

신라의 원효(元曉, 617~86)는 한반도에 불교가 들어온 초기 시대에 불교를 잘 이해한 탁월한 천재다. 원효 철학의 핵심 개념은 한마음[一心]과 화쟁(和諍)으로 규정되어 왔다. 이러한 원효 철학의 배경은 국제적인 갈등 관계와 여러 불전에 나타나는 모순 이해, 이 두 가지가 있다고 설명된다. 첫 번째는 당시 고구려·백제·신라 삼국 간의 치열한 전쟁과 그 통일 과정이다. 두 번째는 당시 짧은 기간 동안 한꺼번에 불교 전적이 도입되고 번역되는 과정에서 다양한 불교 종파의 이론들의 모순이 드러나면서 충돌하고 종합하는 과정이다. 필자는 이 밖에도 고대 한반도 정주민들의 종교 심성과 철학 사상이 원효의 불교철학 이해에 작동한 것이 아닐까 생각한다.

필자는 1977년 아시아 최초로 발견된 한탄강 주먹도끼(Handaxe), 청주 소로리에서 발굴된 세계 최초의 순화벼 볍씨, 고인돌 덮개돌 및 고천문 기록에 대한 고천문학계의 연구와 선사시대 고인돌에 새겨진 천문도와 고구려 고분벽화에 그려진 천문도에 대한 현상학적 연구, 한반도 정주민의 벼 재배문화에 대한 사회학적 연구, 마르티네 로비츠(Robeets, Martine) 박사를 비롯한 10개국 40여 명 연구자들의 '농경가설' 연구에 주목한다. 필자가 이 연구들에 주목하는 이유는 원효 이전 한반도 정주민들의 삶의 지혜와 종교심성과 철학이 불교를 수용하고 이해하는 한반도 수용자의 내적 배경이 되기 때문이다. 원효의 불교 수용 혹은 불교 이해의 바탕에 대한 연구는 아직 미비하다. 우리가 고대 한반도 정주민들에 대한 고고학적·사회학적·언어학적·천문학적·현상학적 연구 성과들을 참고해, 당시 한반도 정주민들의 토종 종교심성과 토종 고대철학의 배경을 추론하며 이해해야 하는 이유다. 아래에서 위의 연구성과들을 좀 더 상세히 들여다 보겠다.

구석기시대 전기 한반도 정주민들은 아시아에서 가장 뛰어난 '주먹도끼'를 사용했던 지혜로운 이들이었다. 구석기시대는 약 70만년 전에 시작되었다. 1977년 그렉 보웬(Greg L. Bowen, 1950~2009)과 이상미(1954~)가 아시아 최초로 경기도 연천 전곡리 한탄강 유역의 충적층에서 아시아에서 가장 오래된 구석기시대 유물인 '뗀석기'(양면핵석기 또는 Acheulean 형)인 '주먹도끼(Handaxe)'를 발견했다. 그들은 깜짝 놀라 프랑스 고고학자 프랑소와 보르도에게 편지를 썼고, 보르도의 소개로 서울대 교수 김원룡(1922~93)을 만났다. 그다음 해 1978년 김원룡과 서울대 발굴팀이 같은 지역에서 4,500여 점의 구석기 유물을 발굴했다. 이것은 당시 세계 고고학계의 정설로 받아들여졌던 '모비우스(Movius) 학설'을 뒤집는 발견이었다. 모비우스 학설은 하버드대학의 모비우스(H.L. Movius)가 유럽, 아프리카, 서아시아는 양면핵석기(아슐리안)문화권, 인도를 기점으로 그 동쪽 지역 아시아와 아메리카는 찍개 문화권으로 분류한 학설이다. 한반도에서 양면핵석기인 주먹도끼가 발굴되면서 모비우스 학설이 폐기돼야 했다.

구석기시대 전기부터 고대 한반도의 경기도 연천 한탄강 유역의 정주민들은 당시 아시아에서 가장 발달한 주먹도끼를 만들어 사용했다. 주먹도끼는 양손으로 쓰던 돌을 한 손으로 쓸 수 있게 만든 발명품이다. 이후 한반도 전역에서 구석기시대의 전기, 중기, 후기 유물이 발굴되고 있다. 제주도를 포함한 현재의 한반도 전역(남한: 공주 석장리, 제천, 단양, 청원 일대 등; 북한: 평안남도 덕천시 승리산 동굴, 평양시 만달리 동굴 등)에서 구석기시대 전기부터 중기, 후기까지의 유물이 골고루 발굴됐다. 구석기시대에는 한반도가 반도가 아니었지만, 일본 지역은 당시에도 섬이었다. 일본에서는 아직까지 구석기 유물이 발견되거나 발굴된 적이 없다. 한반도는 구석기시대부터 발달된 구석기 문화를 가진 이들이 살아오던 곳이다. 그들은 주먹도끼를 일찌감치 발명했고, 그들의 손은 더욱 자유로워졌고, 제작이나 사냥 등의 능률이 아시아 어느 지역의 구석기인들보다 높았을 것이다. 이것은 그들이 삶의 지혜를 아시아에서 가장 앞서 발달시키고 있었다는 것을 뜻한다.

다음, 구석기시대 말기에 한반도 정주민들은 세계 최초로 벼농사를 짓기 시작했다. 그들이 당시로서는 매우 지혜로운 이들이었다는 것을 말해준다. 구석기시대 말기인 17,000년 전에서 15,000년 전 사이에 청주 소로리 정주민들은 세계 최초로 벼를 채취하고, 재배 중간 형태의 순화벼를 먹기 시작한 이들로 추정된다. 이융조 등 한국 과학자들은 충북 청주 오창 산업과학단지의 소로리 2토탄층[늪지대층] 유적을 1997년부터 1998년에 걸쳐 총 6개월간 조사·발굴하면서 127톨의 볍씨를 발굴했다. 이 유적 내 여러 층에서 4종류 볍씨가 발굴되었다. 그중 가장 오래된 것이 구석기 말기에 해당하는 17,000년 전에서 15,000년 전 사이의 '순화벼'다. 1993년 중국의 호남성 동굴 유적에서 발굴된 두 톨의 볍씨는 13,000~11,000년 전 사이 볍씨다.

청주 소로리 볍씨는 중국 호남성에서 발굴된 두 톨의 볍씨보다 무려 4,000년 앞선 볍씨다. 한반도는 세계 최초로 벼를 재배하며 벼농사 체제의 문화를 일찌감치 발달시킨 곳이다. 구석기시대 주먹도끼 사용자들은 구석기시대 말기 순화벼 재배를 하게 되는데, 주먹도끼가 큰 도움이 되었을 것이다. 이처럼, 고대 한반도 정주민들이 아시아 최초로 주먹도끼 등을 사용하며 세계 최초로 벼농사를 지었다. 이 사실은 그들이 일찌감치 하늘과 땅의 도움을 받는 일을 의식화하기 시작했다는 것을 뜻한다. 그리고 그들은 차츰차츰 하늘·땅을 포함한 자연이 그들을 보살피는 존재라고 인식하기 시작했다는 것을 뜻한다.

이철승(2021)은 한반도를 비롯한 동아시아에서 공동체 안에서의 관계를 중시하는 문화는 유교문화에서 비롯된 것이 아니라, 벼 재배의 협업문화가 낳은 것으로 본다. 유교문화는 철기시대에 속하는 기원전 4세기 무렵 시작된 것이다. 한반도의 청주(17,000년 전에서 15,000년 전 사이)나 중국의 호남성(13,000년 전에서 11,000년 전 사이)에서의 벼농사의 시작은 구석기 말기에 시작된 것이다. 벼 재배가 훨씬 더 오래된 것이다. 이철승(2021)이 유교문화의 특징으로 간주되는 공동체주의가 오히려 벼농사 문화 체제의 부산물 내지 문화적 기반이라고 주장하는 것이 설득력이 있는 이유다. 이철승은 한반도인들에게 벼재배에 대한 남다른 기술과 깊은 사랑의 전통이 있다고 한다. 그는 현대에도 단위 면적 당 쌀생산량 세계 1위고, 18세기 이후 만주 일대와 중앙아시아 일대로 이주한 조선족 및 까레이스키들이 벼를 재배하기 어려운 곳에서도 벼를 재배하고 떡을 해먹고 있는 것에 주목한다. 그는 벼재배 문화에서의 협업재배와 개별수확 전통에서 생긴 독특한 문화를 그의 '쌀-이론'으로 구성해 설명한다.[1]

벼농사를 짓는 이들은 하늘과 땅을 그들의 생명의 근원으로 여긴다. 그들은 점차 하늘과 땅을 그들의 근원적 조상으로 인격화해 믿게 되었다. 그들은 전 국민이 모두 하늘과 땅에 제사를 지내는 전통을 만들어 낸다. 이렇게 추측하는 것은 어려운 일이 아니다. 고대 한반도의 정주민들은 황허 유역 정주민들과 언어적·유전적으로 다르다. 또 종교 전통도 같지 않다. 특히 황

1 이철승, 『쌀·재난·국가』, 문학과지성사, 2021 참조.

허 유역 정주민들 전통은 천자만이 하늘에 제사를 지낸다. 이와는 대조적으로 한반도 정주민들 전통은 국민 모두가 참여해 하늘에 제사를 지낸다. 한반도 정주민들은 하느님의 아들을 아버지로, 땅의 여신 곰여인을 어머니로 둔 단군의 후손으로서 하늘의 자손이라는 천손 의식을 가지고 있었다. 그렇기 때문에 전 국민이 하늘에 제사를 지내는 것이 가능한 것이다. 한반도 정주민들의 고대 암각화와 고인돌 유적·유물 가운데에는, 살아서는 하늘을 공경하고 죽어서는 하늘로 돌아가는 사상을 읽어낼 수 있는 것들이 실제로 적지 않게 남아 있다.

다음, 고대 한반도 정주민들은 요하 서쪽 분지에서 기장 재배를 하며 살다가 동과 서와 북으로 흩어지며 이주해 온 이들과 같은 계통의, 아주 오래된 언어와 문화를 이어온 이들이다. 2021년 독일 막스플랑크 인류사연구소의 마르티네 로비츠(Robeets, Martine) 박사를 비롯한 10개국 40여 명의 연구자들이 '농경가설' 연구를 발표했다. 이 연구에 따르면, 고대 한국어는 기장 재배 농경민 언어를 기원으로 한다. 이 농경가설 연구는 언어학, 고유전학, 그리고 고고학의 세 가지 방법론을 사용한 교차 연구다. 연구 대상 언어는 98종으로, 몽골어, 튀르키예어, 한국어, 일본어, 퉁구스어에 속하는 언어들이다. 이 연구에 따르면, 9,000년 전 랴오허(遼河) 분지 일대에 살던 기장 재배 농경민은 황허 일대의 한족과는 다른 계통의 사람들이다. '농경가설'은 랴오허 일대 서쪽의 랴오허 분지에서 9,000년 전 기장을 재배한 농경민이 동서로 처음 이동한 이후 3,000년 전까지 몇 차례 이동했다고 밝히고, 이들의 언어를 기원으로 하는 언어들을 트랜스유라시아어계로 분류한다.[2]

2 로비츠(Robeets), 마르티네(Martine) 등, "Triangulation supports agricultural spread of the Transeurasian languages(삼각측량법에 의한 트랜스유라시아어족의 농경확산설)" *Nature*

한국어 기원에 관한 기존 가설은 '목축가설'의 우랄알타이어계 설이다. 이 설은 중앙아시아에서 4,000년 전쯤 목축 유목민이 동서로 이동했고, 이들의 언어를 기원으로 하는 언어들을 우랄알타이어계로 분류하는 것이다. 2021년 발표된 농경가설은 이 목축가설과 배치된다.

9,000년 전 기장 재배 농경민들이 랴오허 분지에서 한반도로 이주해 오기 전, 한반도 정주민들은 구석기시대 전기부터 주먹도끼를 아시아 최초로 만들어 썼고, 17,000년 전에서 15,000년 전 사이에는 세계 최초로 순화벼를 재배하기 시작했다. 구석기시대 전기 한반도에는 아시아에서 가장 발달된 주먹도끼를 가장 이른 시기에 사용하던 이들이 있었고, 구석기시대 말기에는 세계에서 가장 이른 시기에 순화벼를 재배하기 시작한 이들이 있었다. 그러나 로비츠의 농경가설에는 이러한 고고학적 연구 성과들이 반영되지 않았다.

다음, 한반도 정주민들은 신석기, 청동기, 철기 시대를 거쳐 오랜 기간 동안 한반도 곳곳의 바위에 기하학적 무늬의 암각화들을 새긴 예술적·종교적·천문학적 지혜를 가진 이들이었다. 박창범(2002)은 이 암각화들 중 동심원 문양은 태양이나 달과 같은 천체를 표현한 것으로 본다. 울산 천전리, 고령 양전리, 함안 동항리 암각화가 그 예다. 이 문양의 암각화가 언제 새겨졌는지는 불확실하지만, 고인돌 시대와 겹친다는 견해가 많다. 이융조는 1978년 충북 청원군 문의면 아득이 마을 고인돌 조사 때 출토된 돌판에서 별자리를 발견했다. 박창범(2002)은 이융조가 발굴한 아득이 마을 돌판의 천문도와 6세기 초 고구려의 평양 진파리 4호분 천장의 별그림과 서기 전 500년 북극 근처의 4.5등급보다 밝은 별들의 분포가 비슷하다는 걸 입증했다. 아

Vol. 599, 2021, pp.61-621 참조.

득이 마을 고인돌 돌판의 천문도는 매장유물이다. 그렇기 때문에 "우리 나라에 최소한 청동기 시대에 별자리에 대한 상당한 관찰과 지식이 이미 있었"고 독자적인 천문지식이었음을 추정할 수 있다는 것이다. 고조선 문명의 고인돌은 한반도와 만주 및 랴오허 지역과 산둥성 일대에 걸쳐 있다. 이는 전 세계 현존 고인돌의 60% 정도에 해당한다. 이 고인돌 덮개돌 일부에 새겨진 구멍들이 별자리라는 것이 밝혀졌다.[3]

마지막으로, 삼국시대에는 하느님 경배 신앙과 관련된 고천문학 유적들이 다수 나타나, 그들이 하느님을 경배하는 지혜를 가진 이들이었음을 알 수 있게 한다. 고구려인들은 그들의 무덤인 고분의 벽화에 청동기 시대의 천문지식을 계승하는 그림들을 남겼다. "고구려 고분의 별그림에는 중국식 28수 별자리와 다른 방식으로 연결된 별자리들이 여럿 나타나"고, 중국의 천문 방위 개념과는 다른 별자리 배치가 나타나 독자적인 천문학이 있었음을 확인시켜 주고 있다. 고구려 고분의 벽화에 나타나는 28수의 별자리와 사신도, 신라 경주의 첨성대(瞻星臺)도 이런 하느님 경배 신앙과 관련된 고천문학 유적으로 이해될 수 있다. 고구려는 이런 고조선 문명의 천문학적 지식을 전수받았다. 현상학자 롬바흐(Rombach, H., 1923~2004)는 "고대인들은 결코 미개하지 않았다"고 하는데, 한반도 고대 정주민들은 구석기시대부터 삶의 지혜를 앞서 계발했다.[4] 고인돌 별자리 그림은 고구려 고분 벽화의 별자리 그림과 고려 말 조선 초 성리학자 양촌 권근(陽村 權近, 1352~1409)의 「천상열차분야지도」에도 계승됐다.[5] 오늘날 1만원짜리 지폐에도 이 천

3 박창범, 『하늘에 새긴 우리 역사』, 김영사, 2002, 101-105쪽 참조.

4 윤병렬, 『선사시대 고인돌의 성좌에 새겨진 한국의 고대철학-한국 고대철학의 재발견』, 예문서원, 2018 참조.

5 윤병렬, 『고구려 고분벽화에 담긴 철학적 세계관』, 지식산업사, 2020 참조.

문도가 일부 실렸다. 고조선, 삼국시대, 고려, 조선의 한반도 정주민들은 전통적으로 하늘을 그리워하고 하늘을 공경했던 천학(天學)의 세계관을 그들의 정신과 언어 속에 새기며 고대 조선의 건국 이야기를 만들었고, 오늘날까지 우리에게 전승되었다.

2. 한국불교와 원효의 한마음[一心]

불교가 수입되기 전 한반도 정주민들이 본래적으로 가졌던 종교심성, 철학적 세계관이 원효의 불교 이해에 알게 모르게 영향을 미쳤을 것이다. 처음 불교가 도입된 4세기 당시의 한반도와 만주 지역 일대의 고구려와 백제, 신라 지역 종교와 문화 전통은 고인돌 시기 이래의 조선 문명을 계승하고 있었다. 동시에 중원 문명 및 중앙아시아 지역과 유럽의 로마 제국과도 교류했다. 입말로는 고대 한국어를 사용하고, 글말로는 중원 문명 글말인 한문을 사용하는 사회였다. 사람들은 보통 특정 문화권에서 성장하며, 그 문화권에 고유한 존재지혜를 내면화한다. 그 결과 그들은 자신의 고유한 존재지혜를 소유하게 되고 특정한 성향을 강화하게 된다. 나는 이런 성향을 원효 철학의 배경으로 생각하는 것이 자연스럽다고 생각한다.

원효에 대한 현대적인 이해는 언제부터 시작된 것일까? 원효에 대한 근대적 자각은 한국불교의 정체성에 대한 근대적인 자각과 밀접한 관련을 갖는다. 한국불교 연구는 일제강점기 일본의 불교 연구 영향 하에서 한국불교의 정체성에 대한 반성과 함께 1910년대부터 국내 학자들의 불교문헌 수집과 정리로 시작됐다. 이들은 일본 학자들의 식민주의적 관점에 자극을 받으면서 전통 불교의 모순을 부정하는 반성과 새로운 시대에 부응하는 새로운 불교를 만들어가야 했다. 그 과정에서 불교적 영웅이자 민족적 영웅으로 원효를 발굴하고 그 사상에 주목한다. 1910년대 이전 고려시대와 조선시대에 불교는 보조의 사상과 임제종의 간화선을 중심으로 한 이중 구조로 전개되었다. 원효는 이따금씩 저변에서 의식되고 있었을 뿐이다.

한용운(韓龍雲, 1879~1944)은 그의 『조선불교유신론』(1913) 끝을 '닭의 울음'으로 마친다. 한용운이 생각하기에, 1900년대 초 조선의 상황은 저녁을 맞아 한밤중의 어둠 속으로 들어가는 중인데, 깊은 어둠의 밤을 지나 마침내 도래하고야 말 새벽에 조선인을 깨울 영웅이 필요했다. 이와 같은 시대에 조선 불교학계에서 조선불교의 정체성에 대한 가장 깊은 인상을 주는 이름은 '첫새벽'을 뜻하는 '원효(元曉)'였다. 이 무렵 권상로(權相老, 1879~1965)와 최남선(崔南善, 1890~1957)이 한국불교의 정체성을 '통불교'로 처음 규정한다. 이들은 원효 철학에 깊은 영감을 받은 것으로 보인다. 권상로(1929)는 최남선(1930)보다 1년 먼저 한국불교사를 분리와 통일의 두 관점에서 체계화하는 과정에 원효 불교를 통해 한국불교의 정체성을 통불교란 용어로 규정하였다.[6] 이후 이런 관점은 해방 이후에도 조명기·박종홍·민영규·이기영 등으로 이어지며 70년대까지 학술적으로 굳어졌다.

심재룡(1943~2004)(1985, 1992, 2004)은 최남선이 한국불교의 정체성을 통불교라고 규정한 것이 일제강점기의 민족주의적 정서가 반영된 정치적인 성격을 띤 것이라고 문제를 제기했다. 이를 계승하는 이들은 버스웰(Busswell, Robert E.)(1998), 키틀러(Ketelaar, James), 요르겐센(Jorgensen, John), 조은수(2004), 김상영(2020)이다. 이들은 통불교라는 용어는 메이지 시대의 일본 불교인들이 자주 쓰는 용어였고, 최남선이 일본에 머물 당시 일본에서

6 권상로, 「조선불교사의 이합관」, 『불교』62 참조; 최남선(1930), 「조선불교 동방 문화사 상에 있는 그 지위」, 『불교』74, 1929 참조.

쓰던 용어를 한국불교의 장점을 선양하기 위한 용어로 차용했을 것으로 본다. 일본 메이지 시대의 통불교라는 용어는 일본 불교도들이 일본에서의 통합주의적인 불교관을 계발하기 위해 일본의 13세기 화엄종 승려 교넨(凝然, 1240~322)에 주목해 구성한 것이다. 그것이 이후 일본 학계에 널리 퍼져 있었고, 최남선과 권상로가 이를 차용했다는 것이다.[7]

필자는 심재룡과 조은수와 같이 기존의 한국불교의 성격 규정에 대한 반성적 문제제기가 계속 이어져야 한다고 생각한다. 또 이봉춘(2000)과 같이 이를 재반박하고 기존 관점을 옹호하는 학문적 연구도 계속되어야 한다고 생각한다. 이봉춘은 최남선의 통불교론 외에 조명기의 총화불교 등으로 규정하는 한국불교의 통불교적 성격 규정이 여전히 정당하다고 주장한다.[8] 이봉춘은 1920년대와 1930년대 조선인 불교학자들이 일본학자들의 조선 식민지 정당성을 반박해야 하는 조선학 정립의 시대적 문제의식 속에 갇혀 있기만 한 것이 아니라고 본다. 이봉춘은 한국불교의 정체성을 통불교라고 하는 관점을 지지할 만한 타당한 이유들이 실제 있었음을 강조한다.

필자는 심재룡과 조은수와 같은 이들의 문제의식에 동의하면서도, 이봉춘의 주장에도 공감한다. 그 이유는 그 두 입장이 양립 가능하다고 보기 때문이다. 교넨은 신라 원효의 글을 좋아하고, 원효의 글을 많이 인용하는 인물이다. 메이지 시대 일본 불교도들이 일본 불교의 정체성을 근대적으로 구성하면서 원효 영향을 받은 교넨을 원용한 것이다. 나는 권상로와 최남선이 일제강점기 일본 불교도들의 통불교론을 원용했다는 것에 대한 현대 불교

---

7 조은수, 「'통불교' 담론을 중심으로 본 한국 불교사 인식」, 『불교평론』21, 2004 참조; 김상영, 「조계종의 통불교 인식과 그 문제점」, 『대각사상』 제33집, 2020 참조.

8 이봉춘, 「회통불교론은 허구의 맹종인가」, 『불교평론』5, 2000 참조.

학자들의 반성을 높이 산다. 그렇지만 일본 불교도들의 통불교론의 근거가 된 교넨이 원효에 감화를 받고 원효 글을 원용하는 사상가였다는 점도 더 깊이 숙고해야 한다고 생각한다. 한국불교는 원효의 회통사상을 기점으로 해서 통불교적 전통이 이어져 온 것이란 점은 재고할 수 있지만, 이를 전면적으로 부정할 수 없는 면도 있기 때문이다.

앞으로 원효 철학에 대한 재평가를 위해 더 깊은 숙고와 연구를 해야 하는 눈 밝은 미래의 한국학자들이 요청된다. 원효가 스스로 의식했든 의식하지 못했든, 그는 고대 한반도 정주민들이 만들어 온 종교심성과 그것이 새겨진 언어의 존재지혜로 불교를 격의하고 습합하며 이해했던 것이라고 생각하는 것이 자연스럽다. 중원에서는 인도불교를 노장(老莊) 등 중원의 전통으로 격의(格義)해 불교를 이해했다. 또 일본에서는 신도(神道)의 전통으로 불교를 이해해 신불습합(神佛習合)의 불교를 만들었다. 세계 어떤 종교 문화권이든 외래 종교와 철학이 도입될 때, 자신들이 만들어 온 전통 바탕 위에서 외래 종교와 철학을 이해하며 새로운 융합이 일어난다. 그래서 고유한 전통이 녹아 들어간 종교와 철학을 새롭게 만들어가게 되어 있다. 원효는 이와 같이 고대 한반도 정주민들의 종교심성의 바탕 위에서 불교철학의 '한마음'을 이해하고 그의 '화쟁' 사상을 펼쳤다고 해석되는 것이 자연스럽다.

이철승(2021)은 '쌀-이론'을 전개하며, 한반도 정주민들이 벼농사를 지으면서 '공동노동'으로 하나 되어 일하고 그 수확물은 '각자소유' 하는 문화를 만들었다고 주장한다. 나는 이철승이 연구한 한반도 정주민들의 벼 재배 문화에서 공동노동을 통해 만들어지는 일체감과 각자소유가 만들어내는 개별감이 공존하는 세계관을 읽을 수 있었다. 한국철학 연구자 관점에서, 원효가 즐겨 사용하는 '일심' 그리고 '화쟁' 등의 개념 이해·형성과 연관해 생각을 해보자. 한국말 '하나'의 이해, 즉 전체로서의 '하나'와 개별적인 '하나'

이해가 한국인들의 벼 재배 문화의 공동노동과 각자소유의 지혜와 관련 있을 것으로 보인다. 한국의 벼 재배 문화에서는 공동 노동, 즉 협업을 한다. 그렇지만 그 수확물은 각자 소유한다. 농토에서 최대 수확을 위한 최적화 농법을 서로 전수하고 전수받는 것이 모두에게 더 유리하기 때문이다. 최대 수확이라는 목표는 자신의 목표며 동시에 공통의 목표가 된다. 그래서 자기 농법만을 고집하지 않고 최대 수확의 농법을 배우며 받아들이고 또 더 좋은 농법은 서로 가르쳐주며 공유하게 된다. 그렇지만 공동 노동을 하면서도 각자 농토에서 수확해 각자소유하게 되는 벼의 양과 질에 따라 서로 경쟁하고 또 질시하는 문화도 생긴다. 이것이 벼 재배 문화에서의 경쟁하는 공동체 문화다. 나는 여기서 벼 재배 문화 속에서 자연스럽게 익히게 되는 공동체 정신으로서의 한마음과 하늘과 땅의 보살핌과 은총의 큰 마음인 한마음을 읽는다. 또 질시의 경쟁에서 조화로운 경쟁으로 질적 변화를 요구하는 '화쟁'의 지혜를 읽는다.

박창범(2002)은 선사시대 고인돌 덮개돌에 별자리를 새겨 넣은 이들을 '하늘을 사랑한 이들'로 규정한다. 그는 고인돌이 많이 만들어진 시기를 고대 조선시대로 본다. 고인돌 덮개돌에 별자리들을 새겨 넣은 이들이 고대 조선인들이다. 우리에게 전해지는 고대 조선 건국 연대 설에 세 가지가 있다. 그 가운데 기원전 2333년 설이 있다. 「단군세기」에 "10세 단군 노을 35년(기원전 1916년)에 처음으로 별을 관측하는 곳을 설치했다"는 기록이 전해진다. 또 처음 천문대를 설치한 때로부터 183년 후인 무진 50년(기원전 1733년) "오성취루(五星聚婁)"의 기록이 전해진다. 박창범은 기원전 1734년 7월 13일 초저녁(10도 이내)에 실제로 수성, 금성, 화성, 목성, 토성 다섯 개의 별들이 루(婁) 별자리에 모였다[五星聚婁]고 한다. 그는 이 천문 현상이 「단군세기」에 실린 천문 현상 관측 기록과 1년 차이라고 주장한다. 또 오성취루 기록이

「단군세기」에만 전해지는 기록이고, 중국이나 일본의 역사서에는 없는 기록이라고 한다.

윤병렬(2018)은 고인돌에 새겨 넣은 별자리 구멍들을 직접 답사를 다녔다. 그는 그것들을 독일의 철학자 롬바흐의 그림철학이란 현상학적 방법으로 해석한다. 윤병렬은 박창범의 천문학적 연구를 통해 고인돌의 덮개돌 별자리 그림과 고구려 고분벽화의 별자리 그림으로 이어지고 있는 것에 주목한다. 그는 이들을 하늘을 관찰하고 별자리를 관측하고 그 기록을 남긴 고대 조선의 '하늘철학'으로 규정한다. 그리고 이 하늘철학을 '보살핌의 철학'으로 해석한다. 윤병렬에 따르면, 고대 한국인들은 자신의 고향은 하늘이고 죽은 뒤에 하늘로 돌아간다는 '귀천사상'이 있었다. 그들은 자신들이 죽으면 죽음을 관장하는 북두칠성으로 돌아가 수많은 별의 보살핌을 받으며 하늘에서 빛나는 별들이 되었다가 은하수를 따라 남하하여 생명을 관장하는 남두육성에서 지상으로 다시 내려온다고 믿었다. 나는 이것을 고인돌에 별자리를 새겨 넣은 이들의 윤회사상으로 해석한다. 윤병렬은 고인돌에 별자리를 새겨 넣은 이들은 그들의 조상이 하늘로부터 내려온 이들이라는 천손사상이 있다고 해석한다. 그리고 그 조상인 하늘을 공경하는 경천사상이 있었다고 해석한다.

이것은 유학이 동아시아에 생기기 전, 또 불교가 인도에서 생기기 전 한반도 정주민들이 만들어 가지고 있던 토종의 하늘철학으로서, 경천사상, 천손사상, 보살핌의 철학, 귀천사상, 윤회사상으로 요약된다. 윤병렬은 유교나 불교 이전 선사 시대 한반도 정주민들의 우주관과 인간관, 사생관을 현상학적 방법론을 통해 읽고 있다.

불교가 처음 한반도에 전래되었을 때, 한반도인들이 불교를 어떻게 이해했을지 생각해 보자. 우선, 그들은 현세에서 홍익중생(弘益衆生)하는 부처를 그들이 전통적으로 알고 있던 홍익인간(弘益人間)하고 재세이화(在世理化)하는 하느님이나 하느님 아들로 투사해 이해했을 것이다. 원효는 '세상을 구원하는, 나와 남을 떠난 위대한 무연자비(無緣慈悲)의 마음[救世之德, 正是大悲, 離自他悲, 無緣之悲]'을 가진 이로 부처를 이해한다. 이것은 환웅과 크게 다르지 않다. 원효는 『증일아함경』에서 묘사되는 부처와 세존이 '위대한 자비심으로 널리 중생을 이익되게 하는[以大悲爲力. 弘益衆生故.]' 것에 주목한다.[9] 이것은 홍익인간의 이념을 가진 환웅과 그것을 실천한 단군과 다르지 않다. 나는 저들이 '육도윤회'와 '연기법'을 그들의 위와 같은 자생적이며 전통적인 하늘과 땅 사이에서 윤회하는 자신들의 윤회관과 비슷한 것으로 이해했을 것이라고 생각한다.

원효와 같은 고향, 즉 경산 사람이었던 승려 일연(一然, 1206~1289)은 『삼국유사』에 그들 자신의 부계는 환인(桓因), 즉 하느님이고 모계는 대지모신인 웅녀(熊女)라고 믿는 그들 조상의 고대 조선 건국 이야기를 한자로 기록했다. 인간이 되고자 갈망한 곰은 동굴에서 수행의 시간을 거쳐 자신 안의 고귀함을 깨닫고 인간으로 변신(變身)했다. 고대 한국인들은 외래 종교인 불교를 받아들이면서 이 건국 이야기에 나타나는 그들의 종교적 심성으로 인간 싯다르타가 수행을 통해 니르바나를 얻게 되어 부처가 되는 불교적 이야기와 대비해 이해했을 것으로 유추할 수 있다. 이런 점에서 고대 한국인들이 부처의 니르바나를 웅녀의 깨달음과 유사한 것으로 격의했다고 보는 것이 자연스럽다고 생각한다. 고대 한반도 정주민들은 그들의 건국 이야기 안에 그들의 경천사상, 귀천사상, 천손사상 그리고 윤회사상을 새겨 넣었던 것이다. 일연의 고대 조선의 건국 이야기에도 나타나듯이 그들 조상은 하느

9 은정희 역주, 『원효의 대승기신론소·별기』, 「소」, 일지사, 1991, 48-49쪽 참조.

님이고 하느님 아들이 하늘에서 땅으로 내려왔다고 생각했다. 그들이 햇님과 달님 그리고 별님을 사랑한 그들의 삶을 종교심성과 사상에 투사해 불교를 이해했다고 생각하는 것이 자연스럽다.

고대 한반도 정주민들은 별만이 총총한 깜깜한 밤하늘에서 별들이 쏟아져 들어오며 하늘이 자신 안으로 들어오는 것과 같은 경험을 거듭하며 물활론적 사고를 성숙시켜 왔다. 이런 경험과 심상은 추상적 사고를 하는 시기를 지나면서 그들 정신을 깨우고 자극하는 것과 같은 경험으로 발전한다. 한편으로 하느님이란 초월적 실재에 대한 통찰과 응답을 얻고, 다른 한편 이러한 통찰과 응답이 심연에 있는 그들의 본성 자체가 스스로 신비롭게 깨어나 이해하는 통찰과 응답에 다름 아니라는 것도 알게 된다. 이런 물활론적 경험과 추상적 이해와 함께 형성된 심성론은 그들의 사유와 입말 속에 새겨지고 녹아 들어갔다. 원효가 "본성이 스스로 신비롭게 이해하는"이란 뜻의 '성자신해(性自神解)' 용어를 사용하는 것은 그 자신의 체험에서 나온 것이라 할 수 있다. 먼 훗날 조선의 퇴계(退溪) 이황(李滉, 1501~170)의 '리자도(理自到)' 혹은 '리도설(理到說)'도 결국 원효의 성자신해(性自神解)와 비슷한 통찰로 보인다.

고대 조선인들이 경험하고 살아온 하늘땅의 빛과 어둠, 그리고 그 속에서 약동하는 생명을 자신 안에서 그리고 자연물들 속에서 발견하고 홍익중생(弘益衆生)하고 홍익인간(弘益人間)하는 가운데 상구보리(上求菩提) 하화중생(下化衆生)의 교리를 말하는 불교를 어렵지 않게 이해했을 것이다. 고대 한반도 정주민인 원효가 불교에서의 '불성(佛性)'을 이해하고 "모든 살아있는 것들이 다 불성을 가지고 있다"는 '일체중생실유불성(一切衆生悉有佛性)'이라는 대승불교의 핵심 교리를 이해한 방식도 그 연장선상에 있었을 것이다. 원효는 스스로 하늘의 후손이라는 천손의식 속에서 자신 안에 하늘신인 환인과 그 아들 환웅을 부계로 땅신인 곰을 모계로 하는 고귀한 존재라는 고대 한반도 정주민들의 종교적 심성을 투사해, 불교를 이해하는 데 큰 어려움이 없었을 것이다.

3. 한국철학의 정체성: 한마음[一心]과 하느님 마음[天心]

한자경(2008, 2022)은 한국철학의 맥을 일심[한마음]으로 이해하면서 한편으로 하느님 마음인 천심(天心)으로 설명한다. 다른 한편 원효는 한마음을 온전히 대승불교에 투사해 이해하면서 '부처님 마음[佛心, 佛意]'으로서의 일심(一心)으로 이해하였다.[10] 한자경 이전에 유동식(1922~2022)과 김상일이 한국종교와 한국철학을 한국학적 관점에서 이해하는 연구가 있다.

유동식(1992)은 신학자로서 한국인에게 공통된 내재적인 종교심성을 '풍류(風流)'로 이해한다. 그는 한국사상사를 한국인의 영성의 전개사로 이해한다. 유동식은 한국종교의 정체성은 풍류이고, 한국종교의 역사는 이 풍류를 통해 시대에 따라 수입된 종교인 불교와 유교와 기독교를 이해해 전개한 역사로 설명한다.[11]

김상일(1983, 1995, 2014, 2015)은 화이트헤드(Alfred North Whitehead, 1861~947)와 존 캅(John B. Cobb, 1925~)의 사상을 적용해 한사상(1983, 2014), 한철학(1995, 2014)으로 한국철학의 정체성을 규정하고 설명한 바 있다.[12] 또 김상일(2004)은 켄 윌버(Ken Wilber, 1949~)의 초인격심리학(Transpersonal

---

10 한자경, 『한국철학의 맥』, 이화여대 출판부, 2008 참조; 한자경, 「무아와 일심」, 『한국불교학』 제103집, 2020 참조.

11 유동식, 『풍류도와 한국신학』, 전망사, 1992 참조

12 김상일, 『한사상』, 상생출판 참조; 김상일, 『한철학』, 상생출판, 2014 참조.

Psychology)과 통합심리학(Integral Psychology)을 적용해 한민족 의식 전개의 역사를 8단계로 설명한 바 있다.[13] 김상일은 그의 한철학에서 모든 존재자들이 어떤 완전성이란 목적을 향해 가는 과정적 상태에 있는 것으로 본다. 필자는 원효 철학도 이런 관점으로 이해할 수 있다고 생각한다.

캔트웰 스미스(Smith, Wilfred Cantwell, 1916~2000)의 축적적 전통과 토종 신앙으로서 종교를 이해하는 개념에 따르면, 한반도 정주민의 '토종 언어'와 토종 신앙에 축적된 존재지혜의 이해틀이 부지불식간에 원효에게서도 작동했을 것이다. 원효가 대승불교의 '일심'을 이해할 때, 그가 살던 시대의 토종 언어와 토종 신앙이 원효에게서 작동했다고 생각하는 것이 자연스럽다. 여기서 나는 토종 신앙이란 용어를 썼다. 그것은 고대 한반도 정주민들이 체험하고 겪어 온 내면적 경건함과 초월적 실재에 대한 경험들이 축적된 신앙인 단군 신앙과 하느님 신앙을 가리킨다.[14]

4세기 무렵 신라에서 불교를 도입할 당시 글말은 한문이고, 입말은 고대 한국어 중 하나인 신라말이다. 원효도 한문 불전의 글말을 고대한국어의 입말로 번역해 이해하며 생각하고 또 이야기했을 것이다. 원효는 이두나 향찰 표기를 한다든지, 구결을 붙여 한문 불전을 고대 한국말로 이해하며 생각하고 이야기했을 것이다. 원효나 그 아들 설총(薛聰, 660?~?)은 번역에 대한 당시대의 문제의식이 있었다. 원효는 『열반경종요』에서 '니르바나(Nirvana)'를 '멸도(滅度)'나 '적멸(寂滅)'로 번역해서 쓰고, 또 '열반(涅槃)'으로 음사해 쓰는 것에 주목한다. 원효는 니르바나(Nirvana)의 번역 가능성과 불가능성

13 김상일, 『한민족 의식 전개의 역사』, 지식산업사, 2004 참조.
14 류제동, 『하느님과 일심』, 한국학술정보(주), 2017 참조.

에 대해 깊이 생각한다.[15]

원효 아들 설총은 한문으로 만들어진 9경을 당시 신라 말로 번역하고 해석하며 강론을 했다. 또 그는 경서를 신라 말로 읽는 방법을 터득하고 이두를 집대성했다고 알려져 있다. 이것은 무엇을 뜻하는가? 어떤 시대를 막론하고 외부에서 유입된 종교나 철학 등을 이해할 때, 자신들의 전통적인 이해틀로 이해하고, 전통에서 생겨난 입말로 이해하는 과정이 있을 수밖에 없다.

양(梁) 대 진제(眞諦, Paramārtha, 499~569)는 『대승기신론』 역(550)에서 딱 한 번 나오는 산스크리트를 한자말 '원음(圓音)'으로, 아니면 거꾸로 '원음'을 산스크리트로 번역했다. 원효는 아마도 한자 번역어 '원음'을 현대 한국말 '둥근 소리'에 해당하는 신라말로 이해하고 주목했을 것이다. 원효는 『기신론소』에서 '원음'에 대해 아주 길게 설명한다. 실차난타(實叉難陀, Siksānanda, 652~710)가 원효 사후인 700년에 번역하기 시작한 『대승기신론』 신역본에서 '원음'을 '일음(一音)'으로 바꾸어 번역했다. 실차난타가 원효의 주석을 읽고 '일음'으로 번역했는지 아직까지 확인된 바는 없다. 다만 원효는 실차난타가 '일음'으로 번역하기 3~40여 년 전에 이미 둥근 소리 '원음(圓音)'을 한소리 '일음(一音)'으로 해석했다. 이 외에도 없는 소리 '무음(無音)'으로 해석하기도 했다. 그리고 여러 다른 종류의 중생이 각기 인연에 따라 부처 말씀인 '둥근 소리' '원음'을 각각 다르게 이해하는 것을 '여러 소리'인 뭇 소리 '중음(衆音)'으로 설명하기도 했다.[16]

15 은정희·김용환·김원명 역주, 『원효의 열반경종요』, 민족사, 2017, 76-97쪽 참조.

16 김원명, 「원효의 『기신론소』에 나타난 원음(圓音)의 현대적 이해에 관한 연구」, 『불교학연구』 제19호, 불교학연구회, 2008 참조; 은정희 역주, 『원효의 대승기신론소·별기』, 일지사, 1991, 68-77쪽 참조.

원효는 불교 사상의 여러 주제들에 깊은 관심을 기울였다. 그 가운데 대승불교의 일심(一心)에 기울인 관심은 한국철학사적 관점에서 원효의 존재론, 형이상학, 종교관을 전체적으로 고찰하기에 좋은 주제다. 원효는 당시에 고대한국어로 '한마음' 혹은 '하나인 마음' 혹은 '하느님 마음' 등으로 불교에서의 일심(一心)을 이해했을 것이다. 다시 말해 나는 원효가 일심의 일을 하나·한·하느님에 대한 대상 언어의 종교심성과 형이상학·존재론의 틀로 번역해 이해했다고 생각한다.[17]

원효의 일심을 가장 압축적으로 잘 드러내고 있고, 그래서 많은 연구자들이 자주 인용하는 글 중 하나가 다음 『금강삼매경론』의 처음 대의(大意)를 서술한 글이다.

> 저 한마음의 근원은 있음[有]과 없음[無]을 떠나서 홀로 맑으며[離有無而獨淨], … 참[眞]과 속(俗)을 융합하여 깊고 고요하다[融眞俗而湛然]. 깊고 고요하게 둘을 융합하였으나 하나가 아니며[湛然融二而不一], 홀로 맑아서 가를 떠나 있으나 가온데도 아니다[獨淨離邊而非中]. 가온데가 아니면서도 그 가를 떠났으므로[非中而離邊故], 있지 않은 법이 없음에 나아가 머물지 아니하며(不有之法不卽住無), 없음이 아닌 모습[相]이 있음에 나아가 머물지 않는다(不無之相不卽住有).[18]
>
> 하나가 아니면서 둘을 융합하였으므로[不一而融二故], 참[眞]이 아닌 일이 애초에 속(俗)이 된 적이 없으며[非眞之事未始爲俗], 속이 아닌 이치[理]가 애초에 참

---

17 김원명, 「한국불교학 어디까지 왔나」, 『불교평론』 통권85호, 2021 참조.

18 원효, 『금강삼매경론』, 「술대의」, 한불전1, 604b, "夫一心之源, 離有無而獨淨, 三空之海, 融眞俗而湛然. 湛然融二而不一, 獨淨離邊而非中. 非中而離邊故, 不有之法不卽住無, 不無之相不卽住有." ; 은정희·송진현 역주, 2000, 19쪽 번역 참조.

이 된 적이 없다[非俗之理未始爲眞也]. 둘을 융합하였으면서도 하나가 아니기 때문에[融二而不一故], 진속의 성품이 세워지지 않는 것이 없고[眞俗之性無所不立], 더러움과 깨끗함의 모습이 다 갖추어졌으며[染淨之相莫不備焉] 가를 떠났으면서도 가운데가 아니기 때문에[離邊而非中故] 있음과 없음의 법이 만들어지지 않는 것이 없고[有無之法無所不作], 옳음과 그름의 뜻이 두루하지 아니함이 없다[是非之義莫不周焉]. 이와 같이 깨뜨림이 없되 깨뜨리지 않음이 없으며[無破而無不破], 세움이 없되 세우지 않음이 없으니[無立而無不立], 이야말로 이치가 없는 지극한 이치요[無理之至理], 그렇지 않으면서 크게 그러한 것[不然之大然]이라고 할 수 있다.[19]

원효가 『금강삼매경론』을 시작하며 맨 앞에 쓴 이 글이 원효의 일심론을 가장 잘 종합하며 요약한 글이라는 것이 학자들의 일치되는 견해일 것이다. 『금강삼매경론』 외에 한마음에 대해 가장 많은 설명을 하고 있는 책이 『기신론소(起信論疎)』다. 필자는 이 두 책에 나타나는 불교적인 용어들을 이용해 한마음을 여섯 가지로 요약한 바 있다.[20]

첫째, 원효는 한마음에 두 가지 면이 있다고 한다. 『대승기신론소』와 『금강삼매경론』에서 '한마음에 두 면이 있다[一心二門]'는 설명의 근거를 『입능가경』에 나타나는 마음의 진여 측면과 마음의 생멸 측면으로 설명한다. 한

19 같은 곳, "不一而融二故, 非眞之事未始爲俗, 非俗之理未始爲眞也. 融二而不一故, 眞俗之性無所不立, 染淨之相莫不備焉. 離邊而非中故, 有無之法無所不作, 是非之義 莫不周焉. 爾乃無破而無不破, 無立而無不立, 可謂無理之至理, 不然之大然矣." ; 은정희·송진현 역주, 2000, 19-20쪽 번역 참조.

20 김원명, 「원효 일심의 정의와 의미」, 『한불교불교사연구』 제2호, 한국불교사학회, 2013 참조.

마음의 나지도 않고 사라지지도 않고[無生無滅] 그래서 본래부터 고요하기만 하다[本來寂靜]는 측면을 마음의 진여 측면[心眞如門]이라 하고, 본래적인 깨달음[本覺]인 한마음의 본체가 무명을 따라 움직여 생멸을 일으키는[隨無明動作生滅] 측면을 마음의 생멸 측면[心生滅門]이라 하는 것이다. 또 마음의 생멸하는 측면[心生滅門]에서는 여래의 본성이 숨어 있어 나타나지 않으[如來之性隱而不顯]므로 여래장(如來藏)이라고 한다.

둘째, 일체의 경계는 마음이 지은 것으로 한마음은 시간과 공간의 제약을 받지 않는다. 이는 원효가 『십지경론(十地經論)』을 근거로 설명한 것이다. 시공의 일체 경계는 한마음으로서 끝이 있지 않지만 없지도 않다. 그래서 다 알 수 있지만, 생각하여 헤아릴 수 있는 경계가 아니다. 본체로서의 부처의 마음과 드러나는 모양으로서의 망령된 법이 서로 훤히 비추며 보는 바가 없으며 보지 못하는 바가 없다. 이와 같은 원효의 설명은 『금강삼매경론』에서 『화엄경』「십지품」에 근거한 한마음의 화엄적 설명으로서 『기신론소』에도 나타나고 있다.

셋째, 한마음의 경지는 있는 것도 아니며 없는 것도 아니다. 있는 것으로 생각하면 그것은 착각이고 허망한 것이다. 왜냐하면 모든 생각은 허망한 것, 즉 망령된 것이기 때문이다. 또 없는 것으로 생각하면 그것은 실제로 없지 않다. 원효는 모든 모양을 분석해서 한마음의 자성을 얻을 수 없으나, 도를 닦아 구하면 그것이 나타나니, 그래서 실제로 없지 않다고 한다. 한마음은 일체의 사려 분별이 사라진 경계의 마음으로 그 본체가 고요하나 머무름이 없는 마음(無住之心)으로서 분명하게 정해진 경지다.

넷째, 한마음은 둘이 없고[無二], 둘도 아니고[不二], 적멸(寂滅)하지만, 그것이 전체 조건[緣]에 따라 적멸하고 생동하므로 '생동'과 '적멸'이 하나도 아니고 다르지도 않다[不一不異].

다섯째, 한마음은 무명(無明)을 조건으로 하여 여러 마음[多心]이 된다. 한마음[一心]이 무명(無明)을 조건으로 하여 중생(衆生), 육근(六根), 육정(六情), 육진(六塵), 육도(六道), 사상(四相) 모두를 지은 것이다. 한마음은 무명과 화합한 힘 때문에 이런 여러 마음[多心]을 일으키기도 하고, 다시 환원되기도 한다. 즉 유전문(流轉門)은 흐르며 여러 마음으로 펼쳐지는 현상에 대한 설명이고, 환멸문(還滅門)은 무명을 제거해 다시 한마음에로 돌아가 환원되는 것이다.

여섯째, 결국 한마음의 경지는 부처님 지혜의 경지로서, 네 가지 지혜로 나타나고, 한마음의 본체는 다섯 가지 모양으로 설명된다. 한마음의 본체는 대략 다섯 가지 모양[五相]이니, 첫째, 취하는 대상의 차별된 모양을 멀리 떠난 것[遠離所取差別之相], 둘째, 취하는 주체의 분별하는 집착에서 벗어난 것[解脫能取分別之執], 셋째, 과거·현재·미래의 때에 두루하여[遍三世際] 평등하지 아니함이 없는 것[無所不等], 넷째, 허공계와 같아서[等虛空界] 두루하지 아니함이 없는 것[無所不遍], 다섯째, 있음·없음과 하나·둘 등의 이분법적 견해에 떨어지지 아니하여[不墮有無一二等邊] 마음이 작용하는 곳을 벗어나[超心行處] 언어의 길을 넘어서 있는 것이다[過言語道]. 또 한마음에서는 여덟 가지 식이 모두 전의하여[八識皆轉] 네 가지 지혜로 원만하게[四智圓滿] 나타나는데, 그 네 가지는 모든 것을 두루두루 있는 그대로 비추어 보여주는 크고 둥근 거울 같은 지혜인 '대원경지(大圓鏡智)', 모든 것을 똑 같이 평등하다고 보는 지혜인 '평등성지(平等性智)', 모든 것을 미세하게 다 오묘하게 관찰하는 지혜인 '묘관찰지(妙觀察智)', 될 것 또 되는 것을 이루고야 마는 지혜인 '성소작지(成所作智)'다.

원효가 대승불교의 한마음을 이해할 때, 고대 조선인들에게 작동했던 단군왕검의 고대 조선 건국 이야기의 '은유적 사고틀'이 신비한 마법처럼 작동했다.[21] 고대 조선의 단군왕검은 홍익인간 하는 초월적 실재로서의 인격적인 하늘신 환인 할아버지와, 하늘의 지혜를 인격적으로 형상화한 환웅 아버지와 땅의 힘셈을 상징하는 곰에서 사람으로 변신을 형상화한 웅녀 어머니 사이에서 태어난다. 고대 조선의 건국 이야기는 형이상학적 실재로서의 하늘과 형이하학적 실재로서의 땅의 만남과 종합을 형상화한 은유적 사고틀로 이루어져 있다. 이 이야기는 고대 조선인을 고대 조선인답게 해주는 신비한 마법으로 작동한다. 이 이야기 속의 보조관념의 형상들은 알게 모르게 한국인들의 심성과 말에 새겨지며 고대 조선인의 정신을 사로잡고 있다. 그래서 이 이야기는 고대 조선인의 세계 이해와 인간 이해의 저변에서 자존감과 정체성으로 작용한다.

고대 조선인들은 하느님(환인) 아들 환웅이 사람 사는 세상을 이롭게 하기 위해 이 세상에 내려왔고, 땅의 곰여인(웅녀)과 혼인하여 아들(단군)을 낳아 세상을 다스리게 되었다는 이야기에 나타나는 은유의 세계-이해틀로 일심이문(一心二門)을 이해했을 것이다. 원효는 불교 전적에 나타나는 원음(圓音)의 부처님 말씀과 부처님 마음[佛心]과 부처님 뜻[佛意]과 한마음[一心]을 다 하느님 마음과 하느님 말씀과 융합하며 대승불교적으로 이해했을 것이다. 단군왕검은 하늘과 땅 사이의 존재로 양쪽 모두에 속하면서 동시에 양쪽 모두에서 벗어난 존재다. 원효는 하늘을 한마음의 진여의 세계로 이해하고, 땅을 생멸의 세계로 이해했을 것이다. 원효는 여래장을 원관념으로 당군왕검을 보조관념으로, 혹은 단군왕검을 원관념으로 여래장을 보조관념으로 이해했다고 할 수 있다.

21 김용규·김유림, 『은유란 무엇인가』, 천년의 상상, 2023 참조.

4. 차이와 조화의 철학, 화쟁의 기원과 현대적 해석

원효의 화쟁(和諍)은 부처의 위치에서 보면, "모두 다 도리가 있고[皆有道理]", "서로 다 통한다[無所不通]"는 것이다. 이는 겉으로는 이 세상의 존재자들 사이의 차이도 인정하고, 다름도 인정하는 철학이다. 그렇지만 동시에 속으로는 그 연결도 인정하고 같음도 인정하는 철학이다. 이 둘을 동시에 인정하는 것은 모순처럼 보인다. 원효의 화쟁에서는 모순이 아니다. 1920년대 근대적인 원효 이해가 시작된 이래로 100여 년이 지나고 있는 시점에서 돌아보면, 원효의 화쟁이 그의 독창적인 술어와 사상임을 강조하는 기술이 지속되고 있다. 필자는 원효 화쟁이 불교적인 조화 사상을 반영한 것이라고 생각한다. 그러나 동시에 원효가 원효 당시의 고대 신라인들이 가졌을 토종의 종교심성과 존재이해로 불교를 이해하며 창안한 것이라는 논의와 연구도 필요하다고 생각한다.

전통적으로 원효의 화쟁이 주목을 받게 되는 최고(最古)의 현존 자료는 신라 애장왕(哀莊王, 재위: 800~809) 재위 때 세워진 '서당화상비(誓幢和尙碑)'다. 이 비에는 『십문화쟁론』을 원효의 대표적인 저술로 기술하고, 화쟁의 의미를 부각한다.[22] 그 뒤 300여 년이 지나 고려 시대에 와서도 원효를 높이 평가하고 원효 철학의 핵심을 화쟁으로 기술한다. 고려의 대각국사(大覺國師) 의천(義天, 1055~1101)은 원효가 "백가의 다투는 실마리를 조화롭게 하고 일대의 지극히 공정한 논을 얻었다"[23] 고 하였고, 고려 고종(高宗, 1192~1259)

22 「고선사서당화상비문」; 김상현, 『원효연구』, 민족사, 2000, 337-341쪽 참조.

23 『大覺國師文集』 16권, 和百家異諍之端, 得一代至公之論)고 찬양한다. 의천의 친형인 숙종(肅宗, 1054~105)은 1101년(숙종 6년)에 원효에게 '화쟁국사'라는 시호(諡號)를 추증했고, 비를 세워 공덕을 기념했다.(『고려사(高麗史)』 11권, '肅宗六年條' 참조.

때에 하천단(河天旦)의 「해동종수좌관고(海東宗首座官誥)」에 "원효공께서 신라시대에 태어나서 백가의 이쟁을 조화롭게 하고, 두 문을 합하여 함께 돌아갔다."[24]고 하였다.[25]

전통적으로 원효의 화쟁에 대한 이해는 "화백가지이쟁(和百家之異諍)"과 "지공(至公)"에로의 "동귀(同歸)"로 요약된다. 이는 원효 글들의 서문에 해당하는 부분에 공통적으로 나타나는 내용이다. 예를 들어, 『열반경종요』 서문에 "뭇 경전의 부분을 통합하여 온갖 흐름의 한 맛으로 돌아가게 하고, 부처 뜻의 지극히 공변됨을 열어 다양한 학파의 다른 주장들을 어울리게 한다."[26]는 부분이 위 평가들과 거의 유사하다.

7세기 원효가 태어나기 이전 동아시아에는 인도에서 일천여 년의 역사를 거치며 축적된 불도의 이론들이 한꺼번에 유입됐고, 4세기에 국교의 지위를 얻게 되고 명칭도 불도에서 불교가 된다. 유입되는 시기와 학파(宗)에 따라 승려들이 주로 의존하는 경전[所依經典]이 달라진다. 주로 의존하는 경전에 따라 승려집단의 종파가 분립된다. 불교 종파에 따라 의존하는 경전의 이론이 차이가 나는데, 이것만을 주로 공부하면 다른 경전 이론을 이해하지 못하고 결국 갈등하게 된다. 즉 경전들 간의 차이를 어떻게 해석해야 할지 문제가 된다. 이에 원효는 불전 혹은 논서들에서 어긋나 보이는 글들이나 주장들이 실은 어긋나지 않으며, 모두 진리를 드러내는 바가 있음을 보인다. 화쟁은 바로 "불교의 모든 법문들이 다 이치가 있다. 다 이치가 있으므로 모두 허락되지 않음이 없고, 허락되지 않음이 없기 때문에 통하지 않

24 『동문선(東文選)』 27권 38, "曉公誕生羅代 和百家之異諍 合二門之同歸".

25 이만용, 같은 책, 1983, 68-69 참조; 김상현, 위의 책, 2000, 209, 301-302쪽 참조.

26 원효, 『열반종요(涅槃宗要)』, 한불전1, "統衆典之部分歸萬流之一味 開佛意之至公和百家之異諍."

는 것이 없다"[27]는 것이다. "모두 다 도리가 있다"(皆有道理)는 것은 곧 "통하지 않는 바가 없다"(無所不通)는 것, 즉 '서로 모두 통한다'는 것이다.

원효는 상반된 주장을 상술하고 주장의 시비를 문답하며 '모두가 얻는 게 있다'(皆得)고도 하고 '모두가 잃는 게 있다'(皆失)고도 한다. 각각의 주장이 서로 어긋나는데, 각각의 주장이 일리가 있어 '다 얻는 바가 있다'고도 하고, 잘못된 것이 있어 '다 잃는 바가 있다'고도 한다. 원효는 이를 『대반열반경』에서 장님과 코끼리 비유 이야기를 인용한다. 코끼리를 만진 각각의 여러 장님이 코끼리에 대해 말할 때, 그들이 각각 말하는 코끼리 모습은 각자가 만지고 경험한 코끼리다. 그 각각의 설명은 코끼리 일부 모습을 설명하는 것이므로 다 일리가 있다. 그렇지만 코끼리의 실제 다른 모습을 다 설명하는 것은 아니어서 그것만이 맞다고 고집하면 틀리는 것이 된다.[28]

어떤 주장은 그 근거 안에서만 그 나름의 의미를 가지므로 그 주장만을 고집할 경우 다른 측면에서는 잃는 것이 있다. 서로 다른 주장들이 그 부분에는 맞는 설명이다. 다른 부분이나 전체에는 맞지 않는 주장이고 다른 주장이다. 그렇지만 결국 하나의 코끼리를 가리키는 다른 주장들이고, 그 주장들이 서로 모순되는 것도 아니다. 서로 다른 주장들이 다 얻는 바가 있는 것이다. 그렇지만 그 가운데 어느 한 주장만이 얻는 바가 있다고 할 수는 없다. 따라서 조화롭게 잘 어울릴 수 있다. 그래서 "서로 어긋나거나 방해되지 않는다."[不相違 不相妨] 전체와 부분, 부분들 사이의 방해와 어긋남은 결국 오해 때문이다. 오해는 불교식으로 말해 밝지 못함[無明]이다. 이 밝지 못함

27 원효, 『이장의(二障義)』, 한불전1, 814a05-06, "所設諸難, 皆有道理. 有道理故, 悉無不許, 無不許故, 無所不通." 참조.

28 원효, 『열반종요(涅槃宗要)』, 한불전1, 539a07-09; 혜엄 역, 『대반열반경(大般涅槃經)』(36), 대정장12, 802b29-c02, "如彼盲人, 各各說象, 雖不得實, 非不說象."

의 해소로 오해가 풀리면 통하고, 통하면 조화가 저절로 일어난다. 밝지 못해 못 보거나 희미하게 보거나 좁게 보면서 오해하고 또 고집하며, 어긋나고 방해가 된다고 여기게 되는 것이다. 그러므로 밝지 못함[無明]을 제거해 어긋남을 없앴지만, 어긋남을 없애지 않은 것도 이해하게 된다. 또 방해를 제거했지만, 방해를 제거하지 않은 것도 이해하게 된다. 이는 『금강삼매경론』에서 '일체중생이 밝지 못해[無明] 꿈을 따라 유전하는 것을, 한맛을 보게 하여 한마음이라는 근원으로 되돌아오게 하지만 제자리로 돌아오니 얻은 게 아무것도 없다'고 하는 것과 같다.[29] 나는 온전한 화쟁의 가능조건은 인식론적으로 열반이고,[30] 존재론적으로 일심이라고 한 바 있다.[31] 원효는 다양한 주장들을 소통하기 위한 본질적 전제조건이 일심 혹은 열반임을 밝히는 것이다.[不二] 동일한 전제조건 때문에 다양성이 죽고 통일성에로 귀착되는 것은 아니다. 오히려 그 나름의 이치를 가지며 다양한 고유함들이 온전히 살아나는 것이다. 백가의 주장이 사라지기도 하지만[不二] 다시 살아나며[不一], 결국 다 조화를 이룬다[不一不二].[32]

원효 화쟁의 불교적 기원을 다룬 이들 가운데 은정희와 권오민이 있다. 은정희(1991)는 화쟁이 베다 사상[Vedism]에서 기원하는 것으로 생각한다.[33] 은정희 생각에 특정한 근거가 있는 것은 아니다. 은정희는 원효가 불교학자고 불교가 베다 사상을 배경으로 부처에 의한 창안된 것이라는 맥락에서 불

29 원효, 『금강삼매경론(金剛三昧經論)』, 한불전1, 610a17-b01 참조.

30 김원명, 「원효 『열반경종요』의 열반론 연구」, 한국외국어대학교 철학과 박사학위논문, 2006 참조.

31 김원명, 「현대 문명 위기 극복을 위한 원효와 하이데거의 존재 이해」, 『하이데거 연구』 제15집, 2007 참조.

32 원효, 『대승기신론별기(大乘起信論別記)』, 한불전1, 680a 참조.

33 은정희 역주, 「해제」, 『원효의 대승기신론소·별기』, 일지사, 1991, 11-12쪽 참조.

교사적 흐름 속에 나타나는 조화의 사상이 베다에도 있었기 때문에 이렇게 생각하고 있는 것으로 보인다. 권오민(2015)은 초기불교에서 아비달마 불교에 이르기까지 이어지는 조화의 전통을 좀 더 구체적으로 다루면서, 원효의 화쟁에 나타나는 조화의 사상이 그렇게 특별할 게 없는, 불교에 공통적으로 나타나는 것으로 이해한다.[34]

김영호(2000)는 은정희나 권오민과는 좀 다르게, 인도와 중국의 불교학자들의 조화 사상과 다른 점들을 밝히고 있다. 예를 들어, 인도 나가르주나(Nāgārjuna, 龍樹, 150?~250?)의 회쟁(廻諍)은 공관(空觀)에 입각한 철저한 부정적 사유방식이다. 또 정영사(淨影寺) 혜원(慧遠, 523~592)은 중도(中道)를 공(空)과 같은 맥락에서 초월적이고 부정적인 것으로 해석하며 쟁론의 소극적 지양이나 화회 또는 집착하지 않고 다투지 않는[不執不諍] 편집(偏執)의 해소 차원에 머무는 사유방식이다. 혜능(慧能, 638~713)이나 신회(神會, ?~760)는 무쟁(無諍)의 측면이 짙게 나타난다. 돈(頓)·점(漸) 두 흐름의 합류점을 찾는 종밀(宗密, 780~841)이나 연수(延壽, 904~975) 등에 나타나는 조화와 절충의 사상 속에 화쟁과 비슷한 면이 없지는 않다. 원효(617~686)의 글에도 돈·점의 개념이 화쟁 구도 속에서 빈번히 등장한다. 그런데 원효는 혜능이나 종밀 그리고 연수보다 앞선 인물이고, 원효가 그들의 영향을 받을 수는 없고, 그들이 원효 영향을 받을 수는 있다. 그리고 일원론적이고 통합적인 천태나 화엄 교리에도 비슷한 면도 많다. 그러나 원효의 회통(會通)은 저들의 회통(會統)적 특성과 다르다. 화쟁은 언어가 도구가 되는 모든 쟁론을 여의자는 선(禪)의 침묵과도 다르다. 또 중국불교는 결국 종파의 한계를 드러내지만,

34 권오민, 「원효교학과 아비달마-화쟁론을 중심으로-」, 『동아시아불교문화』 제21집, 2015.

원효의 화쟁은 모든 종파를 두루 포괄하기에 범종파적이다.[35] 김영호 연구에서는 인도 나가르주나의 회쟁과 중국의 무쟁과 다른 화쟁을 말하고 있음을 강조하고 있다. 그렇지만 그 기원에 대한 구체적 언급은 없다는 점에서 또 다른 연구가 필요하다.

나는 화쟁을 어울림, 두루함, 다-살림이라는 면으로 해석한 바 있다. 여기서는 다-살림으로 해석해 보고자 한다. '살림'의 본딧말을 살펴보면, 불에 '타다' 또는 '녹다'의 뜻인 '숟다'에서 나온 것이다. '술이다/술오다'는 '어떤 것들을 불에 태우거나 녹여서 하나를 만드는 것'을 뜻하는 '숟다'의 사동형이다. 어떤 것들을 불로 사르면 타거나 녹아서 하나로 어우러지고 본래 것은 사라진다. 본래 것이 자취를 감추는 과정이 '사라지다'다.[36] 초는 타면서 사라지지만 촛불로 살아난다. 촛불이 살아나기 위해서는 초가 타며 사라지는 수밖에 없다. 초는 사라지면서 살아나는 것이다. 자기에 고집하지 않고 자기 의견에 고집하지 않고 사라짐으로써 비로소 각각이 자기에 고집하지 않는 자기로 살아지고 그래서 각각이 자기에 고집하지 않는 자기로 살아나다 어울리고 다 살리는 것이다. 이처럼 '다-살림'은 각각의 현존재가 그때마다 거기에서 일어나는 한마음의 존재사건과 다르지 않은 것이다.[37]

원효의 화쟁 연구는 한국철학(사)적 관점 연구에 영감을 준다. 언어학, 고고학, 고천문학, 사회학, 현상학 연구 성과들을 반영해서 고대 한국의 종교심성이나 고대 한국 문화와 철학에 대한 이해를 새로 구성하는 연구들이 앞으로 더 나오기를 기대한다. 원효 화쟁 문법은 한국학 혹은 한국철학(사)적

---

35 김영호, 「원효 화쟁 사상의 독특성-회쟁(인도) 및 무쟁(중국)파의 대조-」, 『철학』 제64집, 2000 참조.

36 최봉영, 「한국인에게 정치는 무엇을 뜻하는가」, 『동양사회사상』 제20집, 2009, 9-10쪽 참조.

37 김원명, 「원효의 화쟁 글쓰기」, 『철학논총』 제52집, 2008, 20-21쪽.

관점을 구성하는 데 영감을 줄 수 있다.

원효의 화쟁도 하늘 아래 존재하는 존재자들이 두루 어울리고 다 살리는 고대 한국인들의 종교적이고 철학적인 세계 이해의 통찰과 지혜를 원효가 불전에 투사해 표현한 것으로 이해할 수 있다. 원효는 존재하는 모든 것이 똑같이 하늘 아래 땅 위 그 사이에서 하느님의 보살핌을 받으며 하느님 마음을 본받은 한마음을 가지고 있어서 한마음으로 두루 이해하고 통하여 어울리는 존재지혜로 이해했다. '모든 주장에 도리가 있다'는 '개유도리(皆有道理)'는 '모든 존재자가 평등하게 한마음을 가지고 있다'는 말에 다름 아니다. 그렇기 때문에 그것들이 겉으로는 서로 다르다고 하더라도 깊은 차원에서는 소통가능한 같음이 있다는 말도 된다. 이것은 오늘날 우리에게 익숙한 개념인 '개별'과 '보편'에 대한 원효의 통찰을 드러내주는 것이다.

1997년 청주 소로리에서 구석기시대 말기의 볍씨가 발견됐다. 이로써 구석기시대가 끝나갈 무렵에 청주 소로리에서 세계 최초의 벼농사가 시작되었다는 것이 입증되었다. 2021년 이철승의 '쌀-이론'에 따르면, 한국의 벼 재배 문화의 특성은 공동생산을 하지만, 각자 소유한 농지에서 수확하는 벼는 각자 소유한다.[38] 벼 재배를 하면서 생긴 공동체주의와 개인주의의 조화는 고대 한국의 독특한 문화를 형성했을 것이다.

이 독특한 문화는 조화 속의 경쟁이어서 원효의 화쟁과 유사해 보인다. 다만 원효의 화쟁에는 질시와 경쟁이 없다는 면에서 같지 않다. 그러나 고집을 부리면[定執] 다 틀리고[皆非] 고집을 부리지 않으면 다 맞다[皆是]는 것을 곰곰이 생각해보면, 이것은 타자의 입장에서 이해할 줄 모르고, 전체적인 조망을 할 줄 모르는 어리석음과 관련된 것이다. 벼 재배 문화 체계에서의 질시

38 이철승, 『쌀 재난 국가』, 문학과 지성사, 2021 참조.

와 경쟁은 인간의 기본적인 감정에서 자연발생적으로 생기는 것이다. 어리석음도 근본불각의 무명으로부터 자연스럽게 홀연히 생기는 것이다. 따라서 드러나는 양상이 다르긴 하지만 인간 현존재가 겪게 되고 지혜를 회복해 극복해 가야 하는 문제라는 점에서 그것들이 크게 다른 것은 아니다.

나는 한국말 '하나[한]' 이해[부분과 전체]가 한국인들의 쌀 재배 문화 생활세계의 존재지혜[공동노동과 각자소유]와 상관성이 있다고 생각한다. 이것은 불교가 전래되기 이전부터 고대 한반도에서 있었던 합좌제도나 화백회의와 같은 정치제도 그리고 벼 재배 문화에서 발생하는, 공동생산하고 각자 소유하는 문화에서 발생하는 분쟁과 갈등 그리고 그 해결 과정에서도 있었던 고대 한국인들의 세계이해-틀과 존재지혜-틀이 새겨진 원효의 뇌신경망으로 이해하기에 어렵지 않은 문제들이었을 것이다.

5. 한마음은 하늘마음

이상에서 1970년대~2020년대까지의 원효 이전 한반도와 만주 지역에 있었던 한반도 문명의 기원을 만들어 온 고고학적·사회학적·언어학적·천문학적·현상학적 연구 성과들을 소개했다. 이 연구 성과들을 통해 한반도의 발달된 구석기 신석기 문화들로 세계 최초의 벼농사를 짓게 됐고, 벼 재배 문화 속에서 만들어진 종교적 심성은 하늘과 깊은 친연성이 있다는 점을 알 수 있었다. 그것이 고대 한반도 정주민의 철학 사상을 형성하며 고조선과 삼국시대를 거쳐 계승됐고, 신라의 원효가 당시 수입된 불교철학을 이해하는 해석학적 틀로 기능하며, 원효의 화쟁과 일심 이해가 기능했다고 생각한다.

첫째, 구석기시대 한반도 전역의 정주민들은 아시아에서 가장 이른 시기에 주먹도끼를 사용했다. 당시에 한반도는 반도가 아니었고, 제주도도 섬이 아니었다. 한반도는 구석기시대부터 발달된 구석기 문화를 가진 이들이 살던 곳이다. 당시에도 섬이었던 일본에서는 아직까지 구석기 유물이 발견되거나 발굴된 적이 없다. 그렇지만 제주도를 포함한 남과 북의 한반도 전역에서는 구석기시대의 유물이 전기·중기·후기까지 모두 골고루 발굴되고 있다. 둘째, 구석기시대 말기 한반도의 청주 소로리 정주민들은 세계 최초로 벼 재배를 했다. 그리고 공동생산, 각자소유의 벼 재배 문화의 최적화를 만들어 왔고, 현재 단위면적당 쌀 생산량 1위 나라가 되었다. 이들은 벼를 재배하며 벼 재배의 조건을 따지기 위해서라도 하늘과 땅을 관찰하며 하늘의 해와 달 그리고 별들을 사랑하게 됐을 것이다. 셋째, 9,000년 전 랴오허 서쪽 분지에서 기장 재배를 하며 살던 농경민들이 동쪽과 서쪽과 북쪽으로 흩어지며 이주하기 시작하며 트랜스유라시아어 계통 언어의 기원이 됐고, 고대 한국어의 기원이 됐으며, 현대 한국어도 이를 계승하고 있다. 여기서 나는 글말 한문을 오랫동안 사용하면서도 입말 한국어를 계속 쓰면서 그 고유성을 유지해 왔다는 것이 놀라운 일이 아닐 수 없다는 생각을 한다. 세종 이도(世宗 李祹, 1397~450)는 입말을 분석하면서도 하늘·사람·땅을 생각했고, 그것을 기본으로 모음을 만들었다. 그리고 오행(五行)으로 소리가 나는 입안의 모양을 분석하고 본따 자음을 만들었다. 그는 하늘과 사람과 땅을 생각하면서, 누구나 쉽게 배우고 쓸 수 있는 문자 훈민정음을 창조했다. 이제 그 꿈이 실현되어 입말을 적을 수 있는 한글로 학문 글을 쓸 수 있는 시대가 됐다. 넷째, 고대 조선의 정주민들은 고인돌을 만들었고, 또 고인돌 덮개돌에 별자리를 새겨 넣었다. 어떤 고인돌 덮개돌에는 28수 등의 천문도를 새겨 넣었다. 그리고 고구려 고분벽화에도 28수 등의 그림을 계승하고 있다. 그들의 하늘에 대한 사유와 천문학 지식은 고구려뿐만 아니라 신라의 첨성대에도 고구려의 석각천문도(石刻天文圖)를 일부 재구성한 고려

말 조선 초 양촌 권근의 「천상열차분야지도」에도 계승되었다. 심지어 우리가 지금 쓰고 있는 만 원짜리 지폐 그림 안에는 「천상열차분야지도」 일부가 새겨져 있기까지 하다.

이상의 것들은 모두 한국(철학)사에서 망각되어 왔다. 나는 한국(철학)사에서 이것들을 어떻게 해석해야 하는지 고민해야 한다고 생각한다. 고대 조선인은 왜 천문 현상을 관측하고 기록한 것인가? 중국이나 일본 역사서나 한국에서 「단군세기」 외에는 발견되지 않는 무진 50년(기원전 1733년) "오성취루(五星聚婁)" 기록은 무엇을 뜻하는 것인가? 한반도 정주민들은 아득한 고대로부터 생활의 지혜를 가꾸면서 하늘을 사랑하며, 내면적 경건함을 체험하고 초월적 실재를 체험하며 하늘에 제사를 지내는 존재지혜의 전통을 가꾸어 온 이들이다.

윤병렬(2018)은 2010년대 들어 롬바흐의 현상학적 그림철학 연구 방법론으로 고인돌 덮개돌의 별자리 구멍과 그것을 계승하고 있는 고구려 고분벽화의 별자리 그림을 경천(敬天) 사상과 귀천(歸天) 사상의 보살핌 철학으로 해석했다. 우리는 그리스 최초의 철학자로 알려진 이오니아의 탈레스(Thales, 기원전620경~기원전545경)가 하늘의 별들을 보다가 웅덩이에 빠졌던 이야기라든가 일식을 예언했다는 이야기를 알고 있다. 하느님인 환인(桓因) 아들인 환웅(桓雄)은 땅의 사람 사는 세상을 크게 돕고자[弘益人間] 땅으로 내려왔고, 사람되기를 바라는 땅의 신인 곰과 호랑이 이야기를 만든 고대 한국인들은 자신들이 사람이 된 곰과 하느님의 아들 환웅 사이의 아들인 단군(檀君)이 그들의 조상이라는 이야기를 만들고 그 이야기를 그들의 심상에 새겨 왔다. 고대 한국 조선을 건국하는 이야기는 위의 여러 학문 분야 연구 성과와 더불어 철학적으로 더 상상되고 해석되어야 한다. 현대의 한국학자인 최봉영(2009)은 홍익인간(弘益人間)을 '사람을 크게 돕는 일'이라고 해석한다. 그는 "한국인이 '덕(德)을 나누어 베푸는 일=덕분(德分), 덕택(德澤)'은 깨달음과 어짊을 통해서 이루어진다. 한국인은 깨달음을 통해서 나의 앎을 키워 내고, 어짊을 통해서 그것을 너에게 실천한다. 이때 깨달음은 '깨서 나아가는 일'이고, 어짊은 '어울려 나아가는 일'로서 모두 나를 더욱 큰 사람으로 되게 하는 일이다. 이런 까닭에 한국인은 덕(德)과 마찬가지로 인(仁) 또한 '클 인(仁)'으로 새겨 왔다. 한국인이 깨달음과 어짊을 바탕으로 덕을 쌓고 베푸는 일이 홍익인간, 즉 사람을 크게 돕는 일"이라고 한다.[39]

원효 철학은 삼국통일의 역운적(易運的) 사건과의 깊은 연관 외에도 더 근본적으로는 고대 조선의 벼농사 재배 문화의 공동생산, 개별소유의 문화 틀과 깊은 내적 관련이 있을 것으로 생각된다. 그리고 전통사회의 자생적인 정치사상적 메커니즘에서 출현한 합좌제도나 신라의 화백회의와 같은 정치제도를 가능하게 했던 존재지혜의 해석학적 틀이 원효의 뇌신경망에 이미 구조화되어 있었던 것이라고 생각된다. 그렇기 때문에 원효가 대승불교 전적을 읽으며 그의 뇌신경망에 새겨진 해석학적 틀과 문화 틀을 투사해 대승불교 전적을 이해하고 해석하며 화쟁을 창안했다고 생각된다. 앞으로 우리가 지혜의 눈으로 원효의 글을 읽으면서, 그가 남겨 놓은 그의 정신이 오늘날 우리에게 말을 걸어오도록 해야 한다. 퇴계 식으로 보면, 우리 자신이 정성을 다해 원효의 지혜가 새겨진 원효 글에 말걸 때, 원효의 지혜가 원효의 글이 다시 우리에게 응답해 올 것이다.

이능화(李能和, 1869~1943)는 삼국시대와 통일신라시대는 불교를 수용하고 교학이 일어난 시대로서 '경교창홍'의 시대라고 규정한다.[40] 우리는 그

---

39 최봉영, 「한국인에게 정치는 무엇을 뜻하는가」, 『동양사회사상』 제20집, 2009, 43쪽.

40 이능화, 『조선불교통사』, 신문관, 1918 참조.

경교창홍의 바탕이 고대 한국인들의 자생적인 불교 이해 틀, 신라 내의 자생적인 종교와 지성의 수준이 있었기 때문에 가능한 것이란 걸 이해할 수 있다. 또한 최치원(崔致遠, 857~?)이 말하는 삼교(三教)를 포함하는 풍류라는 현묘지도(玄妙之道)가 이런 종류의 자생적인 종교전통이며 존재지혜의 전통이라는 것도 쉽게 이해할 수 있다.

원효는 '부처마음'으로서의 '일심' 즉 '한마음'에 왜 그토록 많은 관심을 가졌을까? 나는 원효가 불교의 한마음을 바로 불교 수입 이전 전통 사회에서의 '하늘마음'이자 '하느님 마음'으로 투사해 이해하고 설명한 것이라고 생각한다. 대승불교에서의 일심은 '현상으로서의 생멸하는 마음'과 이를 초월한 '진여의 마음'을 이중적으로 가리키는 개념이다. 일심 안에서는 무명(無明)으로 인해 미망(迷妄) 속에 헤매는 중생들을 여여(如如)한 깨달음의 세계로 인도된다. 일심은 미망이 모두 끊어진 뒤에도 여전히 깨끗한 바람이 불어와 맑게 되는 정법훈습(淨法薰習)이 적극적으로 지속되며 항구적으로 작동하는 역동적 실재성을 담게 된다.

원효는 자신에게 의식적으로 무의식적으로 새겨진 고대 한반도 정주민들의 언어와 종교심성에 새겨진 하늘마음으로 대승불교의 일심을 이해했을 것이다. 이 세상의 모든 존재자들은, 다 하늘의 보살핌을 받고 그 하늘마음을 가지고 있듯이, '일체의 중생들은 다 불성을 가지고 있다[一切衆生悉有佛性]'는 대승의 가르침을 이해했을 것이다. 그러니 원효에게 '하늘마음'은 'ᄒᆞᆫ마음'이고, 'ᄒᆞᆫ마음'은 '큰 마음'이고 '하나인 마음'이다. 불교에서는 '가장 큰 마음'인 '부처마음'이 '한마음(一心)'이다. 부처의 차원에서 '부처마음(佛意)'으로 보면 중생들의 마음에 '다 도리가 있다'(皆有道理)고 하고, '서로서로 다 통한다'(無所不通)고 할 수 있는 것이다.

03

이광현, 도교의 불사를 추구하다

김윤경

* 이 글은 김윤경, 「이광현의 『백문결』과 도교의 불사」, 『의철학연구』25, 2018을 약간 수정한 것이다.

1. 이광현과 발해의 도교문화

7세기에 이광현(李光玄)[1]이란 발해인이 있었다. 그는 청사(青社), 회수(淮水), 절강(浙江) 등을 돌며 무역을 하다가 한 도인을 만난다. 그 노인은 세상을 살아가는 것이 뜬 구름 같다고 비유하면서, 신라·발해·일본 등 여러 나라를 돌아다닌 이야기를 한다. 갑자기 노인은 이광현에게 묻는다.

> "그대는 재산이 얼마나 있소?"
>
> "어려서 부모를 잃고 형제와 하인이 몇 있는데 재산이 거만금(巨萬金)입니다."
>
> "재산이 이와 같은데도 어찌하여 먼 바다의 풍파를 무릅쓰고 무역업을 하고 있소? (…)"
>
> 광현이 대답했다.
>
> "재산 때문에 풍파를 무릅쓰는 것은 아닙니다. 내가 인간 세상에 대해 가만히 생각해 보니 모두 꿈만 같습니다. 아침노을과 새벽이슬이 어찌 오래 있을 수 있겠습니까? 전광석화처럼 순식간에 사라지고 맙니다. 인생이 이와 같으니 어찌 생각할 것이 있겠습니까? 옛 무덤이 마르기도 전에 새 무덤이 즐비하게

1 이광현은 자신을 중원 밖에서 태어난 사람으로 규정한다.

생겨나고, 산더미 같은 금(金)이 넘쳐나도 나의 몸과는 아무런 관련이 없으니, 옥(玉)이 하늘처럼 쌓여 있더라도 어찌 목숨을 붙잡아둘 수 있겠습니까? (…)"

도인이 말하였다.

"그대는 수명을 늘이고 목숨을 보전하는 것을 구하는가? 아니면 금단(金丹)의 대약(大藥)을 구하는가?"

"어찌 감히 가려 선택을 하겠습니까? 다만 고인께서는 깨달은 분이시니 가르침을 내려주시기 바라는 것입니다.[2]

위의 일화는 『도장』에 수록된 이광현의 저서 『금액환단백문결(金液還丹百問訣)』(이하 『백문결』), 『해객론(海客論)』, 『금액환단내편(金液還丹內篇)』의 도입 부분에 공통적으로 등장하는 내용이다.[3] 이광현의 『백문결』은 1993년에 중국학자 주월리(朱越利)가 『도장(道藏)』 안에서 발견하면서 국내에도 알려지게 되었다.[4] 기존 연구에 따르면,[5] 이광현의 저서들은 발해 시기에 쓰였으나

---

2 郎君家更有何資產. 光玄曰: "余少孤, 兄弟僮僕數人, 家財巨萬." 道人曰: "旣家資如此, 何得遠涉風波…" 光玄答曰: "我非爲財涉此風波, 余暗思人世, 皆如夢幻, 朝霞曉露, 豈可久長, 石火電光, 瞥然則滅. 人生若此, 寧可思惟. 舊冢未乾, 新墳相次. 壘金遍地, 全不關身. 積玉倚天, 豈能留命…." 道人曰: "爾求延年保命耶, 求金丹大藥耶." 光玄答曰: "非敢揀擇. 但高人知者, 可望垂誨, 終身奉持." 이광현, 『금액환단백문결』(이하 『백문결』), 『정통도장』 제4책(동진부 방법류) 한국어 번역서는 이봉호 외(2011), 『발해인 이광현 도교저술 역주』, 한국학술정보.

3 『백문결』, 『해객론』, 『금액환단내편』(이하 『내편』)은 모두 1977년에 출판된 『정통도장』에 포함되어 있다.

4 朱越利(1993), 「唐氣功師百歲道人赴日考-以金液還丹百問訣爲據」, 『世界宗教硏究』 3.

5 이광현의 저작 관련 주목할 만한 선행연구는 다음과 같다. 朱越利(1993), 「唐氣功師百歲道人赴日考-以金液還丹百問訣爲據」; 王勇(1999), 「渤海商人李光玄について」; 임상선(2000), 「발해인 이광현과 그의 도교서 검토」, 『한국고대사연구』 20; 韓吉紹(2007), 「金液還丹百問結論略」, 『弘道』 32; 王勇(2008), 「渤海道士李光玄事迹考略」, 『中日文化交流集刊』; 이봉호(2010), 「발해인 이광현의 연단이론-『주역참동계』 연단론의 전개」, 『도교문화

[6] 여러 번 편집을 거쳐 북송 초기에 출판된 것으로 알려져 있다.

또한 이 저서의 의의는 삼국시대 연단술을 구체적으로 증명하는데 도움이 된다는 점이다.[7] 이 전까지는 한국도교의 외단 혹은 연단의 기록을 말할 때 고구려 벽화의 연단을 추측할 수 있는 도상과 신라의 황남대총 천망총에서 출토된 연단 재료가 주된 논의의 대상이었다.[8] 지금까지 10세기 이전의 한국도교 연구를 위한 문헌적 접근은 『삼국사기』, 『삼국유사』의 기록과 일본 고대 의서 가운데 하나인 『의심방(醫心方)』에 인용된 신라 백제의 의서 기록 등을 중심으로 이루어졌다. 그러나 "영류왕 때(624) 왕이 도교의 교법을 배우기를 청하니 황제가 이를 허락했다"[9]와 같은 단편적 기록으로 당대의 도교 문화를 고찰하기는 쉽지 않다. 따라서 『백문결』은 발해·일본·신라 등과의 교류, 발해의 종교와 문화를 탐구하기 위한 자료로 활용될 수 있을 뿐 아니라, 7세기의 한 발해인이 신선이 되기 위한 과정과 당대의 외단 수련 담론을 담고 있다는 점에서 한국도교사 연구 자료로 큰 의미가 있다.

연구』 32집. 이 중에서 주월리(朱越利)는 이 논문에서 『백문결』, 『해객론』, 『내편』이 동일한 내용의 책이고, 이 가운데 『백문결』이 선본이라고 주장한다. 또한 이광현은 발해국의 부상(富商) 출신으로 중원문화에 영향을 받은 사람이라고 주장한다. 편찬 시기는 오대 혹은 북송 초기로 본다. 왕용(王勇)은 『백문결』이 원저에 대한 개편본이라기보다는 이광현 자신의 저술일 가능성이 높다고 보고 『백문결』 등의 인용서는 당말 이전의 것이라고 주장한다. 이상의 연구들은 저자의 출신지역에 대한 논쟁과 저작의 원본을 탐구하는 논쟁들을 소개하고 있다.

6 朱越利(1993)는 당 현종 시기에 기록된 문헌으로 본다.

7 정재서(2006), 『한국 도교의 기원과 역사』, 이화여대출판부.

8 이봉호(2010), 196-198쪽. 그는 이 논문에서 『백문결』이 참동계의 연단과정을 보여준다고 말한다.

9 "七年春二月, 王遣使如唐, 請班曆, 遣刑部尙書沈叔安, 策王爲上柱國遼東郡公高句麗國王, 命道士, 以天尊像及道法, 往爲之講老子". "八年, 王遣人入唐, 求學佛老敎法, 帝許之." 『삼국사기』, 20권, 「고구려본기」, 〈영류왕〉.

노인과의 대화에 따르면, 이광현은 상인으로 활동하는 재력가이며, 부모와 사별하고 인간 생명의 유한함을 느끼고 신선이 되기 위해 노력하는 사람임을 알 수 있다. 노인은 이광현에게 재산의 대소를 묻고, 금단의 대약에 대해서는 모르지만 수명을 늘려 목숨을 보전하는 방법은 가르쳐 줄 수 있다고 말한다. 우리는 이 대화로부터 당대의 도교문화를 다음과 같이 추측할 수 있다. 첫째, 당시 사람들은 인간 삶의 유한함을 깨닫고 신선이 되기 위해 스승을 찾아다니는 공부를 했으며, 구전으로 수련 방법을 전승했다.[10] 둘째, 신선이 되는 '금액환단'을 재련하기 위해서는 단재(丹材) 마련을 위해 많은 비용이 필요했다. 셋째, 불사를 위한 금단 대약을 얻기 위한 공부와 수명을 연장시키는 공부가 달랐음을 알 수 있다.

도교의 불사에 대한 연구는 방대한 텍스트와 다양한 종파 그리고 2000여 년 동안 축적된 방대한 이론체계로 인해 그 의미를 한정하기가 쉽지 않다. 한 발해인의 구도의 여정 그리고 스승을 만나 단약에 대해 배우는 형식으로 구성된 『백문결』은 도교에서 말하는 '불사'의 의미, 그 불사를 위한 방법들, 장생불사의 방법이 오늘날 어떤 공효가 있는지를 보여준다.

2. 죽음과 삶의 유한성

이광현과 노인은(이하 '(현수) 선생' 또는 '스승'으로 약칭) 인간은 누구나 짧은 삶을 향유한다는 시간의 유한함에 대해 말한다. 그리고 이광현은 부모의 사

10 갈홍(283-343?)의 『포박자』에서도 신선의 운명을 타고 난 사람도 스승을 만나야 한다고 말한다.(『抱朴子內篇校釋』, 「勤求」, 中華書局, 1980, 229쪽) 수당 시기에 신선이 되기 위한 이러한 구도의 여정은 일반적인 것으로 보인다.

별로 인해 '죽음'을 경험하고 신선이 될 수 있는 비책을 알려줄 '스승'을 만나기 위한 여행을 하고 있음을 추측할 수 있다. 오늘날 도교의 불사는 진시황과 같은 황제가 영원한 삶을 위해 단약을 구하는 것 혹은 '몸의 양생', '내단 수련' 등으로 상상된다. 그렇다면 『백문결』에 나타난 도교는 죽음을 어떻게 이해하고 있을까? 그 비교를 위해 우선은 도교의 대표적 경전 『노자』를 살펴보겠다.

『노자』에서 죽음을 말하는 장은 6장, 33장, 42장, 50장, 67장, 74장, 75장, 76장, 80장 총 9개의 장이다. 이 가운데 6장 "곡신불사(谷神不死)"에서 '곡신'은 '계곡의 신', '욕망'[11], '텅 비어 있는 도' 등으로 다양하게 정의되는데, 곡신의 개념이 무엇이든 불사는 "끊임없이 이어져 아무리 써도 끝이 나지 않는 것(綿綿若存, 用之不勤)"으로 정의된다. 또한 33장의 "사이불망자수(死而不亡者壽)"는 자신이 위치할 자리를 제대로 아는 자는 오래 산다는 의미로, 자기만족의 처세술과 이를 통한 장수의 공효를 말한다. 42장과 67장의 "강하기만 하면 제 명에 죽지 못한다[强梁者,不得其死]"와 "물러서지 않으려 하면 죽는 길"도 처세술을 통해 오래 사는 법을 말하고 있다. 74장과 76장, 80장은 위정자의 입장에서 백성들이 죽음을 가볍게 여기거나 가혹한 정치로 인해 더 이상 죽음을 두려워하지 않는 사회를 이야기하고, 80장은 도가의 이상적 사회 시스템에서의 죽음을 말한다.

이 가운데 장생의 무리들을 언급한 50장은 사람은 누구나 태어나고 죽는데 '섭생을 잘하는 자들'이 10분의 3이라고 전제한 뒤에, 자신이 들은 섭생을 잘하는 사람들을 설명한다.

---

11 谷者, 欲也. 『老子想爾注』 6장. 이 논문에서 『노자상이주』의 본문은 饒宗頤(1991)의 『老子想爾注校証』(上海古籍出版社)를 참조하였다.

> 섭생(攝生)을 잘하는 자는 야산을 다녀도 외뿔소와 호랑이를 만나지 않고, 군중에 들어가도 병기에 당하지 않는다. 외뿔소가 그 뿔로 받을 데가 없고, 호랑이가 그 발톱으로 할퀼 곳이 없으며 병기가 찌를 곳이 없다. 무슨 까닭인가? 그 몸에 사지(死地)가 없기 때문이다.[12]

여기에서 '섭생을 잘하는 자[善攝生者]'를 왕필은 "'무(無)'를 생(生)으로 삼아 죽을 곳이 없다"[13]라고 해석했으며, 조선의 성리학자 박세당은 "자신의 (도덕적) 마음가짐이 훌륭하다면 외부의 위험에서 벗어날 수 있다"[14]고 풀이하였다. 중요한 것은 섭생을 잘하면 호랑이를 만나지 않고, 전쟁에 나가도 병기에 죽지 않는다는 것이다. 『노자』의 '사생관'은 죽음에 초연했던 장자와 비교할 때 '죽지 않음'에 대해 긍정적인 태도를 가지고 있다고 평가된다. 그러나 이 구절은 바꿔 말하면 『노자』의 시대에 맹수와 전쟁의 위협이 가장 큰 죽음의 요소였고, 가혹한 정치 또한 '죽음에 대한 공포'를 가중시키고 있음을 고발하는 것으로 보인다. 즉 『노자』는 죽음과 관련해서 '불사'의 개념을 말하고, 섭생을 잘하면 장수할 수 있으며, 현실적 위험 요소(전쟁, 자연재해, 금수)로부터도 안전하다고 말한다. 그렇다면 이러한 요소는 초기 교단도교에서는 어떻게 활용될까?

---

12 出生入死. 生之徒十有三, 死之徒十有三. 人之生動之死地者, 亦十有三. 夫何故. 以其生生之厚. 蓋聞善攝生者, 陸行不遇兕虎, 入軍不被甲兵, 兕無所投其角, 虎無所措其爪, 兵無所容其刃. 夫何故. 以其無死地. 『老子』 50장.

13 王弼, 『老子道德經注』 50장.

14 我無寢皮食肉之心, 則與物相忘, 雖有惡獸, 無所施其爪角. 我無爭利求勝之心, 則與人相忘, 雖有惡人, 無所施其兵刃. 如此者, 何也. 我無可死之道故也. 死地, 猶言可死之道. 謂生生之厚, 章內凡言夫何故者再, 前以言其蒙禍喪命之由, 後以言其遠害全身之故. 皆所以說問發端, 以致其丁寧反覆之意也. 朴世堂, 『新註道德經』 50장.

최초의 도교 경전 『노자상이주』[15]는 오두미도의 교주 장릉(張陵)[16]과 장로(張魯)[17]의 저작으로 알려져 있다.[18] 중국 역사에서 최초의 교단 형태를 갖춘 도교는 동한 말기의 태평도와 오두미도이다. 장각의 태평도가 『태평경』을 교리로 삼아 활동하였다면, 장릉의 오두미도는 『노자』를 중심 경전으로 삼아서 활동하였다.[19] 『노자상이주』는 교단의 계율실천을 강조한다. 『노자』 3장의 "욕심낼 만한 것을 보여주지 않으면 백성들의 마음이 어지럽지 않게 된다(不見可欲, 使民心不亂)"과 "성인의 다스림은 그 마음을 텅비게 하고 그 배를 채우며, 그 뜻을 약하게 하고 그 뼈를 강하게 한다(聖人之治, 虛其心, 實其腹, 弱其志, 强其骨)"에서 '약기지(弱其志) 강기골(强其骨)'에 관한 주석을 보면,

> 심(心)을 움직이게 하지 말라. 만약 스스로의 계율로 (心을) 움직인다면, 곧 도가 떠나더라도 다시 돌아오지만, 심(心)이 어지러워지면 도는 떠날 것이다.

---

15 『노자상이주(老子想爾注)』는 청말 돈황에서 발견되어 런던 대영박물관에 소장되어 있다. 이 책의 상태는 부분적으로 훼손되었으며, 3장의 "不見可欲, 使心不亂" 구절부터 시작해서 580행이 남아 있다.

16 장릉(張陵)은 오두미도(五斗米道)의 창시자이다. 『신선전』에 의하면 그는 태학의 학생으로 오경에 두루 통했으나, 유학이 장생에 도움이 안 된다는 것을 깨닫고 장생법을 공부했다고 한다. 그는 사천(四川)의 명산에서 도를 얻은 후 치병을 중심으로 하는 종교집단을 만들었다. 오두미도의 이름은 신도들에게 쌀을 오두(五米)씩 바치게 한 데서 유래한다. 구보 노리따다(2000), 『도교사』, 최준식 옮김, 분도출판사, 127-130쪽 참조.

17 장로(張魯)는 자(字)는 공기(公祺)이고, 후한 말기의 인물로 생몰연대는 미상이다. 조부가 오두미도의 창시자인 장릉으로 알려져 있다. 장릉의 교법은 아들 장형(張衡)을 거쳐 손자 장로(張魯)에게 계승되었으며 장로에 의해서 대성되었다. 후한 멸망 직전의 약 20년간 정치와 종교가 일치하는 형태를 갖춘 독립 왕국을 건설하였다. 장로는 215년에 위(魏)의 조조(曹操)의 침공을 받았지만, 항복해서 교권을 보장받았다.

18 장릉이 저자라는 설은 당대 도사 두광정(杜光庭)의 『도덕진경광성의(道德眞經廣聖義)』 등에서 보인다. 또 다른 설은 장릉의 손자인 장로의 저작이라는 설이다.

19 윤찬원(1998), 『도교철학의 이해-태평경의 철학체계와 도교적 세계관』, 돌베개, 44-45쪽.

> 심(心)은 법도이니, 그 가운데 길함 흉함 선악이 있다. 배는 도의 주머니이니, 기가 항상 차려한다. 심(心)이 흉하고 악하게 되면 도가 떠나가 주머니가 비게 된다. 그 텅 빈 곳에 사악함이 들어오면 사람을 죽인다. 텅 비게 해서 심 가운데 흉과 악을 제거하면 도가 돌아오고 배는 가득 차게 된다. 뜻은 심을 따라 선악이 있고, 뼈는 배를 따라 기운을 우러른다. 약한 뜻은 악이 되니 기가 떠나가 뼈가 앙상해지고, 그 악한 뜻이 약해지면 기가 돌아오니 골수가 가득해진다.[20]

『노자상이주』는 '스스로의 경계(自誡)'를 통해 개인들 각자가 욕망을 어떻게 조절할 것인가를 말하고 있다. 그런데 이 마음이 악해지면 도가 떠나가고 살인을 하거나 죽음에까지 이른다. 심(心)에서 기(氣)가 떠나가면 사람은 뼈만 앙상해지고, 기가 돌아와야 골수가 튼튼해진다. 기(氣)를 양생론과 합치시켜 건강한 삶을 말하고, 동시에 그 기가 떠나면 '죽음'이라고 설명한다는 것을 알 수 있다. 인간이 살인을 하는 것도 몸에 기가 부족해서 발생하는 문제인 것이다. 달리 말하면 선악의 문제를 인간이 건강한 삶을 사느냐 아니면 병들어 죽느냐의 문제로 치환해서 이해한다. 이때 '마음의 선함'은 건강한 삶을 영위하는 데 필수 조건이 된다.

기존의 연구에 따르면, 『노자상이주』는 종교화 과정에서 『노자』 본문을 의도적으로 개조하고 노자(老子) 및 도(道)를 신격화 하였으며, 나아가 신도

---

20 勿令心動. 若動自誡, 卽囗道去復還, 心亂遂之, 道去之矣. 心者, 規也, 中有吉兇善惡. 腹者, 道囊, 氣常欲實. 心爲兇惡, 道去囊空. 空者邪入, 便煞人. 虛去心中兇惡, 道來歸之, 腹則實矣. 志隨心有善惡, 骨隨腹仰氣. 彊志爲惡, 氣去骨枯, 弱其惡志, 氣歸髓滿. 『노자상이주』 3장.

(信道)와 도계(道誡)에 의한 신앙체계를 확립했다고 알려져 있다.[21] 『노자』에서는 인간의 죽음을 잘못된 처세 혹은 자연재해, 전쟁, 공포정치로부터 온다고 생각했다면, 『노자상이주』에 이르면 노자는 도교의 최고신 태상노군(太上老君)으로 숭배되고, 텍스트 『노자』는 참회와 반성을 위한 주문이 되며, 죽음은 기의 흩어짐으로 설명된다. 『노자상이주』는 인간을 정기신 개념으로 설명하고 정(精)을 보존하지 못하면 죽게 된다고 보았다. 초기 『노자』가 처세술을 통한 장생 그리고 섭생의 공효는 말했지만, 인간 몸의 죽음을 정기신의 이론 체계로 설명하지는 않았다. 그러나 『노자상이주』에 이르면 초기의 정기신 논리의 원형이 드러나는 것이다. 이광현이 단약(금액환단)을 구하기 위해 여행을 하는 것이 '삶'의 유한성에 대한 깊은 깨달음이라고 한다면, 그것을 극복하기 위해 스승에게 "어떻게 외단을 제련하는가?"라고 묻자, 스승은 죽음의 극복에 그치지 않고 금단을 이루면 가난과 질병이 사라지고 유토피아에서 노닐게 된다고 답한다.[22]

3. 『노자상이주』와 『백문결』의 수련법

도교가 유교, 불교와 다른 지점은 도교는 인간의 몸을 수련 도구로 보고 육체의 질적 변화를 통해 '완전한 인간'으로 변모할 수 있다고 가르친다는 것이다. 도교는 인간 육체의 질적 변화를 꿈꾼다. 『노자상이주』 9장의 주석

21 이석명(2004), 「『노자상이주』를 통해 본 노자사상의 종교화 작업」, 『동양철학』 27집, 202쪽. 이 외에도 김백희(2006), 「초기 도교의 사유방식. 『노자상이주』」, 『동서철학연구』 40호 참조. 이 가운데 이석명은 『노자상이주』의 종교성을 노자의 신격화와 도의 인격신화로 제기한 바 있다.

22 金丹一成, 貧病永失. 『백문결』.

에는 이런 관점이 잘 나타나 있다.

> 사람의 정(精)과 기(氣)가 장부 안에 가득 차면 아껴 지킬 수가 없다. 저절로 '폐심(閉心)'이 되지 않으면 씻겨 내려가 크게 잃게 된다. 정(精)이 맺어져 신(神)을 이루면 양기는 남아 마땅히 저절로 아끼는데 힘쓰게 되니, 폐심(閉心)하고 사념들을 끊으면 삿된 음기가 교만해지지 않을 것이다.[23]

여기에서는 본문의 '금옥만당(金玉滿堂)'과 '부귀이교(富貴而驕)'를 사람 몸 안의 문제로 해석한다. 또한 '금옥'과 '부귀'를 도교에서 몸의 구성요소인 정(精)과 기(氣)로 보고 있다. 이 구절은 정(精)과 기(氣)가 신(神)의 단계로 변화하지 못할 경우, 정과 기를 잃게 되는 상황을 서술하고 있다. 특히 이 구절에서 당대 이후 구체화된 내단도교의 수련원리인 "정을 단련하고 기로 변화시킨다(鍊精化氣), 기를 단련하여 신으로 변화시킨다(鍊氣化神), 신을 단련하여 텅빔으로 돌아간다(鍊神還虛)"의 원형적 이론구조가 보인다.[24]

주목되는 점은 '심(心)을 닫는다'는 '폐심(閉心)'이 정과 기를 지키는 수련 용어로 등장하고 있는 점이다. '정'과 '기'를 지키기 위해서는 '폐심'이 되어야 하며, 정(精)과 기(氣)가 신(神)으로 변화하면 '폐심절념(閉心絶念)'은 자연히 된다고 말한다. 도교에서 신선은 인간이 이룰 수 있는 최고의 목표이자 완전한 존재이다. 『노자상이주』에서는 신선을 '폐심하는 자'라고 말한다.

23 人之精氣滿藏中, 苦無愛守之者. 不肯自然閉心, 而揣挩之, 卽大迷矣. 精結成神, 陽炁有餘, 務當自愛, 閉心絶念, 不可驕欺陰也. 『노자상이주』 9장.

24 『노자상이주』에 '연신환허'에 대한 논의는 없다. 일반적으로 "築基, 鍊精化氣, 鍊氣化神, 鍊神還虛"의 수련단계는 당말 오대 시기에 그 원형이 만들어졌다고 말해지고 있다. 이원국(2006), 『내단: 심신수련의 역사』, 김낙필 외 옮김, 성균관대출판부, 67-68쪽 참조.

가령 『노자상이주』 20장에서는 "선사(仙士)는 폐심(閉心)하니 사악하고 이로운 것을 생각하지 않아 마치 어둑어둑한 것처럼 어둡지만, (세상 사람들은) 세속의 일들을 잘 살필 줄 알아 밝다"[25]라고 하였다. 이 장의 뒷부분에서는 선인들은 속인들과는 달라 부귀영화를 귀하게 여기지 않고 식모(食母)를 귀하게 여기는데, 이 식모가 바로 '육체'[26]라고 말한다. '폐심'은 선사라면 당연히 갖추어야 할 수련 방식인 것이다.

그렇다면 『백문결』은 어떠한 수련 방식을 말하는가? 도입 부분에서는 호흡법, 도인법 등이 거론되지만, 『금액환단백문결』이라는 제목이 시사하듯 정점에서는 '외단' 수련이 목표로 제시된다. 구체적인 내단 이론체계가 등장하기 이전의 도인법과 호흡을 중심으로 하는 내수법(內修法)이 언급된다.

> 무릇 도(道)란 몸에 있는 것이므로 다시 밖으로 일삼을 것이 없다. 그대가 능히 부인을 멀리하고 세상 인연을 모두 버리고서, 바위에 머리를 누이고 샘물로 양치질 하며 번뇌를 제거하고 청정에 나아간다면 원기(元氣)가 흩어지지 않아 장생(長生)에 이를 수 있다. 무릇 원기라는 것은 바로 몸속 혼원(混元)의 기이므로 사람의 근기(根基)이다. 생각이 멈추면 기(氣)도 멈추고, 신(神)이 움직이면 기도 흩어진다. 이 때문에 지인(至人)은 숨을 멈추고, 시비를 버리고, 미련을 끊어 버리며, 쉬는 숨이 코 밖에 나가지 않고, 생각을 언제나 단전에 모은다. 만약 세 단전이 충실해지면 천년도 살 수 있다. 또 새것을 받아들이고 옛것을 내보내며, 침을 모아 삼키는 것들은 다 수명을 늘이는 방법으로 모

25 僊士閉心, 不思慮耶惡利得, 若昏昏冥也. 知俗事審明也. 『노자상이주』 20장.

26 僊士與俗人異, 不貴榮祿財寶, 但貴食母.食母者, 身也. 『노자상이주』 20장.

두 몸을 굳게 하는 도(道)이다.[27]

요컨대, 정을 지켜 원기를 흩어버리지 않고 신을 잘 모으면 장생에 이를 수 있다는 것이다. 기와 신을 (마음의) 의지에 따라 조절하며 숨을 단전에 모은다는 것은 모두 원형적 태식법(胎息法)에 관련된 것으로 외단과는 거리가 멀다. 여기서 말하는 '단전(丹田)'은 『포박자』 뿐만 아니라 『황정외경경(黃庭外景經)』에도 나오는 개념으로,[28] 위·진 시기에 이미 도인, 행기, 태식, 복식 등과 같은 일반적인 도교 양생술에서 주요한 요소였다. 이 내용은 앞에 소개한 『노자상이주』에서 인간을 정기신으로 설명하고 정과 기를 채우는 공부를 말한 기공양생술과 유사하다.

그렇다면 외단이 주가 되는 『백문결』의 도입에서 호흡법(내단법의 원형)을 언급하는 이유는 무엇인가? 서두의 대화에서 스승이 이광현에게 수명을 늘이고 장수를 하는 공부를 원하는지, 아니면 금단의 대약을 구하는지를 물었던 대목을 상기할 필요가 있다. 『백문결』에서 호흡법과 도인법 등은 장수를 위한 공부일 뿐 '불사'를 위한 금단의 대약은 아니었던 것으로 보인다. 그렇다면 이 책의 성립 시기는 중요한 도교사적 의미를 지닌다. 주월리의 견해대로 『백문결』을 오대 말기 혹은 북송 초기 유통된 것으로 본다면, 내단학 홍성기에도 여전히 '외단' 수련법이 맹위를 떨쳤던 것으로 추측되기 때문이

27 道人曰: "夫道在身, 更無外事, 爾能遠離房室, 屛棄世緣, 枕石漱泉, 祛煩就靜, 元氣不散, 可至長生. 夫元氣者, 是身中混元之氣, 是人之根基. 念住則氣停, 神行則氣散. 是以至人住息, 屛是非, 絶顧盻, 喘息不遊於鼻外, 存思常注於丹田. 若三田得實, 千年可保. 更或納新吐故, 漱液咽津, 悉是延年之門, 皆爲固身之道." 『백문결』.

28 呼吸廬間入丹田. 務成子注, 呼吸元氣會丹田中. 丹田中者, 臍下三寸陰陽戶, 俗人以生子, 道人以生身. 『黃庭外景經』「上部經」.

다. 『백문결』 내용의 9할은 모두 '황아(黃芽)'와 관련된 외단의 제련에 관한 것들이다.

『백문결』에서 이광현은 '금액환단'을 얻기 위해 끊임없이 스승에게 '황아'에 대해서 묻는다.

> "세상의 도인들을 만나보면 모두 황아(黃芽)를 말하는데, 저는 그 지극한 이치를 알지 못하겠습니다. 황아는 대체 무엇이며, 어떤 약으로 만드는 것입니까?"
>
> 선생이 말하였다: "연(鉛)은 연 가운데에서 나와야만 지극한 보배가 되고, 홍(汞)은 변하여 금홍이 된다. 이 연과 홍이 만드는 기를 '황아'라고 부른다." [29]

이 대화로부터 발해를 비롯한 중원지역에서 '외단'에 대한 관심이 높았고, 주요한 관심은 황아였음을 알 수 있다. 선생의 답에 의하면 황아는 납[鉛]과 수은[汞]의 결합으로 만들어진다. 이광현은 납(연)이 독성이 강한데 어떻게 지극한 약이 될 수 있는지를 묻고, 수은을 고온에서 제련하는 법에 대해서 집요하게 묻는다. 선생은 금액환단은 완성되면 다섯 가지 빛깔을 함유하는데, 과거의 신선부터 오늘날의 신선까지 모두 금액환단을 만들어 먹었

29 光玄: "以見世上道人, 皆說黃芽, 未知至理. 黃芽者將何物之所爲, 以何藥而製造." 先生曰: "鉛出鉛中, 方爲至寶. 汞傳金汞, 鉛汞造氣, 乃號黃芽." 『백문결』. 참고로 마지막 문장의 의미에 대해서는 다음과 같은 해석도 있다. 의미 있는 해석이므로 소개한다; "납이 납원석에서 녹아 나오면 비로소 최고의 보배(순수한 납)가 되고, (약 300℃) 수은은 금홍(납·수은 합금, 즉 납 아말감)으로 변한다. 납과 수은이 일정 온도에서 기체를 만들어내면(수은 증기가 배출되는 과정) 이를 '황아'라고 부른다.(실제로는 아말감 속에 남은 납이 산화되어 사산화삼납이 되는 과정으로도 볼 수 있다. $3Pb + 2O_2 \rightarrow Pb_3O_4$)

다고 밝힌다.[30] 하지만 세상 사람들이 연을 써서 황아를 얻고자 하는 노력을 많이 기울이고 있음에도 불구하고 제대로 알지 못하기 때문에 얻을 수 없다고 지적한다.[31] 스승은 "사람이 황아(금액환단)를 복용한다면 '장생불사' 할 수 있다"고 말한다. 그러나 당대에도 외단의 부작용은 매우 심각했던 것으로 보인다.

> 이것은 모두 신선의 묘술을 얻지 못한 것이다. 선경의 이치를 살피지 않고 오행에 따라 (약을) 제조하지 않아 일월의 정화(精華)를 얻지 못한 것이다. 때로는 여러 유사한 것을 사용하여 서로 뒤섞고, 때로는 지극히 참된 방법과 상당히 어긋나기도 하니, 비록 불로 제련된 수은 천근을 얻었더라도 기와장이나 돌멩이와 똑같다. 그러므로 약을 복용하여 변화할 수 없을 뿐만 아니라 먹으면 사람의 수명을 단축시킨다. 그래서 《왕진인전》에 이르기를, 옛날에 어느 두 형제가 수은 1근을 가지고 양산곡에서 삼년 동안 제련하고 불로 제압하여 붉은 옥과 같은 색을 얻었는데, 그들은 이것을 '최고의 약'(至藥)이라고 하였다. 형제가 각각 반근씩 복용하자 유월 한여름에도 솜옷을 입어야 했고 사람이 부축해 주어야 했다. 이것은 수명을 연장하기를 바라다가 도리어 몸을 망치는 재앙을 초래한 것이니 어찌 잘못된 약재를 쓰고 방술이 잘못되어 그런 것이 아니겠는가. 이것을 통해 징험할 수 있다. 이는 정말로 참된 것을 구하는 데 달려 있으니 만약 참된 근원을 얻게 되면 만에 하나도 잘못되

---

30 先生曰: "成藥之日, 是一味水銀神水之胎, 作紫金之粉, 色含五彩, 以表五行成身, 號曰金液還丹, 太古神仙, 皆同一法." 『백문결』.

31 直至諸經 唯讚鉛之功能也. 若捨其鉛, 如棄父母, 而求孩子也. 古歌曰: 莫壞我鉛, 令我命全. 莫壞我車, 令我還家. 鉛斷河車, 所作無功. 鉛絕河車, 所作無出. 又曰: 玄生因金公, 巍巍立始終. 又曰: 一物含五彩 永作仙人祿. 『백문결』.

지 않을 것이다.[32]

여기에서 부작용의 사례는 '수은' 중독으로 보인다. 그러나 여전히 현수 선생은 원인을 잘못된 약재 혹은 잘못된 방술 탓이라고 보고 있다. 그래서 이광현이 약의 분량을 묻자 수은과 납을 각기 8냥씩 넣으라고 주문한다.[33] 현수선생은 금단을 제조했지만 효험을 얻지 못한 경우는 모두 방술이 잘못 전해져 왜곡된 것이라고 말한다.(가령 반석(礬石)을 연홍(鉛汞)과 같이 쓰는 것) 뒷부분에서 스승은 광현에게 자신이 전한 비전을 함부로 다른 사람에게 전하지 말라고 당부하는데, 그 이유 중 하나는 당시에 외단 복약으로 인한 부작용이 많았고, 그래서 사회문제가 되었기 때문은 아닐까 추측된다. 스승은 "왜 금액환단만이 약이 될 수 있는가?"라는 광현의 질문에 다음과 같이 답한다.

> 네가 우둔해서 여전히 알지 못하는구나. 내가 자세히 말할 테니 들어 봐라. 세상 사람이 오행을 품부 받아 태어나지 않음이 없는데 어찌 간·심·비·폐·

32 先生曰: "此皆不得神仙之妙術, 不按仙經之理, 不依五行製造, 不得日月精華.或用諸類相和, 或於至真違遠, 縱得千斤伏火, 亦與瓦石一般.非惟點化無堪, 亦致服食夭人壽矣.故王真人傳云: 古有兄弟二人, 將水銀一斤, 於陽山谷之中, 鍊燒三年, 伏火如紅玻璃之色, 言是至藥.兄弟各服半斤, 六月須著綿衣行, 又要人扶策, 此希延壽, 返有墮身之災豈非藥類不同, 方術錯悞, 此可爲驗. 切在求其真, 若得真源, 萬不一失." 『백문결』.

33 『주역참동계(周易參同契)』에서 정(精)을 16냥으로 언급한 이래로(上弦兌數八, 下弦艮亦八, 兩弦合其精, 乾坤體乃成. 二八應一斤, 易道正不傾. 「龍虎兩弦章」 9), 원대 이도순(李道純)이 지은 『중화집(中和集)』에 따르면 인간이 태어나면서 얻은 정이 16냥이라고 표현된다(曰嬰兒是一含眞氣也. 十月胎成, 入聖基者, 三百日胎, 二八兩藥, 烹之鍊之, 成之熟之, 超凡入聖之大功也, 故曰入聖基也." 「三五指南圖局說」 1). 16냥(二八兩)은 외단에서는 약물의 양으로, 내단에서는 인간이 가진 정(精)의 양으로 해석되었다.

> 신에 이르러서도 음양오행을 버릴 수 있겠는가. 환단이라는 것은 오행의 정기를 단련하여 만상(萬象)의 신광(神光)을 머금고 자금(紫金)의 신묘함을 얻어서 진액(津液)의 이름으로 유전된 것이다. 이것을 복용한 자가 어찌 진실로 사지가 단단하게 보존되고 오장이 견실해져서 저절로 장생하는 경지에 이르지 않겠는가. 인간세상을 벗어나서 신선이 될 수 있는 바탕을 이루는 일이 바로 목전에 있을 것이다.[34]

단약의 제련이 '오행의 원리'를 중심으로 이론화되었음을 볼 수 있다. 오장의 작용 그리고 오행의 원리를 명확한 이론의 증거로 확정하고, 부작용의 사례에도 불구하고 정확한 분량과 제련법을 통해서 금단이 만들어질 거라고 믿었던 배경에는, 당시 도교의 '외단' 문화가 동북아시아 전역에 종교적 신념처럼 퍼져 있었던 것이 원인일 것이다.[35] 그렇다면 왜 이렇게도 절박하게 '금단'을 구했던 것일까? 『백문결』의 서두에도 나왔듯이, 인생의 유한함과 더불어 '전쟁'에 대한 두려움도 있었던 것으로 보인다. 현수선생은 가르쳐 준 이론을 누설하거나 경솔하게 하류들에게 전하지 말라고 당부하면서, 전쟁이 한창이라 백성들이 전란을 피해 산으로 숨기 때문에 약을 제련하기가 어렵다고 설명한다.

『백문결』에 따르면, 이광현이 직면한 불사를 위한 금액환단 제련의 어려움은 다음과 같다. 첫째, 잘못된 제련 방법에 따른 '단약 부작용'이었던 것

34 爾之愚鈍, 猶不知之. 聽吾細說. 且世間之人, 無不稟於五行而生, 至於心肝脾肺腎, 豈棄陰陽五行. 還丹者燒五行之精氣, 含萬象之神光, 得紫金之妙, 流津液之名, 服之者豈不保固四肢, 堅牢五藏, 自然長生有地, 去世成因, 事在目前. 『백문결』.

35 동아시아의 외단 문화는 대표적으로 갈홍(葛洪, 283-343?)의 『포박자(抱朴子)』를 통해 유추해 볼 수 있다.

으로 보인다-부작용이 생기거나 효과가 없는데도 불구하고, 전승 방법이 잘못 되었다고 생각하고 있다-. 둘째, 전쟁으로 인해 근 3년씩 불가마를 쓰기가 어렵다는 것이다. 전쟁은 단약 제련의 어려움인 동시에 생존을 위해 '인간 한계를 뛰어넘는 몸'이 가능한 단약을 만들고 싶은 강력한 동기이기도 했을 것이다. 셋째, 금전적인 어려움이다. 이 글의 서두에서 소개했듯이, 스승 현수가 이광현에게 한 첫 질문은 "재산이 얼마나 되는가?"였다. 외단을 위한 납, 수은, 황금 등은 당시 고가의 재료들로, 재력이 없다면 단약 제조 작업의 착수 자체가 어려웠다. 이런 상황을 『백문결』은 다음과 같이 전한다.

> 천하의 여러 돌과 온 나라의 여러 반(礬)·동정(銅精)·철정(鐵精)·석록(石綠)·토록(土綠)을 다 쓰느라 자금을 죄다 허비하는 사람들이 있는데 모두 다 성취하는 바가 없다. 그러면 정의는 점점 미혹되고 심신(心神)은 더욱더 어지러워져 신선(神仙) 방술이 편안하고 심원하다는 것을 믿지 않으니, 어찌 대도(大道)에 번잡함이 없다는 것을 알겠는가? 영단(靈丹)이 여기에 있지 않다고 여기어 지극한 약이 바다 밖에서 난다고 말하면서, 파사국(波斯國)에서 백반(白礬), 자반(紫礬)을 구하거나 회흘지역에서 금강옥설(金剛玉屑)을 찾느라 자칫하면 많은 세월을 보내고 온갖 미혹된 이야기를 하는데, 설사 그것을 구해 오더라도 쓰일 곳이 없다. 이로 인해 근심하여 머리는 흰색으로 변하고 고심하다가 구천으로 돌아가게 되니, 이와 같은 것은 모두 약의 성질을 깨닫지 못하고 약의 부류를 알지 못하기 때문이다.[36]

36 更有用盡寰中衆石, 海內諸礬銅精鐵精, 石綠土綠, 罄竭資金, 皆無所就. 情意稍迷, 心神益亂, 不信仙方寧遠, 豈知大道無煩. 謂靈丹不在此間, 言至藥生於海外, 便向波斯國內, 而求白礬紫礬. 或向回紇域中, 尋訪金剛玉屑. 動經多歲, 惑說萬途, 縱饒覔得將來, 亦無用處. 愁髮因玆變白, 苦心為此歸泉, 如此皆為不曉藥之情性, 不知藥之類聚. 『백문결』.

외단의 재료를 위해 다양한 금속과 석기 재료들이 쓰였고, 이로 인해 자금을 허비하는 사람들도 많았던 것으로 보인다. 또한 재료 구입을 위해 먼 지역으로 여행하는 경우도 적지 않았던 것 같다. 뿐만 아니라 어린아이 소변이나 뽕나무 숯, 아궁이 그을음도 당시 재료로 쓰였다고 기록하고 있다. 이처럼 발해의 이광현은 신선이 되어 불사하거나 양생하여 수명을 늘리기 위한 '금액환단(단약)' 제조를 위해 사활을 건 것이다.

4. 도교 불사 수련의 공효

『백문결』에서는 도교의 불사 공부에 들어간 사람들의 얼굴이 일반인과 다르다고 말한다.

> 도인이 다시 광현에게 물었다. "나의 수염과 머리털, 모습을 살펴보았는가?"
> "고인께서는 수염과 살쩍에 다름이 있으며, 머리털은 푸르고 얼굴은 어린아이와 같고, 입술은 붉고 이는 흽니다."
> "이 도를 행하면 마침내 이렇게 된다. 내가 지금 벌써 백세를 지났지만 질병을 알지 못한다. 그대가 어찌 나를 알리오?"
> 광현이 재배하고 감사하며 말했다: "나이 어린 소자가 대도(大道)를 들었습니다. 이 어찌 고인께서 굽어 살펴주시어 비결을 가르쳐 주신 것이 아니겠습니까? 종신토록 간직하면서 은덕을 가슴에 새기겠습니다."[37]

37 復問光玄曰: "見吾髭髮儀形否. 光玄曰: 高人髭鬢有異, 紺髮童顔, 朱脣皓齒." 道人曰: "行此道, 遂得如斯, 余今已逾百歲, 不識疾病. 汝豈知我乎." 光玄再拜謝曰: "少年小子, 獲聞大道. 豈非高人垂念, 指示秘關. 終身保持, 佩服恩德. 後至東岸下船, 道人自欲遊新羅·渤海, 告別光玄. 光玄乃涕泗交幷, 奉辭道人, 歸還故里." 『백문결』.

도교는 유교, 불교와 달리 공부의 공효를 신체적 특징으로 드러낸다. 도교 불사 수련의 목표는, 첫째 늙어감이라는 인간의 한계를 극복하는 데 있다. 어린아이 같은 얼굴과 붉은 입술, 검은 머리카락이 대표적인 예이다. 두 번째는 수련을 통해 자신만 신선이 되는 것이 아니라 공동체의 행복을 추구한다는 목표가 있다. 『백문결』에서도 현수선생은 이광현을 제자로 받을지 말지를 고민하는 순간에 금단의 도를 구하려는 목표가 자신만을 위하는 것인지 아니면 세상 사람들을 구하려는 것인가를 묻는다. 이에 광현은 "첫째는 내 몸을 위해서이고, 둘째는 세상의 인연 있는 사람을 구제하여 함께 연마하려는 것이니, 단지 저만을 위해서가 아닙니다."[38]라고 답한다.

이광현은 위의 질문과 관련해서 금단약을 먹고 신선이 되어 승천할 수 있다 하더라도 현실 삶에서 어떻게 유용하게 쓰일 수 있는가를 묻는다. 이에 대해 현수선생은 다음과 같이 말한다.

> 선생이 대답하였다: "어리석은 사람아! 어찌 금액 환단이 쓰일 데가 없겠느냐? 이 단은 일 년에 십 개월 동안 충분히 과정을 거친 뒤에 화로를 열어 보면 자분이 금이 되어 있고 솥을 열어 보면 황아가 찬란하게 빛나 오색을 머금고 있으며 백령이 모여 있다. 환단이 완성되었는지 시험해 보려면 먼저 환단을 수은에 떨어뜨렸을 때 황금의 증험이 이루어진다. 그것을 복식한 후에 영원히 근골이 단단해지니 목숨을 구제하고 집안을 구제한다는 말이 헛소리가 아니다."[39]

---

38 光玄曰: "訪尋金液之, 一爲己身, 二爲提拔世途有分之者 便即相鐫, 非直爲己. 老人曰 子誠意如此即可相傳. 若爲一身 神仙非許." 『백문결』.

39 先生曰: "迷人, 金液還丹, 豈無使用. 此丹 一年滿足十月周圓, 開爐而紫粉成金, 啟鼎而黃芽發耀, 包含五彩, 聚集百靈. 先將點制於水銀, 立成黃金爲驗. 服食之後, 永固筋骸, 濟命濟

흥미로운 점은 금액환단이 화로 안에 있을 때는 금의 모습을 띤다는 것이다. 또 그것을 복용하면 불사의 몸을 갖게 되고 개인적 목숨뿐 아니라 많은 사람을 구제할 수 있다고 말한다. 그러나 교만하거나 사치스럽다면 정기가 일곱 구멍에서 새어 나가 단전이 견고하지 못하게 된다는 도덕적 경고도 잊지 않는다. 금단 수련의 공효 가운데 하나는 이상세계에 도달할 수 있다는 것이다. "금화대도를 얻은 자는 흰 사슴을 타고 서쪽으로 가 곤륜에서 노닐 수 있고, 그것을 만난 자는 푸른 소를 타고 동쪽으로 가 부상을 볼 수 있으므로, 천지와 같이 오래 살아 강하가 변하는 것을 보게 된다"라는 말이 그것이다. 이광현은 스승을 노자에 비유하고 필요한 단재를 갖추어 약재를 제련하러 간다고 말하면서 글을 마무리한다.

5. 오늘날 '도교 불사'의 의미

지금까지 이광현의 『백문결』을 중심으로 어느 발해인의 구도 과정을 『노자』와 『노자상이주』와의 비교를 통해 살펴보았다. 10세기 이전 한반도의 도교 연구를 위한 문헌자료는 『삼국사기』, 『삼국유사』, 일본 고대 의서 등의 단편적 기록밖에 없었다. 그러므로 발해인 이광현이 신선이 되기 위한 방법을 스승과 문답 형식으로 편집한 『백문결』은 발해의 종교문화와 도교사를 새롭게 구성할 수 있는 중요한 자료이다. 『백문결』에서 말하는 불사의 의미, 수련 방법들, 수련의 공효를 정리하면 다음과 같다.

첫째, 『노자』에서 인간의 죽음은 잘못된 처세 혹은 자연재해, 전쟁, 공포정치로부터 온다고 생각했고, 『노자상이주』에 이르면 죽음은 기의 흩어짐

家, 且非虛說." 『백문결』.

이며 인간이 정(精)을 보존하지 못한 상태라고 보았다. 『백문결』에서 인간의 죽음은 '삶의 유한성'을 자각하게 하는 계기인 동시에 '불사'의 목표를 위해 극복해야 할 대상이다. 『노자』가 처세술을 통한 장생 그리고 섭생의 공효만 말하고, 인간 몸의 죽음을 정기신의 이론적 체계로 설명하지 않았다면, 『노자상이주』에서는 후대의 '축기(築基), 연정화기(鍊精化氣), 연기화신(鍊氣化神), 연신환허(鍊神還虛)'의 구체적 내단 이론 체계의 원형이라고 할 수 있는 정·기·신 논의가 나타난다. 또한 이광현은 죽음을 극복하기 위해 '단약(금액환단)'의 제련에 자신의 삶을 집중하며 유토피아에 이르기를 희망한다.

둘째, 『노자상이주』에서 수련자는 육체의 '정'과 '기'를 지키기 위해서는 폐심(閉心)이 되어야 하며, 정(精)과 기(氣)가 신(神)으로 변화하면 신선이 된다고 말한다면, 『백문결』은 7-8세기의 이광현을 통해 발해와 중원 지역의 '외단' 열풍을 보여주며, 납과 수은을 제련해 만드는 금액환단(황아)의 제조가 불사의 방법임을 제시한다.

셋째, 불사를 위한 금액환단 제련에서 수은 중독과 같은 부작용, 전쟁으로 인한 어려움, 단재 마련의 어려움이 있었다. 넷째, 불사 수련의 목표는 노화의 극복으로, 육체의 질적 변화를 통해 어린아이 같은 얼굴을 가지게 되며, 수련을 통해 자신만 신선이 되는 것이 아니라 공동체의 행복을 추구하며, 신선이 되면 이상향에 도달하는데 있다.

04

풍류, 신라 사상의 뿌리

최재목

1. 신라정신을 찾아서

이 장에서는 천년의 나라 신라와 그 수도였던 경주, 그리고 신라 사상의 근저에 있는 '풍류(風流)'를 논하면서, 조선의 동학(東學) 등으로 이어지는 '생명사상'을 부각시키고자 한다. 신라는 고대 한반도에 존재했던 군주제 국가로 56명의 군주를 거치며 경주를 수도로 하여 992년간 오랜 지속된 이른바 '천년왕국'이다. 그동안 신라와 경주에 대한 역사적, 문화적, 정치적 논의와 연구가 많이 있어 왔다. 그것은 우리 역사에서 그만큼의 큰 가치가 있기 때문이었다.

최근에는 경상북도를 위시한 경주 등지에서 지역의 정체성을 찾을 경우 대개 '화랑(花郞)' 문제를 포함한 '신라정신' 운운하는 것을 볼 수 있다.[1] 이렇게 신라에 대한 주목과 재음미론이 나오는 것은 사실 이번이 처음이 아니고 일제강점기, 해방 이후 이승만 및 박정희 정권기로 이어지는, 이른바 '북-고구려정신'에 대항하는 '남-신라정신'의 확립과 계승이라는 정치사적인 측면을 갖는다.[2] 이러한 신라 및 신라정신에 주목했던 대표적 인물로는 범부(凡

1 이에 대해서는 경상북도, 경주시, 그리고 대구경북연구원, 한국국학진흥원의 신라-화랑 관련 각종 프로젝트에서 엿볼 수 있다.

2 이에 대해서는 김석근, 「'신라정신' 천명과 그 정치적 함의」,『범부김정설 연구논문자료집』, 선인, 2010; 최재목, 「韓國における「武の精神」·「武士道」の誕生」, 『양명학』 제22호,

父) 김정설(金鼎卨. 1897~1966)을 들 수 있다.

김정설에 의하면, 무속(巫俗)은 샤머니즘계의 신앙류속(信仰流俗)으로서 신라의 풍류도의 중심 사상이 이것이고, 풍류도의 연원인 단군의 신도설교(神道設教)도 무속과 다름 아닌 것으로 간주된다. 이러한 신도설교는 우리나라 역사 전체를 일관한 것으로 고구려·백제가 모두 이것으로 신앙의 표준으로 삼았으나, 신라에 이르러 이 정신이 더욱 발전하고 세련되고 조직화되어서 풍류도를 형성하여, "신라 일대의 찬란한 문화를 빚어내고 걸출한 인재를 배양하여 삼국통일의 기운을 촉진"했다고 보았다. 그러나 이러한 기운은 외래문화의 형태가 사회의 주류를 이루게 되면서 쇠퇴하게 되었고, 결국 그 정신은 사라진 채 조선시대 말기까지 퇴폐한 여운과 사이비한 형태만을 유지하게 되었다는 것이다. 그러던 와중에 수운의 출현은 가히 '역사적 대강령(大降靈)'임과 동시에 '신도성시정신(神道盛時精神)의 기적적 부활'로 범부에게 인식되었다. 그리고 범부는 이러한 출현을 '국풍(國風)의 재생', '사태의 경이(驚異)'라 칭하며 '역사적 대사건'으로 규정하였다.[3] 그는 신라, 그리고 경주 문화의 특수성 규명의 방법에 주목하고, 「풍류정신과 신라문화: 풍류도론(風流道論) 서언(緖言)」에서 동=동방 르네상스의 모델로서 신라-경주 문화의 우수성과 특수성을 논한다.[4]

한편 신라의 정신·문화의 기반에는 정치·제도 측면에서의 포용성·개방

2009; 황종현 엮음, 『신라의 발견』, 동국대출판부, 2008을 참조.

3 최재목, 「범부 김정설의 〈최제우론(崔濟愚論)〉에 보이는 동학 이해의 특징」, 『동학학보』 제21호, 2011, 3쪽.

4 신라정신의 연원에 대한 범부의 논의는 한국사상강좌편집위원회 편, 『한국사상』3, 1960에 실려 있는 「풍류정신과 신라 문화: 풍류도론 서언」을 참고하기 바란다. 이 글은 최재목·정다운 엮음 『범부김정설단편선』, 선인, 2009에도 수록되어 있다.

성·국제성·창조성이 바탕이 되었는데, 대표적인 것으로 '화백제도'와 '소경제도' '당나라 유학생' '화랑제도'가 있다. 이는 신라만의 국제성과 개방성이 돋보인 것이라 할 수 있다. 또한 사상·문화·예술측면에서는 자유성·다양성·융합성·조화성을 바탕으로 특정한 가치에 얽매이지 않고 자유로움·풍요로움·넉넉함을 추구하였다. '멋-풍류'를 즐기고 존중하는 정신을 기반으로 화랑과도 결부되는 '풍류정신'과 원효의 '원융정신'이 중심이 되었다. 이러한 정신들은 삼국을 통일하는 기반이 되었으며, 통일 이후 신라의 문화와 정통을 이끄는 저변과 중심축이 되었다.

이하에서는 신라 고유의 정신인 풍류 혹은 풍류도를 신라문화의 국제성과 다양성 그리고 포용성에 초점을 맞추어 고찰하고자 한다. 그리고 그 과정에서 범부 김정설의 독창적인 풍류 해석을 소개하고, 나아가서 최근 들어 대중의 관심이 고조되고 있는 동학사상과의 연관성에 대해서도 생각해 보고자 한다.

2. 신라문화—국제성, 사상, 미학

신라, 넓게는 한반도의 문화(불교 등)는 당시 혹은 근대기에 대외적으로 어떻게 평가받고 있었을까? 여기서는 그 몇 가지 예를 통해 살펴볼까 한다.

1) 아랍 세계와 고대 신라

이희수는 『세계문화기행』이란 책에서, 아랍인 이븐 쿠르다드비(Ibn Khurdadhibah, 820-912)가 845년에 쓴 이슬람 기행문인 『도로와 왕국 총람』의 "중국의 맞은편에 신라라는, 산이 많고 여러 왕들이 지배하는 나라가 있다.

그곳에는 금이 많이 생산되며 기후와 환경이 좋아 많은 이슬람교도가 정착했다. 주요 산물로는 금, 인삼, 옷감, 안장, 토기, 검 등이 있다."[5]라는 대목을 인용하고 있다. 또한 세계에서 가장 오래된 것으로 보이는 한국 지도를 소개하고 있는데, 이 지도는 "아랍세계와 고대 한국이 밀접한 관계임을 보여주는 증거"[6]로 평가된다.

이희수는 여기에 머물지 않고 사우디아라비아의 리야드 시에서 동쪽으로 400킬로미터 떨어진 후푸프라는 마을에 한국인 후예가 살고 있다는 신뢰할 만한 제보를 듣고 그곳으로 찾아갔다. 후푸프의 알 윤(Al-Yun)이란 마을에서 칼릴 이브라힘-어머니가 한국계(약 1,200년 전에 바레인을 거쳐 이곳에 정착했다고 함)-이라는 남자를 만나 그의 이야기를 들었다.

> 옛날 윤(尹) 장군이 있었는데, 전쟁에서 무공을 세워 (이슬람의 술탄에게서) 그 마을을 포상으로 받았으며, 그들은 윤 장군의 명예를 기리는 뜻으로 그 마을을 '알 윤'이라고 부르기 시작했다.

그 마을에는 여섯 가구의 한국인 후예가 살고 있으며, 그곳에서는 실제로 콩으로 된장을 만들고, 고추를 즐겨 먹고, 한국식 한방 처방이 남아 있다고 한다.[7] 참고로 아랍인 알 이드리시가 그린 〈알 이드리시의 세계지도〉에도 나오듯이, 통일신라 시대에는 중동 지역과 교류가 있어 신라가 유럽 지도에도 소개되어 있다.

5 이희수, 『이희수교수의 세계문화기행: 낯선 문화 속의 익숙한 삶』, 일빛, 2009, 54쪽.

6 요시미즈 츠네오, 『로마문화 왕국 신라-방대한 유물과 사료로 파헤친 신라문화의 비밀』, 오근영 옮김, 씨앗을 뿌리는 사람들, 2002, 57쪽.

7 위와 같음. 이희수, 앞의 책 131-132쪽을 참조하여 인용.

2) '꼬꼬댁 닭 울음 소리' 들리는 신라[구구탁예설라矩矩矺䃜說羅]'[8]
—동쪽, 새벽의 서사

『삼국유사』「귀축제사(歸竺諸師)」 조에 의하면, 당시 인도인들은 신라를 "구구탁예설라(矩矩矺䃜說羅)"[9]로 불렀다고 한다. 즉, '닭을 귀하게 여기는 나라'라는 뜻인데, 간단히 말하면 '꼬꼬댁 신라'이다. 경주 계림(鷄林)의 '계', 즉 '꼬꼬댁=닭'은 바로 새벽-해돋음-개벽-새벽을 의미한다.[10] '구구탁예설라=꼬꼬댁 신라'이므로 '계림'이 곧 나라 이름 '신라'를 의미한다.

'닭 우는 소리'는 지상의 새로운 역사가 시작됨을 은유하기도 한다. 예컨대 일제강점기를 살았던 시인 이육사(1904~1944)는 「광야」에서 이렇게 읊는다.

> 까마득한 날에
> 하늘이 처음 열리고
> 어디 닭 우는 소리 들렸으랴. (중략)
> 다시 천고(千古)의 뒤에
> 백마 타고 오는 초인(超人)이 있어
> 이 광야에서 목놓아 부르게 하리라

8 아래의 내용은 최재목, 「'東'의 탄생: 수운 최제우의 '동학'과 범부 기정설의 '동방학'」, 『양명학』 제26호, 2010.8을 참조하여 정리하였다.

9 天竺人呼海東云矩矩吒䃜說羅. 矩矩吒言雞也. 䃜說羅言貴也.(천축인(=인도인)은 바다의 동쪽[海東]을 '구구탁예설라(矩矩吒䃜說羅)'라 부르는데, '구구탁'이란 닭(=닭)[계]을 말함이요, '예설라'는 존귀함[貴]을 말한다.)

10 이 부분은 손병욱, 「동학의 '삼칠자 주문'과 '다시 개벽'의 함의」, 『동학학보』 제18호, 2009, 203-204쪽 참조.

'하늘이 처음 열리'는 것은 시간의 창조(=創世)를 의미하며, '닭 우는 소리'는 새벽을 알리는 것으로 지상의 시작=첫출발을 뜻한다. 하늘과 땅의 열림은 이른바 '천지개벽'이다. '하늘의 열림[天-開: 천상의 역사]'에 이어 '땅의 열림[地闢: 지상의 역사]'이 있고, 그다음에 '백마 타고 오는 초인'처럼, 천지 사이에 '사람의 열림[人-生: 인간의 역사]'이 시작된다. 닭은 하늘의 역사를 땅에서 알리어 땅의 역사를 여는 '신성한, 우렁찬' 나팔 소리와 같다. 그것은 하나의 선포(케리그마)이다.

천지개벽(天地開闢)	
천(天)	지(地)
개(開)	벽(開)
(동쪽에서) 시간의 열림 천상의 역사 →창조	공간의 열림 지상의 역사 →진화
↓ 인간의 역사 시작 동쪽에서 해가 시작되어(=새: 시간의 시작) 어둠이 걷힘(=벽: 공간의 시작) ⬇ 새벽	

〈표1〉 천지개벽과 새벽의 이해

우리가 흔히 쓰는 단어중에 '새벽'이 있다. 새벽은 밤과 낮의 사이에 있으면서 어둠과 결별하며 새로운 시간과 공간을 맞이하는, 보일 듯 말 듯 어렴풋한 현묘(玄妙)한 시공간이다. 그것은 만물을 맞이하고 거기에 생명을 부여할 넉넉한 품(껴안고 감쌀 수 있는 가슴 = 包含)이라 해도 좋겠다. 새벽의 한자어는 '원효(元曉)=새부(塞部)=시단(始旦)'이다. 새벽은 밤과 낮이라는 양극단을 연결하는 '사이'로서 있다. 새벽은 인간의 역사를 여는 서곡이다. 그러나 이 사이는 '빛=희망'을 약속하는 말이기도 하다. 어둠이 내린 서쪽의 반대편인 동쪽에서 '꼬꼬댁 꼭꼭' 하는 닭 울음소리를 시작으로 열려오는 해돋이는 아침 빛살을 가져다준다.

라틴어 격언에 "빛은 동방으로부터(Ex Orient Lux; Lights from the East)"[11]라고 하듯이, 해돋이나 새벽은 동서양을 막론하고 광명이나 새로운 것이 시작하는 희망의 은유이다. 우리 애국가도 '동해물~'로 시작한다. 여기서 '동해'는 과거로부터 현재로 이어지는 체화된 자연스런 지리 감각의 언어이다.

『해동고승전(海東高僧傳)』, 『동국여지승람(東國輿地勝覽)』, 『동국세시기(東國歲時記)』, 『대동여지도(大東輿地圖)』, 『동국통감(東國通鑑)』, 『동사강목(東史綱目)』, 동학(東學) 등의 호칭에서 보듯이 한반도에서 '동(東)' 자는 매우 자연스럽다. '동'이란 단순히 지리적, 지정학적인 의의를 넘어서서 한반도인들의 스토리텔링에서는 빛=광명의 발원지에 거주하고 있다는 자부심을 드러낸다. 이른바 새로운 '시작-시점'의 주인공임을 선언하고, 다른 지역의 사람들과는 다르다는 일종의 선민의식을 갖도록 해준다.

일찍이 고운 최치원(崔致遠. 857-?)이 쓴 「백월보광탑비명(白月葆光塔碑銘)」에서 이렇게 말한다.

> 빛이 왕성하고 충실하여 온 누리를 비출 바탕을 갖춘 것으로 태양에 비길 것이 없고, 기(氣)가 온화하고 두루 통하여서 만물을 기를 능력을 갖춘 것으로 봄바람만한 것이 없다. 이 아름다운 바람(俊風)과 아침해[旭日]는 모두 동방에서 저절로 나오는 것이다.[12]

---

11 근동시방(Near East)의 문명 즉 고대 이집트에서 페르시아 제국에 이르는 문명이 서양 문명을 주도했다는 의미.

12 光盛且實而有暉八紘之質者, 莫均乎曉日, 氣和且融而有浮萬物之功者, 莫溥乎春風, 惟俊風與旭日, 俱東方自出也. 번역은 한국고대사회연구소 편, 『역주 한국고대금석문』 III, 가

고운은 "동(東)의 의식·문화·인간론을 편 첫 한국인"으로 평가되는데, 이것은 그가 일찍이 중국이라는 이국 생활을 하면서 싹튼 것[13]으로 보인다.

신라는 어둡거나 검은색의 나라가 아니라 '희고 밝은' 색의 이미지와 어울리는 나라이다. 예컨대 중국의 『북사(北史)』「열전(列傳)·신라(新羅)」에는 "옷 색깔로 흰색을 숭상하고(服色尙畫素)…"[14]라고 하였다. 그리고 일본의 고시가집인 『만요슈(萬葉集)』에는 "흰빛 신라의 나라에서…(중략)…건너 오시어"라고 읊고 있다.[15] 모두 새벽과 그 이후 펼쳐지는 밝은-아침-햇살(旭日)의 색을 상징한다.

3) 새벽 사랑—원효(元曉)=새부(塞部)=시단(始旦)

원효(617~686)는 법호가 분황(芬皇)이며 법명이 원효(元曉)이다. 오랜 주석으로 법호가 된 '분황'은 '푼타리카(芬) 중의 푼다리카(皇)', 즉 '연꽃 중의 연꽃'을 일컫는다.

'원효'는 새벽의 영남 방언인 '새부(塞部)'와 '시단(始旦)'처럼 '첫새벽' 혹은 '처음으로 새벽을 연다'는 뜻이다. 원효의 『대승기신론 별기(別記)』 제일 앞

락국사적개발연구원, 1992를 참조하여 수정하였다.

13 김용구, 「고운 최치원의 시학(詩學)과 언설사상」, 『한국사상과 시사』, 불교춘추사, 2002, 89-90쪽 참조.

14 服色尙畫素, 婦人辮髮繞頸, 以雜綵及珠爲飾.

15 일찍이 일본으로 건너가 나라(奈良)의 사호산(佐保山) 기슭의 어느 정사(精舍)에서 30여 년 교화를 하다 세이부천황(聖武天皇) 덴표(天平) 7년(신라 성덕왕 34년(735))에 세상을 떠난 비구니 승려 이원(理願)에게 오호토모노 사카노우에노 이라쯔메(大伴坂上郎女)가 만사(輓詞)를 지었는데, 거기에 나온다. 김영태, 「신라의 여성출가와 니직승(尼僧職) 고찰-도유나랑(都維那娘) 아니(阿尼)를 중심으로」, 명성스님고희기념 논문집간행위원회, 『명성스님고희기념 불교학논문집』, 운문승가대학출판부, 2000, 52쪽 참조.

에는 '해동 사문 원효 찬(海東 沙門 元曉 撰)'이라 해서 "신라(해동) 승려(사문) 원효가 지었다(찬)"고 밝히고 있다. 그런데 맨 끝에는 또 '새부 찬(塞部 撰)'이라고 써 놓았다. '새부=원효가 지었다(찬)'는 것인데, '새부'는 당시 신라의 영남 방언 새벽의 한자 표기이다. 한자 '원효(元曉)'(으뜸 원, 밝을 효)가 '처음 밝아짐', 즉 '새벽'인 것이다. 첫머리에 한자 이름 원효라는 것을 밝혔으면서도 끝에 우리말 새부라는 것을 구태여 밝힌 원효의 의도에서 '새벽'에 대한 특별한 평가를 읽어낼 수 있다.[16] 새벽의 땅은 '꼬꼬댁' 하고 닭이 울고, '해가 떠오르는 곳'이었다.

이렇게 해서 닭 울음소리로 시작하는 새벽은 '해돋이'→ '아침'이 이어진다. 신라 이후 한반도의 역사에서 동(東)-새벽의 사상과 정신은 계속된다. 동학에서는 아(我)-오(吾)-오심(吾心)이라는 말을 잘 쓴다. 모든 것은 '나'에서 출발한다. 나라는 인간이 중심이다. 하늘이 위대하다 하지만 그것도 결국은 인간에 의지한다. '하늘은 사람을 마음으로 삼는다[天以人爲心].'[17] '하늘은 사람에 의지한다[天依人].'[18] 모두 인간에서 출발함을 말한다. 최시형은 이것을 '향아설위(向我設位)'로 말한다. 해월의 '향아설위'는 '동쪽' 지향을 의미한다. 동쪽 지향이란, 해 뜨는 방향 즉 동쪽(orient)을 향한 지향, 방향 설정이다. 바로 오리엔테이션(orientation), 줄여서 'OT'라고도 한다.

최제우의 사유에는 '동(東)-인(仁)-목(木)'이 강조된다. 예컨대, 그는 "인의예지(仁義禮智)는 앞선 성인이 가르친 바"[19]라 하였고, "닦아서 필법을 이루

---

16 이에 대해서는 김영태, 「원효의 신라말 이름 '새부(塞部)'에 대하여」, 『불교사상사론』, 민족사, 1992, 145-157쪽 참조.

17 이돈화, 『천도교창건사』, 「서(序)」(정광조), 천도교중앙종리원, 1933, 2쪽.

18 최시형, 『해월신사법설』, 「천지부모」.

19 최제우, 『동경대전』, 「수덕문」.

니 그 이치가 한마음에 있다. 우리나라는 목국(木局)을 상징하니, 삼절(三絶)의 수를 잃지 말라. 여기(東方-필자 주)서 나서 여기서 얻은 까닭으로 동방부터 먼저 한다."[20]고 한 바 있다. 경주가 낳은 천재 사상가 범부 김정설은 동학에서 '동'의 정신을 발견하여 계승해 간다.

3. 풍류—신라인의 '멋스러움'

1) 화랑 '난'을 위해 만든 비석의 서문[鸞郎碑序]

오래된 친근한 말 '풍류!' 바람 풍(風), 흐를 류(流). 한국인들의 공통감성 속에 산들바람처럼 천년 넘은 세월을 뚫고 달려온 어휘. 그런데 쉽게 이해된 듯해도 누군가에게 그것을 설명하려면 그리 간단치가 않은 말이다.

중국에도 일본에도 전통시대에 풍류라는 말을 썼다. 그런 예들을 여기서 일일이 들지는 않겠다. 중요한 것은 풍류가 우리 전통문화의 맥락에서 어떻게 해석되고 있는가이다. 잘 알려진 대로, 풍류는 『삼국사기』「신라본기 진흥왕 37년조」에 나오는 것으로, 고운 최치원이 화랑 '난(鸞)'(=난랑)을 위해 만든 비석, 즉 「난랑비(鸞郎碑)」의 서(序)에 나오는 말이다. 「난랑비」의 자세한 행적 부분(=본문)은 전해지지 않는다. 그래서 '서(序)'를 통해서 그 일부를 살필 수 있다.

> 우리나라에 현묘한 도가 있으니 '풍류'라고 한다. 이를 일으킨 연원은 선사[=

20 修而成於筆法하니 其理在於一心이라 象吾國之木局하니 數不失於三絶이라 生於斯得於斯 故로 以爲先東方이라. 최제우, 『동경대전』, 「필법」(밑줄은 필자).

> 仙家史書]에 상세히 실려 있거니와, 근본적으로 유 불 도 삼교를 이미 자체 내에 지니어, 모든 생명을 접하여 감화시킨다. 집에 들어오면 효도하고, 밖에 나가면 나라에 충성하니, 이것은 노나라 사구(=공자)의 교지와 같다. 함이 없는 일에 머무르고 말없이 가르침을 실행하는 것은, 주나라 주사(=노자)의 종지와 같다. 모든 악한 일을 짓지 않고 모든 선한 일을 받들어 실행함은 축건의 태자(=석가)의 교화와 같다.[21]

풍류는 '현묘지도(玄妙之道)'의 '도'를 붙여 '풍류도(風流道)'라 하기도 한다. 풍류란 한마디로 신라인의 '멋스러움'이다. 신라인의 미학이다. 이 미학에서는, 범부 김정설의 논의를 참고하면, 현묘(玄妙)=숨음과 드러남, 포함(包含)=넉넉한 문화의 가슴(품)을 읽어낼 수 있다.

2) 「성덕대왕 신종 명문」에서의 '포함'

아울러 '포함'이란 말을 이해하기 위해 「성덕대왕 신종 명문」을 살펴볼 필요가 있다. 왜냐하면 최치원의 「난랑비서」에 나오는 표현보다 이것이 시간적으로 앞서기 때문이다.

성덕대왕 신종은 '에밀레종'이라고도 하는데, 통일신라에서 제작된 동종(銅鍾)이다. 성덕왕을 기리고자 경덕왕 시기에 주조를 시작하여 그의 손자 혜공왕 7년(771) 12월 14일에 완성된다.

---

21 國有玄妙之道曰風流, 說教之源備詳仙史, 實乃包含三教, 接化群生, 且如入則孝於家, 出則忠於國, 魯司寇之旨也. 處無爲之事, 行不言之教, 周柱史之宗也. 諸惡莫作, 諸善奉行, 竺乾太子之化也. (밑줄은 필자)

무릇 지극한 도는 형상의 밖을 포함(包含)하고 있어서 보아도 그 근원을 볼 수가 없고, 아주 큰 소리는 천지 사이에 진동하고 있어서, 들어서는 그 울림을 들을 수 없다. 이러한 이유로 가설(假說)을 세워, 세 가지 진실(三眞)의 오묘함을 보듯이, 신종(神鐘)을 매달아 놓아 일승(一乘)의 원음(圓音)을 깨닫고자 한다. 비어 있으면서 능히 우니 그 울림은 끊임이 없으며, 무거워서 돌지 아니하니 그 모양이 이지러지지 않는다. 이러한 까닭으로 임금님의 높은 공덕을 종 위에 낱낱이 새기니, 중생들로 하여금 고통에서 벗어나게 하는 뜻이 여기에 있다.[22]

이 명문에서 '도(道)-포함(包含)-군생(群生)'의 논리구조가 「난랑비서」와 통하는 것을 발견할 수 있다.

출처 및 주요 개념	도(道)	포함(包含)	군생(群生)
최치원 난랑비서	國有玄妙之道曰風流,	實乃包含三敎	接化群生
성덕대왕 신종 명문	夫至道 (視之不能見其原, 大音震動於天地之間…)	包含於形象之外… 悟一乘之圓音	群生離苦亦在其中也

〈표2〉 「난랑비서」와 「성덕대왕 신종 명문」의 대비

다시 말해서 '포함'은 '유불도 삼교'나 성문·연각·보살의 삼승을 포섭하는 '일승지원음(一乘之圓音)'의 어리(어련)무던한 품을 말한다.

22 夫至道包含於形象之外, 視之不能見其原, 大音震動於天地之間, 聽之不能聞其響, 是故憑開假說, 觀三眞之奧載, 懸擧神鐘, 悟一乘之圓音, 空而能鳴, 其響不竭, 重爲難轉, 其體不褰, 所而王者元功, 克銘其上, 群生離苦亦在其中也. 최영성, 「신라 성덕대왕신종의 명문(銘文) 연구-'사상성(思想性)' 탐색을 겸하여」, 『한국철학논집』56집, 2018 참조.

3) 포함(包含)—넉넉한 문화의 가슴(품)

참고로 김정설은 「풍류 정신과 신라문화 - 풍류도론 서언」에서, 최치원의 「난랑비서」를 읽고 놓쳐서는 안 될 두 가지 대목을 짚어 둔다.

우선, 현묘지도(玄妙之道)의 '현묘'라는 말이다. 유교의 '중정지도(中正之道)'니 불교의 '원묘지도(圓妙之道)'니 선교의 '현허지도(玄虛之道)'니 하는 말을 피하고서 하필 '현묘지도'라고 한 것은 왜일까? 이 점이 풍류도만의 '특색=독특한 성격'이라 본다. 참고로 현묘는 ①현(玄): 무언가(=도)가 있긴 있는데 숨어서 드러나지 않는 것(그윽한, 검음, 어두움), ② 묘(妙): 무언가를 감각·지각할 수 없는 데 활동·전개하며 스스로를 드러내는 것을 합한 것이다. 말하자면 선험적 형식인 도(풍류)의 숨음과 드러남의 양면성이다. 현묘라는 어법은 사실 여러 종교(기독교, 도교)에서 말하는 방식이다. '안 계시지만 계시는 분'='부재하는 것 같으나 현존하는 존재'를 설명할 때 쓰는 말투이다.

'현묘'라는 말은, 예컨대 당나라의 수도 장안(현재의 서안)의 대진사(大秦寺)에 781년 세워진 「대진경교유행중국비(大秦景教流行中國碑)」의 문장 속에도 나오고 있다. 「대진경교유행중국비」는 중국에 경교가 전래한 635년부터 약 150년간 있었던 선교 활동 및 교세의 역사를 새긴 석비이다. 최치원이 12세 때 상선(商船)을 타고 입당(入唐) 유학하기(868) 전에 이미 건립된 것이므로 그가 이 비문의 존재를 알았을 가능성은 있다. 「대진경교유행중국비」에는 도교의 '영허(靈虛), 묘유(妙有), 현추(玄樞), 조화(造化), 원풍(元風)' 같은 말을 빌려서 경교(景教: 네스토리우스파 그리스도교)의 교리가 표현되고 있다. 더구나 당나라와의 밀접한 교류를 고려한다면, 신라는 물론 고구려, 백제, 일본에까지 경교의 영향을 추측할 수 있다. 다만 풍류니 현묘니 하는 말이 실제 거기서 왔는지 어떤지는 확정할 수 없다.

이어서 살필 것은, 포함삼교(包含三教)의 '포함'이라는 말이다. 범부는 이 두 글자를 잘못 해석하면 "우리 문화사 전체가 사뭇 비틀어지게 되는 판"이라고 단언한다. 포함은 삼교를 ①조화 ②집성 ③절충 ④통일 ⑤통합 ⑥집합한 것이 아니라, 삼교 이전에 그것을 담을 '그릇'으로서 신라 고유의 정신이 이미 있고, 거기에다 삼교의 정신을 담았다(=내포했다)는 것이다. 포함은 일종의 선험적 형식을 말한다. 이렇게 해서 풍류도에는 유불선 삼교가 소유하지 못한, "오직 풍류도만이 소유한 〈특색=독특한 성격〉이 있다"고 본다. 구체적으로 다음과 같다.

> 풍류도의 성격을 구명하려면 첫째 그 도를 어찌해서 풍류라고 일렀을까. 우선 풍류란 어의부터 의미를 가진 것이고 또 실내(實乃=실은-인용자 주) '포함'삼교라 했으니 이 '포함' 이자(二字)도 용이하게 간과해서는 안 되는 것이다. 이 포함 이자를 잘못 해석하면 우리 문화사의 전체가 사뭇 비틀어지게 되는 판이란 말이다. 이를테면 삼교를 조화했다거나 혹은 집성했다거나 혹은 절충했다거나 혹은 통일했다거나 혹은 통합했다거나[로 해석-인용자 주]할 경우에는 본대 고유의 연맥(淵脉)은 없이 삼교(三教)를 집합한 것이 될 것이다. 그런데 이건 '포함'이라 했으니 말하자면 이 고유의 정신이 본대 삼교의 성격을 포함했다는 의미로 해석해야 할 것이다. 그리고 삼교라 한 것은 물론 유불선(儒佛仙)인데 이 풍류도의 정신이 이미 유불선의 성격을 포함한 것이거니와 여기 하나 중대 문제가 들어 있는 것은 풍류도가 이미 유불선 그 이전의 고유정신일진대는 유불선적 성격의 각면을 내포한 동시에 그보다도 유불선이 소유하지 않은 오직 풍류도만이 소유한 특색이 있는 것이다.[23]

23 김범부, 「풍류정신과 신라문화: 풍류도론 서언(緖言)」. 『범부 김정설 단편선』, 41쪽.

'포함'이란 무언가를 사물이나 범위 속에 함께 들이거나 넣는 것을 말하는데, 각종 재료를 넣어서 담거나 섞을 수 있는 '그릇'을 말한다. 비빔밥 그릇처럼 각양각색의 재료가 섞이는 공간이 '포함'이라는 개념 틀이다. 그래서 '포함'이란 말은 단순한 합일이나 융합을 의미하는 것이 아니라, 삼교를 담아내는 그릇이라는 뜻이다. 그것은 삼교의 내용을 넘어서 있는 틀(메타 텍스트)이다.[24] 포함은 온갖 이념-지식-학술을 다 담아내는 그릇이기에 필자는 '풍류론적 사유 틀'이라 부르고자 한다. 「난랑비서」에서 말하는 '삼교'는 당시의 중심적 학문-지식 영역을 상징하므로 오늘날에는 오늘날의 그것이라고 생각하면 된다.

'포함'이라는 사유의 틀은 일종의 다문화적 이해의 형식으로, 이것저것 가리고 따지며 배척하지 않고 포용·포섭하는 다문화적, 국제적 사유를 보여준다.[25] 다문화적 사유는 어울림의 풍류이자 세상의 다양한 꽃을 가꾸는 마음이다. 이것은 범부가 『화랑외사(花郞外史)』에서 백결 선생의 면모를 스토리텔링한 부분에서 '꽃씨를 진' 백결 선생의 '망태'로 비유해 볼 수 있다. '포함'은 많은 것들을 담아내는 '망태'나 생명을 감싸는 '포대기'와 같다.

> (백결 선생은) 그리고 자기 취미, 아니 취미라기보다는 생활은 첫째, 음악을 좋아하였었지만, 그러나 날씨나 좋고 할 때는 문을 닫고 앉아서 거문고를 타는 일은 그리 없었다. 가끔 그는 큼지막한 망태를 메고 산으로 들로 다니면서 꽃씨를 따 모아 가지고, 꽃 없는 들판이나 산으로 돌아다니면서 뿌리곤 하

---

24 김범부, 「풍류정신과 신라문화」, 『범부 김정설 단편선』, 38쪽.

25 이하의 내용은 최재목, 「어울림, 한국인의 심성에 흐르는 강물」, 한국국학진흥원 엮음, 주영하 외 지음, 『한국인의 문화유전자』, 아모르문디, 2012 참조.

였다. 선생은 이 일을 무엇보다도 오히려 음악 이상으로 재미스럽게 생각하였다. 혹시 누가 멋모르고 그것이 무슨 취미냐고 물으면 그는 "이것이 治國平天下야."라고 대답하는 것이었다. 이것은 선생에게 있어서는 꼭 농담만은 아니었다. 그러기에 수백리 길을 멀다 생각하지 않고 꽃씨를 뿌리러 다닐 때가 많았다. 그리고 백결 선생이 망태를 메고 지나간 곳마다 온갖 꽃이 다 피어나는 것이었다. 그리고 나무나 꽃 없는 산, 그 중에도 벌겋게 벗겨진 산을 볼 때는 어떤 바쁜 일을 제쳐 두고라도 근처 사람을 불러가지고 그 산을 다 집고는 길을 떠나는 것이었다. 그리곤 사람을 벗겨두면 나랏님이 걱정하는 것처럼 산을 벗겨두면 산신님이 화를 낸다고 말했다.[26]

"큼지막한 망태를 둘러메고 산으로 들로 다니면서 꽃씨를 따 모아가지고, 꽃 없는 들판이나 산으로 돌아다니면서 뿌리곤 하는" 백결 선생에게 그것은 무슨 취미냐고 묻자, "이것이 치국평천하야"라고 대답하였다는 것이다.

포함삼교(包含三教)의 풍류론적 사유는 어울림, 다문화의 길을 개척할 수 있는데, 사실 이런 사고는 우리 전통 속에 풍부하게 남아 있다. 최치원의 접화군생(接化群生: 뭇 생명체에 응접하여 교화함), 원효의 요익중생(饒益衆生: 중생들을 풍요롭고 이익 되게 함), 『삼국유사』「고조선」조의 홍익인간(弘益人間: 인간들을 널리 이롭게 함. 무한 리필, 보태주는(give) 정신), 나아가서 조선시대 퇴계 이황의 구인(救人)-구물(救物), 활인(活人)-활물(活物) 사상, 해월 최시형의 경물(敬物) 사상, 증산 강일순의 해원상생(解冤相生) 사상, 경주 최부자의 공생(共生) 사상 등이 그것이다.

또한 포함삼교의 멋스러움은 우리의 전통 조각보에서도 만날 수 있다. 여

26 김범부, 「백결선생」, 『화랑외사』, (이문출판사, 1986)(3판), 146쪽.

러 조각의 자투리 천을 모아 보자기를 만든 전통 조각보는 '조각+조각…' 이상의 정신과 의미를 담아낸다.

4) 포(包)와 접(接)의 정신—뭇 생명과 함께하기

동학의 공동체적 성격을 잘 보여주는 조직 명칭인 '포(包) 접(接)'은, 김지하의 해석에 의하면, 최치원의 「난랑비서」의 '포함삼교, 접화군생'에서 따온 말이라고 한다.[27] 따라서 '포(包) 접(接)'은 신라에서 조선으로 연속하는 사유였다. '포(包)'는 '포함'을 줄인 것이고, 유불선(儒佛仙) 삼교를 껴안는 것이다. 앞에서 소개했듯이, 일찍이 동학을 재평가한 범부는 '포함'에다 특별한 의미를 부여하였다. 포함은 삼교를 믹스·퓨전한 것이 아니라, 신라인들이 이미 가지고 있던 - 삼교를 다 담아낼 수 있는 신라문화 고유의 그릇으로서의 - 이른바 '선험적 형식'이라는 것이다.[28]

'포(包)'는, 해월 최시형의 "인오동포(人吾同胞) 물오동포(物吾同胞)"[29]의 '동포'나 "부모지포태(父母之胞胎) 즉 천지지포태(天地之胞胎)"[30]의 '포태'처럼, 모성적-여성적-신체적 은유이다. 동포는 '같은 어머니로부터 태어난 형제자매'이고, 포태는 '자궁과 태아'이다. 모두 '여성'-'몸'을 근간으로 유동해 간다. 아울러 '접'은, '외유접령지기(外有接靈之氣)하고 내유강화지교(內有降話

---

27 김지하, 『김지하전집(2)』, 실천문학, 2002, 175-185쪽 참조.

28 '포(胞)'는 사람이 몸을 구부리고 무언가를 감싸고 있는 모습인 '勹'(포) 자에서 왔다. 아이를 감싸 품은 어미의 가슴이나 배처럼, 감싸 안는 쪽이 거기에 안기는 것들보다 더 커야 한다. 좁고 작은 망태-포대기가 아니라 넉넉한 품이어야 한다.

29 최시형, 『해월신사법설』, 「삼경」.

30 최시형, 『해월신사법설』, 「천지부모」.

之敎)하되…'[31]에서처럼, 기운-신령과 같은 외부 타자와 생명적 교감-접촉, 그로 인한 '살려짐(생명을 기름)', 이곳에서 저곳으로의 생명적 지평의 확대-확산을 은유한다. 이런 접화군생은 뭇 생명들에게 돌아가서(歸) 함께 한다는 근원적이고 역사적인 의미를 갖는다.

원효의 『대승기신론소』 「귀경게(歸敬偈)」에서는 '귀경(歸敬)'을 '귀명(歸命)'으로 풀이하여 "일심의 근원, 즉 생명으로 돌아간다"고 보았다.

> 귀경(歸敬)에는 두 가지 뜻이 있으니 (중략) 귀명(歸命)의 '귀(歸)'는 '공경하여 따른다', '향하여 나아간다'는 뜻이다. 명(命)은 '명근(命根)'을 말하는데 몸의 모든 기관을 통솔한다. 일신의 요체는 오직 명(命)이 주가 되며, 모든 생명들이 중히 여기는 것 중에 이보다 앞서는 것은 없다. 이 둘도 없는 명을 거론하여 무상(無上)의 존귀함을 받들어 신심의 지극함을 나타냈기 때문에 '귀명'이라고 한 것이다. 또한 명(命)에 돌아간다는 것은 근원에 돌아간다는 뜻이다. (중략) 그 근본이 되는, 일심의 근원에 돌아가기 때문에 '귀명'이라고 한다.[32]

동학에서는 인간과 만물이 곧 하늘이었다. 모든 것은 공경의 대상이었다. 최제우를 이은 최시형의 삼경(三敬) 사상, 즉 경천(敬天)·경인(敬人)·경물(敬物)은 지구적 사유 그리고 인간의 조건을 잘 보여주는 대목이다.[33]

사실 경(敬)의 에토스는, 일찍이 단군신화의 하늘 섬김 사상, 원효의 귀명

31 최제우, 『동경대전』, 「논학문」.

32 初歸敬中有二 … 敬順義是歸義, 趣向義是歸義. 命謂命根, 總御諸根. 一身之要, 唯命為主, 萬生所重, 莫是為先. 擧此無二之命, 以奉無上之尊, 表信心極, 故言歸命. 又復歸命者, 還源義. … 還歸其本一心之原, 故曰歸命.

33 최시형, 『해월신사법설』, 「삼경」.

(歸命) 사상, 용비어천가의 천명(天命)='하늘'·'하늘뜯' 사상[34] 등으로 이어지고, 다시 이것은 동학으로 연속된다. 동학의 '공경-섬김' 사상은 가까이는 수운의 부친의 학문, 즉 퇴계학과도 연관된다.

수운의 "6세조 이후로는 대대로 유가(儒家)에 이름이 있어 도학(道學)으로 가전(家傳)"하였고[35], 수운의 부친 근암 최옥(1762-1840)은 13세 때부터 기와 이상원(畸窩 李象遠)의 문하에서 배웠다. 근암은 이렇게 말한다.

> 오직 퇴계 선생이 우리나라 유학을 깊이 분석하고 널리 종합하여 매우 뜻깊은 학설을 이루었다. 그래서 위로는 주자의 참된 전통을 이어받았고 밑으로는 학봉 김성일(鶴峯 金誠一), 경당 장홍효(敬堂 張興孝), 존재 이휘일(存齋 李徽逸), 갈암 이현일(葛庵 李玄逸), 밀암 이재(密庵 李栽) 같은 여러 어진 학자들의 원천을 마련하였다. 그리고 대산 이상정(大山 李象靖) 선생이 우리나라 성리학을 일으켜 떨치게 하였다. 나를 가르친 기와 선생은 바로 갈암의 현손(玄孫. 5세손)이며, 밀암의 외손인 대산의 문하에서 직접 가르침을 받았다. 그러므로 선생의 도와 문장은 그 뿌리가 있어서 순수하다.[36]

이렇게 보면 퇴계 사상의 핵심인 경(敬)은, 장계향—존재—갈암을 거쳐

34 『용비어천가』에서는 천을 '하늘', 천명을 '하늘뜯'으로 번역하고 있다. 정대위, 「용비어천가에 보이는 천명사상의 종교사적 의의」, 『그리스도교와 동양인의 세계: 그 부딪침과 만남의 역사』, 한국신학연구소, 1986, 135쪽 참조.

35 이돈화, 『천도교창건사』, 제1편 「대신사」, 1쪽.

36 惟退陶夫子, 集東儒之大成, 紹朱子之嫡統, 下以啓鶴敬存葛密諸賢之淵流大山先生得密翁正傳, 扶植吾道興起斯文, 先生以葛密玄孫, 受學於大山門下, 則先生之道之文, 其眞有所本矣. 최옥, 『근암집』 권5, 「기와선생문집서」. 최동희 옮김, 창커뮤니케이션, 2005, 587쪽. 참고로 갈암 이현일은 여성유학자 장계향의 아들이다.

대산으로 이어지고, 그것이 다시 기와—근암—수운으로 저류한다고 볼 수 있다. 수운의 부친 근암의 유학은 수운의 득도와 계시라는 독창적 사상을 여는 데 매우 중요한 기반이 된다.[37]

4. 바람따라 출렁이며

김정설은 경주의 오릉(五陵)을 순례하면서 '어리(어련)무던한 품'이라든가 '조화 속에 묘미 있는 능제(陵制)'라는 말을 쓴 바 있다. 여기에서 '어리무던한 품', '묘미 있는∽'이 바로 '현묘'의 다른 표현이다.

중국의 시가집인 『시경』의 장르에는 '풍'(風: 민간 가요)·'아'(雅: 정통 음악=정악正樂)·'송'(頌: 종묘의 악가)이 있다. 여기서 '풍'은 '시가'로서 '사람의 소리'이다. 『시경』의 '국풍(國風)'은 각 지방(=國)=민간의 소리를 말한다. 이 소리는 인간의 성정(性情), 즉 본밑 마음을 드러내는 것이다. 그래서 김정설은 이렇게 말한다; "말이란 입에서 나는 소리가 아니라 귀로 들을 수 있는 사상이다. 그 사람의 성격이요 생리요 사상이다."[38]

"무슨 '바람'이 불어서?"라는 말투처럼, 인간의 성정에서 바람처럼 일어나는 소리가 '풍'이다. 불교의 '무명풍'이 행→식→명색…으로 진행되듯, 거기에는 출렁대는 분명한 문법이 있다. '풍'은 하나의 끈처럼 서로 연결되어 이쪽과 저쪽이 동시에 출렁대는 것이다. 그래서 선이나 결 혹은 무늬 같은 '형식'과 정신, 영성 같은 '비형식'으로 드러난다. 그렇다면 풍류란 '바람 따

37 최재목, 「범부 김정설의 〈최제우론(崔濟愚論)〉에 보이는 동학 이해의 특징」, 『동학학보』 21호, 2011 참조.

38 김범부, 「언어와 문장독립의 과제」, 『동방사상강좌』. 이종익, 『동방사상논총』, 보문각, 1989, 11쪽.

라 출렁이는', 즉 생명을 가진 살아 움직이는 미학이자 사상문화이다. 그래서 귀로 듣고, 눈으로 볼 수 있다. 신라인들이 누렸고, 현재로 전승되어 오는 생명의 문법 - 바람 따라 출렁이는 풍류의 미학은 고정된 것이 아니며, 시대와 사람에 의해 새롭게 생성될 수 있다.

『장자』에서는 "이미 그러한데도 그것이 그러하다는 것을 모르는 것, 이것을 '도'라고 한다",[39] "그래서 그런 것이고, 그렇지 않아서 그렇지 않은 것이다"[40]라고 하였고, 원효는 『금강삼매경론』 서문에서 "이치가 없는 것이 지극한 이치요(無理之至理), 그렇지 않는 것이 크게 그렇다(不然之大然)"라고 하였다. 원효의 불연지대연(不然之大然)은 최제우의 '불연기연(不然其然)'으로 이어진다.[41] 또한 작가·연대 미상으로 전하는 동학가사 중에 「삼연가(三然歌)」가 있다. '삼연(三然)'이란 불연(不然)과 기연(其然) 그리고 자연(自然)을 말한다. 불연지중(不然之中)에 자연지리(自然之理)가 있으며, 자연 가운데 불연사(不然事)가 있다고 하였다. 세상의 이치가 부자연스런(그렇지 않은) 것처럼 보이나 그 가운데 불변의 변화가 있음을 깨우쳐주는 노래이다.

나아가 최제우는 '차차차차(次次次次)'라는 말로 천지자연의 풍류를 표현하였다. 원효가 "그렇지 않는 것이 크게 그렇다"라고 했던 '불연지대연'은 최제우의 '차차차차'로 재현된다. 1년 365일이란 시간이 사우 맞게 어김없이 진행되는 자연의 조화. 모두 그렇고 그렇게 이루어지지만, 겉으로는 그

---

39 已而不知其然, 謂之道. 『장자』「제물론」.

40 然於然, …不然於不然. 『장자』「제물론」.

41 그렇지 않음은 알지 못하므로 그렇지 않음을 말 못하고, 그러함은 알 수 있으므로 그러함을 믿는 것이다. …기필키 어려운 것은 그렇지 아니함이요, 판단하기 쉬운 것은 그 그러함이라. 먼 데를 캐어 견주어 생각하면 그렇지 않고 그렇지 않고 또 그렇지 않은 일이요, 조물주에 부쳐보면 그렇고 그렇고 또 그러한 이치인저. 최제우, 『동경대전』, 「불연기연」.

렇지 않은 듯이 보이는 섭리이다.

> 봄바람이 불어 간밤에 일만 나무 일시에 알아차리네.
> 하루에 한 송이 피고 이틀에 두 송이 피네.
> 삼백 예순 날이 되면 삼백 예순 송이가 피네.
> 한 몸이 다 바로 꽃이면 온 집이 바로 봄일세.[42]

이처럼 풍류는 신라인들이 느끼고 생각했던 생명의 어련무던한 문법이자 온갖 사물을 포용해 낼 수 있었던 미학적 인지의 품(가슴)이었다. 우리는 그 흔적을 경주의 첨성대, 석굴암, 불국사의 석탑, 그리고 와당의 웃음('천년의 미소'), 할매부처의 어련무던한 얼굴에서 느낄 수 있다.

42 春風吹去夜, 萬木一時知. 一日一花開, 二日二花開. 三百六十日, 三百六十開. 一身皆是花, 一家都是春. 최제우, 『동경대전』, 「시문(時文)」.

제2부 고려철학

05

대각국사 의천, 천태종을 세우다

이병욱

1. 의천의 생애와 저술

대각국사(大覺國師) 의천(義天, 1055-1101)은 고려시대에 천태종을 개창한 인물이다. 의천의 휘는 후(煦)이고, 자(字)는 의천이며, 시호는 대각국사이다. 의천은 문종의 넷째 아들로 태어났다. 11세 때(1065) 화엄종 승려인 경덕국사(景德國師) 난원(爛圓, 999-1066)에게 출가하여 화엄종의 영통사에서 공부하였다. 의천은 23세 때(1073)부터 생을 마칠 때까지 불교 교학을 계속 강의하였다. 31세 때(1085) 송나라에 건너가 중국불교의 여러 종파의 사람들과 교류하고, 32세 때(1086) 고려에 돌아왔다. 의천이 중국에서 유학한 기간은 모두 14개월이다.

그런데 의천의 송나라 유학은 31세 이전부터 추진한 것이었다. 의천은 문종에게 송나라로 유학 가는 것을 허락해 줄 것을 요청하였지만, 왕자의 신분으로 외국으로 유학 가는 것이 마땅하지 않다는 대답이 돌아왔다. 그러자 의천은 왕실의 허락 없이 일행 11인과 함께 송나라로 유학을 떠난 것이다.

송나라에서 의천은 불교사상과 관련된 저술을 수집하였고, 귀국 후에는 흥왕사에 교장도감(教藏都監)을 두어서 불교서적을 간행하였다(1086). 40세 때(1094) 해인사로 내려가 은거하였고, 41세 때 흥왕사의 주지가 되었다. 43세 때(1097) 국청사의 주지가 되었으며, 47세 때(1101)에 천태종선(天台宗選)을 주관하였는데, 이 천태종선에서 40명이 선발되었다. 이 해(1101년) 10월,

47세의 나이로 입적했다.

의천의 저술을 살펴보면, 목록으로 『신편제종교장총록(新編諸宗教藏總錄)』이 있고, 편집한 저술로는 『원종문류(圓宗文類)』와 『석원사림(釋苑詞林)』의 일부가 남아 있으며, 그의 문집인 『대각국사문집』도 일부분이 없어진 상태로 전해온다.

이 장에서는 대각국사 의천의 사상과 의미에 대해 고찰하고자 한다. 먼저 의천의 시대인식과 그의 내면세계를 알아보고, 그다음으로 의천의 사상을 살펴본 뒤에, 마지막으로 의천사상의 계승에 대해 검토하고자 한다.

2. 의천의 시대인식과 내면세계

1) 의천의 시대인식

의천이 당시를 바라보는 시각은 다음 시에 잘 나타나 있다.

> 慧日千齡罷炤臨 지혜의 해는 천 년 전에 비춤을 그만두었는데
> 獲峯遺教慶彌深 남은 가르침에서 봉우리를 얻으니 그 기쁨 더욱 크도다.
> (堪)嗟此世橫經輩 슬프다. 이 세상에서 경전을 제멋대로 해석하는 이들이여!
> 學法都無敬法心 가르침(법)을 배운다지만 도무지 가르침(법)을 존중하는 마음이 없구나.
>
> 師不能師資不資 스승이 스승답지 못하고 제자도 제자답지 못하여
> 欲令光道固難期 도(道)를 빛내고자 하나 진실로 기약하기 어려워라.
> 悠悠誰識傳燈志 유유한 무리 중 뉘라서 법등(法燈) 전한 뜻 알리오.

生値斯時足可悲 태어나서 이러한 때를 만난 것을 매우 슬퍼하노라.

-『대각국사문집』 19권, 「감회시도(感懷示道)」(『한국불교전서』 4권, 563하)

위의 두 시 중에서, 앞의 시에서는 불법이 쇠퇴하는데 경전을 배우는 사람이 가르침[法]을 존중하는 마음이 없음을 한탄하고, 뒤 시에서는 스승이 스승답지 못하고 제자도 제자답지 못해서 도무지 믿을 만한 사람이 없음을 탄식하고 있다. 그의 철학은 이러한 문제의식에서 출발한다.

또한 의천은 당시가 말법(末法: 말세) 시대임을 힘주어 말한다. 그리고 당시에 많은 승려가 명리에만 몰두하고 도를 닦는 일에는 쓸 만한 재목이 없음을 탄식하고 있다.

末法誰知教網頹 말법시대에 누가 교(教)의 기강이 무너짐을 알리요?

區區皆被利名催 구구히 모두 명리에 휘둘리는구나.

傳燈輔道眞閑事 법등(法燈)을 전하고 도를 돕는 것이 진정으로 한가한 일인데

魏統如林愧散材 높은 승통이 많지만 모두 쓸데없는 재목임을 부끄러워하노라.

-『대각국사문집』 19권, 「인사우언(因事偶言)」(『한국불교전서』 4권, 563상)

아래의 시에서는 당시의 불교계를 보고 안타까운 심정을 읊고 있다. 구체적으로는 그는 교(教)의 기강이 무너지는 것을 한탄하고, 그것을 바로 잡겠다는 의지가 있음을 말하고, 또한 산림에서 도(道)를 닦는 데에도 의미를 두고 있다.

教網頹綱足可悲 교(教)의 기강이 무너지고 있는 것 참으로 슬프도다.

有心弘護有誰知 교(教)를 넓히고 보호하는 데 마음 둔 줄 그 누가 알리오.

無功早退雖堪恥 공(功) 없이 일찍 물러남은 비록 부끄러운 일이지만

爭奈林泉役夢思 임천(林泉)이 꿈마다 부르는 일 어찌하리오!

-『대각국사문집』 20권, 「서회(敍懷)」(『한국불교전서』 4권, 565상)

2) 의천의 내면세계: 현실참여의 입장

우선 의천이 자신의 학식을 부끄러워하는 내용의 시를 살펴보자.

悠悠無定志 그저 정한 뜻이 없이

不肯惜陰光 세월을 아까워할 줄 모르니

雖曰功經論 비록 경전과 논서를 공부한다지만

寧知目面牆 어찌 눈이 담장에 마주쳤는지 알리요?

-『대각국사문집』 19권, 「자계(自戒)」(『한국불교전서』 4권, 564상)

이 시에서 의천은 비록 경전과 논서를 공부했다고는 하지만, 눈앞에 담장이 있는지조차 몰랐을 정도로 답답한 자신의 학식에 대해 부끄러워하고 있다.

다음 시에서 의천은 세상일에 참여하는 자기의 마음자세에 대해 말하고 있다. 산림에서 마음닦는 것에 의미를 두고 있지만, 임금과 어버이의 은혜를 갚기 위해서 세상에 나아가 불법을 펼치는 것도 말하고 있다.

屈辱多年寄帝京 굴욕스럽게 여러 해 동안 서울(개성)에 살았지만

敎門功業恥無成 교문(敎門)의 공(功)과 업 이루지 못함을 부끄러워하노라.

此時行道徒勞爾 요즘 도(道)를 행함은 다만 헛수고일 뿐이니

爭似林泉樂性情 어찌 산림에서 성(性)과 정(情)을 즐김과 같으랴?

事去幾廻興嘆息 일이 지난 뒤에 몇 번이나 탄식했던가.

年來無計報君親 새해가 와도 임금과 어버이의 은혜 보답할 길 없어라.

可憐少壯心如昨 슬프다! 젊었을 적의 마음 어제와 같은데

不覺銷磨四十春 어느덧 사십 세월이 지나갔구나.

榮華富貴皆春夢 부귀와 영화 모두 헛된 것이고

聚散存亡盡水漚 모든 변화 다 물거품 같아라.

除却捿神安養外 정토(淨土)에 마음을 쉬는 것 말고

算來何事可追求 이리저리 따져 보며 무슨 일을 추구하리오?

-『대각국사문집』 20권, 「해인사퇴거유작(海印寺退居有作)」(『한국불교전서』 4권, 565중)

이 시는 의천이 해인사로 물러난 다음에 쓴 것인데, 의천의 내면세계를 알 수 있다. 대체로 도를 닦을 것을 말하고 있지만, 임금과 어버이의 은혜를 갚을 것을 말하는 대목은 주목할 만하다.

다음의 시에서 의천은 숙종이 불러서 서울에 올라가는 심정을 읊었다. 여기서 그는 산속에서 도를 닦는 것에 의미를 두지만, 불법을 세상에 펴기 위해서 임금이자 형인 숙종의 부름에 따른다고 말한다.

北闕猶難違召命 대궐에 대해서는 부르는 명령을 어기기 어렵고

東林還恥負幽閑 동림(東林)에 대해서는 그윽하고 한가함을 등진 것이 부끄럽다.

白雲舒卷雖無定 백운(白雲)이 가고 옴이 정해진 게 없다지만
終日依依戀故山 종일토록 몹시도 옛 산을 그리네.

像正宣風喜遇時 상법(像法)과 정법(正法)의 교풍(教風)이 선양되니 그때를 만난 것 기뻐하고
反權終爲道推移 권도(權道)를 반대하면 끝내 도(道)가 변할 것이니
行藏雖繫緣深淺 나가고 물러남에 비록 연(緣) 만남의 깊고 얕음이 있지만
(倦)鳥知還會有期 고달픈 새 돌아갈 줄 아는 뜻 이해할 날 있으리.
-『대각국사문집』 20권, 「부궐차유제고사(赴闕次留題故寺)」(『한국불교전서』 4권, 565하)

위의 두 시 중에서, 앞 시에서는 자신의 마음을 백운(白雲)에 비겨서 산에서의 수행을 연모하고 있음을 말하고 있고, 뒤의 시에서는 도를 위해서 임금의 부름에 따를 것을 말한다. 이것이 의천의 현실참여 논리이다.

3. 의천의 사상

의천은 고려에서의 천태종을 개창할 것을 발원해서 천태종을 세웠다. 아울러 그는 원효의 사상을 선양하고, 중국 화엄종의 4조 청량징관(淸凉澄觀)의 사상과, 중국 화엄종의 5조 규봉 종밀(圭峯宗密)의 사상도 수용하였다. 여기에 덧붙여 금속화폐인 '주화'를 만들 것을 건의하기도 하였고, 이는 실제로 정책에 반영되었다. 구체적인 내용은 다음과 같다.

1) 천태종 개창을 발원하다

의천은 그의 형님인 숙종이 세자로 있을 때 어머니 인예태후를 찾아가 천태종을 개창할 것을 발원하였다. 그 내용은 다음과 같다.

> 숙종이 세자로 있을 때, 어느 날 (대각국사와) 함께 태후를 뵈러 갔는데, 우연히 말이 나오기를 "천태의 삼관(三觀)은 최상의 진실이고 선(善)인데, 이 해동 땅에는 천태종이 세워지지 않은 것이 매우 애석합니다. 저(대각국사)는 (천태종을 세울) 뜻이 있습니다"라고 하였더니, 태후가 매우 기뻐하였고, 숙종도 외호(外護)할 것을 발원하였다.
>
> -「인동 선봉사 대각국사 비문」[1]

의천은 송나라에 유학 갔을 때에도 천태대사의 부도탑 앞에서 고려에 가면 천태종의 가르침을 널리 전하겠다는 서원을 하였다.

> 다음은 천태산에 가서 천태대사의 부도탑을 방문하고는 발원문을 지어서 부도탑 앞에서 다음과 같이 서원하였다: "'천태대사께서는 5시8교로 중국에 전해진 모든 불교를 완전하게 판단하고 해석하였다'라고 일찍이 들었습니다. 고려국에 옛날부터 체관이란 분이 있어서 교(敎)와 관(觀)을 전해 얻었지만, 지금은 (천태의 가르침을) 받들어 익히는 사람이 오래전에 끊어졌습니다. 저(대각국사)는 분한 마음을 일으켜서 몸을 잊고 스승을 찾아서 도를 물었습니다. 지금 이미 전당자변(錢塘慈辯)의 문하에서 교(敎)와 관(觀)을 품부 받았으

1 이지관, 『교감역주 역대고승비문: 고려편3』, 가산, 불교문화연구원, 1996, 181쪽.

니, 다른 날에 고려국에 돌아가게 되면 목숨이 다하도록 (이 가르침을) 전하고 드날리겠습니다."

-「인동선봉사대각국사 비문」, 이지관, 1996, 183쪽

의천은 천태종만 공부한 것이 아니기 때문에 그가 송나라에서 귀국한 뒤에 다른 종파에도 일정한 영향을 끼쳤다. 그렇지만 천태종에는 결정적인 영향을 미쳤다. 다음 내용이 이를 잘 말해준다.

> 대각국사가 송나라에서 돌아온 후 모든 종(宗)의 가르침이 그 바름을 얻었다. 하물며 천태종은 비록 체관(諦觀)과 지종(智宗, 930-1018)의 무리에서 시작되었다고 하지만, 해동 땅에서는 천태종을 세우지 못해서 배우는 사람이 오래전에 끊어짐에 있어서랴!
>
> -「인동 선봉사 대각국사 비문」[2]

2) 원효 사상의 선양

의천은 원효(元曉, 617-686)가 천태종을 받아들인 인물이라는 점을 부각시키면서 원효가 '해동보살'로서 『대승기신론』의 저자 마명, 『중론』의 저자 용수와 동급의 인물이라고 주장한다.

의천은 국청사에서 천태종을 열었을 때, 원효가 천태 사상을 받아들인 인물이라는 것을 밝힌다. 또 원효를 이어서 고려초에 체관(諦觀)이 발전시켰다고 말한다.

2 이지관, 앞의 책, 184쪽.

생각해 보니 해동에 불법이 전래된 지 700년이 되어 비록 여러 종파에서 다투듯이 경연하고, 많은 교(敎)에서 서로 자기의 교의(教義)를 진술하지만, 천태종의 한 가지는 이 시대에 그 밝음이 사라졌구나. 과거에 원효 보살이 앞에서 그 천태종의 교의를 칭찬하였고, 체관 법사가 뒤에서 그 가르침을 전하고 휘날렸지만, 어찌하겠는가? 근기(根機)와 인연이 익지 않아 천태종의 가르침을 빛내고 휘날릴 길 없음에랴! 천태종의 교법(敎法)이 이 땅에 유통되기를 기다려야 엎드려서 겨우 만날 수 있을 듯이 보였도다.

-『대각국사문집』 3권, 「신창국청사계강사(新創國淸寺啓講辭」(『한국불교전서』 4권, 530중)

원효에 대해 의천이 품고 있는 존경의 마음은 각별하다. 다음의 시에서 의천은 원효를 마명(馬鳴)과 용수(龍樹)와 견주고 있다.[3] 다시 말해, 원효가 마명이나 용수와 같은 수준의 인물이라는 것이다.

著論宗經闡大猷 논서를 짓고 경전을 근본하여 부처님의 가르침을 휘날렸으니
馬龍功業是其儔 마명과 용수의 공(功)과 업적에 견줄 만하다.
如今惰學都無識 지금에 배우기를 게을리 하는 무리는 모두 알지 못하니
還似東家有孔丘 흡사 동쪽 집에 공자가 산다는 꼴이구나.

-『대각국사문집』 20권, 「독해동교적(讀海東教迹)」(『한국불교전서』 4권, 565중)

여기에서 알 수 있듯이, 의천은 원효가 마명이나 용수와 공(功)과 업적이 나란하다고 평가하면서, 여러 가지 논쟁을 화해시키고 중생과 함께하는 삶

3 마명은 『대승기신론소』의 저자로 알려져 있고, 용수는 『중론』의 저자이다.

을 살면서 자비로운 교화를 펼쳤다는 점을 강조한다. 아래 인용문이 이 점을 밝히고 있다.

> 우리 해동보살(원효보살)만이 성(性)과 상(相)을 융섭해서 밝히고, 과거와 지금을 은밀히 통괄하고, 백가(百家)의 다른 논쟁의 단서를 화해시켜 한 시대의 지극히 공정한 논의를 하였다. 하물며 신통은 헤아릴 수 없고, 묘한 용(用)은 생각하기 어려우며, 티끌(중생)과 함께 하지만 그 진(眞)을 더럽히지 않고, 광명과 화합하지만 그 근본[體]을 바꾸지 않는다. 그리하여 이름이 인도와 중국에 떨치고, 자비로운 교화는 저승과 이승을 감싸 안으니, 칭찬하여 올리려고 해도 생각하여 의론하기가 진실로 어렵다.
>
> -『대각국사문집』 16권, 「제분황사효성문(祭芬皇寺曉聖文)」(『한국불교전서』 4권, 555상)

또 의천은 중국의 원소(元紹)율사에게 보내는 글에서 원효에 대해 다음과 같이 선양하였다.

> 그런데 원효는 수나라 말에 태어나 당나라 초기에 수행을 하고 교화를 하였는데, 백 곳에서 모습을 나타내고, 여섯 곳에서 죽음을 알렸습니다. 무슨 경전이든지 모두 소(疏: 주석서)가 있고, 어떠한 논서에도 다 통했습니다.
>
> -『대각국사문집』 11권 「답대송원소율사서(答大宋元炤律師書)」(『한국불교전서』 4권, 546하)

3) 화엄 사상의 수용

의천은 중국 화엄종의 4조 청량 징관(淸凉澄觀, ?-839)과 5조 규봉 종밀(圭峯宗密, 780-841)의 사상을 수용하였다. 다음의 시에서 이 점을 파악할 수 있다.

> 億頌圓詮萬法源 억만의 송(頌)인 원만한 가르침은 만 가지 가르침(법)의 근원이니
> 淸凉融識得其門 청량국사가 원융하게 알아 그 문을 얻었도다.
> 自非重道輕生者 도(道)를 중히 여기고 삶을 가벼이 여기는 사람이 아니라면
> 誰肯光揚報大恩 그 누가 광명을 드날려 큰 은혜를 갚으리오.
> -『대각국사문집』 19권, 「봉선사익승대사 호학부권 여가기지 이화엄대경 청량대소 사여유통(奉先寺翼乘大師 好學不倦 予佳其志 以華嚴大經 淸凉大疏 捨與流通)」(『한국불교전서』 4권, 563중-하)

이 시는 의천이 자기가 아끼는 제자에게 청량국사 징관의 『화엄경소』를 주는 내용을 담고 있다. 이는 의천이 징관의 『화엄경소』를 중시하였음을 의미한다. 더 나아가서 징관의 철학에 근거해서 성종과 상종을 겸학(兼學)할 것도 말하고 있다: "『기신론』과 『유식론』의 두 논은 성종(性宗: 화엄종)과 상종(相宗: 법상종, 유식학파)의 핵심이니 배우는 사람이 마음을 다해야 한다." (『대각국사문집』 제2권 「간정성유식론단과서(刊定成唯識論單科序)」. 『한국불교전서』 4권, 529)

그리고 다음의 시에서는 의천이 중국 화엄종 5조 규봉 종밀의 사상을 수용하고 있다는 것도 알 수 있다.

一錫高飛不可攀 한 주장자를 높이 날려서 잡을 수 없으니

老槃歸隱在雲山 노숙(老宿)이 운산(雲山)에 돌아가 은거함을 즐겨하는구나.

知師早繼圭峯志 스님은 일찍부터 규봉의 뜻을 이었음을 내 아노니

圓覺場中萬事閑 『원각경』에서 만 가지 일이 한가하리라.

(師於圓覺經中 留心日久 의천이 『원각경』에 마음을 둔 지 오래되었다.)

大施門開無雍塞 큰 보시의 문이 열리어 옹색함이 없지만

道心終與世途違 도심(道心)은 끝내 세간의 길과 어긋나도다.

區區末學君知否 구구한 말학(末學)이여! 그대들은 아는가?

九分癡禪競是非 구분교(九分教)[4]와 어리석은 선(禪)이 시비를 다투는구나.

-『대각국사문집』 제19권, 「광명사대선사 일공퇴노운봉 인이야송삼장 장사구증지(廣明寺大禪師 日公退老雲峰 因以野頌三章 章四句贈之)」(『한국불교전서』 4권, 562중-하)

위 시는 「광명사대선사 일공퇴노운봉 인이야송삼장 장사구증지」라는 긴 제목의 시 중, 뒤의 두 수이다. 여기에 의천의 관점이 잘 나타나 있다. 그가 규봉 종밀의 『원각경소』를 중시하였고, 그것을 통해서 교(教)와 선(禪)의 대립을 해소하려 했던 문제의식을 알 수 있고, 보시의 문이 열리어 사는 데는 옹색함이 없지만 그것이 도심(道心)으로 이어지지 않는다는 당시의 불교계에 대한 비판이 담겨 있다. 위 시는 짧지만 의천의 문제의식을 종합적으로 보여주고 있다.

다음의 시에서도 의천이 규봉 종밀의 『원각경소』를 중시하고 있음을 확인할 수 있다.

4 석가모니의 가르침을 아홉 가지로 구분한 것을 말한다.

終南禪觀盡幽微 종남산(終南山)의 선관(禪觀)은 모두 그윽하고 미묘하여
三百年來識者稀 삼백 년 동안 아는 이 드물어라.
局匪(留)心圓頓志 조금이라도 마음을 원돈(圓頓)의 뜻에 둔 이가 아니라면
有誰硏味息煩機 그 누가 참구하여 번뇌의 기미를 쉬리요?
-『대각국사문집』 19권, 「원각대참기삼각산도현인(圓覺大懺寄三角山玄道人)」
(『한국불교전서』 4권, 563하)

종밀의 호가 규봉(圭峯)인데, 규봉은 중국 섬서성에 있는 종남산(終南山)의 한 봉우리 이름이다. 따라서 위 시에서 "종남산의 선관(禪觀)"이라고 말한 것은 바로 규봉 종밀의 화엄선관(華嚴禪觀)을 의미한다. 따라서 위 시에서도 확인할 수 있는 것은 의천이 규봉 종밀의 사상, 그중에서도 『원각경소』를 높이 평가하고 있다는 점이다. 시의 제목에 '원각(圓覺)'이라는 이 말이 들어 있는 것도 이점을 말해준다.

의천은 규봉 종밀의 『원각경소』에서 위에서 말한 선교일치(禪教一致)의 원리를 찾아낸다. 의천이 선(禪)과 교(教)를 일치시키는 방식은 언어에 대한 태도에 달려있다. 법(法), 즉 진리는 말이 없는 것이지만, 말을 벗어나 있는 것도 아니다. 말을 벗어나면 전도(顚倒)되어 미혹하고, 말에 집착해도 진리에 미혹한다. 다시 말해, 의천이 말을 벗어난다고 말한 것은 선종의 병폐를 겨냥한 것이고, 말에 집착한다고 한 것은 교종의 병폐를 지적한 것이다. 그러므로 말에 집착하지 않으면서 말을 정확히 사용하는 것이 의천의 목표이고, 이 목표가 이루어지면 선(禪)과 교(教)를 일치시킬 수 있다. 그리고 의천은 이것을 해낸 사람으로 규봉 종밀을 들고 있다. 다시 말해서, 규봉 종밀은 의천이 바라는 이상향의 철학을 이룩한 사람이다. 다음의 글이 이러한 의천의 생각을 잘 드러낸다.

대저 법(法)은 언상(言像)이 없으나 언상을 떠나는 것은 아니니, 언상을 떠나면 전도되어 미혹하고, 언상에 집착하면 진(眞)에 미혹한다. 다만 세상에는 재주를 온전히 한 사람이 적고, 사람이 미(美)를 갖추기가 어려우므로 교(敎)를 배우는 사람이 안을 대개 버리고 바깥으로 구하게 하고, 선(禪)을 익히는 사람이 연(緣)을 잊어 안으로 밝히기를 좋아한다. (이 둘의 경우는) 모두 치우친 집착이니 모두 이변(二邊: 바깥쪽과 안쪽)에 막혀 있다. 그것은 마치 토끼 뿔의 길고 짧음을 싸우고, 허공의 꽃의 짙고 묽음을 다투는 것과 같다. 예컨대 저것과 이것에 공정한 마음으로 대하고, 옛날과 지금에 홀로 걷고, 선정과 지혜가 둘 다 온전하고, 자(自)와 타(他)의 이로움을 겸하고, 공(空)을 관조하지만 만행(萬行)이 끓어 오르고, 유(有)와 교섭하지만 일도(一道)는 고요하며, 말과 침묵에서 현묘함과 은미함을 잃지 않고, 움직임과 고요함에서 법계(法界: 진리의 세계)를 벗어나지 않는 사람은 오직 규봉조사 한 사람뿐인저!

-『대각국사문집』 3권, 「강원각경발사(講圓覺經發辭) 제이(第二)」(『한국불교전서』 4권, 531중-하)

4) 금속화폐 주조론

지금까지 의천의 불교사상을 살펴보았는데, 의천의 사상은 여기에 한정되지 않는다. 한 걸음 더 나아가서 금속화폐인 주화(鑄貨)를 사용할 것을 건의하였고, 이것이 실제로 수용되어 1102년(숙종 7)에 '해동통보(海東通寶)'가 제작되어 사용되었다. 의천은 금속화폐를 사용하면 다음의 네 가지 이익이 있다고 주장하였다(『대각국사문집』12권. 『한국불교전서』 4권, 548중).

첫째, '주화'라는 것은 적은 분량으로 많은 가치를 대표할 수 있으므로 교환과 원거리 수송에 지극히 편리하다. 이는 화폐의 가치척도의 기능과 유통

수단의 기능에 대해 말하는 것이다.

둘째, 주화를 사용하면, 쌀을 화폐로 사용하는 데서 오는 모리배들의 간교한 술책을 막아낼 수 있다.

셋째, 녹봉의 절반이라도 주화로 지급한다면, 쌀로만 녹봉을 지급하는 데서 오는 폐단을 제거할 수 있다. 여기서 금속화폐 사용을 통해 권세 있는 자들의 부정부패를 막고 청렴한 사람을 우대하려는 의천의 의도를 알 수 있다.

넷째, 재산을 축적하는 데에도 금속화폐, 곧 주화보다 우월한 것은 없다. 즉, 축재의 수단으로서 금속화폐의 우월성과 편리한 유통성을 지적하고 있다. 여기서 의천은 국가의 재산 상태를 걱정하고, 그것을 보완하는 데 주화가 일정 부분 역할을 할 것이라고 기대하고 있다.

의천의 금속화폐 주조론은 다음과 같이 평가할 수 있다. 의천은 당시의 화폐유통 상태를 개괄하고 화폐에 관한 상당히 정리된 견해를 내놓고 있다. 그중에서 화폐의 기능에 관한 그의 견해는 상품과 화폐 관계의 불충분한 발전 상태를 반영한 것으로서 귀중한 것이며, 또 화폐의 통용에 대한 그의 견해들은 당시의 권세가들의 모리 행위를 폭로하고, 그들의 용전(用錢) 반대론에 반박을 가한 것으로 평가받아야 한다. 따라서 화폐에 관한 의천의 견해는 우리나라 화폐 사상의 발전에서 하나의 시발점이 된다고 할 수 있다.[5]

5 김광진·김광순·변낙주, 『한국경제사상사』, 이성과현실, 1989, 41쪽.

4. 의천 사상의 계승

대각국사 의천의 수제자는 계응(戒膺)이다. 계응은 의천의 권유로 출가해서 그의 제자가 되었다. 그리고 40여 년이 지나서 임금에게도 공경을 받게 되었다. 계응은 태백산에 들어가서 각화사(覺華寺)를 세우고 가르침을 펼쳤는데, 많은 사람이 그의 가르침을 들었다. 이 점에 대해 다음과 같은 기록이 남아 있다.

> 태백산인 계응(戒膺)은 대각국사의 수제자이다. 계응이 어렸을 적에 절에 살면서 독서를 하였는데, 대각국사가 담장 너머로 그 책 읽는 소리를 듣고는 "이 사람은 진정한 법기(法器)이다"라고 하면서, 계응이 출가하여 자신의 문하에 있기를 권했다. 계응은 아침저녁으로 도(道)를 닦는 데 힘쓰더니 도의 깊은 이치에 넉넉하게 들어갔다. 그리하여 계응이 대각국사를 계승해서 위대한 법을 널리 알린 지 40여 년에 임금에게도 공경을 받게 되었다. 항상 서울을 떠나지 않았는데, 자주 태백산에 돌아갈 것을 청하였다. 그리하여 손수 각화사(覺華寺)를 창건하여 법(가르침)의 보시를 크게 열었더니, 사방의 학자가 폭주하여 배우는 사람이 날마다 천백 명에서 줄어들지 않았다. 그 강의를 '법해용문(法海龍門)'이라고 불렀다.
>
> -이인로, 『파한집』 중권, 유재영 역주, 일지사, 2001, 126쪽

계응은 태백산에 은거해서 임금이 불러도 나오지 않았다고 한다(최자, 『보한집』 하, 박성규 역, 1984, 404쪽). 이러한 계응의 행적으로 볼 때 원효사상 가운데 무애행(無礙行)을 중시한 인물로 보인다. 여기서 '무애행'은 원효의 윤리사상으로, 행위의 외형이 중요한 것이 아니고 내면의 세계가 의미 있다는

뜻이다. 다시 말하면, 원효는 외형으로는 계율에 어긋나는 행위를 하는 것처럼 보이지만, 실제로는 계율의 정신에 부합하는 행위를 한다는 것이다. 계응이 '무애행'을 강조한 인물이라는 것은 그가 '무애지(無礙智)국사'라고 불린 점으로부터도 추론할 수 있다. 또한 이인로의 『파한집』에 계응이 '무애'를 제목으로 해서 시를 지었다고 한 점도 이를 뒷받침한다.

그 밖에도 고려시대에는 원효의 무애행에 영향을 받아서 불교의 경전과 논서의 게송으로 가사를 지은 노래, 곧 〈무애가(無礙歌)〉와 그것에 수반된 춤이 세상에 널리 퍼졌음을 짐작할 수 있다. 이러한 내용은 다음의 인용문을 통해서 파악할 수 있다.

> 과거에 원효 대성(大聖)이 고기 파는 곳과 술 파는 곳에 드나드는 가운데 일찍이 목이 굽어진 조롱박을 가지고 놀면서 시장에서 노래하고 춤추었는데, 그 조롱박을 '무애(無礙)'라고 불렀다. 그 뒤에 호사가들이 조롱박 위에다 금방울을 매달고, 조롱박 아래에다 채색한 비단을 두어서 조롱박을 장식하였다. 그래서 조롱박을 부딪치면서 나아가고 물러났는데, 모두 음절에 맞았다. 이에 그 곡조에다 경론의 게송으로 가사를 붙여서 〈무애가(無碍歌)〉라고 불렀다. 밭에서 일하는 노인도 이것을 본받아서 조롱박을 가지고 놀았다. 무애지국사가 일찍이 '무애(無礙)'라는 제목으로 시를 지었다: "이 물건은 오랫동안 무용(無用)으로 용(用)을 삼았고, 과거의 사람도 이름하지 않음으로 이름 삼았네."
>
> -이인로, 『파한집』 하권, 유재영 역주, 2001, 240쪽

5. 의천 사상의 의미

지금까지 대각국사 의천의 사상을 개략적으로 살펴보았다. 먼저 의천의 시대인식과 내면 세계를 짚어 보았다. 의천은 당시를 불교가 쇠퇴하는 위기의 시대로 보았고, 그래서 현실참여의 입장을 취하지만, 그것은 불교를 세상에 널리 펴기 위한 목적에서 출발한 것이다.

그리고 의천의 사상적 측면은 "천태종을 세웠다"는 한마디로 집약될 수 있을 것이다. 그렇지만 그의 문집을 자세히 검토하면, 원효를 '해동보살'이라고 선양하고, 중국 화엄종 4조 청량징관의 사상과 5조 규봉 종밀의 사상을 수용하고 있다. 따라서 의천은 고려시대에 천태종을 세웠지만, 그의 사상은 단순히 천태사상으로 규정될 수 있는 것이 아니라, 원효사상에도 영향을 받았고, 나아가서는 중국 화엄종의 청량 징관과 규봉 종밀의 영향도 받았음을 알 수 있다. 그러므로 의천의 사상은 단순히 중국 천태종에 영향을 받은 것이 아니고 의천 자신의 독자적 관점이 투영된 것임을 알 수 있다.

또한 의천은 불교사상가이지만 현실참여에도 관심이 많았다. 그래서 그는 금속화폐인 '주화'를 만들 것을 건의하였고, 이 건의는 실제로 수용되었다. 의천이 금속화폐를 만들 것을 건의한 것은 권세가들의 부정을 방지하기 위한 것이었다.

이렇게 본다면, 의천이 세운 천태종은 중국불교의 천태종을 그대로 답습한 것이 아니고 의천의 관점이 반영된 것이라고 할 수 있고, 이것은 한국의 고유성을 담은 천태종의 사상이라고 평가할 수 있다. 또한 의천은 사상의 영역에서만 자신의 개성을 발휘한 것만이 아니다. 현실문제에도 관심을 가지고 있었고, 그것이 금속화폐 주조론으로 드러났다. 이는 불교라고 해서 현실문제는 도피하고 종교적인 문제에만 관심을 갖는 것이 아님을 보여주는 사례라고 할 수 있다. 이것은 참여불교, 곧 자신의 수행을 하면서도 사회 문제에 목소리를 내는 흐름과 연결되는 것이고, 그런 점에서 의천은 참여불교의 선구적 형태라고 평가할 수 있다.

따라서 의천의 사상은 한국 천태종 사상의 독자성을 잘 보여주는 사례이면서 동시에 현대 참여불교의 선구적 형태라고 평가할 수 있다.

06

태고 보우, 임제종을 계승하다

김호귀

* 이 글은 필자의 「태고 보우의 인가와 전법에 대한 고찰」, 『한국불교사연구』24, 2023.12를 약간 수정한 것이다.

1. 태고 보우는 누구인가?

고려 후기에 활약한 태고 보우(太古普愚, 1301-1382)는 19세 때 만법귀일(萬法歸一)의 화두로 수행하여 38세 때 크게 깨쳤다. 46세 때 원나라에 들어가서 석옥청공(石屋清珙, 1272-1352)을 찾아가 가르침을 청하고 인가를 받아 중국의 임제종맥을 계승하였다.[1] 48세 때 귀국하여 공민왕의 왕사가 되었으나 신돈(辛頓)과 불화가 있었다. 이것은 한편으로는 당시에 신돈을 중심으로 하는 화엄계통과 태고를 중심으로 하는 선종의 세력대결이기도 하면서, 다른 한편으로는 순수불교의 전통을 이어가려는 세력과 정치를 배경으로 한 세력의 대결이기도 하였다.[2]

한편 보우는 원융부(圓融府)의 수장이 되어 당시까지 존속하던 구산선문을 조계종(曹溪宗)이라는 하나의 종으로 통합하려는 노력을 기울였으나 미완의 결과로 끝나버렸다. 태고의 가르침은 자성미타(自性彌陀)의 염불선(念佛禪)을 가르치는가 하면, 잡화삼매(雜華三昧)의 화엄선(華嚴禪)과 호법교화(護法敎化)

---

1 「태고보우의 삶과 깨달음」, 서갑생 편저, 『태고보우국사의 종지와 종풍 그 수행법』, 대륜불교문화연구원, 2006, 80-83쪽 ; 홍수평, 「원대 선종법맥에 대한 고소」, 『태고사상』 제1집, 불교춘추사, 2001, 215-217쪽.

2 허홍식, 「공민왕시 조계종과 화엄종의 갈등」, 『태고사상』 제1집, 불교춘추사, 2001, 232-235쪽.

와 보은우세(報恩祐世)를 위한 원력에 이르기까지 다양하였다.[3] 이것이 승려로서 보우가 보여준 면모이자 가치이며 선사상에 공헌한 의의였다.

그러나 무엇보다도 특히 조사선(祖師禪)[4]의 가풍을 구현하기 위하여 간화선의 수행에 중점을 두었다. 그중에서도 구자무불성화(狗子無佛性話)[5]를 내세워서 이를 위해 오매일여(寤寐一如)하고 성성력력(醒醒歷歷)하게 의단(疑團)을 지닐 것을 강조하였다. 이와 같은 내용은 그의 『어록(語錄)』 2권에 전해지고 있다. 보우의 일생은 정법안장(正法眼藏)의 계승자로서 전등법맥(傳燈法脈)의 소유자였고, 난세에 불교의 선종파를 종합하여 원융불교사상을 구현하려고 노력하였으며, 오늘날에는 한국불교 태고종의 종조로서 그 위상을 지니고 있는 인물이다.

2. 인가와 전법의 출현

중국의 선종이 보리달마로부터 연원하여 오늘에 이르기까지 그 기반을 확고하게 다지게 된 이유로는 여러 가지가 있었다. 우선 수행과 깨달음을 불이(不二)의 관계로 간주하는 조사선풍의 확립이 있었다. 인도선법은 수행

3 「태고보우의 삶과 깨달음」, 『태고보우국사의 종지와 종풍 그 수행법』, 269-299쪽.

4 조사선(祖師禪)에서 조(祖)는 시조(始祖)를, 사(師)는 사범(師範)을 말한다. 일종(一宗) 내지 일파(一派)를 처음으로 개조(開祖)했다는 의미로도 쓰이고, 부처님의 깨달음인 정법안장(正法眼藏)을 전지(傳持)한 열조(列祖)의 의미로도 사용한다. 최초로 조사선이라는 말을 쓴 사람은 앙산혜적(仰山慧寂, 803-887)으로 알려져 있다.

5 사자무불성화(狗子無佛性話)는 무자화두(無字話頭)를 말한다. "강아지에게 불성이 있는가 없는가?"라는 제자의 질문에 대하여, 조주종염(趙州從諗, 778-897)이 답변한 일화를 가리킨다. 북송의 오조법연(五祖法演, 1024-1104) 시대에는 이곳의 무(無)가 무자공안(無字公案), 곧 무자화두(無字話頭)로 형성되어 간화선(看話禪) 전통에서는 가장 대표적인 공안으로 선승들에게 연구되어 왔다.

이후에 깨달음이라는 순차적인 수증관(修證觀)[6]에 근거하여 전개되었다. 사선(四禪), 팔정(八定), 구차제정(九次第定) 등이 그것이다. 그러나 중국의 조사선풍에서는 정혜일체(定慧一體)에 바탕한 까닭에 선수후증(先修後證) 개념은 돈교법문이 출현하면서 점차 미약해졌다. 또한 역대의 조사에 권위를 부여하여 부처와 조사를 거의 동등시하는 전통을 확립한 것도 중요한 역할을 하였다. 여기에는 중국 유교사회에서 가문을 중시한 정통중심의 문화를 선종 나름대로 수용하여 전등법맥을 확립한 것이 주효하였다. 또한 계율을 수용하면서도 중국이라는 지역의 특수성을 감안하여 새로운 청규(淸規)를 확립한 것도 무시할 수 없는 요소였다. 더욱이 깨달음에 대한 의미도 인도불교의 경우보다 훨씬 확장되어 깨달음에 대한 보편적인 문화를 창출한 것도 큰 장점이었다.

이 가운데 무엇보다 중요한 역할을 한 것은 법맥의 상승에 대한 강조와 전법의식 전통의 확립이었다.[7] 중국 불교사에서 선종이 여타의 종파보다 오랫동안 지속적으로 유지되고 세력을 구가할 수 있었던 이면에는 조사들의 법맥에 대한 강조가 자리하고 있었다. 이것을 실질적으로 확보하고 계승하는 근간은 수행과 깨달음에 대한 선지식의 확실한 보증이었다. 그 보증은 제자의 수행에 대한 점검으로서 깨달음을 증명(證明)하고, 깨달음을 획득한 제자에게는 인가(印可)를 해주며, 인가를 바탕으로 전법(傳法)을 지향하는

6 '수증'은 수행과 깨달음을 말한다.

7 이와 관련한 선문헌을 전등사서(傳燈史書)라고 한다. 중국의 선종사에서 본격적인 전등사서의 출현은 8세기 후반의 『단경(壇經)』에서 그 연원을 찾는다. 『단경』에서 처음으로 과거7불, 인도의 28대 조사, 중국의 6대조사의 명칭이 확립되었다. 그리고 이후 9세기 초 801년에 출현한 『보림전(寶林傳)』에서는 이들 과거7불, 인도의 28대 조사, 중국의 6대조사에 대한 법어가 수록되어 불조(佛祖)의 명칭뿐만 아니라 종합적인 행위가 수록됨으로써 명실상부하게 전등사서가 확립되었다는 평가를 한다.

선종의 독특한 문화전통으로 전개되었다.

이와 관련하여 선수행을 통한 선승의 깨달음과 그 깨달음에 대한 선지식의 증명과 인가 및 전법 등의 원류(遠流)에 대해서는 일찍이 경전에서도 그와 동일한 유형을 찾아볼 수 있다. 『과거현재인과경』에서 다음과 같이 말한다.

> 붓다가 교진여(憍陳如)·마하나마(摩訶那摩)·발파(跋派)·아사파사(阿捨婆闍)·발타라(跋陀羅)의 다섯 비구에게 사성제(四聖諦)에 대한 설법을 들려주자, 다섯 비구가 깨달음[法眼淨]을 성취하였다. 그러자 지신(地神)은 '여래께서 여기에서 묘법륜을 굴리셨다.'고 말하여 그것을 증명하였다. 그러자 허공신이 그 말을 듣고서 붓다가 묘법륜을 굴렸다고 찬탄하였다. 이에 붓다가 다섯 비구에게 그들이 진정으로 알아들었는지 아닌지를 확인하기 위하여 물었다.
>
> "그대들 비구여, 색(色)·수(受)·상(想)·행(行)·식(識)의 다섯 가지 존재는 영원한 것인가 무상한 것인가, 고(苦)인가 고가 아닌가, 공(空)인가 공이 아닌가, 아(我)가 있는가 아가 없는가?"
>
> 다섯 비구가 말했다.
>
> "세존이시여, 색·수·상·행·식은 실로 무상하고 고이며 공이고 무아(無我)입니다."
>
> 붓다는 기쁘게 말했다.
>
> "그대들은 이미 해탈하였다. 여러 가지 고를 발생시키는 것을 끊을 수가 있다. 그래서 고는 반복되지 않을 것이다. 나와 그대들을 합한 여섯 명은 세간에서 제일가는 복전(福田)이 되었다. 불(佛)과 승(僧)과 사성제의 법(法)이 갖추어졌다. 그래서 삼보(三寶)라는 명칭이 명실공히 구비되었다."[8]

8 『過去現在因果經』卷3 (大正藏3, pp.644上-645上) 참조.

여기에는 붓다의 설법내용은 구체적으로 사성제(四聖諦)의 법문 형태로 드러나 있다. 그리고 그 설법 대상으로 다섯 비구가 있고, 다섯 비구가 깨달은 내용이 있다. 또한 붓다의 설법과 다섯 비구의 깨달음에 대하여 지신의 증명이 있고, 허공신의 찬탄이 있다. 또한 다섯 비구의 깨달음에 대하여 붓다의 점검이 있고, 그에 대하여 다섯 비구의 해탈을 인가하는 내용이 있다. 이와같이 붓다와 다섯 비구 사이에 주고받은 내용은 후대에 중국의 선종에서 형성되고 전개되며 전승되었던 깨달음에 대한 증명과 인가와 전법의 원형이 되었다.

그러나 이들 인가와 전법의 전통에 대한 직접적인 원류(源流)는 중국 선종사에서 비롯하였다. 중국 선종의 초조로 간주되고 있는 보리달마(菩提達磨)의 법어에 해당하는 『이종입(二種入)』에는 달마가 혜가에게 그 수행의 경지에 대하여 깨달음을 증명해주고 인가해주며 전법하는 대목이 명쾌하게 등장한다.

> 혜가가 달마에게 고백하는 형식으로 여쭈었다.
> "저는 지금까지 스승을 몇 년 동안 곁에서 정성껏 모시면서 나름대로 열심히 정진하였습니다. 그런데 제가 아둔한 탓인지 아직까지 깨치지 못하고 있습니다. 이에 대하여 저 자신도 부끄러움을 느끼면서 더욱 분발하고 있습니다. 그런데 자꾸만 불안해지는 것은 어쩔 수가 없습니다. 그 불안이란 만약 제가 스승에게서 깨달음을 얻기 전에 연로하신 스승께서 열반에 드신다면 어떡하나, 그러면 저는 누구를 다시 스승으로 모셔야 한단 말인가, 등등의 염려가 점차 마음속에 자리 잡고 있습니다. 그러므로 스승이시여, 저의 이러한 마음을 어떻게든 안심시켜 주시기 바랍니다."
> 달마는 그 이야기를 듣고 말하였다.

"지금 그대가 불안하다고 느끼는 그 마음이란 도대체 어떻게 생겼단 말인가. 또 그대가 깨치기 전에 내가 열반에 들지도 모른다는 마음은 어디서 온 것인가. 그대의 불안한 마음은 무엇이며 어디서 온 것인지 내가 점검해보고자 하니 그 불안한 마음을 보여줄 수는 없겠는가."

이에 혜가는 자신의 불안한 마음이 도대체 무엇인지 참구[9]하는 일에 몰두하기 시작하였다. 오랜 시일 끝에 마침내 혜가는 하나의 해답을 터득한다. 자신이 지금까지 불안하다고 생각했던 마음이란 어디에서도 찾을 수가 없고, 또한 불안하다고 생각한 마음에도 불안이라는 이름을 붙일 수가 없다는 것을 자각하였다. 그리고 본래부터 존재하지도 않은 것에 얽매여 괜히 불안과 같은 실체가 있다고 착각하며 살아온 자신을 깊이 돌아보게 되었다. 마침내 자신의 마음은 불안과는 전혀 무관한 하나의 자기암시였다는 사실을 깨우칠 수 있었다. 혜가는 너무나 기쁜 나머지 곧장 달마에게 달려가 여쭈었다.

"스승이시여, 연전에 제가 불안하다고 생각했던 마음을 깊이 궁구해본 결과 그 불안한 마음과 불안하다는 생각 자체는 본래부터 존재하지 않는다는 사실을 알게 되었습니다. 참으로 어리석었습니다. 지극히 명쾌한 이 이치를 모르고 있었다는 것이 믿어지지 않을 정도입니다. 그러나 이제 불안의 실체란 본래 없고 불안하다고 여긴 제 마음도 본래 공(空)하다는 것을 알게 되었으니 이제 더 이상 불안하거나 헤매지 않게 되었습니다."

이에 달마는 이렇게 말했다.

"이제 그대의 마음은 완전히 안심을 얻었다. 더 이상 존재하지도 않은 허깨비에 속아서 살지 말라. 마음이란 어디에도 없는 법이다. 그런데도 실제로 있다고 간주하는 그 착각이 미혹이고 번뇌이며 의심인 것이다. 그대는 이에

9 '참구(參究)'는 "참선하여 진리를 찾는다"는 뜻이다.

완전하게 깨우쳤다."[10]

혜가는 비로소 달마로부터 인가를 받은 것이다. 누가 미혹하게 만든 것도 아니고 대신 깨우쳐주지도 않는다. 혜가 스스로 미혹하였고 스스로 깨우친 것이다. 깨달음은 각자의 몫이다. 그것을 스승으로부터 확인할 뿐이다. 불안한 마음이란 존재하지 않는다는 것을 스스로 터득한 마음의 비밀이야말로 혜가에게는 진정한 환희였다. 불안한 마음을 찾지 못했다는 절망의 소리는 결코 아니었다.

위의 문답에는 혜가의 수행에 대한 달마의 점검이 잘 드러나 있다. 불안심에 대한 달마의 증명은 "이제 그대의 마음은 완전하게 안심을 얻었다."는 것이었다. 한편 달마의 이 말은 혜가를 인가해 주는 말이기도 하였다. 인가는 스승이 제자의 마음과 의기투합이 되는 경지를 확인해주는 행위이다. 달마는 혜가가 이미 불안심의 실체에 대한 속성은 깨쳤음을 확인시켜주는 행위로서 "그대는 이에 완전하게 깨친 것이다."라고 일러주었다. 혜가는 달마에게 질문하는 그 자리에서 깨달음을 증명받고 아울러 인가까지 해결하였다.

이와 같은 증명과 인가가 전법이라는 행위와 동일하지는 않다. 전법은 인가한 제자의 출세를 스승이 담보해주고 보증해주는 것이다. 전법으로 인해 제자는 비로소 온전한 홀로서기를 할 수가 있다. 이와 같은 방식을 통하여 인가를 받은 제자는 다시 전법의 경험을 필요로 한다. 전법을 통해야만 비로소 정법안장의 자격이 주어지고 출세할 수가 있게 되기 때문이다. 이 경우 달마는 혜가를 비롯한 제자들과의 피(皮)·육(肉)·골(骨)·수(髓)의 상징적인 문답을 통하여 혜가에게 정법안장을 전수하였다.

10 『汾陽無德禪師語錄』 卷中 (大正藏47, p.607下)

달마가 중국에 온 지 9년이 지나자 이제 인도로 돌아가려고 제자들에게 말했다: "바야흐로 때가 되었다. 그대들은 각자 얻은 바를 말해보라."

도부가 말했다: "문자에 집착하지도 않고 문자를 여의지도 않는 도를 의용하게 되었습니다."

달마가 말했다: "그대는 내 피부를 얻었다."

총지 비구니가 말했다: "저의 이해로는 아난이 아촉불국을 보고 나서 다시는 보지 않는 경지입니다."

달마가 말했다: "그대는 내 살을 얻었다."

도육이 말했다: "사대가 본래 공하고 오음도 없습니다. 그리하여 저의 견해로는 얻을 일법도 없게 되었습니다."

달마가 말했다: "그대는 내 뼈를 얻었다."

마지막으로 혜가는 예배를 드리고 그 자리에 다소곳이 서 있었다. 그러자 달마가 말했다: "그대는 내 골수를 얻었다."

이에 혜가를 향해 말했다: "옛날 여래께서 정법안장을 가섭대사에게 부촉[11] 하신 이후 계속 이어져 나에게 이르렀다. 내 이제 그대에게 부촉하니, 그대는 장차 잘 간직하라. 아울러 법의 징표로 가사를 전해주니, 그 각각의 의미를 알아라."

혜가가 말했다: "스승께서 말씀해주십시오."

달마가 말했다: "안으로는 법인을 전하여 깨친 마음에 부합하고, 밖으로는 가사를 부촉하여 종지를 정한다."[12]

11 '부촉'은 "불법의 보호와 전파를 맡겨서 부탁한다"는 뜻이다.

12 『景德傳燈錄』 卷3 (大正藏51, p.219中-下)

이로써 달마의 정법안장은 온전하게 혜가에게 전승되었다. 이것이 바로 전법(傳法)으로서 붓다의 정법안장(正法眼藏)의 정전(正傳)이다.[13] 그리고 그것이 지금까지 불조정전의 선법으로 전해온 것은 사자상승(師資相承)의 상면수수(相面授受)라는 방법에 토대를 두었기 때문이다. 선종의 이심전심의 방식인 심심상인(心心相印)은 염화미소로 대표되는 『대범천왕문불결의경』에서 그 연원을 찾을 수 있다.[14] 여기에서 부처님이 가섭에게 "나에게 정법안장(正法眼藏) 열반묘심(涅槃妙心) 실상무상(實相無相) 미묘법문(微妙法門)이 있다. 불립문자 교외별전으로 지혜가 있는 사람이나 지혜가 없는 사람이나 모두 인연을 만나 깨우치게 한다. 이제 오늘 이것을 마하가섭에게 부촉하니, 마하가섭은 미래세에 제불을 받들어 장차 성불할 것이다."라고 말한 대목이 바로 가섭에 대한 깨달음의 증명이고 인가이며 전법에 해당한다.

3. 보우의 수증과 인가

1) 깨달음과 오후보림

보우가 깨달음을 경험한 과정에는 몇 가지 주목할 점이 있다. 우선 경전에 대한 이해가 전제되어 있다는 점이다. 지원(원 순제) 정축년(충숙왕 복위 6년, 1337) 가을, 보우가 불각사(佛脚寺)에 주석하여 홀로 선실에 앉아서 『원각경』을 읽다가 "만약 모든 허깨비의 자성(自性)이 모두 소멸하면 곧 자신

13 이 피육골수(皮肉骨髓)의 문답은 후대에 선종 내에서 북종(北宗), 우두종(牛頭宗), 홍주종(洪州宗), 하택종(荷澤宗)의 종지에 대한 우열의 논쟁에서 전개된 것으로부터 유래하였다. 이시이 슈도, 『송대선종사연구』, 김호귀 옮김, 민족사, 2018. 141-164쪽.

14 『大梵天王問佛決疑經』 (卍新續藏1, p.442上)

의 마음도 없을 터인데, 도대체 무엇이 수행을 한다는 겁니까. 그리고 여환삼매(如幻三昧)를 수행한다는 것은 또 무엇입니까."[15]라는 대목에서 그것을 '부동(不動)'이라고 말한다는 것을 알고서 그간의 소지장(所知障)이 탈락되었다.[16]

이것은 중국 선종에서 시조로 간주되고 있는 보리달마로부터 연유하는 전통이기도 했다. 달마는 반드시 경전의 가르침에 의거하여 깨우치는 것을 강조하였다. 그것은 『이종입』의 "진리에 합치되어 있는 깨달음이란 다음과 같다. 곧 불법의 가르침에 의해 불교의 근본 취지를 깨우쳐서 중생은 붓다와 동일한 진성을 지니고 있지만, 단지 외부에서 오는 망상에 뒤덮여 그 진성을 드러내지 못할 뿐이라고 확신하는 것이다."는 대목에서 '불법의 가르침에 의한다(藉教悟宗)'는 말이 바로 그것이다. 자교오종이란 반드시 경전에 의거해야 한다는 것을 보여준 것이다. 이로써 자교오종은 선종의 전통으로 전승되어 왔다. 보우는 여기에서 『원각경』의 대목에 의거하여 경안(經眼)을 갖춘 연후에 바야흐로 무자화두(無字話頭)를 참구하고 있다.[17]

그해 11월에 중암 채홍철(中菴 蔡洪哲, 1262-1340)이 마련한 전단원(栴檀園)에서 참구(參究)를 계속하다가, 이듬해(1338) 정월 7일 새벽[五更]에 이르러 활연대오(豁然大悟)하고, 곧장 오도송(悟道頌)을 지었다.

15 『大方廣圓覺修多羅了義經』(大正藏17, p.913下)

16 보우는 이 경험을 한 뒤 다음과 같은 게송을 지었다. "고요하니 천 가지가 드러나고, 움직이니 어떤 사물도 없다네. 무무(無無) 이 또한 무슨 도리인가. 서리친 후에야 국화가 시드네. 靜也千般現 動也一物無. 無無是什麽 霜後菊花稠." (『太古和尚語錄』 卷下, 韓佛全6, p.696上)

17 「태고보우국사의 수행종풍」, 『태고보우국사의 종자와 종풍 그 수행법』, 250-279쪽.

조주고불이라고 불리는 노인이여
곧장 천 부처님 길을 타파하였네
취모검을 면전에서 제시해주어도
온몸에는 도망칠 구멍 하나 없네
여우와 토끼가 숨을 곳이 없는데
몸을 날린 사자가 불쑥 나타나네
뇌관을 죄다 타파하고 난 연후에
고요한 태고암에 맑은 바람 부네[18]

이것이 보우 자신의 깨달음의 경험에 해당한다. 이후에 다시 암두전활(岩頭全豁(巖, 828-887)이 은밀하게 계합한 대목[19]에 이르러 다시 깨치고, "암두가 비록 활은 잘 쏜다지만 이슬에 옷이 젖는 줄은 몰랐구나."라고 말했다. 이 경험은 오후보림(悟後保任)[20]에 해당한다.

이처럼 보우는 경전의 가르침에 대한 이해를 바탕으로 삼았고, 연후에 비로소 화두를 참구하여 대오하였으며, 그로부터 오후보림을 통하여 스스로 깨달음을 확신하였다. 그러나 보우의 경험은 자기확신일 뿐이지 명안종사(明眼宗師)로부터 증명을 받은 것이 아니었다. 이에 보우는 반드시 증명과 인가가 필요했지만, 아직 그 인연을 만나지 못했다.

그러다가 기묘년(1339) 봄에 소요산 백운암에서 깨달음의 경험을 토대로 「백운가(白雲歌)」 1편을 지었다. 이후에도 보우는 지속적으로 자신의 깨달

18 『太古和尙語錄』 卷下 (韓佛全6, 696上)
19 『釋氏稽古略』 卷4 (大正藏49, 878下)
20 '오후보림'은 선종에서 깨달은[悟] 뒤에[後] 선지식을 찾아 인가를 받고, 다시 산속으로 들어가 되찾은 본성을 잘 보호하여[保] 지키는[任] 것을 말한다.

음에 대한 증명과 인가를 품고 있던 차제에, 원에서 온 승려 무극(無極)으로부터 "원나라 남부지역에는 임제정맥이 단절되지 않았으니 가서 인가를 받는 것이 좋을 것이다."는 말과 함께 설암조흠(雪巖祖欽: 1215-1287)[21]의 적손인 석옥청공(石屋淸珙) 등 몇 사람에게 증명과 인가를 받아볼 것을 권유받았다. 이에 지정 원년 신사년(1341)에 남조로 가려고 했지만, 채후하충(蔡侯河冲) 및 김후문귀(金侯文貴)의 인연으로 삼각산 중흥사(重興寺)에 주석(駐錫)[22]하게 되었다. 보우는 중흥사에서 조금 떨어진 동쪽 솔밭에다 절을 짓고 편액을 '태고(太古)'라고 하였다. 여기에서 자신이 깨친 경지를 녹여서 「태고암가(太古庵歌)」를 지었다.

그리고 마침내 병술년(1346) 봄에 연도(燕都)에 들어갔다. 이듬해 정해년(1347) 4월에 남소(南巢)[23]에 주석한다는 소문을 듣고 축원영성(竺源永盛)[24]을 찾아갔지만 이미 입적한 후였다. 그러나 축원영성의 문인 홍아종(弘我宗) 및 월동백(月東白)으로부터 축원영성이 흠모했다는 하무산의 석옥청공을 친견하게 되었다.

---

21 선종의 전등법계는 북종계는 8세기 초에 『능가불인법지(楞伽佛人法志)』, 『전법보기(傳法寶紀)』, 『능가사자기(楞伽師資記)』 등이 출현하였고, 남종계는 8세기 후반 돈황본 『단경』에서 시작하여, 이후로 『보림전(寶林傳)』(801), 『조당집(祖堂集)』(952), 『경덕전등록(景德傳燈錄)』(1004) 등을 거치면서 오늘날의 선종법계가 정립되었다.

22 선종에서 승려가 입산하여 안주(安住)하는 것을 말한다.

23 남소(南巢): ① 중국 안휘성 소현(巢縣)의 동북 지방. 거소(居巢)의 고성(故城). 주나라의 소백국(巢伯國)이었다. ②안휘성 동성현(桐城縣)의 남쪽 지방.

24 『增集續傳燈錄』 卷5 「饒州妙果竺源永盛禪師」 (卍新續藏83, p.333上-中)

2) 임제정종의 인가

중국 선종의 전통에서 자신의 깨침, 스승으로부터 받는 인가와 전법 등은 필요불가결한 요소였다. 태고보우도 중국 선종에서 유래한 그러한 전통에서 예외가 아니었다. 보우가 청공에게 인가를 받았다는 기록은 청공의 『어록』 및 그의 행장 「복원석옥청공선사탑명(福源石屋清珙禪師塔銘)」을 비롯한 여러 문헌에 기록되어 있는데, 내용은 다음과 같다.

> (석옥청공의) 제자로 태고보우[愚太古]가 있는데, 고려인이다. 친히 청공선사의 종지를 얻었기 때문에 게송을 설하여 인가하였다. 거기에 "황금잉어가 일자 바늘에 걸렸구나[金鱗上直鈎]"라는 구절이 있다. 고려의 왕은 (보우가 귀국한 후에) 국사의 호를 주어 존경하였다. (그리고 고려의 왕은) 청공선사의 도행을 듣고 깊은 신심으로 갈망하여 조정에 표를 올리자, 조정에서는 조칙으로 '불자혜조선사(佛慈慧照禪師)'라는 시호를 내렸다. (고려의 왕은 기이한 꿈에 감응하여) 강제(江淛) 지방에 공문을 내리도록 하여 그곳의 정자사(淨慈寺)에 주석하고 있는 평산처림(平山處林) 공을 청하고, 함께 천호에 들어가서 청공선사의 사리를 얻어 관리와 더불어 귀국하였다. 평산처림 선사가 석옥과 더불어 동참하게 된 것은 모두 보우공의 본의였다.[25]

석옥이 보우에게 인가의 말로 내려준 '금린'이라는 말은 일찍이 급암종신(及庵宗信)이 석옥을 평가한 말이기도 하다. 급암은 석옥을 지칭하며 대중에

25 『石屋清洪禪師語錄』 卷下 (卍新續藏70, p.676中)

게 "이 납자(衲子)[26]야말로 법해에서 그물을 벗어난 황금잉어이다."[27]고 말했다. 바로 그 황금잉어를 상징하는 석공 자신이 급암으로부터 받은 평가를 보우에게 인가하는 게송에서 다시 평가해주는 말로 활용한 것이다. 이것은 태고보우가 급암종신-석옥청공으로 전승되는 임제정종을 계승했음을 보여주는 것이기도 하다.

석옥이 보우를 인가한 전법게송의 온전한 모습은 보이지 않는다. 다만 위의 말처럼 "황금잉어가 일자 바늘에 걸렸구나"라는 말을 통해서 그 일단을 확인할 수 있을 뿐이다. '일자 바늘'이란 임제정종(臨濟正宗)의 온전한 전법을 상징한다. 일찍이 『분양어록』에는 삼성금린(三聖金鱗)의 공안이 수록되었다.

> 삼성이 설봉에게 물었다: "투망을 벗어난 금빛 잉어는 무엇을 먹고 삽니까?"
> 설봉이 말했다: "그대가 투망을 벗어나면 말해주지."
> 삼성이 말했다: "명색이 천 오백 명을 거느리고 있는 선지식이 무슨 말인지도 모른다는 겁니까?"
> 설봉이 말했다: "내가 주지노릇 하기가 귀찮아서 그래."[28]

삼성은 임제의 정통제자인 삼성혜연(三聖慧然)이다. 설봉은 운문문언(雲門文偃, 864-949)의 스승인 설봉의존(雪峯義存, 822-908)이다. 금빛 잉어는 항상 진리를 그대로 드러내고 있는 본래무사(本來無事)의 한가한 도인을 말한

26 '납자'는 "승려가 자기를 낮춰 부르는 말"이다.
27 『釋鑑稽古略續集』 卷1 (大正藏49, p.916下)
28 『汾陽無德禪師語錄』 卷2 (大正藏47, p.610中)

다. 금빛 잉어와 같은 경지에 오른 사람은 온갖 교의와 논쟁과 언설의 번거로움을 초월해 살아간다. 바로 이와 같이 적멸무위의 선자는 무엇을 어떻게 하면서 살고 있는가 하고 삼성이 묻는다. 이에 대하여 설봉은 벌써 그것을 논하는 것부터가 언설의 논쟁거리에 휘말려 들어가는 것임을 알고 있다. 따라서 설봉은 언설의 논쟁으로 물어오는 삼성에 대하여 대번에 언설의 부정으로 상대해주는 선지식으로서의 면모를 유감없이 발휘하고 있다. 그래서 아주 점잖게 그대(삼성)는 아직 금빛 잉어의 경지에 오르지 않았다는 것을 암시하고 있다. 이에 삼성은 설봉의 본래 의도를 아는지 모르는지 정면으로 대꾸한다. 소위 천 오백 명을 거느리고 있는 대선지식이면서 왜 자신의 물음에 직접 답해주지 않는지 그 이유를 모르겠다는 투로 말한다. 그러자 설봉은 그 물음에 대해서도 마찬가지로 휘말려 들지 않는다. 그래서 극단적이고 직접적인 삼성의 행위에 대하여 원만하고 느긋한 태도로 응수하고 있다.

때로는 강한 자에게 약한 모습이 효과적이기도 하고, 굳센 자에게 부드러운 모습이 약발을 발휘하기도 한다. 그런가 하면 이에는 이, 눈에는 눈으로 응수하는 것이 효과를 내기도 한다. 정해져 있는 원칙은 없다. 그러나 중요한 것은 어떤 처방을 내려야 하는지를 재빨리 파악하는 것이다. 그래서 어떤 경우에라도 원만한 해결을 이끌어내서 교화의 길로 안내하는 수완이 없어서는 안 된다. 예로부터 진정한 선지식(善知識)이란 사람을 선법(善法)으로 끌어들이고, 불선법(不善法)을 물리치며, 정법(正法)에 머물게 하여 교화할 줄 아는 능력을 구비한 자를 말한다. 하나에 통하면 만사에 통하는 격이다. 하나에만 통하고 둘에는 막히는 것이라면 방편에도 이르지 못한다. 둘에는 통하지만 셋에는 막히는 것은 과대망상에 빠져있는 것이다. 그런 수준이라면 주지노릇은커녕 투망도 벗어나지 못하는 피라미에 지나지 않는다.

이외에도 『보속고승전(補續高僧傳)』, 『계등록(繼燈錄)』, 그리고 『계등록』을 인용한 『고금도서집성선집(古今圖書集成選輯)』 등에 그 기록이 전한다. 이들 문헌의 공통점은 인가에 대한 언급만 있고 구체적인 내용은 보이지 않는다는 것이다. 다만 인가에 즈음하여 "황금잉어가 일자 바늘에 걸렸구나[金鱗上直鈎]"라는 한 구절만 언급되어 있다. 그런데 이 구절은 이전부터 널리 전승되어 오던 것으로 일찍이 송원숭악(松源崇岳, 1132-1202)의 게송에서부터 보인다.[29] 이후 무준사범(無準師範, ?-1249)[30], 단교묘륜(斷橋妙倫)[31] 등의 게송에도 나오고 있다. 이것은 석옥의 전법이 이전의 정통 선법의 계승이었음을 의미하고, 나아가서 그 정통이 보우에게 정통으로 전승되었음을 보여주는 것이다.

4. 보우의 면수와 사법

1) 면수와 사법의 자각

'면수(面授)'란 스승과 제자가 대면하여 직접 정법안장을 전수하는 행위를 말한다. 여기에는 직접이라는 체험의 상황과, 스승과 제자가 일대일로 주고받는 사람[人]의 상황, 그리고 깨달음과 깨달음의 만남이라는 법(法)의 상황이 요구된다. 이 중에서 하나라도 결여되면 면수사법(面授嗣法)이 성립하지 못한다. 그 때문에 일본 조동종의 도원(道元)은 불불조조가 면수해 온 도

29 『禪宗頌古聯珠通集』 卷17 (卍新續藏65, p.579中)

30 『無準師範禪師語錄』 卷2 (卍新續藏70, p.240下)

31 『斷橋妙倫禪師語錄』 卷2 (卍新續藏70, p.564中)

리를 영산회상염화미소(靈山會上拈花微笑)에서 찾는다.[32] 도원 자신도 천동여정(天童如淨, 1163-1228)에게 분향예배(焚香禮拜)를 드리자, 여정이 다음과 같이 말했다.

> 불불조조가 면수한 법문이 현성되어 있다. 이것은 곧 영산의 염화미소(拈花微笑)이자, 숭산의 득수(得髓)이며, 황매홍인(黃梅弘忍, 601-674)의 전의(傳衣)이고, 동산양개(洞山良价, 807-869)의 면수(面授)이다. 이것이야말로 불조의 정법안장의 면수로서 우리 가풍에만 있지, 다른 사람에게서는 꿈에서도 보지도 듣지도 못한 사실이다.[33]

면수의 전통에서는 면수에 따른 증명을 중요시하였다. 증명이란 심심(心心) 이외에 달리 표현할 길이 없지만, 전통의 방식으로 사서(嗣書)가 출현하였다. 사서는 반드시 신심탈락(身心脫落)의 경험이 있어야 하고 또 면수의 경험이 있어야 한다. 그래서 면수사법의 모습이란 "불불(佛佛)은 반드시 불불(佛佛)끼리 사법(嗣法)하고, 조조(祖祖)는 반드시 조조(祖祖)끼리 사법하는데, 이것이야말로 증계(證契)이고 이것이야말로 단전(單傳)이다."[34]라고 말한다. 여기에는 반드시 이법인법(以法印法)과 이심전심(以心傳心)의 증계가 없어서는 안 되는데, 그러기 위해서는 반드시 사서가 있어야 한다는 것이다.

만약 사법하지 못하면 천연외도이다. 이리하여 진실로 불조로서 현성하는 경우에는 반드시 사법이 현성된다. 사법이 현성될 때는 그것을 의도하지

32 『正法眼藏』「面授」(大正藏82, p.214上)

33 森本和夫, 『正法眼藏讀解』 7 (筑摩書房. 2007) p.9.

34 『正法眼藏』「嗣書」(大正藏82, p.67下)

않고 추구하지 않더라도 반드시 사법시키는 불조가 현성된다. 그러므로 사법이 있는 곳에는 반드시 불불조조가 있다.[35] 사서는 불불조조가 정법안장을 전승한 심증(心證)에 해당한다.[36] 면수사법은 반드시 깨달음을 터득한 경우에만 가능하다는 경험주의와 반드시 스승으로부터 면수사법해야 한다는 형식주의의 입장이 모두 필요조건이다. 가장 중요한 것은 경험과 형식이 일치해야 한다는 점이다.

이런 점에서 면수사법은 스승과 제자가 직접 만남으로써 기본적인 조건이 갖추어지고, 나아가서 과연 제자의 깨달음이 성취되어 있는가 하는 점이 반드시 필요하다. 그것을 점검하는 것이 스승의 가장 중요한 덕목이다. 그래서 하택 신회는 깨달음을 얻은 후에 혜능을 찾아가서 인가를 구하지 않으면 안 되었다.[37] 그러나 시대가 흘러가면서 면수사법의 전통에 변화의 양상이 나타나기도 하였다. 스승과 제자의 면수가 아닌 방식으로 시간과 공간을 초월하여 인가를 구하고 전법을 행하는 폐풍이 출현하였다. 가령 일찍이 중국 조동종의 제6세 대양경현(大陽警玄, 943-1027)에게는 수많은 제자가 있었지만 깨달음을 얻은 자가 없었기 때문에 사승(嗣承)과 부법(付法)을 할 수가 없었다. 이에 임제종의 선자였던 투자의청(投子義青, 1032-1083)을 대부상승

35 『正法眼藏』「嗣書」(大正藏82, pp.68中-下)

36 서서(嗣書)는 물증이면서 동시에 정법안장 그 자체로서 심증이다. 따라서 기존의 의발의 개념과 다르다. 의발이 전법게(傳法偈)를 수반하여 물증으로써 대외적인 선포의 측면을 강조한 것이라면, 사서는 불불조조의 심증의 측면으로 법인(法印)의 사실을 합혈(合血)로써 보여준 것이다. 곧 합혈은 스승과 제자가 면수를 통하여 자체 내에서 전승하는 측면을 강조한 것이다.

37 『壇經』(大正藏48, pp.357中-下) 영가현각(永嘉玄覺)은 지관법문(止觀法門)을 닦고 『유마경』을 통하여 깨달음을 성취하였지만 아직 인가를 받지 못하였다. 조계의 제자 현책(玄策)으로부터 조계혜능(曹溪慧能)에게 인가를 구하라는 조언을 듣고 찾아가서 인가를 받았다.

(代付相承)하는 일이 있었다.[38]

이런 점에서 보면 보우의 인가와 전법은 실로 큰 의의가 있다. 왜냐하면 보우는 정통의 면수사법을 견지한 까닭에 반드시 명안종사로부터 인가를 받지 않으면 안 되었다. 이것이 바로 보우가 국내에서 깨달음을 얻은 후에 굳이 바다를 건너 원나라에 들어가지 않으면 안 되는 이유였다.

보우는 국내에서 38세에 깨달음을 경험하였지만 8년 동안 자신을 인가해 줄 선지식을 만나지 못하였다. 이에 원에 들어가서 자신의 깨달음을 분명하게 인가해줄 선지식의 친견이 절실하였다. 그 때문에 보우는 청공에게서 인가를 받은 후에 비로소 자신이 지은 「태고암가」를 바쳤던 것이다.

물론 「태고암가」를 먼저 제시하여 그것을 통하여 깨달음의 증명 내지 인가와 전법을 받을 수도 있었다. 그러나 보우는 그와 같은 상황에서도 처음 대면하는 자리에서 "선사가 위의를 갖추고 석옥 앞에 서자, 석옥이 눈을 뜨고 선사를 보았다. 선사도 또한 눈을 뜨고 석옥을 응대하여 예배를 드리고 물러났다."고 나와있듯이, 자신이 직접 청공과 이심전심의 의기투합이 성취되기 이전에는 「태고암가」를 보여드리지 않았다. 다음 날에 이르러서 비로소 "이튿날 방장에 나아가서 깨달은 경지를 통과 받고, 또 「태고암가」를 바쳤다."는 기록이 그것을 말해준다. 이처럼 깨달음에 대한 증명과 인가를 받기 이전까지는 굳이 「태고암가」를 제시하지 않았다.

그 이유는 분명하다. 먼저 「태고암가」를 통하여 깨달음에 대하여 증명을 받고 인가를 받는 것은 면수사법의 전통과 전혀 딴판이 되어버리기 때문이다. 보우는 이미 충분히 자신의 깨달음에 대하여 증명을 받고 인가를 얻은 이후에야 「태고암가」를 내보임으로써 면수사법에 대한 근거를 확보할 수

38 이시이 슈도, 『송대선종사연구』, 269-297쪽.

있었으며, 청공과 문답상량한 것이 진정으로 깨달음의 경험에서 말미암은 행위였음을 보여준 것이다. 그럼 이하에서는 증명과 인가 이후에 「태고암가」를 보여드린 연후에 전개된 상황에서 제기된 문답을 살펴보기로 한다.

2) 인가와 전법

보우는 마침내 청공과 문답할 기회를 얻었다.[39] 처음으로 석옥청공을 대면하는 장면을 「행장」에서는 "태고보우가 위의를 갖추고 석옥 앞에 서자, 석옥이 눈을 뜨고 선사를 보았다. 선사도 또한 눈을 뜨고 석옥을 응대하여 예배를 드리고 물러났다."[40]고만 기록하였다. 이것은 목격이도존(目擊而道存)과 같은 경우로서 이미 충분히 의기투합이 이루어진 것을 보여주고 있다. 그런 까닭에 보우는 더 이상 아무런 말도 하지 않고 물러날 수가 있었다. 석옥도 마찬가지로 처음 만나는 때부터 이미 사자상승(師資相承)의 면모를 파악하고 있었기에 가능한 행위였다. 이것으로 깨달음에 대한 증명과 인가는 끝마쳤다. 참으로 군더더기 하나 없이 간명직절(簡明直截)한 위의였다. 이윽고 이튿날 방장(方丈)에 나아가서 깨달은 경지를 통과 받고 또 「태고암가」를 바쳤다. 그런 연후에 문답이 이루어졌다. 이 문답은 굳이 말하자면 군더더기에 해당한다. 마치 영취산의 염화미소의 일화에서 이미 세존의 염

---

39 보우는 자신의 깨달음에 대한 확신을 갖고 자신에게 증명과 인가를 내려줄 선지식을 찾아 끊임없이 유행하였다. 마침내 바다를 건너 원나라에 가서 임제종 제18세인 청공조사에게 인가를 받게 되었다. 이처럼 국내에서 선지식을 친견하지 못하고 외국에까지 건너가 증명과 인가를 받은 경우는 한국의 선종사에서는 일찍이 찾아볼 수 없었던 최초의 사례에 해당한다.

40 『太古和尙語錄』 卷下 (韓佛全6, p.697上)

화와 가섭의 미소로 깔끔하게 이심전심의 행위가 성취된 것과 같다. 그럼에도 불구하고 그곳에 모인 대중을 위하여 짐짓 세존은 "나에게 정법안장(正法眼藏) 열반묘심(涅槃妙心) 실상무상(實相無相) 미묘법문(微妙法門)이 있다. 불립문자 교외별전으로 지혜가 있는 사람이건 지혜가 없는 사람이건 모두 인연을 만나 깨닫게 한다. 이제 오늘 이것을 마하가섭에게 부촉하니, 마하가섭은 미래세에 제불을 받들어 장차 성불할 것이다."고 말하였다.

이 말은 이심전심의 입장에서 보면 실로 군더더기에 불과하다. 보우와 청공 사이에서도 마찬가지의 상황이 연출되고 있다. 전날에 이미 의기투합으로 이심전심의 증명과 인가가 끝이 났음에도 불구하고, 우정 석옥이 보우에게 물었다.

> ①석옥이 기특하게 여기고 선사를 시험하여 물었다: "그대는 이미 그와 같은 경계는 거쳤지만, 다시 조사의 관문이 있는 줄은 알고 있는가."
> 선사가 말했다: "어떤 관문이 또 있습니까."
> 석옥이 말했다: "그대가 깨달은 것을 보니 공부는 올바르고 지견은 명백하다. 그러나 반드시 공부와 지견을 놓아버려야 한다. 만약 그렇지 못하면 그것이 이장(理障)이 되어 정지견(正知見)에 장애가 된다."
> 선사가 말했다: "놓아버린 것이 오래되었습니다."
> 석옥이 말했다: "자, 이제 그만하자."[41]

이 장면에는 석옥 스승이 보우에게 보여주는 노파심절(老婆心切)한 배려가 잘 드러나 있다. 석옥은 보우에게 깨달음을 경험한 이후에 반드시 조심

41 『太古和尙語錄』卷下「行狀」(韓佛全6, p.697上)

해야 할 주의사항으로 공부와 지견을 타파할 것을 요구하고 있다. 공부는 수행의 경험이고, 지견은 깨달음의 경험이다. 이제 수행과 깨달음을 굳이 분별할 것이 없어지게 된 즈음에 수행은 깨달음의 실천이고 깨달음은 수행의 연장이라는 점을 넌지시 일러준 것이다. 이것은 보우의 수행이야말로 깨달음을 얻으려는 작수(作修) 내지 훈수(勳修)가 아니라, 이미 깨달음이 성취된 입장에서 행해지는 까닭에 본수(本修) 내지 묘수(妙修)임을 설파해준 것이다.[42] 그런 까닭에 보우가 이튿날 다시 여법하게 위의를 갖추고 석옥 앞에 설 수가 있었다. 이 만남은 전날 의기투합했던 상황에 대한 확인이었다. 이에 석옥은 "제불과 제조사는 오직 일심만 전승하였지 다른 법은 없었다."고 말했다.

"조사의 관문"이란 깨달음을 얻은 이후에도 그것에 집착하지 않고 초월하는 향상일로(向上一路)의 경험을 가리킨다. 그것은 조사선의 가풍이 본래 성불 사상에 근거하고 있는 까닭에 이미 깨달음을 자각하고 난 연후에는 거기에 더 이상 얽매이지 않고 자유로운 작용이 필요함을 말한 것이다. 보우가 그와 같은 해탈지견에 얽매이는 이장(理障)[43]을 이미 초월했다는 답변을 들은 청공은 더 이상 향상일로에 대하여 논할 것이 없음을 인가해주었다. 그것이 바로 "헐거(歇去)"라는 말이었다. 헐거는 이장에 대한 초월이기도 하지만, 나아가서 명백한 지견에 대한 인가이기도 하였다. 이것이 바로 보우의 깨달음에 대한 청공의 증명이었다.

42 이와 같은 수행과 깨달음의 관계에 대하여 일찍이 조계혜능(曹溪慧能)은 『단경(壇經)』에서 정혜일체(定慧一體)라고 설파하였다.

43 바른 견해가 일어나는 것을 방해하는 번뇌.

②이튿날 위의를 갖추고 석옥 앞에 서자, 석옥이 말했다: "제불과 제조사는 오직 일심만 전승하였지 다른 법은 없었다."

이에 마조도일이 한 승을 시켜서 대매법상에게 질문했던 인연을 들고 말했다: "자칫 사소한 광명이라도 실제라고 간주한다면 그 광명의 그림자에 빠져 활계를 짓게 된다. 그 때문에 종상의 제조사들은 그런 사람의 잘못을 보고 부득이하게 청평(淸平)한 경계에다 관문을 시설하여 결박을 제거해주려고 하였다. 그러나 만약 진정으로 분명하게 본다면 그것은 모두 쓸모없는 가구일 뿐이다. 그런데 그대는 선지식이 없는 경계에서 어떻게 갈림길을 가려낸 것이 그토록 명백하단 말인가."

선사가 말했다: "불조가 제시한 방편이 모두 갖추어져 있기 때문입니다."

석옥이 말했다: "훌륭하다. 숙세에 심은 정인(正因)이 아니라면 또한 잘못된 그물을 벗어나지 못했을 것이다. 비록 노승이 깊은 산에 있지만, 항상 조사문풍을 시설하면서 그대와 같은 아손을 기다려온 것이 오래되었다."

선사가 말했다: "선지식은 오랜 세월이 지나도 만나기 어렵습니다. 맹세코 곁을 떠나지 않겠습니다."

그리고는 엉겁결에 배수(拜手)하자 석옥이 말했다: "노승도 또한 그대와 함께라면 적막해도 좋다. 그러나 훗날 돌아갈 길이 없어질까 염려된다. 법은 만나기 어렵지만, 보름 정도 머물면서 더불어 이야기를 나누다가 돌아가는 것만 못 하다."[44]

위의 인용문에는 증명과 인가에 대한 근거가 명확하게 제시되어 있다. 그것은 바로 태고보우 그대가 진정으로 분명하게 보았다는 것, 고려에서 인

44 『太古和尙語錄』 卷下(韓佛全6, p.697上-中)

가해줄 선지식이 없는 경우에도 불조가 제시한 방편을 모두 갖추고 있다는 것, 납자로서 일찍이 정인(正因)을 지니고 있었다는 것, 석옥청공과 시절인연이 닿았다는 것 등이다. 여기에서 비로소 태고보우 자신의 깨달음이 확고하였고, 선지식을 친견했으며, 불조의 방편을 구비하였고, 올바른 인연을 만났으며, 시절인연이 도래했다는 것이 보증받을 수 있었다. 그런 까닭에 청공은 권권한 정을 보태서 좀더 문답을 나누고자 하였다.

이 대목은 보우의 깨달음에 대한 재확인에 해당한다. 제불과 제조사가 일심법만 전승했다는 것은 단전직지(單傳直指)의 정법안장(正法眼藏)을 가리킨다. 여기에서 일례로 언급한 마조도일(馬祖道一, 709-788)과 대매법상(大梅法常, 752-839)의 일화를 들면 다음과 같다.

> 명주의 대매산 법상선사는 깊은 산에서 내려오지 않고 20년 동안 머물렀다. 이에 마조는 대매가 산에 머문다는 소문을 듣고 한 승려를 시켜 물었다:
> "스님은 마조대사를 친견하고서 어떤 도리를 터득했길래 이 깊은 산에 머무르고 계시는 겁니까."
> 대매가 말했다: "마조대사께서는 예전에 나한테 즉심즉불이라 말씀하셨다네. 그로부터 나는 줄곧 그 도리를 마음에 품고 이 산에 머물렀다네."
> 승이 말했다: "그런데 마조대사께서 요즈음에 가르치는 불법은 예전과는 다릅니다."
> 대매가 물었다: "요즘에는 무엇을 가르치는가."
> 승이 말했다: "요즘에는 다시 비심비불이라 말씀하십니다."
> 대매가 말했다: "그 노인네가 세월을 잊고 사는 사람을 통 헷갈리게 만드는구나. 마조대사께서는 비심비불(非心非佛)이라 말해도 나는 여전히 즉심즉불(卽心卽佛)이라네."

승이 돌아가서 그 상황을 마조대사에게 여쭈었다. 이에 마대사는 대중에게 말했다: "매화가 잘 익었도다."[45]

마조의 즉심즉불의 가르침은 긍정적인 방식으로 가르침을 제시한 경우였고, 비심비불은 부정적인 방식으로 가르침을 제시한 경우였다. 집착이 강한 자에게는 허무를 내보여 그를 구제하였고, 허무에 빠진 자에게는 모든 사실을 인정하여 그 허무로부터 구제해 준 것이다. 그래서 이후에 천동정각(天童正覺, 1091-1157)은 마조의 즉심즉불과 비심비불을 싸잡아서 사람들이 다시 그 말라비틀어진 어구에 치우칠까 염려하여 다음과 같이 말했다: "돈은 있는데 부릴 사람이 없고, 부릴 사람은 알고 있는데 이제는 돈이 없구나." 말하자면 즉심즉불의 경우에는 언설로 드러난 방법은 있는데 그 방법을 따를 자가 없고, 비심비불에 대해서는 따를 자는 있는데 언설을 통한 신통묘용으로도 다 보여줄 수 없다는 것이다.

그래서 양 극단에 치우치지 않는 원만한 도리를 터득하기 위해서는 엄동설한의 추위에도 난로를 멀리할 수 있고 오뉴월 삼복더위에도 얼음을 구할 수 있는 자유자재한 공능을 구비해야 한다. 그 때문에 나이 어린 신부에게 장가를 들었는데 알고 보니 머리카락이 희끗희끗한 노인이었더라는 말처럼, 깨달음의 이전과 깨달음의 이후는 사뭇 다를 수밖에 없다. 법상의 경우 깨우치기 이전은 즉심즉불이 특효약이었지만 깨우친 이후에는 아무런 말이라 해도 걸릴 것이 없었다. 보우는 이미 깨달음을 얻은 이후에도 깨달음을 초월하고 방편을 시설하면서도 그 방편에도 걸림이 없는 자유인이 되었음을 증명받은 것이다. 이에 보우는 "맹세코 곁을 떠나지 않겠습니다."라는

45 『景德傳燈錄』 卷7 (大正藏51, p.254下)

답변을 통하여 선교방편으로 조사문풍의 정통을 계승하겠다는 다짐을 보여준 것이다.

③머리를 조아리며 두 손을 모으자, 석옥이 껄껄껄 크게 웃고 말했다: "장로 그대의 360개 골절과 8만 개 털구멍이 오늘 죄다 열렸다. 노승도 또한 70여 년 동안 장만한 가사(家事, 家裏事, 本分事)를 그대한테 빼앗겼다." 또 말했다. "노승이 오늘에야 짊어지고 있던 삼백 근의 짐을 내려놓고 대신 그대한테 걸머지웠다. 이제 다리 뻗고 잘 수가 있구나."
선사도 또한 하루를 더 머물렀다. 석옥은 자신이 받은 「태고암가」에 발문을 써주었다. 그리고 이에 물었다: "우두법융(牛頭法融, 594-657)이 사조도신(四祖道信, 582-651)을 친견하기 이전에는 어째서 온갖 새들이 꽃을 물어와 공양했는가."
선사가 말했다: "부귀는 사람들이 모두 우러러보기 때문입니다."
석옥이 물었다: "그러면 친견한 이후에는 어째서 온갖 새들이 꽃을 물어다 공양하지 않았는가."
선사가 말했다: "청빈한 사람은 또한 사람들에게 소외되기 때문입니다."
석옥이 또 물었다: "공겁 이전에도 태고가 있었는가 없었는가."
선사가 말했다: "공(空)도 태고에서 발생한 것입니다."
석옥이 미소를 짓고 말했다. "불법이 동방에 있구나."[46]

이 대목은 보우를 인가해주는 장면을 기록한 것이다. 청공의 불법이 모두 동방의 태고보우에게 전승한다는 암시를 말하고 있다. 이 일화는 사제지간

46 『太古和尙語錄』 卷下 「行狀」 (韓佛全6, p.697中-下)

에 주고받는 끈끈한 정을 재삼 확인해준다.

보우가 인가를 받게 된 구체적인 증거가 바로 "노승도 또한 70여 년 동안 장만한 가사(家事)를 그대한테 빼앗겼다."는 말과 함께 "불법이 동방에 있구나."라는 말이다. 보우와 청공이 사제지간에 이심전심의 경지가 확인되었다는 내용에 대해서는 사조도신과 우두법융이 의기투합한 일례로 대신하고 있다.

우두법융은 우두산 유서사(幽棲寺)의 북쪽에 있는 암굴에서 살았다. 온갖 새들이 예쁜 꽃을 입에 물어다 바치고 맹수들이 나무 열매를 물어다 공양하는 등 갖가지 신이를 보였다. 당나라 현종시대에 선종의 제4조 대의도신은 많은 제자를 거느리면서 그릇이 될 만한 사람들을 끌어모았다. 이로써 선종사에서는 처음으로 500명의 대집단이 형성되었고 정착생활을 하게 되었다. 도신은 우두산에 서기가 어려 있는 것을 보고 도인이 살고 있음을 알아차렸다.

그 도인을 제자로 삼으려고 몸소 우두산을 찾아가서 법융을 만났다. 암자 주변에는 호랑이 등 맹수들이 우글거렸다. 이에 도신이 무서워하는 태도를 취하자, 법융이 말했다: "저 맹수들 때문에 그러는 겁니까." "저 맹수들은 또 뭡니까." 법융은 대수롭지 않다는 듯이 아무런 말도 하지 않았다. 암자에 도착하여 도신은 법융이 앉아 수행하는 돌 위에다 불자(佛字)를 하나 큼지막하게 썼다. 법융이 그 글씨를 보고는 모골이 송연하였다. 도신이 말했다: "바로 저 자리입니다." 법융은 그 의미를 몰랐기 때문에 예를 갖추고 도신에게 가르침을 청하였다. 도신은 돈교법문(頓敎法門)으로 법융을 일깨워주었다.

이로써 법융은 후에 도신의 법을 이었다. 도신과 우두의 시대, 그리고 선정과 한 승의 시대 사이에는 250여 년의 시간차가 있다. 그렇다면 그들의 선풍에는 어떤 차이가 있을까. 차이가 있다면 곧 냄새나는 새우젓갈 항아리의 뚜껑을 열자마자 쉬파리 떼가 덤벼드는 꼴이고, 차이가 없다면 아직 날도 밝지 않았는데 사람들이 거울을 챙기는 모양이다. 그 차이란 시대에도 없고 선사들 간에도 없건만 문제는 긁어부스럼을 만드는 분별에 달려 있다.

그로부터 이루어진 문답은 이제 스승과 제자의 관계가 아니라 대등한 납자로서 주고받은 법전(法戰)의 모습이었다. 이에 청공이 "일용에서 함양하는 수행은 무엇인가. 그리고 향상의 파비(巴鼻)는 무엇인가."라고 물었다. 보우는 그 질문에 대하여 거침없이 답변하였고, "그밖에 또 수행할 것이 있습니까."라고 질문을 던졌다. 그러자 석옥은 마치 축착합착(築著磕著)이라도 된 것처럼 "노승도 또한 그와 같고, 삼세의 불조도 또한 그와 같으며, 장로여, 다른 특별한 도리가 있다면 어찌 말해주지 않았겠는가."라고 질문 반 찬탄 반의 말을 건넸다. 이로써 두 납자 사이에 이루어진 문답은 서로의 의기투합을 재확인하는 장면으로 마무리되었다.

> ④마침내 가사를 주어 신표(信標, 衣·鉢)를 삼고 말했다. "가사는 비록 오늘에 있지만, 법은 영취산(靈鷲山)으로부터 지금까지 유전되었다. 이제 그대에게 부촉하니, 잘 간직하여 단절되지 않도록 하라." 그리고는 주장자를 집어주면서 부촉하며 말했다: "이 노승이 평생토록 활용했지만 다 쓰지 못했다. 이제 오늘 그대한테 부촉하니, 그대는 이것을 가지고 길잡이로 잘 활용하라."
> 선사가 예배를 드리고 받고서 물었다: "즉금(卽今)에 대해서는 묻지 않겠습니다. 그러나 말후(末後)에는 어찌해야 합니까."
> 석옥이 말했다: "지혜가 스승을 능가하는 자는 천년이 가도 만나기 어렵다. 만약 그런 사람을 만나거든 그때 잘 분부하라. 귀하게 여겨야 할 것은 단지

종상의 불조명맥이 단절되지 않도록 하는 것이다."[47]

이윽고 청공은 보우에게 "장로 그대의 360개 골절과 8만 개 털구멍이 오늘 죄다 열렸다. 노승도 또한 70여 년 동안 장만한 가사(家事)를 그대한테 빼앗겼다."고 인가해주고, "노승이 오늘에야 짊어지고 있던 삼백 근의 짐을 내려놓고 대신 그대한테 걸머지웠다. 이제 다리 뻗고 잘 수가 있구나."고 휴헐하는 말로 응수해주었다. 제자에 대한 청공의 이러한 배려는 자신이 받은 「태고암가」에 「발문」을 써주는 행위로 나타났다. 청공이 「태고암가」에 붙여준 「발문」에서도 인가에 대한 근거를 확인해볼 수 있다.

> 석옥청공이 「태고암가」에 붙인 「발문」을 통하여 보우의 면모에 대한 평가를 엿볼 수 있다. 이 작품에 대한 석옥청공의 비평을 살펴보면, 그것은 '눈이 밝아졌다'는 평가, 노래로 불렀을 때 '순박하고 중후하다'는 평가, 글귀를 음미할 때 '한가하고 맑다'는 평가, 그리고 '공겁(空劫) 이전의 소식을 얻은 것'으로 '요즘의 첨신(尖新)하고 퇴정(堆飣)한 것에 비할 바가 아니다'는 평가 등 다양한 시각에서 작품의 면모를 평가하고 있다.[48]

「발문」에 보이는 청공의 이와 같은 평가에는 보우를 진정으로 인정한 모습이 잘 드러나 있다. 특히 ④는 깨달음에 대한 증명과 인가를 마치고 마지막으로 전법(傳法)하는 모습을 기록한 것이다. 이로써 보우는 명실상부하게 임제종 제19세로 법맥을 이어받게 되었다. 말은 임제종의 정맥이라고 하지

47 『太古和尙語錄』 卷下 「行狀」 (韓佛全6, p.697下)

48 김종진, 『한국불교시가의 동아시아적 맥락과 근대성』, 216쪽.

만 실은 불조(佛祖)의 정전(正傳)임을 확인해주는 것이었다. 그것은 바로 불조의 정전이 의발(衣鉢)의 신표로 보증된 것이라면, 청공 자신의 당부와 부촉은 주장자의 수여로 상징되었다. 여기에 전법의 문답으로 붙인 것이 보우에게는 불조의 명맥을 단절하지 않는 것일 뿐만 아니라 청공이 보우를 통하여 후손을 부촉한 것은 스승을 능가하는 제자를 길러내라는 것이었다.

'청출어람(青出於藍)'이라는 말이 있다. 불조의 혜명을 계승하고 정법안장을 전승하는 것은 분명히 사람에게 달려있는 일이다. 그 때문에 보리달마는 제자를 찾기 위해 멀리 중국에까지 건너왔다. 반대로 제자가 스승보다 똑같은 경지에만 머물러 있거나 그보다 못한 경우에는 불조의 혜명은 끝내 단절되고 말 것이다.

참으로 정법안장의 불법은 지속적으로 발전시키지 않으면 후퇴하고 만다. 당나라 시대에 전개되었던 조사선의 가풍이 송대에는 더 이상 발전하지 못하고 겨우 현상 수준만 유지하였다. 그 때문에 새로운 공안의 창출이라든가 선사상의 개발은커녕 겨우 공안에 대한 해석과 해설 및 비평(拈古)과 요점(頌古)을 비롯한 갖가지 기관(機關)의 창출에 머물러야 했다. 나아가서 타성에 젖은 접화 방식과 기존의 방식을 재탕 삼탕 우려먹는 수준에 떨어진 선풍은 조사선에 대한 오해 및 악성적인 선수행의 길로 빠지게 되었다. 이렇게 해서 일상의 생활과 깨달음의 실천과 개개인의 자각을 강조하던 조사선의 가풍은 타성화 되고 도그마되어, 결국 유교의 주자학(朱子學)과 양명학(陽明學)에 주도권을 내주고 말았다.

5. 원융선의 구현

고려 말기의 태고보우 선사는 한국의 선종사에서 여러 가지 측면에서 주목할 면모를 지니고 있다. 보리달마로부터 연원하는 조사선풍의 계승자라는 점, 구산문의 통합을 지향하여 한국선의 면모를 일신하려고 시도했던 점, 임제종풍의 전승자로서 면수와 사법을 실천한 점 등이 그것이다.

이로써 보우는 국내에서 자신이 경험한 깨달음에 대하여 중국 임제종의 정통 조사 청공으로부터 증명과 인가를 받아 불조정전의 법맥을 고려에 전할 수 있었다. 신라시대의 입당구법승의 인가와 법맥의 전승이 선종오가가 형성되기 이전의 선풍이었다면, 보우의 인가와 사법의 전승은 임제종풍의 전법이었다는 점에서 차별화된다. 특히 국내에서 몸소 수행과 깨달음을 체험한 연후에 명안종사를 찾아서 입원하여 석옥청공으로부터 전통적인 증명과 인가와 사법을 받아서 고려에 임제종풍을 전법한 것은 보우가 한국선종사에 공헌한 큰 족적이었다. 그로부터 면수와 사법의 정통성을 바탕으로 하는 전법의 당위성을 구축해주었다.

선의 궁극적인 목적은 깨달음이다. 그러나 그 깨달음을 온전하게 보증받는 인가가 없어서는 안 된다. 선지식의 인가를 통하여 비로소 불조정전의 정법안장을 전법하는 자격을 갖추게 된다. 보우는 고려 말기의 암울한 시대를 살면서 불조의 정법을 온전하게 주지하는 길이 명안종사의 인가에 달려있음을 자각하고 몸소 원나라로 들어가 소기의 목적을 성취할 수가 있었다. 이로써 한국의 선법은 인도로부터 전승되었던 정법안장의 정통성을 명백하게 확보할 수 있었을 뿐만 아니라, 중국 임제종풍의 전통과 사법을 고스란히 수용하여 고려에서 꽃피울 수 있는 근거를 마련할 수 있었다. 그것이 태고보우에게서 선종의 전통문화로서 증명과 인가와 사법과 전법의 정통성으로 드러났으며, 이를 근거로 고려에서 원융선을 실천하는 상징으로 자리매김한 것이었다.

제 3 부 조선철학

07

이황, 조선 예학의 선하(先河)

한재훈

1. 성리학에서의 예의 의미

예(禮)의 의미에 대한 성리학적 이해를 보여주는 대표적인 것으로는 단연 "예란 천리(天理)의 절문(節文)이며 인사(人事)의 의칙(儀則)이다"라는 주자(朱子)의 정의를 꼽을 수 있다. 주자는 이 간결한 언술을 통해 제도나 규범이라는 현상적 차원에서 논의되던 예를 이법과 원리라는 본원적 차원으로 그 논의 범주를 확장시켰다.

하늘이 모든 존재의 시원이듯, 천리는 모든 당위의 본원이다. 하늘이 생성한 모든 존재는 천리를 자신의 존재원리로 구유하고 있으므로 모든 존재는 자신이 구비하고 있는 존재원리에 따라 살아야 한다는 것이 성리학의 이론적 토대이다. 그러므로 인간이라는 존재가 영위하는 개인적 혹은 사회적 삶의 총체를 '인사(人事)'라고 할 때, 그것은 당연히 '천리(天理)'에 부합하는 것이어야 한다. 이처럼 천리와 인사의 틀은 성리학이 존재와 당위를 관통하는 구조적 지평 위에서 예를 조망하고 논의하였음을 보여준다.

그러나 인사가 천리에 부합해야 한다는 것은 이상적 당위일 뿐 현실은 그렇지 못하다고 성리학에서는 본다. 그 이유는 천리를 인사에 구현해야 하는 주체로서의 인간이 기품(氣稟)으로 표현되는 차등적 존재 상황과 인욕(人欲)으로 대표되는 현실적 문제 상황에 노출되어 있기 때문이다. 따라서 인간에게는 자신들의 존재원리인 천리에 부합하게 인사가 수행될 수 있도록 안내

해줄 수 있는 일종의 매뉴얼이 필요하다. 성리학에서의 예는 바로 이러한 매뉴얼의 성격을 갖는다.

성리학에서 예는 성인(聖人)에 의해서 제정된 것으로 간주된다. 성인은 청명하고 순수한 기질을 품수 받았기 때문에 천리가 인사에 구현되는 데 하등의 장애나 구애를 받지 않는다. 따라서 그는 인간이면서도 동시에 천리의 체현자인 셈이다. 그리고 이러한 성인에 의해 인간사회에 제시된 '가르침[敎]'은 모든 인간이 존재론적 차원에서 이미 간직하고 있는 '천명지성(天命之性)'을 각자의 삶에 준행할 수 있도록 품절(品節)한 매뉴얼로서의 기능을 하게 된다. 주자는 예가 온전히 천리의 구현물이라는 점을 다음과 같이 주장한다.

> 수많은 전례(典禮)들은 모두 하늘이 부여한 질서이며, 성인은 단지 하늘에 근거하여 체계화하고 준용했을 뿐이다. 이른바 관혼상제(冠昏喪祭)의 예와 전장제도(典章制度), 문물예악(文物禮樂) 그리고 거여의복(車輿衣服)에 이르기까지 그 어떤 것 하나도 성인이 임의로 만든 것은 없다. 모두 하늘이 만드신 것이며, 성인은 단지 천리에 의거하여 실행했을 뿐이다.[1]

비록 성인의 손을 빌려서 제정되긴 했지만, 그것이 성인 개인의 임의적 고안물이 아니라는 점에서 이른바 '예'는 본질적으로 하늘이 직접 만든 것이나 진배없다. 이처럼 임의적 인위성이 배제된 예는 결국 인간 개개인의 내면에 구유되어 있는 존재원리로 수렴되고, 이러한 논리에 입각하여 "예즉리(禮卽理)"라는 더욱 단순하면서도 강력한 정의로 나아가게 된다. 즉, 예란

1 『朱子語類』 卷78.

비가시적인 리를 가시적 형태로 구체화한 것이며, 따라서 "예가 곧 리"라는 명제가 성립한다는 것이다.[2]

이러한 성리학적 이론의 구도 속에서, 예를 지킨다는 것은 단순히 사회제도나 관계규범을 따르는 것 이상의 의미를 갖게 된다. 즉, 성리학에서 예를 준행한다는 것은 곧 인간이 자신의 존재원리를 자신의 삶 속에 실현하는 것으로 간주된다. 그러므로 성리학에서 예는 당연히 실천의 대상이기도 하지만, 이에 더하여 공부의 대상이기도 하다. 이 지점에서 대두하는 개념이 '의리(義理)'이다.

성리학의 관점에서 '의리'란 인사에 가장 합당한 방식으로 구현된 천리를 일컫는 개념이다. 따라서 의리는 그 내용에 있어서는 본질적으로 천리와 동일하지만, 그 범주에 있어서는 천리가 인사에 구현되는 장에서 사용되는 개념이다. 여기에서 의리는 천리와 개념적 범주의 차이를 빚게 된다. 즉, 의리는 선천적으로 구비된 것이라는 점에서는 내용적으로 천리와 같지만, 후천적으로 구득(求得)해야 하는 것이라는 점에서는 천리와 범주를 달리한다. 이 의리에 대한 후천적 구득을 위해 성리학에서 제시하는 공부법이 바로 궁리(窮理)이다.

궁리는 사색의 과정을 통해 의리를 터득하는 공부법이다. 주자는 사색(思索, 궁리)과 천리(踐履, 실천)를 학자들의 최우선 과제로 제시하면서도, 의리에 대한 명확한 이해가 있어야 실천의 단계로 나아갈 수 있다는 점을 분명히 한다.[3] 한편 주자는 의리에 대한 사색공부는 반드시 본원에 대한 함양(涵養) 공

2 『朱熹集』 卷60, 「答曾擇之祖道」.

3 『朱子語類』 卷9.

부와 함께 진행되어야 한다는 점도 누누이 강조한다.[4] 이러한 주자의 생각을 정리하면 다음과 같다. 우선 천리(실천)란 의리를 삶의 현실에 구현하는 것이므로 의리에 대한 명확한 이해가 전제되어야 한다. 그런데 의리를 이해하기 위해서는 사색의 과정이 필요하며, 이를 위해서는 무엇보다 사색의 주체인 마음[心]의 상태와 역할이 중요하다. 따라서 마음이 본래 상태를 유지함으로써 역할을 다할 수 있도록 함양공부가 요구된다는 것이다.

성리학적 이론체계에 따르면, 세상의 모든 존재는 '이일분수(理一分殊)'의 구조 속에 존재한다. 내가 다른 존재들과의 관계 속에서 당위에 부합하도록 행위할 수 있는 것은[應萬事] 다른 모든 존재의 존재원리가 내 안에 구비되어 있기 때문이다[具衆理]. 또한 내가 모든 존재의 존재원리를 인식할 수 있는 근거 역시 '이일분수'라는 존재론적 대전제 위에서 찾아진다. 그렇다면 나의 행위와 인식의 절대근거는 리(理)라 할 수 있는데, 이 리가 나의 존재원리인 본성[性]으로 존재하는 곳이 바로 마음이다. 행위와 인식의 주체로서 마음은 자신 안에 구유되어 있는 리에 의거하여 행위하고 인식한다. 그렇다면 마음의 본래적 상태를 유지하고 그 역할을 다한다는 것은 결국 자신 안에 구유되어 있는 리가 행위와 인식의 장에서 잘 구현되도록 하는 것에 다름 아니다. 의리란 바로 이 행위와 인식의 장에서 마음이 구유하고 있으면서 동시에 구현해야 하는 리이며, 예는 바로 이 의리에 근거하고 의리에 부합하도록 마련된 매뉴얼이다.

4 『朱子語類』 卷9.

2. 퇴계의 예설과 예학의 형성 과정

퇴계의 예학은 예서(禮書)들에 대한 문헌적 연구는 물론 이를 바탕으로 한 의리적 해석을 통해 형성되었다. 우선 퇴계는 다양한 예서들에 대해 폭넓은 연구를 진행하였다. 퇴계는 고례(古禮)를 대표하는 『주례(周禮)』·『의례(儀禮)』·『예기(禮記)』의 삼례(三禮) 관련 예서들은 물론이고, 『주자가례(朱子家禮)』(이하 『가례』)로 대표되는 가례(家禮) 관련 예서들에 대해 폭넓게 연구하였다. 뿐만 아니라, 중국의 역대 왕조들에서 만들어진 예전들과 조선 왕조의 예전들을 포함한 이른바 시왕례(時王禮)의 문헌들까지 두루 섭렵하였다.[5]

퇴계는 예서들에 대한 폭넓은 연구를 통해 자신의 예학적 초석을 다져 나갔으나, 공부가 깊어진 이후에는 예서들 각각에 대해 비판적으로 검토하고 객관적으로 평가함으로써 예학의 합리성을 추구해 갔다. 예컨대, 삼례서는 그 자체로 고례의 원형을 담고 있어서 예의 본령을 제시해주고 있기 때문에 예에 관한 모든 논의와 행위의 준거가 된다고 퇴계는 보았다. 하지만 동시에 그것은 예를 실행해야 하는 오늘로부터 먼 옛날에 제정된 것이기 때문에 시의성에서 한계가 있다는 점도 유념했다. 이에 비해 『가례』는 고례를 현재의 달라진 상황에 어떻게 적용할 것인가에 대한 고민으로 만들어진 예서이므로,[6] 퇴계는 예를 실행하는 문제에 있어서 『가례』를 대단히 중시하였다. 하지만 그렇다고 해서 『가례』를 맹신한 것은 아니었다. 오히려 고례를 통해 『가례』가 놓친 예의 본의(本意)를 보충하기도 하고, 때로는 『가례의절(家禮儀

5 한재훈, 「『상제례답문』 분석을 통한 퇴계의 속례관 고찰」, 『퇴계학보』128, 2010, 19~20쪽.
6 『朱子家禮』「序」.

節)』과 같은 후대의 예서들을 통해 『가례』를 보완하기도 했다.

한편 퇴계는 시왕례에 대해 그 권위를 인정하면서 동시에 그 문제점도 비판하였다. 퇴계가 어떤 예제를 논하는 과정에서 가장 바람직하며 신뢰할 수 있다고 여긴 것은 삼례서와 『가례』와 같은 성현례(聖賢禮)와 역대 왕조에서 제정한 시왕례(時王禮)가 서로 부합하는 경우이다. 성현의 예는 의리적 권위가 있는 예이고, 시왕의 예는 정치적 권위를 갖는 예이다. 따라서 예의 본질을 담보하면서 이를 현실에서 시행하기 위해서는 이 두 종류의 예가 부합하는 것이 가장 좋다고 보았다. 하지만 이 두 예가 서로 충돌하는 경우도 얼마든지 있다. 그럴 경우에 퇴계는 기본적으로는 신중한 입장을 견지하면서도 전반적 기조는 성현례에 의거하여 시왕례를 비판하는 모습을 보인다. 이는 단순히 성현례만을 맹목적으로 추수하고 시왕례를 평가절하해서라기보다는 예를 논하는 데 있어 절대적 기준인 의리의 견지에서 내린 불가피한 결론이다.

이렇게 퇴계는 예를 연구하는 데 우선 고금의 예서를 가능한 다양하게 참고하고자 했을 뿐 아니라, 각각의 예서들에 대해서도 깊은 수준의 조예를 이루었다. 나아가서 예서들을 맹목적으로 신뢰하거나 묵수적으로 준행하지 않고, 예서 각각을 비판적 관점에서 평가적으로 검토했다. 하지만 퇴계의 예 연구의 가장 근본적인 목표는 '천리의 절문이며 인사의 의칙'인 예를 현재에 구현하는 데 있었다. 다시 말하면 연구를 위한 연구를 위해서가 아니라, 예의 시행을 위하여 예 연구에 매진했던 것이다. 그래서 퇴계는 다음과 같이 천명했다.

예란 천하에 두루 시행되어야 한다. 온 세상이 행하지 않는다면, 쓸데없는 예문을 완성해 놓는다 한들 그것이 무슨 보탬이 되겠는가?[7]

그렇기 때문에 퇴계는 삼례서로 대표되는 고례에 대한 연구에도 심혈을 기울였지만, 그것을 당시에 시행할 수 있도록 획기적으로 짐작손익(斟酌損益)했다고 평가받는 『가례』를 특별히 중시했다. 그러나 문제는 『가례』 역시 완벽한 예서가 아니라는 데에 있었다. 『가례』는 그 자체의 미비함과 더불어 시간과 공간상의 차이에서 야기된 부적합성 그리고 문화적 차이에 따른 문제점까지 껴안은 채 조선에 전해졌다. 이러한 이유들로 인해 퇴계의 예 연구는 문헌을 중심으로 한 고증적 방법에서 의리를 모색하는 해석적 방법으로 나아가지 않을 수 없었다.

해석적 연구방법이란 크게 다음의 두 가지로 설명할 수 있다. 첫째, 예문(禮文)을 이해하는 차원을 넘어 해석을 통해 예의(禮意)를 구명하는 것이고, 둘째, 구명된 예의를 바탕으로 유추(類推)와 의기(義起)를 통해 다양한 변례(變禮) 상황에 능동적으로 대응하는 것이다.

먼저 퇴계가 해석을 통해 예의를 구명하려고 한 사례부터 살펴보자. 예의란 어떤 의식 절차 속에 담긴 본질적 의미라고 할 수 있다. 그런데 더욱 중요한 것은 '경례삼백(經禮三百) 곡례삼천(曲禮三千)'으로 명명된 수많은 크고 작은 의식절차들은 독립적으로 의미를 갖는 동시에 상호 유기적으로 조화를 이룬다는 사실이다.[8] 그렇다면 예의를 구명한다는 것은 기본적으로 해당 의식절차에 담긴 본질적 의미를 밝히는 것뿐만 아니라, 그 의식절차가 놓인 유기적 관계의 지평 위에서 상호 간에 맺고 있는 질서체계까지 구명해

7 『退溪先生言行錄』, 卷4.

8 『禮記』「禮器」.

야 할 필요가 제기된다. 이에 따라 퇴계의 해석을 통한 예의 구명은 크게 삼 단계로 진행되었다.

첫 번째 단계는 어떤 의식절차에 대해 그것이 만들어진 상황까지 고려하면서 예의(禮意)를 구명하는 것이다. 예를 들면, 성복(成服)을 하고 나서 상식(上食)을 하도록 되어 있는 『가례』와 다르게 영좌(靈座)를 마련하면서 곧바로 상식을 하게 한 『오례의(五禮儀)』에 대해 퇴계는 "예의를 상실했다"고 비판했다.[9] 상식이라는 의식절차는 단순히 끼니에 밥을 올리는 행위 이상의 의미를 담고 있다. 상식의 본질적 의미는 돌아가신 분을 살아 계실 때와 다름없이 하고자 하는[事死如事生] 간절함을 담아내는 것이다. 하지만 그렇다고 해서 돌아가시자마자 바로 상식을 할 수는 없다. 왜냐하면 상식을 해야 하는 상주에게는 그 충격을 추스를 시간이 필요하기 때문이다. 사흘이 지나고 '비로소 죽을 먹는다'고 한 성복까지가 바로 그 시간이다. 그러나 산 사람이 처한 상황을 이유로 돌아가신 분의 신혼(神魂)을 챙기지 않을 수도 없다. 그래서 상식이 아닌 전(奠)을 마련하여 돌아가신 분의 신혼을 여기에 의지하게 하는 것이다. 이렇게 의식절차란 여러 가지 상황과 조건들을 두루 감안해야만 그 의미를 제대로 구현할 수 있다. 따라서 예의를 구명하기 위해서는 해당 의식절차의 본질적 의미뿐만 아니라 그 의식절차가 만들어진 상황과 의도 등의 맥락까지 해석해내야 한다.

두 번째 단계는 의식절차들 각각의 의미를 유기적 질서체계 속에서 통합적으로 검토하는 것이다. 그것은 의식절차들 간의 비(備)·간(簡) 혹은 융(隆)·쇄(殺) 등을 밝혀 질서체계를 구명하는 것으로부터 시작된다. 예를 들면, 당시 상중에 조석상식을 하면서 제사를 지낼 때와 마찬가지로 삼헌(三

---

9 『退溪全書』 卷28, 「答金而精問目」.

獻)을 하는 풍습에 대해 퇴계는 "비례(非禮)"라며 비판했다.[10] 상중에 조석으로 상식을 하면서 영위에 술 석 잔 올리는 것이 별것 아닌 것처럼 여겨지기도 하고, 오히려 술 한 잔 올리지 않거나 혹은 한 잔만 올리고 마는 것에 비해 후해 보이기까지 한다. 그러나 이러한 느낌은 어디까지나 부분적인 의식절차에 대한 단편적인 감정일 뿐이다. 예란 그 자체의 유기적인 질서 위에서 구현되는 것이기 때문에 이를 무시하고 감정에 편승하여 행하는 것은 잘못이다. 이 사례에서 퇴계가 강조하려는 것은, 상례와 제례 각각의 의미와 상식과 삼헌의 의미 등이 혼동되어서는 안 된다는 점이다. 왜냐하면 삼헌을 하지 말아야 하는 상식이 삼헌을 함으로써 비례가 되는 것은 물론, 정작 삼헌을 통해 성대하게 거행되어야 할 제사마저 그 의미가 퇴색되기 때문이다. 이처럼 성대하게 갖추어서[備] 행해야 할 의식절차와 간소하게 줄여서[簡] 행해야 할 의식절차를 구분하지 못하면 유기적인 예의 질서가 무너지게 된다.

세 번째 단계는 어떤 의식절차에 새로운 의미를 부여하는 것이다. 이 마지막 단계는 앞의 두 단계와는 질적인 차이가 있다. 앞의 첫 번째 단계와 두 번째 단계는 예의 구명을 위한 해석이 개별적으로 이루어지느냐 통합적으로 이루어지느냐의 차이만 있을 뿐, 두 단계 모두 그 의미를 예서의 내용에 근거해서 해석해낸다. 이에 비해 세 번째 단계는 해석자 자신의 의리에 대한 확신을 통해 어떤 의식절차의 의미를 새롭게 부여한다는 점에서 확연히 차원이 다른 해석이다. 장례를 치르고 신주를 만드는 '제주(題主)'의 의식절차에 대한 퇴계의 해석에 이런 면모가 잘 드러나 있다. 먼저 『가례』에 따르면 제주하는 의식절차는 다음과 같다.

10 『退溪全書』 卷37, 「答權章仲喪禮問目」.

> 집사자가 영좌의 동남쪽에 서향으로 탁자를 마련하고 벼루[硯]·붓[筆]·먹[墨]을 놓는다. 탁자 맞은편에 대야와 수건을 놓는다. 주인이 그 앞에 서서 북향을 하면, 축은 손을 씻은 다음 목주(木主)를 내와서 탁자 위에 눕혀 놓는다. 그러면 글씨 잘 쓰는 사람이 손을 씻고 서향으로 서서 죽은 이의 제기(第幾)와 명호(名號) 그리고 봉사자(奉祀者)를 차례로 쓴다. 제주하기를 마치면, 축은 목주를 받들어 영좌에 놓고, 혼백(魂帛)은 상자 속에 넣어 그 뒤에 둔다. 향을 피우고 술을 따른 다음, 축판을 가지고 주인의 오른쪽에 꿇어앉아 축문을 읽는다. 읽기를 마친 다음 그것을 품고 일어나 자리로 돌아온다. 주인이 재배하고 슬픔이 다할 때까지 곡하고 그친다.[11]

이 장면에서 문제가 되었던 것은, 축이 축문을 읽은 다음 '그것을 품고'에서 축이 무엇을 품는가 하는 것이었다. 대부분의 학자들은 축이 품은 것을 '축문'으로 보았다. 하지만 퇴계는 그것을 새로 만든 '신주'로 보았다. 퇴계는 이를 다음과 같이 설명했다.

> 이때에 돌아가신 분의 신혼은 흩어져 의지할 곳이 없는데 축 한 사람이 몸소 그 신혼을 초래하여 목주에 회부(懷附)하는 책임을 맡은 것이다. 신이 목주에 의지하게 되면 사람과 서로 교접하는 이치가 있다. 그러므로 읽기를 마치고 그것을 품음으로써, 초래하고 회부하여 사람과 서로 교접한다는 의미를 보여준 것이다.[12]

11 『家禮』 卷5, 「喪禮」 '及墓·下棺·祠后土·題木主·成墳' 條.
12 『退溪全書』 卷30, 「答金而精」.

퇴계는 이 의식에서 무엇보다 중요한 것은 목주에 신이 의지해서 신주가 되는 장면이라고 보았다. 나무로 만든 물건[木主]에 돌아가신 분의 이름을 써놓은 것만으로[題主] 그것을 신주라 할 수는 없다. 체백이 땅 속에 묻혀 의지할 곳 없이 흩어진 신혼을 위로하고 이 목주에 의지하기를 간절히 염원하는 의식을 통해 신혼과 목주가 만나 비로소 신주로 승화되는 것이다. 축문에 그러한 위로와 염원을 담아 이 신성한 의식을 집행하고 완성시키는 사람이 바로 축이다. 축이 축문 읽기를 마친 다음 신주를 잠시 품에 품는 것은 바로 그 잠깐의 순간을 통해 이러한 의식의 경건성과 완결성을 보여주려는 정미한 예의가 담겨 있다는 것이 퇴계의 해석이다.

퇴계의 이러한 해석은 상황 맥락에 따른 것도 아니고 문법적 접근도 아니며 예문에 근거한 것도 아니다. 남들과는 다른 관점에서 해당 의식절차에 특별히 주목하고 이를 새로운 의미부여를 통해 해석해내는 것이다. 그런데 이러한 해석은 해석자의 의리에 대한 확신이 수반되지 않고는 불가능하다는 점에 주목할 필요가 있다. 퇴계는 성현의 말씀에 절대적인 신뢰를 표하면서, 그 말씀에 담긴 의리를 있는 그대로 밝혀내는 것이 자신의 독서법(讀書法)이라고 말한 바 있다.[13] 하지만 아무리 전현들의 저술이라 해도 그것이 의리에 어긋난다면 논변을 통해 바로잡지 않을 수 없다는 것이 퇴계의 또 다른 원칙이었다.[14] 이러한 원칙은 예에 있어서도 일관되게 지켜져서, 예의 정당성에 관한 최후의 담보는 반드시 의리여야 한다고 보았다.[15]

이렇게 의리에 대한 확신을 근거로 예를 해석하는 방식을 '의리적 해석'

13 『退溪全書』 卷16, 「答奇明彦論四端七情第二書/後論」.

14 『退溪全書』 卷14, 「答李叔獻」.

15 『退溪全書』 卷7, 「擬上文昭殿議[并圖]」; 卷17, 「答奇明彦○丁卯九月二十一日」.

이라고 부를 수 있으며, 이러한 방식은 해석을 통한 예의 구명에 있어 가장 높은 단계에 해당한다. 퇴계가 이러한 의리적 해석을 통해 높은 단계의 예의 구명을 했다는 것은 그의 예 연구 수준을 대변해주고 있을 뿐 아니라, 짐작손익의 또 다른 형태라 할 수 있는 변례(變禮)에 대한 대응의 토대가 그의 예학에 이미 마련되고 있었음을 보여준다.

변례는 상례(常禮, 또는 경례(經禮))의 반대 개념이다. 상례가 예측 가능한 상황을 전제로 지켜야 할 원칙을 제정해 놓은 보편적인 예라면, 변례는 예측이 불가능한 상황에서도 그 원칙을 훼손하지 않기 위해 새롭게 모색해야만 하는 특수한 예이다. 따라서 상례는 예서들을 통해 그 근거를 찾을 수 있지만, 변례는 근거할 예문이 없다는 것이 특징이다. 그렇다면 어떻게 변례에 대응할 수 있을까? 그것은 평소 상례에 제시되어 있는 예의를 구명하여 그것이 담고 있는 의리를 충분히 이해해 둠으로써이다. 그래야 예외적이고 변칙적인 상황을 만났을 때 변례에 대응할 수 있게 된다. 이러한 변례 대응의 대표적인 경우가 '의기(義起)'이다.

의기의 대표적인 사례로 사대봉사(四代奉祀)를 들 수 있다. 고조에까지 봉사를 하는 것은 본래 제후의 예이다. 그런데 정자(程子)가 "고조까지 상복을 입는다"는 상례의 의리를 앞세워 제례에서도 사대봉사를 해야 한다고 주장했다. 주자 역시 정자의 주장에 동의를 표하였고, 『주자가례』에도 사대봉사가 명시되어 있다. 퇴계는 이를 의기의 예라고 보았다.

> 대개 옛날에는 대마다 사당을 달리하여 그 체제가 매우 거창하였기 때문에 대수의 차등을 엄격하게 하지 않을 수 없었다. 하지만 후세에는 하나의 사당에 감실만 나누어 제사를 드리게 되니, 체제가 매우 간솔해져서 대수를 공통으로 행해도 되었기 때문에 이렇게 옛것을 변경한 것이다. 이른바 "예란 예

전에 없었더라도 의리에 입각하여 제기할 수 있다"는 것이 이런 경우이다.[16]

퇴계는 변례적 상황에서도 가능하면 대응 논리를 예서에서 찾기 위해 노력했다. 딱 들어맞는 예문을 찾을 수 없을 때는 유추를 통해서라도 성현의 예서에서 그 근거를 찾으려 했다. 하지만 그것조차도 불가능한 상황에서는 부득이 의기를 통해 대응하곤 했다. 예를 들면, "아버지가 복중에 돌아가셨다면 자식은 돌아가신 아버지가 마치지 못한 복을 어떤 의식절차에 따라 '대복(代服 또는 代喪)'해야 하는가?"라는 질문을 받자 퇴계는, 시간이 한참 지난 뒤 문상(聞喪)을 하고서 복을 입는 이른바 '태복(稅服)'이나, 어려서 부모님 상에 입지 못한 복을 장성한 뒤에 입는 이른바 '추복(追服)'을 유추하여 변례에 대응하려고 했다. 하지만 그것은 유추가 애당초 불가능했다. 왜냐하면 태복이나 추복은 돌아가신 아버지의 잔여 상기를 대복하는 것과 비교했을 때 '나중에 복을 입는다'는 점에서는 비슷해 보이지만, '상복을 처음부터 입을 것이냐' 아니면 '잔여기간만 입을 것이냐'에서 근본적인 차이가 나기 때문이다. 그래서 퇴계는 다음과 같이 새롭게 의기한 예를 제시했다.

> 자식은 다만 아버지를 대신해서 그 마치지 못한 예를 행하기만 해야 하며, 그 아버지가 이미 행한 예를 다시 행해서는 안 된다. 이는 필연의 이치이다. 그렇다면 성복(成服)하는 절차는 단지 삭망전(朔望奠)이나 조전(朝奠)에 대상(代喪)을 하게 된 뜻을 두 빈소에 고한 다음 받아서 복을 하고 전을 행하는 것이 마땅할 듯하다.[17]

16 『退溪全書』 卷38, 「答趙起伯問目 ○ 戊辰」.

17 『退溪全書』 卷40, 「與宗道 ○ 己未」.

의기란 이전에 없던 예를 의리에 비추어 새롭게 제기한다는 의미이다.[18] 하지만 예를 새롭게 제기하는 행위가 제멋대로 지어낸 것이 되지 않기 위해서는 의리에 대한 완숙한 장악이 전제되어야 한다. 그런데 의리를 완숙한 수준에서 장악하는 것은 하루아침에 성취할 수 있는 것이 아니다. 더구나 새로운 예제를 모색하는 과정에서 이것을 응용하는 수준에 이른다는 것은 대단히 어려운 일이다. 따라서 어떤 학자의 예학 수준을 가늠할 때, 그가 의기의 방식으로 변례에 대응할 수 있다는 것은 그의 예 연구가 이미 대단히 높은 수준에 이르렀음을 증명해준다.

3. 퇴계의 예학 관련 저술 및 실천

퇴계는 예학과 관련한 저술을 남기지 않았다. 다만 예와 관련된 그의 언술이나 문답이 문인 후학들에 의해 초록되어 편찬된 형태로 전해지고 있을 뿐이다. 『언행록』 등에 부분적으로 전해지기도 하지만, 가장 대표적인 것은 농은(聾隱) 조진(趙振, 1543~1625)에 의해 편찬된 『퇴계선생상제례답문』이다. '퇴계선생상제례답문'이라는 제목에서도 알 수 있는 것처럼 이 책은 상례와 제례에 관련된 퇴계의 답문을 초록해 엮은 것이다. 여기에는 총 42명이 등장하고, '통례(通禮)' 관련 60조목, '혼례(昏禮)' 관련 4조목, '상례(喪禮)' 관련 278조목, '제례(祭禮)' 관련 99조목, 기타 6조목 등 모두 447조목의 답문이 수록되어 있다. 뒤이어 유편(類編) 형식의 편찬물들이 만들어졌는데, 고산(孤山) 이유장(李惟樟, 1624-1701)의 『이선생예설(二先生禮說)』, 성호(星湖) 이익(李瀷, 1681-1763)의 『이선생예설유편(李先生禮說類編)』, 광뢰(廣瀨) 이야순(李

18 『禮記』「禮運」.

野淳, 1755-1831)의 『계산예설유편(溪山禮說類編)』, 국은(菊隱) 임응성(林應聲, 1806-1866)의 『계서예집(溪書禮輯)』 등이 대표적이다. 『퇴계선생상제례답문』이 상례와 제례 중심으로 편찬된 데 비해 이 유편 형식의 책들은 관례와 혼례 등으로까지 범위를 확장했으며, 또한 주제별로 분류해 엮음으로써 열람의 편의성을 높였다.

퇴계는 지인이나 문인들과 예를 둘러싼 수많은 문답과 강론을 하였고, 그의 학설은 예를 강론하거나 준행할 후학들에게 반드시 참고하지 않으면 안 될 정도로 큰 영향을 끼쳤다. 그럼에도 불구하고 그가 관련 저술을 남기지 않은 이유는 무엇일까? 사실 예란 사회적 규범과 일상의 양식을 규정한다. 따라서 이에 관한 논의를 저술로 남긴다는 것은 필연적으로 시속의 문제 상황을 반성하고 이에 대해 바람직한 방향을 제시하는 교속(矯俗)의 기능을 하며, 결과적으로 그것은 일종의 사회개혁적 성격을 띨 수밖에 없다. 퇴계가 예와 관련한 저술을 남기지 않은 것은 이 점을 조심스러워 했기 때문이었을 것으로 짐작된다.

퇴계는 문인인 잠재(潛齋) 김취려(金就礪, 1526-1594)로부터 예서 편찬과 관련한 제안을 받은 바 있다. 잠재는 『의문(疑問)』이라는 예 관련 저서를 만들었다. 이 책은 잠재가 "『가례』 중 상례와 제례 두 부문에 대해 주자의 의절을 본으로 삼고 여러 선유들의 학설을 참고하였으며, 당시의 예제를 준칙으로 삼고 속례의 잘못을 구명하기" 위해 만들었다. 잠재는 이 책을 퇴계에게 바치면서 이에 대한 질정과 교감을 청했다.[19] 책의 제목이 『의문』이라는 사실에 비추어 보았을 때, 잠재는 특별히 상·제례와 관련한 자신의 의문사항과 이에 대한 자신의 견해를 책에 담았을 것이다. 그리고 그것을 퇴계의 검

19 『退溪全書』 卷29, 「答金而精/別紙」.

토와 확인을 거쳐 책으로 만들려고 했던 것 같다. 만일 퇴계가 잠재의 이러한 요청을 수용했다면, 그 책은 잠재와 퇴계의 공동작품이 됨을 뜻한다. 하지만 퇴계는 잠재의 요청에 대해 다음과 같이 거절한다.

> 나로 하여금 하나하나 검토하고 재단하게 함으로써 예서 한 부를 완성하고자 하니, 짐작컨대 이를 통해 당대를 인출하고 후세에까지 전하려고 한 듯하다. 오호라! 이것이 얼마나 중대한 일인데 우리 두 사람이 감히 할 수 있겠는가?[20]

퇴계가 잠재의 제안을 거절한 표면상 이유는 "그 엄청난 일을 자격도 없는 우리들이 어찌 감히 하겠느냐"는 것이었다. 이때 퇴계가 '자격 없음'의 이유로 들었던 것이 어리석음[愚]과 미천함[賤]이었다. 그러나 이는 표면상의 이유이고, 예서를 만들려는 제자를 보면서 퇴계가 우려했던 진짜 이유는 '피화(避禍)'라는 말에 담겨 있었다. 퇴계는 잠재에게 "예를 좋아함이 너무 치우쳐 기필코 교속하려 하고, 그것을 예를 얻는 것으로 여기는 점이 병폐"라고 지적하면서, 이러한 이유로 자신은 "잠재의 뜻을 가상히 여기고 그 사람됨을 사랑하지만, 세상에 받아들여지기는 어려울 것이라 걱정한다"고 말했다.[21] 그 자체로 사회개혁적 성격을 갖는 교속의 작업은 그 대상인 시속의 반발을 피할 수 없다. 그럼에도 불구하고 이를 기필코 행하겠다고 하는 것은 곧 화를 부르는 길임을 퇴계는 경계하고자 했던 것이다.

예서를 편찬하려는 제자에게 퇴계가 '화'를 주지시키는 것은 어쩌면 사화

20 『退溪全書』 卷29, 「答金而精/別紙」.

21 『退溪全書』 卷29, 「答金而精/別紙」.

(士禍)의 트라우마 때문이었는지도 모른다. 퇴계는 사화로 인해 정암(靜庵) 조광조(趙光祖, 1482-1519)를 위시해 수많은 인재들이 스러져간 데 대해 매우 안타까워한 바 있다. 개인적으로는 을사사화의 격랑 속에 있었을 뿐만 아니라, 그 와중에 자신의 중형인 좌윤공(左尹公) 이해(李瀣, 1496-1550)를 잃은 참혹한 기억을 갖고 있다. 물론 퇴계가 잠재에게 말한 '화'가 '사화'를 염두에 둔 것이라는 명시적인 증거는 없다. 다만 정암을 필두로 한 당시의 신진사대부들이 국가의 예속을 일신하는 것을 자임했고 이를 자신들의 도덕적 정당성의 원천으로 삼았던 점, 그리고 이러한 일들을 너무 성급하고 과격하게 진행한 결과가 결국 사화로 이어지게 된 점 등을 고려하면 개연성이 전혀 없지는 않다. 잠재에게 보낸 글의 마지막 부분에서 퇴계가 우려한 바의 일단을 읽을 수 있다.

> 이러한 행위는 모두 풍속에 대해 오만을 부리고 사람들을 억압하는 일들로, 벗이 원망하고 사람들이 비난할 테니 화기(禍機)가 잠복해 있음이 어찌 괴이한 일이겠는가.[22]

이렇게 퇴계는 교속을 목적으로 한 예서의 편찬에 대해서는 매우 신중하고 조심스러운 입장을 견지했다. 그러나 그렇다고 이른바 속례(俗禮)를 시정해 가려는 아무런 노력도 기울이지 않았던 것은 아니다. 퇴계는 섣부른 교속에 대해서는 신중했지만 그것이 곧 무조건적인 종속(從俗)을 의미하는 것은 아니다. 결코 시행되어서는 안 되는 속례에 대해 퇴계는 위속(違俗) 또는 면속(免俗)을 주문하면서 강력하게 거부할 것을 주장했다.

22 『退溪全書』 卷29, 「答金而精/別紙」.

속례에 대한 퇴계의 기본입장에는 긍정적 측면과 부정적 측면이 공존한다. 속례가 제기되는 원인이 감정[情]임을 감안하면 그럴 수밖에 없다. '사단칠정'에 관한 지난하고도 철저한 논변을 전개한 데서 알 수 있는 것처럼, 퇴계는 인간의 감정에 관한 깊은 이해를 하고 있었다. 사단과 칠정이 모두 감정에 속하지만 그중에서도 속례의 원인으로 작용하는 감정은 희로애락 등의 칠정이다. 칠정은 선악미정(善惡未定)의 상태에서 어떤 가능성에도 열려 있으며, 따라서 그것은 항상 중절(中節)을 필요로 한다. 속례란 바로 이러한 감정에 기반을 두고 있기 때문에 긍정적 측면과 부정적 측면을 동시에 가질 수밖에 없다.

그렇다면 감정이 긍정적 방식으로 나타나는 속례는 어떤 것이며, 부정적 방식으로 나타나는 것은 어떤 것일까? 퇴계는 이를 후함[厚]과 지나침[過]으로 분리해서 접근했다. 속례라 해도 그것이 후한 속례로서 의리에 해롭지 않는 것이라면, 이를 교정하려 하기보다는 권장해야 할 것이다. 하지만 속례란 대체로 후하기보다는 지나칠 우려가 많다는 점에 문제가 있다. 예를 들어 출가한 딸이 친정 부모에 대해 강복(降服)을 하지 않으려 한다든지, 상식을 할 때 술을 석 잔 올리는 삼헌을 하려고 하는 것 등은 얼핏 보면 후해 보이지만 실은 지나친 것이다. 후함과 지나침은 자칫 혼동하기 쉬울 만큼 비슷해 보이는 특성을 갖는다. 따라서 그 자체만 가지고는 후한 속례인지 지나친 속례인지 판단하기 어려울 수 있다. 오직 예라는 전체 체계 속에서 유기적으로 배치된 의미와 질서에 부합하는지 여부에 따라 판단할 수 있을 뿐이다.

속례는 고례나 『가례』 또는 시왕례 등 이른바 '정례(正禮)'에 근거하지 않은 것이라는 비판적 함의를 내포하고 있다. 정례에 근거하지 않다는 것은 단순히 예서에 근거하지 않았다는 것 이상의 문제를 안고 있다. 본래 예란 수많은 크고 작은 의식절차들이 독립적으로 의미를 갖는 동시에 유기적으로 조화한다. 따라서 예는 독립적이면서 동시에 전체적인 통일성 위에 존립하는 완정한 체계를 지향한다. 그러나 속례는 바로 이러한 체계에서 벗어나 있을 뿐 아니라, 결국은 이러한 체계 자체를 위협하는 결과로 이어진다는 점에서 문제가 된다. 예학자로서 퇴계는 이러한 속례의 문제에 준엄하게 반대하는 태도를 보였다. 그 대표적인 사례를 여묘(廬墓)에 반대하고 반혼(返魂)을 주장했던 데서 확인할 수 있다.

돌아가신 분을 땅에 묻는 장례의식을 치른 다음, 돌아가신 분의 체백(體魄)이 묻힌 그곳을 차마 떠나지 못해 상주 자신도 그 분묘 근처에 여막을 짓고 지내는 것이 여묘이다. 수분(守墳)이나 시묘(侍墓) 또는 거려(居廬)가 여묘의 또 다른 표현으로 사용되는 것은 바로 이러한 이유 때문이다. 이러한 여묘의 풍습은 오래전부터 장려되었을 뿐 아니라, 중국의 사신들에게 우리나라의 자랑거리로 소개되기도 했다.[23] 하지만 16세기 이후 고례와 『가례』에 대한 이해가 전반적으로 높아지면서 '여묘'가 고례가 아니라는 사실에 대한 반성적 논의가 이루어졌고, 이러한 반성이 진행되는 과정에서 여묘에 대한 다음과 같은 퇴계의 강력한 반대는 중요하고 선도적인 역할을 했을 것으로 추측된다.

> 옛 사람들은 '반혼'을 매우 중하고도 급한 일로 여겼다. 장례를 치르는 날 미처 분묘가 완성되지도 않아서 반곡(反哭)을 하고 우제(虞祭)를 지내는 것은, 평소 거처하시고 안락해 하시던 곳으로 돌아와서 신혼(神魂)이 표산(飄散)하시지 않기를 바랐기 때문이다. '여묘'라는 속례가 홍기하고서부터 이 예는 드

23 『高峯集』 續集卷2, 「天使許[國]·魏[時亮]問目條對」.

디어 폐지되었다. 평소 거처하셨거나 안락해 하셨던 적 없는 빈 산 황벽한 곳에서 혼을 받들다가 삼년이 지난 다음에야 반혼을 하니, 체백만 중히 여기고 신혼은 가볍게 여기는 것으로, 그 무지하고 터무니없기가 매우 심하다.[24]

『가례』에 따르면 신혼을 목주(木主)에 의지하도록 하는 의식인 제주(題主)를 거행한 다음, 축은 곧장 신주를 받들고 집으로 돌아온다. 이때 자제들 중 한 명만 그곳에 남아 흙을 채우고[實土] 봉분을 짓는 것[成墳]을 감시하고, 주인 이하 모든 가족들은 축을 따라 집으로 돌아온다.[25] 이렇게 신주를 받들고 집으로 돌아온 다음 반곡과 우제를 차례로 진행한다. '반혼'이란 이러한 일련의 과정을 통틀어서 표현한 말이다. 퇴계는 이 반혼이 여묘라는 속례가 흥기하고서부터 폐지되었다고 말하고 있다. 이는 정례로서의 반혼과 속례로서의 여묘의 대립 구도를 분명히 함으로써 그동안 아름다운 풍속이자 효도의 대표적 사례로서 권장되어 오던 여묘에 대해 강력한 문제제기를 한 것이다.

퇴계는 여묘가 크게 세 가지 점에서 문제가 있다고 보았다. 여묘의 첫 번째 문제점은 예의 본질이라고 할 수 있는 예의에 어긋난다는 점이다. 사람이 죽으면 혼(魂)은 하늘로 가고 백(魄)은 땅으로 간다는 것은 고래로부터의 통념이다.[26] 그렇다면 부모님이 돌아가셨을 경우 자식은 부모님의 신혼을 위주로 상례를 집행해야 하는가, 아니면 체백을 위주로 집행해야 하는가? 반혼은 전자를 대표하는 의식절차이고, 여묘는 후자를 대표하는 의식절차라는 점에서 이 둘은 상례의 중요한 분수령이 된다. 여묘와 반혼 중 무엇이

24 『退溪全書』 卷37, 「答權章仲喪禮問目」.

25 『家禮』 卷5, 「喪禮」 '及墓·下棺·祠后土·題木主·成墳' 條.

26 『禮記』 「郊特生」.

옳은 것인지를 묻는 질문에 퇴계는 다음과 같이 답한 바 있다.

> 정침(正寢)에 빈(殯)을 마련하는 것은 신(神)으로 하여금 생존하셨던 곳에 편안히 계시도록 하는 것이다. 산야에서 장례를 치를 때 평토(平土)가 끝나자마자 제주를 마치고, 자제로 하여금 봉묘하는 것을 보게 하고는 곧장 반혼(返魂)을 하는 것은 신혼이 의지할 데 없이 표산하실까 두려워 의귀할 곳으로 나아가 예전에 거처하시며 쉬시던 곳에서 안정하시도록 하려는 것이다. 이것이 효자의 마음이다. 요즘은 단지 거려(居廬)만 좋다고 하고 반혼의 의미는 아랑곳하지 않다가, 삼년이 지난 다음에서야 집으로 반혼을 한다. 그러나 혼이 흩어져버린 지 오래인데 돌아갈 수 있겠는가?[27]

안정과 안식을 줄 수 있다고 믿어지는 정침을 퇴계가 강조한 까닭은 반혼의 예의를 구명함으로써 그 정당성을 강화하기 위함이다. 즉, '평소 거처하셨거나 안락해 하셨던 적 없는 빈 산 황벽한 곳'에 신혼을 표산하도록 방치하는 것과의 대비를 통해, 장례를 치른 다음 가장 유념해야 할 돌아가신 분의 신혼을 안정시켜 드리는 예에 반혼이 가장 적합한 의식절차임을 보여주는 것이다. 더구나 봉분이 완성되기도 전에 제주[28]를 하고, 곧장 신주를 모시고 집으로 돌아와 정침의 궤연에 모신다. 그리고 이후의 모든 의식절차는 이 궤연을 중심으로 치르는 것이 상례의 큰 줄기이다. 그렇다면 정침으로의 반혼은 완정한 체계 위에서 유기적으로 조화하는 예에 따라 돌아가신 부모

27 『退溪全書』 卷38, 「答趙起伯問目」.

28 앞에서 살펴본 '제주' 의식에서 축이 신주를 품는 행위에 관한 퇴계의 의리적 해석은 이러한 맥락에서 중요하게 제기되었던 것이다.

를 섬기려는 효자의 마음이 구현되는 의식절차이다.

여묘의 두 번째 문제점은 바로 이러한 예의 유기적 체계를 손상시킨다는 것이다. 예를 들면 정례에서는 장례를 치른 다음 반곡을 하고, 우제를 지내고, 졸곡을 하고 부제(祔祭)를 지내도록 되어 있다.[29] 이 하나하나의 의식절차들은 각각의 의미를 갖는 동시에 유기적인 질서체계 위에서 조응한다. 그런데 여묘를 하게 되면 대상(大祥)이 지난 다음에야 반혼을 하게 되므로, 이러한 의식절차들의 의미와 체계 역시 모두 어그러지게 된다. 또한 졸곡을 지내면서부터는 무시로 슬픔이 복받치면 곡을 하던 것을 멈추고 조석곡만 하며,[30] 이 조석곡 역시 소상 다음에는 하지 못하고 삭망에만 회곡(會哭)하도록 제한된다.[31] 퇴계는 이를 상례의 근간이 되는 '점쇄(漸殺)'의 논리로 이해했다.[32] 그러나 여묘를 하는 입장에서는 아침저녁으로 분묘를 직접 마주하게 되면 자연히 슬픔이 일게 될 것이고 따라서 곡을 하지 않을 수 없다는 이유로 상례의 근간을 이루는 점쇄의 논리를 무시하게 된다.

여묘의 세 번째 문제점은 여묘를 함으로 인해 많은 속례들이 파생된다는 것이다. 여묘 자체가 이미 예문에 근거하지 않은 속례임은 물론이거니와, 이것이 삼년에 걸쳐 일련의 정당한 의식절차들을 대신하면서 자체적으로 또 다른 속례들을 재생산하게 되는 것이다. 예를 들면, 당시에 여묘가 국가적으로 장려되고 사회적으로 수용되자, 이를 수행할 자식이 없는 사람들은 노복으로 하여금 대행토록 해야 하는지를 고민하게 만드는 일이 벌어졌

29 『家禮』 卷5~6, 「喪禮」.
30 『家禮』 卷6, 「喪禮」 '卒哭'條.
31 『家禮』 卷6, 「喪禮」 '小祥'條.
32 『退溪全書』 卷28, 「答金而精/問目」; 卷32, 「答禹景善」.

다.[33] 또한 양친 중에 한 분이 먼저 돌아가시고 다른 한 분의 상을 당한 상황이라면, 합제(合祭)를 하기 위해 사당에 모셔져 있는 먼저 돌아가신 분의 신주를 여묘하는 곳으로 모셔오거나 뽕나무로 가주(假主)를 만들어 합제에 사용하는 속례가 유행하였다.[34] 뿐만 아니라, 신혼을 안정시키기 위한 우제가 있음에도 불구하고 '성분제(成墳祭)'라는 근거 없는 의식을 만들어 내기도 했고,[35] 삼년 동안의 여묘를 끝내고 집으로 돌아갈 때 역시 '영전(迎奠)'이라는 근거 없는 의식이 행해지기도 했다.[36]

퇴계가 여묘에 대해 강력하게 반론을 제기한 것은 여묘가 그 자체로 심각한 문제점을 갖고 있기 때문이기도 하지만, 이로 인해 또 다른 속례들이 파생된다는 점도 여묘를 근절해야 하는 중요한 이유가 되었다. 즉, 여묘 자체를 계속해서 방치할 경우 이러한 파생적 문제들이 지속적으로 가지를 칠 것이고, 그렇게 되면 의리에 근거한 올바른 상례를 확립하는 일은 더욱 요원해질 것이기 때문이다. 이에 퇴계는 여묘의 문제점을 강력히 비판하는 한편, 반혼의 시행을 적극 주장했다.

이처럼 여묘와 반혼의 대립구도를 분명히 한 퇴계는 이를 체백 중시와 신혼 중시의 문제로 초점을 맞춰 논의를 진행하였고, 이러한 논의는 다시 감정(=人情)과 의리(=天理)라는 근거문제로까지 심화되었다. 즉, 여묘는 분묘에 묻힌 체백을 중시하는 지극히 감정에 근거한 행위인 반면, 반혼은 신주에 의지한 신혼을 중시하는 의리에 근거한 예식이라는 것이다. 따라서 체백을 중시하는 여묘에 반대하고 신혼을 중시하는 반혼을 주장한 퇴계의 의도

33 『退溪全書』 卷28, 「答金而精/問目」.
34 『退溪全書』 卷28, 「答金而精/問目」.
35 『退溪全書』 卷28, 「答金而精/問目」.
36 『退溪全書』 卷28, 「答金而精/問目」.

는 결국 감정을 절제하고 의리에 근거한 예를 정립하고자 했던 것으로 평가할 수 있다.

4. 퇴계 예학의 특징과 의의

퇴계가 활동했던 16세기 조선은 예학사에서 볼 때 예에 대한 근본적인 인식의 변화가 일어난 시기라 할 수 있다. 이는 다음과 같은 세 가지 측면에서 그렇다. 첫째, 이 시기에 이르러 성리학에 대한 이해의 심화로 말미암아 학자들 스스로 예의 주체라는 자각을 하게 된다. 둘째, 이러한 주체에 대한 변화된 인식은 예의 근거에 대한 인식에 있어서도 성현고례(聖賢古禮)를 중시하는 방향으로의 변화를 추동한다. 셋째, 예의 근거에 대한 인식의 변화는 예의 권위에 대한 인식의 변화로 연동되어 나타난다. 이를 증명해주는 대표적인 인물로 정암 조광조와 회재 이언적을 들 수 있다. 정암은 성헌변통론(成憲變通論)을 과감하게 제기하였고, 회재는 기존의 국가에서 제공한 '표준'이 있음에도 불구하고 '학'적 문제의식에 따라 '고례'에 근거한 새로운 예서인 『봉선잡의(奉先雜儀)』를 저술하였다.

이와 같은 예에 대한 인식의 변화는 퇴계에 이르러 철학적으로 정립된다. 즉, 퇴계는 정암과 회재 등을 거치면서 변화되기 시작한 예 인식의 새로운 흐름에 '의리' 문제를 적극 반영함으로써 이후 조선의 예학사상이 지향할 방향과 좌표를 정립하였다. '의리(義理)'를 본위로 하는 퇴계의 예 인식은 이른바 '의기지례(義起之禮)'를 중시하는 것에서 확인할 수 있는데, 이는 당시 조종성헌(祖宗成憲)을 이유로 거부되었던 '사대봉사'에 대한 지지에서 분명하게 드러난다. 그리고 사대봉사에 대한 퇴계의 지지 이후 그의 후학들은 지역과 학파를 불문하고 이를 따름으로써 전통으로 정착시켰다.

퇴계의 예학은 학술적으로도 심도 있는 전개를 이룩하였다. 퇴계는 삼례(『주례』·『의례』·『예기』)로 대표되는 고례와 『주자가례』·『의례경전통해』 등 고금의 기본적 예서는 물론 『경국대전』·『국조오례의』, 『대명률』·『대명회전』과 같은 조선과 중국의 시왕례에 이르기까지 두루 깊은 이해를 하고 있었다. 또한 예서들에 대해 묵수적으로 추수하는 차원을 넘어 평가적으로 검토하는 수준으로까지 나아갔다. 즉, 예서들 각각에 대해 그 가치와 한계를 분명하게 인식함으로써 균형 잡힌 취사선택을 위한 기준을 스스로 확보하고 있었던 것이다. 또한 동일한 사안에 대해 예서마다 다른 방법을 제시할 경우 어떻게 대처할 것인가 하는 점도 예서를 연구하는 데 중요한 문제이다. 이 경우 퇴계는 시왕의 예제보다는 선현의 예제에 정당성을 부여하는 것을 확인할 수 있다. 이는 예를 논구함에 있어서 가장 중시해야 할 부분이 의리의 구현이고, 그런 점에서는 아무래도 선현의 예제가 강점을 가지고 있다고 보았기 때문이다.

퇴계의 예 연구는 문헌 탐구적 방법을 토대로 하여 의리 해석적 방법으로 나아갔다. 의리 해석적 방법은 크게 다음의 두 가지로 설명할 수 있다. 첫째, 예문(禮文)을 이해하는 차원을 넘어 해석을 통해 예의(禮意)를 구명하는 것이고, 둘째, 구명된 예의를 바탕으로 유추와 의기(義起)를 통해 다양한 변례(變禮) 상황에 능동적으로 대응하는 것이다.

이처럼 학술적 측면에서도 이미 퇴계의 예학이 의리를 본위로 한다는 점을 확인할 수 있지만, 이는 속례에 대한 퇴계의 비판적 태도를 통해 좀 더 분명하게 확인할 수 있다. '속례'란 이른바 '정례'에 근거하지 않고, 인간의 감정에 근거한 의식 행위이다. 속례가 기본적으로 인간의 감정에 근거하기 때문에 속례에는 긍정적 의미의 '후한 속례'와 부정적 의미의 '지나친 속례'가 있을 수 있다. 그러나 성정(性情)의 문제에서 정(情)이 그러하듯 속례 역시 후한 방향으로 전개되기보다는 지나친 방향으로 흐르는 것이 일반적이며, 따라서 속례에 대한 퇴계의 기본적 입장은 비판적이다.

속례에 대하여 비판적 입장을 견지했던 퇴계는 '의리'에 입각한 예의 기조를 정립하기 위해 노력하였다. 상례와 관련해 퇴계가 '여묘'에 반대하고 '반혼'을 권장했던 것이 대표적이다. 여묘와 반혼의 대립구도를 분명히 한 퇴계는 이를 체백 중시와 신혼 중시의 문제로 초점을 맞춰 논의를 진행하였고, 이러한 논의는 다시 감정(=人情)과 의리(=天理)라는 근거문제로까지 심화되었다. 따라서 체백을 중시하는 여묘에 반대하고 신혼을 중시하는 반혼을 주장한 퇴계의 의도는 결국 인정을 넘어 천리에 근거한 예를 정립하고자 했던 것으로 볼 수 있다.

이러한 퇴계의 의리를 본위로 하는 예학적 특징은 종법질서에 관한 사항에서도 그대로 드러났다. 예를 들면 종법질서의 체계에서 적적상전(嫡嫡相傳)으로 종통(宗統)이 계승될 수 없는 상황이라면 차자전중(次子傳重)보다는 입후(立後)를 주장한 것이라든가, 조상의 신주를 조천(祧遷)하는 문제에서 친진(親盡)의 기준을 주사자(主祀者)를 기준으로 삼아 판단해야 한다는 점을 강조한 것이 대표적이다. 이러한 주장들은 모두 은애(恩愛)로 상징되는 인정과 의리(義理)로 상징되는 천리가 대립하는 장면에서 퇴계가 의리에 입각해서 예를 정립하고자 했음을 보여준다.

"예는 의리의 실현"[37]라는 말이 시사하듯이, 예는 그 자체가 목적이라기보다 의리를 구현하는 데 목적이 있다. 이는 주자가 "천리의 절문이며, 인사의 의칙이다"라는 말로 예를 정의한 데도 잘 드러나 있다. 이렇게 의리는 성리학 내에서 예의 위상을 결정하는 데 있어 매우 중요한 개념이다. 조선 유학

37 『禮記』「禮運」.

에서 이와 같은 주제를 투영해 살펴볼 수 있는 인물로는 역시 퇴계가 그 선하에 해당한다. 그런 점에서 퇴계는 이기심성론 분야에 있어서만 조선 유학의 수준을 고양시켰던 것이 아니라, 예학 분야에서도 이전과 이후를 구분하게 만든 당대 최고 수준의 예학자였다고 평가할 수 있다.

08

홍대용, 중국을 지방화하다

조성환

1. 새로운 흐름

16세기에 퇴계 이황과 율곡 이이가 조선 성리학의 토대를 만들고, 17세기에 그것이 이론적으로 심화되어 갔다면, 18세기에는 이 흐름에 새로운 변화가 생기게 된다. 그것은 중국을 통해 수용된 서학과의 만남으로 촉발되었다. 중국에 전래된 서양의 천문학(자연학)과 천주학(가톨릭)이 조선 유학자들에게 일대 충격을 던진 것이다.

이런 변화의 중심에 있던 인물 중의 하나가 담헌 홍대용이다. 홍대용은 흔히 '북학파 실학자'로 알려져 있는데, 여기에서 '북'은 '청나라'를 가리킨다. 따라서 '북학'이란 "청나라를 배우자"는 뜻이다. 당시로서는 상당히 급진적인 주장이라고 할 수 있다. 유학은 문명과 야만의 이분법적 세계관에서 출발하는데, 북학파의 주장은 "문명(명나라)을 버리고 야만(청나라)을 배우자"는 말로 들리기 때문이다.

북학파의 대표적인 인물은 담헌 홍대용(1731~1783)과 연암 박지원(1737~1805) 그리고 초정 박제가(1750~1805)이다. 이들은 모두 북경에 다녀온 경험이 있고, 그것을 견문록이나 철학서의 형태로 남겼다. 홍대용은 한글로 북경여행기 『을병연행록』(1776)을 저술했고, 박제가는 "북을 배우자"고 하는 개혁론 『북학의』(1778)를 썼으며, 박지원은 한문 기행문 『열하일기』(1780)를 저술했다.

이 중에서 홍대용은 나이가 제일 많았지만 사상적으로는 가장 급진적이었다. 그래서 홍대용을 북학파로 보는 통설에 대한 이견도 있다. 홍대용 연구자인 박희병 교수는 홍대용은 전형적인 북학파와는 그릇의 크기가 다른 사상가로, 유학적 세계관을 벗어난 평등주의자이자 서구적 근대를 뛰어넘는 생태주의자라고 평가하였다.[1]

홍대용의 생애에 커다란 전기가 찾아온 것은 그의 나이 35세 때인 1775년이다. 작은아버지를 따라 두 달 동안 북경에 다녀올 기회를 얻은 것이다. 이때의 경험을 세 권의 책으로 남겼는데, 두 권은 사실적인 기행문이고, 한 권은 가상의 철학 대화이다. 기행문은 한문으로 쓴 『담헌연기(湛軒燕記)』와 한글로 쓴 『을병연행록(乙丙燕行錄)』이고, 철학서는 『의산문답(醫山問答)』이다. 『의산문답』은 "의산에서 묻고 답하다"는 뜻으로, 의산은 '의무려산(醫巫閭山)'의 준말이다. 의무려산은 청나라와 조선의 접경 지역에 있는 산으로, 지금의 랴오닝성(遼寧省) 진저우시(錦州市)에 있다. 『을병연행록』에 의하면 홍대용은 북경 여행을 마치고 조선으로 돌아오는 길에 실제로 이 산에 오른 적이 있다고 한다. 그때의 경험을 살려서 이 산을 무대로 가상의 철학 대화를 꾸민 것이 『의산문답』이다.

『의산문답』은 두 사람이 주고받는 대화로 이루어져 있는데, 그들의 이름은 허자(虛子)와 실옹(實翁)이다. 허자가 묻고 실옹이 답하는 형식인데, '허'는 헛된 것을, '실'은 참된 것을 상징한다. 여기에서 '허자'는 북경에 가기 전까지 자신이 공부한 것들이 전부 헛된 것이었음을 암시하는 이름이다. 반면에 '실옹'은 북경에 다녀온 뒤에 생각이 바뀐 자신의 모습을 대변하고 있다. 그래서 『의산문답』은 과거의 홍대용과 현재의 홍대용의 대화라고 할 수 있

1 박희병, 「홍대용은 과연 북학파인가?」, 『민족문학사연구』 50, 2012.

다. 이 장에서는 『의산문답』에 나타난 젊은 시절 홍대용 철학의 특징을 살펴보기로 하자.

2. 평평한 존재론

『의산문답』의 첫머리는 세상이 자기를 알아주지 않는다는 허자의 한탄으로 시작된다.

> 허자는 30년 동안 은거하고 독서하면서 천지의 변화를 궁구하고 성명의 오묘를 연구하여, 오행의 뿌리에 도달하고 삼교(三教)의 속내에 통달하고, 사람의 도리를 밝히고 사물의 이치에 회통했다. 심오한 이치를 캐내어 세상일을 환히 꿰뚫은 뒤에 세상에 나와서 사람들에게 말했는데, 듣고서 웃지 않는 이가 없었다. (…) 그리고는 서쪽의 북경으로 가서 관료들과 담론하며 여관에서 60일을 머물렀지만 끝내 알아주는 이를 만나지 못했다. (…) 마침내 세상을 등질 결심을 하고 수십 리를 가자, 돌문이 나타났다. (…) 문을 들어서자 한 거인이 섶나무 둥지에 홀로 앉아 있었는데, 그 모습이 괴이했다. 그곳에는 나무를 쪼개어 '실옹의 거처'[實翁之居]라고 쓰여 있었다.[2]

여기에서 허자는 유교·불교·도교의 삼교에 두루 통달한 조선의 학자로 소개되고 있다. 당시 조선에서 불교와 도교가 이단시된 것을 생각하면 상당

2 김태준·김효민 번역, 『의산문답』, 지식을만드는지식, 2011, 17~19쪽. 이하에서 인용하는 『의산문답』은 이 번역본에 의하고, 번역은 가독성을 위해 필요한 경우에는 약간의 수정을 가했다.

히 폭넓은 지식인이었다고 할 수 있다. 그런데 그런 허자조차도 조선과 중국의 양쪽에서 무시당하는 인물일 뿐이다. 세상이 그의 진면목을 몰라준다기보다는 그가 30년 동안이나 은거한 탓에 시대에 뒤떨어진 구닥다리 지식인이 된 느낌이다. 뭔가 학문의 패러다임이 근본적으로 변화되었음을 암시하고 있다. 실제로 실옹은, 마치 소크라테스가 문답법을 통해 상대방의 무지를 자각하게 했듯이, 허자에게 질문을 던지는 형식으로 그의 세계관이 잘못되었음을 깨닫게 한다.

실옹은 허자를 만나자, 가장 먼저 사람과 사물의 차이에 대해서 묻는다. 여기에서 사물은 동물이나 식물과 같이, 사람을 제외한 모든 존재를 말한다.

> 실옹: "사람과 금수와 초목의 세 부류의 생물들 사이에는 귀함과 천함의 차이가 있는가?"
>
> 허자: "천지의 생물들 중에서 사람이 제일 귀합니다. 금수와 초목은 슬기와 깨달음이 없고 예(禮)와 의(義)가 없기 때문에 사람이 금수보다 귀하고, 초목은 금수보다 천합니다."
>
> 실옹: "(고개를 쳐들고 웃으면서) 그대는 과연 사람이로다. 오륜과 오사(五事)는 사람의 예의이다. 떼를 지어 다니며 서로 먹이는 것은 금수의 예의이고, 무리지어 자라면서도 평안하고 느긋한 것은 초목의 예의이다. 사람의 눈으로 사물을 보면 사람은 귀하고 사물은 천하며, 사물의 눈으로 사람을 보면 사물이 귀하고 사람은 천하게 보인다. 하지만 하늘에서 바라보면 사람과 사물은 균등하다."
>
> -『의산문답』 34-35쪽

여기에서 허자는 전형적인 유학적 인간관을 대변하고 있고, 실옹은 고대 중국의 장자(莊子)와 같은 도가적 인간관을 연상시킨다. 유학에서는 인간이 만물의 으뜸이라고 보는데, 그 이유는 도덕적 본성을 실현할 수 있는 능력을 타고났다고 보기 때문이다. 마치 서양에서 인간은 이성적 동물이기 때문에 만물의 영장이라고 보았던 것과 유사하다. 반면에 실옹은 모든 관점은 상대적이라고 하면서, 동물에게는 동물 나름대로의 도덕이 있기 때문에 "사람과 사물은 균등하다"고 하는 '인물균(人物均)'의 입장을 취한다. 그리고 이것을 "하늘에서 바라본 관점(自天而視之)"이라고 말한다.

이러한 입장은 장자와 유사하다. 장자는 「제물론」에서 아름다움을 예로 들면서, 제아무리 아름다운 미녀라 할지라도 동물들이 그녀를 보면 무서워서 달아나는 것은 인간과 동물 사이에 아름다움의 기준이 다르기 때문이라고 하였다. 그리고 「추수」에서는 "도의 관점에서 보면 사물에 귀천이 없는데, 사물의 관점에서 보면 자신은 귀하고 상대는 천하다(以道觀之, 物無貴賤; 以物觀之, 自貴而相賤)"라고 하였다. 홍대용이 '하늘의 관점'이라고 한 대목이 장자에서는 '도의 관점'으로 바뀌었을 뿐이다.

이와 같이 사람[人]과 사물[物], 인간(human)과 비인간(nonhuman)의 존재론적 차등을 부정하는 입장을 현대철학에서는 '평평한 존재론(flat ontology)'이라고 한다. 가령 미국의 정치철학자인 제인 베넷은 『생동하는 물질(Vibrant Matter)』에서 사물도 인간이나 동물과 마찬가지로 정치적 '힘'(power)을 가진 존재로 보아야 하고, 그런 점에서 인간과 비인간을 차등적 존재로 구분해 왔던 근대적 존재론은 재고되어야 한다고 주장했다.

3. 지구학적 관점

시기적으로 보면 홍대용은 장자와 제인 베넷의 사이에 위치하는 철학자이다. 그래서 한편으로는 전통적인 동아시아의 세계관을 유지하면서도, 다른 한편으로는 서양의 자연과학의 성과를 수용하고 있다. 그 융합의 결과가 『의산문답』이다. 그래서 『의산문답』에는 장자와 같은 도가철학의 요소도 보이지만, 종래의 동아시아에서는 볼 수 없었던 새로운 논의들도 등장하고 있다. 지구자전설이나 우주무한설과 같은 '지구학'이 그것이다. 이 중에서 '지구자전설'은, 과학사가 박성래에 의하면, 홍대용이 서양 선교사들의 글을 읽고 내린 독창적인 견해였다고 한다.[3] 따라서 홍대용은 서양의 천문학 관련 문헌들을 참고하면서, 당시에는 통용되지 않았던 새로운 지구론을 제시한 것이다. 예를 들면 다음과 같다.

> 실옹: "내가 또 그대에게 묻겠네. 세상 사람들이 천지(天地)를 말하는 것이 어찌 지구를 우주의 중심으로 생각하고, 해와 달 그리고 별이 그 주위를 둘러싸고 있다고 보는 것이 아니겠는가?"
>
> 허자: "칠정(七政=태양, 달, 화성, 수성, 목성, 금성, 토성)이 지구를 둘러싸고 있다는 것은 관측으로 얻은 근거가 있으니, 지구가 우주의 중심이라는 것은 의심할 바 없을 듯합니다."
>
> 실옹: "그렇지 않다. 온 하늘의 별들은 모두 나름의 세계가 아닌 것이 없다. 별들의 세계에서 보면 지구 또한 한 개의 별이다. 헤아릴 수 없이 많은 세계

3 박성래, '지전설(地轉說)', 『한국민족문화대백과사전』(온라인); 박성래, 『(지구자전설과 우주무한론을 주장한) 홍대용』, 민속원, 2012, 67~73쪽.

가 우주에 흩어져 있는데, 오직 이 지구만이 공교롭게도 중심에 있다고 하는 것은 이치가 서지 않는다. (…) 지구에서 보면 칠정이 지구를 둘러싸고 있기 때문에 '지구가 칠정의 중심'이라고 하는 것은 옳지만, 지구가 모든 별의 중심이라고 하는 것은 우물 안 개구리와 같은 생각이다. (…) 따라서 지구는 태양과 달의 중심이 될 수 있지만, 오위(五緯=오성)의 중심이 될 수는 없다. 태양은 오위의 중심이 될 수는 있지만 별들의 중심이 될 수는 없다. 태양도 중심이 될 수 없는데 하물며 지구는 어떠하겠는가!"

-『의산문답』, 60~63쪽

먼저 "세상 사람들이 천지(天地)를 말하는 것이 어찌 지구를 우주의 중심으로 생각하고, 해와 달 그리고 별이 그 주위를 둘러싸고 있다고 보는 것이 아니겠는가?"라는 실옹의 물음으로부터 당시에 조선에서는 '천동설'이 진리로 간주되고 있었음을 알 수 있다. 즉 지(地)를 중심으로 천(天)이 돈다고 생각한 것이다. 이것을 허자는 "지구가 우주의 중심이다"라고 표현하고 있다. 이에 대해서 실옹은 "지구 역시 하나의 별에 불과할 뿐으로, 모든 별의 중심이 될 수는 없다"고 하면서 지구중심설을 부정한다. 나아가서 지구뿐만 아니라 태양조차도 중심은 아니라고 하면서 "우주에 중심은 없다"고 하는 주장까지 한다. 그렇다면 홍대용은 어떻게 해서 이와 같은 결론에 도달할 수 있었을까?

그것은 아마도 "지구가 돈다"고 하는 지구자전설에 대한 확신 때문이었던 것 같다.

무릇 지구는 하루에 한 바퀴씩 자전을 한다. -『의산문답』 49쪽

지구가 도는 것과 하늘이 운행하는 것은 그 형세가 같다. -『의산문답』 56쪽

종래에는 "땅이 정지한 상태에서 별들의 중심에 위치해 있다"고 생각했다. 즉 지구를 고정된 중심으로, 나머지를 움직이는 주변으로 간주하였다. 그런데 지구도 다른 별과 마찬가지로 회전을 한다는 사실을 알게 되자 "지구도 여러 별 중의 하나에 불과하다"는 식으로 생각이 바뀐 것이다. 그리고 이러한 생각을 태양에까지 적용한 결과, 태양도 우주의 중심이 아니라는 결론에 도달하였다.

나아가서 이러한 '무중심(無中心)'적 세계관을 지구 내에도 적용시켜 인간도 지구의 중심은 아니라는 탈인간중심주의적 사유에 이른 것으로 보인다.

> 무릇 지구는 우주 가운에 살아 있는 것이다.
> 흙은 지구의 피부와 살이고, 물은 지구의 정액과 피이며,
> 비와 이슬은 지구의 눈물과 땀이고, 바람과 불은 지구의 혼백과 혈기이다.
> 그래서 물과 흙이 안에서 빚고 태양 빛이 바깥에서 구우며,
> 원기(元氣)가 모여서 여러 생물들이 무성하게 자라게 된다.
> 초목은 지구의 머리카락이고, 사람과 짐승은 지구의 벼룩과 이이다.
> -『의산문답』 129쪽

여기에서 실옹은 지구를 살아 있는 유기체에 비유하면서, 물, 흙, 바람, 불, 태양이 지구라는 유기체를 만들었다고 설명하고 있다. 그리고 그 안에 있는 원기(元氣)에 의해서 동물이나 식물과 같은 생물들이 자라게 되었고, 이것들이 지구의 몸의 일부를 이루고 있다고 말하고 있다. 흥미로운 사실은 사람을 지구의 '벼룩'에 비유하고 있는 점이다. 종래의 유학적 세계관에서는 인간은 천지의 중심에 위치하고 있다(퇴계 이황의 「천명도」가 대표적인 예이다). 그런데 홍대용은 인간을 인간 이외의 존재와 함께 지구를 구성하는 여

러 요소 중의 하나로 자리매김하고 있다. 여기에서 알 수 있는 사실은, 마치 지구가 우주의 중심이 아니듯이, 인간도 지구의 중심이 아니라는 '탈중심주의적' 세계관이다.

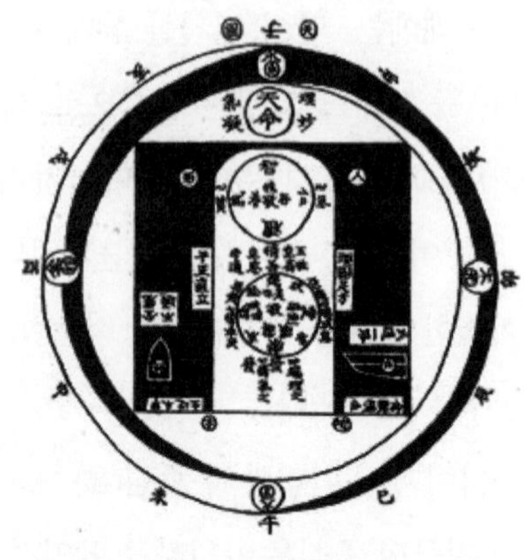

추만 정지운과 퇴계 이황의 합작품 「천명도」 맨 가운데의 하얀 부분이 인간의 영역이다.

그렇다면 무엇이 홍대용으로 하여금 이와 같은 탈중심주의적 세계관에 이르게 하였을까? 우선 생각할 수 있는 하나의 요인은, 서두에서 소개한 장자(莊子)와 같은 전일적(全一的) 관점이다. 즉 인간과 같이 어느 하나의 관점에서 세계를 보는 것이 아니라, 세계 전체의 관점에서 세계를 보는 것이다(이것을 홍대용은 '하늘의 관점'이라고 하였다). 여기에 더해서 지구가 끊임없이 회전하고 있다는 새로운 지구론도 홍대용의 생각을 바꾸게 하는 요인으로 작용했을 것이다. 즉 자전설이 지구가 우주의 중심이 아니라는 탈중심적 지구론에 이르게 하였고, 이것을 지구 안의 존재들에 적용한 결과, 인간도 지구의 중심이 아니라는 생각을 했을지도 모른다.

마지막으로 생각할 수 있는 것은, 리(理)가 아닌 기(氣)를 중심으로 하는 우주론이다. 여기에서 리는 선험적으로 주어진 질서를 가리킨다. 종래의 성리학적 세계관에서는 우주에는 선험적인 질서가 있고, 그 질서를 제일 잘 인식할 수 있는 것은 인간이기 때문에, 인간이 만물의 중심이라고 생각했다. 반면에 홍대용은 선험적인 질서에 만물이 따르는 것이 아니라, 우주에 충만한 근원적인 힘과 에너지[元氣]가 먼저 있고, 그것으로 인해 물질이 생성되며, 그 물질들의 운동으로 인해 우주가 운행된다고 생각했다. 예를 들면 다음과 같다.

> 하늘은 기일 뿐이고, 태양은 불일 뿐이며, 지구는 물과 흙일 뿐이다.
> (天者氣而已, 日者火而已, 地者水土而已.)
> 이 세 가지 가운데 하나라도 모자라면 (만물의) 생성 변화가 생기지 않는다.
> -『의산문답』 109쪽

여기에 나타난 생각은 다음과 같다. 우주에는 기(氣), 즉 힘이 내재해 있고, 그것이 불과 물과 흙을 생성하였으며, 태양과 지구는 그와 같은 불과 물과 흙으로 이루어진 기체(氣體), 즉 물질과 에너지 덩어리라는 것이다. 그리고 이러한 기체들의 조화에 의해 이 우주가 성립하고 있다는 것이다. 이와 같은 우주론의 연장선상에서 홍대용은 인간 역시 다른 존재와 마찬가지로 '기'의 일종에 불과하다고 본다. 그래서 인간은 만물의 중심에 위치하는 존재가 아니라, 만물과 동등한 위상을 갖는 "지구 내 존재"[4]의 구성원으로 새롭게 자리매김된다.

4. 중국을 지방화하기

지구와 인간을 탈중심화한 홍대용은 마지막으로 '중화'를 탈중심화한다.

> 책력을 추산하여 천문을 관측하고 달력을 만들 때에 천체를 일정하게 나눈

4 "지구 내 존재"라는 표현은 김봉곤·야규 마코토의 「실학의 지구기학」에서 빌려왔다. 박치완 외, 『지구인문학의 시선』, 모시는사람들, 2022에 수록.

> 각도를 기준으로 하고, 별의 이름은 역법가들이 방편적으로 지은 것이다. 그런데 그것을 부풀리고 견강부회하여 속세의 일을 관련시켜 술수가들의 무기로 삼았는데, 그 지리멸렬함과 허망함은 중국의 전토를 하늘의 28수에 대응시켜 나눈 데에서 극에 달했다.
>
> -『의산문답』 80~81쪽

여기에서 실옹은 중국의 전통적인 '분야설'을 근거 없는 낭설이라고 신랄하게 비판하고 있다. 분야설이란 우주 공간과 중국 전역을 일대일로 대응시켜 양자의 상관관계를 주장하는 이론으로, 한나라 때에 체계화되었다. 그러나 실옹이 보기에는 우주에는 어떤 중심도 없고, 따라서 중국을 중심으로 세계를 구획하는 것은 허무맹랑한 이야기에 불과하다.

> 무릇 지구는 우주 전체에서 작은 티끌에 불과하며, 중국은 지구에서 십몇 분의 일에 지나지 않는다. 지구 주위의 별들을 수도(宿度)로 나누는 것은 있을 수 있지만, 한쪽에 치우친 중국 땅을 뭇별들에 무리하게 대응시켜 억지로 나누고 합치며, 길흉을 엿보는 것은 망령되고도 망령된 것이어서 말할 것이 못된다.
>
> -『의산문답』 81쪽

중국의 전통적인 분야설에 대한 비판은 홍대용이 처음이 아니었다. 16세기 명나라의 왕정상이나 17세기의 예수회 선교사들도 분야설에 비판적이었다. 하지만 예수회 선교사들이 하늘과 지상의 상관성을 인정하는 점성술적 신념까지 버린 것은 아니었다. 단지 분야설이 중화주의적 색채를 띠고 있고, 인간의 운명을 지나치게 별의 영향으로 설명하는 경향을 비판하였을 뿐이다. 서양 지구설의 영향을 받은 조선의 성호 이익조차도 분야설을 부정하지는 않았다. 오히려 중화주의와 지구설의 조화를 꾀하고자 하였다. 반면에 홍대용은 이미 지구중심주의를 버렸기 때문에 중화주의와 분야설까지 부정할 수 있었다.[5]

홍대용은 분야설의 부정에서 한 걸음 더 나아가 화이관(華夷觀)까지 부정한다. 여기에서 '화이'는 '중화와 오랑캐'를 가리킨다. 지금으로 말하면 문명과 야만의 다른 말이다. 분야설로 대표되는 중국중심주의의 부정이 "중국=문명, 비중국=야만"이라는 이분법도 깨트린 것이다.

> 하늘이 낳고 땅이 기르는 것 중에서 혈기를 가지고 있는 것은 모두 사람이다. (均是人也)
> 무리 가운데 매우 뛰어나 한 지역을 다스리는 자는 모두 군왕이다. (均是君王也)
> 문을 겹겹이 세우고 해자를 깊이 파며 국경을 굳게 지키는 것은 모두 나라다. (均是邦國也)
> 장보나 위모와 같은 관이나 모자를 쓰는 것이나,
> 문신을 새기고 이마에 그림을 그리는 것은 모두 습속이다. (均是習俗也)
> 하늘에서 보면 어찌 내외의 구분이 있겠는가!
> 그래서 각각 자기 백성들을 친히 여기고, 각각 자기 임금을 존숭하며,
> 각각 자기 나라를 지키고, 각각 자기 풍속을 편안히 여기는 것은,
> 화(華)나 이(夷)나 마찬가지이다(華夷一也).
> -『의산문답』 148~149쪽

5 이상의 내용은 임종태, 「17·18세기 서양 과학의 유입과 분야설의 변화: 『성호사설』 「분야」의 사상사적 위치를 중심으로」, 『한국사상사학』 21집, 2003의 요지를 요약한 것이다.

여기에서 홍대용은 "혈기를 가진 것은 모두 사람이다"라고 천명하고 있다. 달리 말하면 "동물은 모두 사람이다"는 뜻이다. '도덕성'을 기준으로 인간과 동물을 확연히 구분했던 유교적 세계관에서는 상상조차 할 수 없는 생각이다. 비슷한 맥락에서, 무리를 지어 사는 사회에서는, 그것이 동물의 세계이든 인간의 세계이든, '군왕'이 있다고도 말하고 있다. 즉 동물의 세계에도 임금이 있다는 것이다. 이처럼 홍대용은 기존에 인간의 영역에만 적용했던 개념들을 동물의 세계에까지 확장해서 사용하고 있다. 그리고 그것으로 인해 인간과 동물, 인간과 자연의 구분과 우열을 깨트리고 있다.

여기에서 '모두'라고 번역한 글자에 해당하는 한자어는 '균(均)'이다. '균'은 '균일'이나 '균등'이라고 할 때의 '균'으로, 앞서 살펴본 '인물균' 사상에서도 홍대용이 사용한 적이 있다. 지금 식으로 말하면 "기울어지지 않고 균형 잡힌" 정도의 의미로 이해할 수 있다. 그래서 홍대용의 세계관은 '균일'이라는 한마디로 규정될 수 있다. 예를 들면 균일한 존재론, 균일한 사회관, 균일한 문명관 등등. 그리고 중화와 오랑캐의 차이가 없다는 화이일(華夷一) 사상은, '인물균' 개념을 빌려 표현하면, '화이균(華夷均)' 사상이라고 할 수 있을 것이다.

화이균 사상에 이어서 실옹은 '내외균(內外均)'까지 말하고 있다.

> 오장육부와 사지관절(四肢關節)은 한 몸의 내외이고,
> 제 몸과 저자는 한 집안의 내외이며,
> 형제와 종족은 한 가문의 내외이고,
> 이웃 마을과 사방 변경의 관계는 한 나라의 내외이다.
> 통일된 중국과 오랑캐 나라의 관계는 천지의 내외이다.
> 무릇 자기 소유가 아닌 것을 빼앗는 것을 도(盜)라 하고,

죄를 짓지 않았는데도 죽이는 것을 적(賊)이라 한다.
사방의 오랑캐가 중국의 강역을 침략하면 구(寇)라 하고,
중국이 사방의 오랑캐에 무력을 남용하는 것을 적(賊)이라고 하는데,
서로 침략하고 해친다는 점에서는 그 의미가 같다(其義一也).
-『의산문답』 149~150쪽

이 단락은 의미상 크게 전반부와 후반부로 나뉜다. 전반부에서는 사회적으로 인정되고 있는 '내외의 구분'을 소개하고 있고, 후반부에서는 중국인들이 그것을 화이(華夷)의 영역에 적용한 것을 비판하고 있다. 즉 동일한 침략에 대해서, 중국의 외국 침략은 정의로운 것으로 미화하고, 외국의 중국 침략은 야만적인 것으로 폄하하는 것은 중국인의 자기정당화에 불과하다는 것이다.

이와 같이 동일한 행위에 대해서 가치 평가를 달리하는 것을 유학에서는 '명분(名分)'이라고 한다. 그리고 그러한 평가를 개념으로 나타내는 것을 '정명(正名)'이라고 한다. 이에 대해서 홍대용은 가치 평가보다는 사실적 행위에 주목하고 있다. 그 이유는 가치 평가가 자기중심적 관점에서, 또는 강자의 입장에서 내려지기 때문이다. 이와 같이 홍대용은, 매우 역설적이게도, 중국에 다녀온 경험을 바탕으로 중국중심주의를 부정하고 있다.

이상의 명분론 비판에 이어서 공자의 『춘추』 이야기를 끝으로 『의산문답』은 대미를 장식한다.

공자는 주나라 사람이다.
그런데 주 왕실이 갈수록 비천해지고 제후들은 쇠약해졌으며,
오나라와 초나라가 중원을 어지럽혀 침략하고 해치기를 그치지 않았다.

『춘추』는 그런 주나라의 역사를 기록한 책이기 때문에,
내외를 엄격히 구분한 것도 당연하지 않겠는가?
그러나 공자가 정말로 뗏목을 타고 바다로 나가 오랑캐 땅에 살게 되었다면,
중국의 것으로 오랑캐를 변화시켜서 주나라의 도를 바깥에서 홍성시키려 하였을 것이니, 내외의 구분이나 존왕양이(尊王攘夷)의 도에 따라
자연히 역외(域外)의 『춘추』가 있었을 것이다.
이것이 공자가 성인인 까닭이다.
-『의산문답』 150~151쪽

이 단락은 『의산문답』의 마지막 부분으로, 흔히 홍대용의 '역외춘추론(域外春秋論)'으로 알려져 있다. 하지만 정독을 해보면 의미 파악이 쉽지만은 않다. 먼저 『춘추』는 공자가 쓴 주나라 역사책이다. 따라서 중국을 중심에 두는 관점에서 서술되었을 것이다. 이것을 홍대용은 "내외를 엄격히 구분하였다"고 표현하고 있다. 그다음 단락에서는 홍대용의 사고실험이 시도되고 있다. '사고실험'은 『의산문답』에서 자주 사용된 방법의 하나로, 가상의 상황을 설정하여 사유를 진행하는 것을 말한다.

『논어』에는 공자가 "도가 행해지지 않으니 뗏목을 타고 바다로 가고 싶다" 라고 고백하는 장면이 나온다(「공야장」). 홍대용은 "공자의 이 바람이 실현되었다면 어떻게 되었을까?"라는 사고실험을 하고 있다. 아마도 공자는 바다를 건너 도착한 오랑캐 땅에서 『춘추』를 썼을 것이고, 그렇게 되었다면 중국이 아닌 그 오랑캐 땅이 '중화'가 되었을 것이다(왜냐하면 공자가 그곳에서 '유학'을 창시했을 것이기 때문이다). 그리고 중국은 '오랑캐'로 간주되었을 것이다. 즉 중화와 오랑캐의 지위가 역전되는 것이다.

이렇게 생각해 보면 공자가 성인인 이유는 그가 중국 사람이어서가 아니

다. 그가 유학이라고 하는, 2천년 가까이 중국을 다스린 '철학'을 만들었기 때문이다. 즉 그의 성인다움은 출신 지역에 있는 것이 아니라 그의 문화적 행위에 있는 것이다. 여기에서 홍대용은 공자를 사례로 등장시켜 "중국=성인"이라는 등식을 깨트리면서 화이의 구분을 부정하고 있다. 이것이 『의산문답』의 결론이다.

5. 기후변화 시대의 기학

지금까지 홍대용의 초기 저작 『의산문답』에 나타난 '파격적인' 철학적 주장들을 '지구자전설'과 '탈중심주의'를 키워드로 살펴보았다. 이 파격적 생각들을 담아내기에는, 종래와 같은 주석이나 편지 형식의 글쓰기보다는, '가상의 대화'가 적합했을 것이다. 『의산문답』이 허자와 실옹이라는 허구의, 그러나 다분히 자전적인 요소가 있는 인물들을 등장시켜 '문답' 형식으로 서술한 이유가 여기에 있다.

『의산문답』은 비록 당시에는 널리 읽히지는 않았을지 모르지만, 한국철학의 특징을 파악하거나, 그 이후의 한국철학사의 전개를 이해하는 데에는 커다란 도움이 된다. 『의산문답』이 나오고 70여 년 뒤에 실학자로 알려진 최한기가 『기학(氣學)』(1857)을 저술하는데, 이 『기학』의 철학적 입장도 홍대용과 유사하기 때문이다. 최한기도 홍대용과 마찬가지로 '지구학'적 관심이 매우 커서, '지구전요(地球典要)'(1857)라는 제목의 책까지 쓸 정도였다. 나아가서는 홍대용이 인정하지 않았던 '지구공전설'까지 주장하였다. 뿐만 아니라 『기학』이라는 저서의 제목이 말해주듯이, 리(理)가 아닌 기(氣)로 인간과 사회와 우주를 '균일하게' 설명하고 있는 점도 홍대용과 유사하다. 그런 의미에서는 홍대용은 최한기 기학의 선구라고 해도 과언이 아니다.

마지막으로 홍대용과 최한기의 기학은 기후변화 시대에 대두되고 있는 서양의 현대철학과도 상통하는 점이 많다. 가령 '균일한 존재론'은 신유물론의 '평평한 존재론'과 비교될 수 있다. 또한 '기철학'은 최근에 기후변화 문제가 심각해짐에 따라 서양에서 대두되고 있는 '에너지철학'과 대화할 수 있는 여지가 풍부하다.[6] 이것은 홍대용과 최한기의 기학이 기후변화 시대에 새롭게 해석될 수 있는 가능성이 적지 않음을 시사한다. 그래서 이들의 철학은, 종래와 같은 '실학'이나 '근대'라는 틀로 접근하기보다는, '기후철학'이나 '에너지철학' 또는 '인류세'의 문맥으로 이해하는 것이 그 진가를 드러내기에 더 적절하다고 생각한다.[7]

6 최근에 서양에서 나온 선구적인 에너지철학 연구서로는 Clayton Crockett, *Energy and Change: A New Materialist Cosmotheology*, Columbia University Press, 2022를 들 수 있다.

7 최한기의 기학을 신유물론과 기후변화철학의 관점에서 해석한 시도로는 조성환, 『K-사상사:기후변화시대 철학의 전환』, 다른백년, 2023이 있다.

09

최한기, 동서를 융합하다

김경수

1. 최한기의 시대와 저작

최한기(崔漢綺, 1803~1877)는 자는 지로(芝老), 호는 혜강(惠岡)으로, 조선의 개화기 이전 마지막 실학자로 알려져 있다.[1] 1825년 생원시에 합격하였으나, 벼슬에 나아가는 것을 단념하고 서울로 이주하여 평생토록 학문에만 종사하였다. 특별히 당시에 조선으로 유입된 서양의 과학기술 서적에 지대한 관심을 가졌으며, 최신의 서양 과학기술 서적을 입수하기 위해 조선의 청나라 사신과 역관을 통해 북경에서 도서들을 구입하는 등 각고의 노력을 기울였다.[2]

동서고금의 다양한 서적과 서양의 과학기술 서적을 깊이 탐독하여 수립된 그의 철학에는 동서양의 학문이 융합된 독창적 면모가 두드러진다. 특히 왕성한 저술 활동을 통해 평생의 학문과 사상을 책으로 남겼는데, 최남선(崔南善, 1890-1957)에 의하면 조선의 학자들 중 가장 방대한 양의 책을 집필했다고 한다. 현재 저술 중 일부는 유실되었고, 남은 것은 '명남루총서'라는 이름으로 합본하여 1971년 성균관대학교 대동문화연구원에서 간행되었다.

1 황경숙, 「혜강 최한기의 사회사상의 구조와 성격」, 『한국학보』19-1, 1, 1993, 107쪽.

2 권오영, 「새로 발굴된 자료를 통해 본 혜강의 기학」, 한형조 외, 『혜강 최한기』, 청계, 2004.

『명남루총서』에 실린 그의 저술을 살펴보면, 지리학·의학·수학·천문학·기계학·농법·정치학·철학 등 다양한 분야를 망라하고 있다. 이 가운데 과학기술과 관련된 저술들은 서양의 최신 지식들을 소개한 후에 자신의 의견을 달거나, 자신의 관점으로 재해석한 내용을 추가하는 방식으로 서술되어 있다. 그는 다른 실학자들은 접하지 못한 1850년대에 번역된 최신의 서양 과학기술도 저술에 반영하고 있는데, 뉴턴의 천체역학을 독창적으로 수용한 『성기운화』가 대표적인 예이다. 최한기의 철학 관련 저술로는 『신기통』, 『추측록』, 『기학』, 『인정』, 『운화측험』, 『신기천험』 등이 있다. 이 책들은 기(氣)를 통해 우주만물의 생성과 변화를 설명한 전통적인 기철학 위에다 서양의 과학기술을 주체적으로 수용한 것으로, 동서 융합의 면모가 여실히 드러난다.

최한기가 서양의 과학기술을 주체적으로 수용하여 새로운 철학체계를 수립한 것은 단순한 학문적 호기심 때문이 아니라, 당시 조선의 극심한 혼란을 바로잡고 미래를 대비하기 위한 고심의 결과였다. 19세기 조선은 국내외에 불어닥친 새로운 변화의 물결 앞에 기존의 사회질서는 크게 요동치고 있었고, 정부는 이에 대해 능동적으로 대처하기엔 역부족인 실정이었다.

내적으로는 세도정치로 인한 조정과 민심의 분리, 신분제의 동요, 민란의 지속적인 발생 등 혼란이 극에 달한 상태였다. 또한 외적으로는 서양의 문물이 끊임없이 밀려들어와 조선 문화의 근간을 흔들고 있었으며, 서양 열강들의 문호개방 압박도 점차 강도가 높아지고 있었다.

이런 상황 속에서 최한기가 제시한 해법은 서양의 우수한 문물의 주체적 수용이었다. 그는 여러 국가가 서로 물자를 교역하고 지식을 교류하는 당시의 국제 상황을 인지하고, 이러한 국제적 추세를 거스를 수 없는 것으로 파악한다. 그리하여 서양의 우수한 문물을 적극 수용하는 것이 국가에 진정한 유익이 되는 길이라고 확신하였다. 하지만 그가 단순히 서양 문물의 무분별한 수용만을 주장한 것은 아니다. 민족정신과 전통을 지키기 위해 서양의 문물을 주체적으로 수용하고자 하였고, 이를 위한 사상적 기반을 마련하기 위해 동서 융합의 철학을 수립한 것이다.

최한기가 시도한 동서 융합의 철학이란 전통적인 기(氣) 철학의 토대 위에 서양과학의 경험적·실증적 학문방법론을 융합한 것을 말한다. 광범위한 서학 관련 서적을 탐독한 그는 서양 과학기술의 우수성은 경험적·실증적 학문방법론에 기인한 것이라고 분석한다. 그리고 이 방법론을 기철학에 접목시켜 새로운 철학체계의 수립을 시도하였고, 이를 통해 동서양 문물의 조화를 이룰 수 있는 사상적 기반을 마련하고자 하였다.

최한기 철학의 이러한 차별성과 독창성은 그동안 많은 연구자들의 관심을 받아 왔다. 1965년 박종홍이 최한기 철학을 경험주의로 규정한 이래로 경험적·실증적 학문방법론에 대한 분석이 지속적으로 진행되고 있다. 또한 최한기 철학에 수용된 서양 과학기술에 대한 분석도 많은 연구가 축적되었는데, 이를 통해 동서융합의 양상을 밝히는 데 초점을 맞추고 있다. 다음으로는 최한기의 철학이 조선의 지배이념으로 작동해 온 성리학과의 차별성을 밝히는 연구들이 뒤를 잇고 있다. 마지막으로 실증적 학문방법론에 기인한 최한기 정치철학의 근대적 의의를 민주주의와 관련 지어 평가하는 연구도 많이 있으며, 최근에는 최한기의 동서 학문의 융합 양상을 통섭이라는 현대적 개념으로 재조명하는 논문도 꾸준히 발표되고 있다.

2. 경험 지식에 기초한 철학 체계의 수립

최한기가 서양 과학기술의 성과를 수용하기 위해 택한 동양 전통의 재료는 기(氣)이다. 최한기는 기일원론 체계 내에서 자신의 철학을 개진한다. 이것은 조선의 지배 이념으로 정착된 성리학이 이기이원론 체계인 것과 구별된다. 이기이원론에서는 만물의 존재 원리이자 가치 판단의 기준이 되는 리(理)가 철학의 중심이 된다. 하지만 그가 볼 때, 경험과 측정이 불가능한 무형의 리가 가치 판단의 기준이 되면 혼란의 가능성이 배태되게 된다.

도덕적 선악과 규범들을 결정하는 데 있어 그 기준을 무형의 존재인 리에 둔다면, 그것이 과연 보편타당한 것인지를 어떻게 확인할 수 있을까? 이것이 최한기의 비판이다. 리는 무형의 존재이기에 그것을 객관적으로 판단할 경험적 근거가 부재하며, 이로 인해 조정에서 서로 옳음을 추구하면서도 모호한 기준으로 인해 끊임없는 분쟁이 일어난다는 것이다.

반면에 그가 접한 서양 과학기술의 성과들은 날로 그 우수성을 드러내고 있었다. 최한기는 서양 과학기술의 우수한 성과들은 형체가 있는 유형의 사물을 학문의 대상으로 삼아서 그것에 대한 경험적·실증적 지식을 추구했기 때문이라고 파악한다. 형체가 있는 유형의 사물은 관찰과 측정을 통해 그것을 경험적으로 인식할 수 있고, 인식한 지식을 다시 실험을 통해 진위를 검증할 수 있다. 대표적으로 서양 천문학의 지구 구형설은 배가 바다를 일주함으로써 검증된 지식으로서 최한기의 관심을 끌었다. 이처럼 그는 경험적·실증적 지식이 다양한 관측기구를 통해 측정하고 검증할 수 있는 사실이라는 점에 주목하였다.

기는 동양의 학문에 속한 것이면서도, 만물의 형체를 구성한다는 점에서 리와는 달리 유형의 존재로 인식되어 왔다. 그리하여 최한기는 리를 배제한 채 유형의 존재인 기로서만 이루어진 기일원론 체계를 수립한다면, 서양 과학의 경험적·실증적 방법과 조화될 수 있을 것이라고 판단한다. 동양의 학문도 계승하는 동시에 서양 과학의 우수성도 수용할 수 있는 방법을 '기'에서 찾은 것이다.

이처럼 그의 철학에는 동서학문이 융합되어 있다. 하지만 융합의 방식은 동양의 철학과 서양 과학의 단순 결합은 아니다. 17세기부터 조선에 유입되기 시작한 한역서학서(한문으로 번역된 서양서적)는 과학기술서뿐만 아니라 천주교 서적도 포함되어 있었다. 하지만 천주교와 전통문화 사이의 갈등은 곧 서양 문물 전체에 대한 배척의 계기가 되었으며, 그 결과 조선의 서양 과학기술에 대한 태도는 '척사위정론'으로 이어졌다. 그럼에도 서학의 우수성을 긍정적으로 파악한 일부 진보적인 지식들은 전통 사상을 지칭하는 '도(道)'와 서양의 과학기술을 지칭하는 '기(器)'를 단순 결합시키자는 '동도서기론(東道西器論)'을 주장하고 있었다. 하지만 서양 과학의 바탕이 되는 사상적 요소들을 떼어내고 그 성과만을 취해서 전통 철학과 단순 결합하는 방식은 현실적으로 불가능한 것이었다.

이에 최한기는 동도서기 식의 단순 결합의 불가능성을 인지하고, 기를 통해 양자를 융합하는 독창적인 철학체계를 구상하기에 이른다. 그 결과 자신의 철학체계가 비록 기일원론의 형태를 띠고 있지만, 그 내용에 있어서는 동양 전통의 사상과 차별화된다는 점에서 자신의 철학을 '기학(氣學)'으로 명명한다. 최한기의 기학은 철학의 기본 재료인 기 개념에서부터 동서융합을 시도한다는 특색을 갖는다. 기 개념의 변화는 단순히 기 개념에 국한된 것이 아니다. 기일원론에서 기란 인간과 만물의 생성과 변화에 관여하는 근원적인 재료이다. 그렇기에 기 개념의 변화는 인간관·정치관·학문방법론 등 철학 전반에서의 변화를 야기하게 된다.

그의 기 개념 가운데 첫째는 형질을 지닌 유형의 기 개념이다. '유형의 기'란 기가 형질을 지닌 유형의 존재라는 것으로서, 기를 인간의 감각기관으로 지각할 수 있는 경험 대상으로 규정한 것을 말한다. 최한기는 한역서학서를 통해 덴마크의 천문학자 티코 브라헤(Tycho Brahe)의 몽기설(蒙氣說)이라는 대기층의 발견을 접한다. 그는 이것이 기에 형질이 있다는 것을 밝힌 새로운 지식이자, 그것이 경험과 관측을 통해 입증되었다는 점에서 확실한 지식이라고 파악한다. 이처럼 그는 몽기설을 주체적으로 재해석함으로써 형질을 지닌 유형의 기 개념을 수립한 것이다.

두 번째는 운화기(運化氣) 개념이다. '운화'란 운동과 변화를 나타내는 의미로서 기가 끊임없이 운동 변화한다는 것을 나타낸다. 최한기는 지구의 자전과 공전, 그리고 해와 달과 별들의 운행에 관한 지식을 한역서학서에서 접하고, 이러한 천체의 운동이 곧 기가 운동하고 변화하는 경험적 증거라고 인식한다. 즉 천체 운행의 발견이 19세기 조선의 철학자 최한기에게는 기의 운화에 대한 발견으로 비춰졌던 것이다. 그래서 최한기의 운화기는 전통적 기의 운동 방식인 음양오행설을 대체하고, 기를 일종의 물리적 운동성을 갖는 존재로 새롭게 규정한 개념이다.

유형의 기와 운화기는 기라는 단일한 존재의 두 가지 속성이다. 즉 '유형의 기'는 기에 형질이 있다는 외적 속성을 나타내고, '운화기'는 운동과 변화가 기의 내적이며 본질적인 속성이라는 것을 말한다. 그리하여 이 두 속성은 기를 통해 생성되는 인간을 포함한 만물에도 그대로 적용된다.

그렇다면 기의 두 속성은 인간에게 어떻게 적용될까? 먼저 유형의 기는 인간의 가시적인 형체를 구성한다. 다음으로 기의 본질적 속성인 운화는 인간의 본질을 구성하는데, 최한기는 이것을 마음의 '추측(推測)' 기능이라고 말한다. 추측이란 인식작용을 의미한다. 즉 운화기의 끊임없는 운동성이 인간에게 부여되어 마음의 끊임없는 인식작용을 구성한다는 설명이다. 이처럼 인간은 기의 유형성과 운화하는 성질로 인해 형체와 더불어 추측의 본질을 갖게 되는데, 이것으로부터 그의 기 개념이 인간 이해로 확대되고 있음을 알 수 있다.

'추측' 개념을 좀 더 자세히 살펴보면, '추'와 '측'의 결합어로, 추는 '지각작용'을, 측은 '판단작용'을 의미한다. 추와 측은 하나의 인식작용을 구성하는 순차적인 단계를 설명한 것이다. 다시 말해, 추측은 인체의 감각기관이 먼저 대상을 지각하는 추의 작용이 있은 후에, 그 지각을 토대로 사물에 대한 판단을 내리는 측의 작용이 뒤따라옴으로써 완성된다는 것이다. 눈과 손 등의 감각기관으로 나무를 지각하고, 지각한 내용을 이성적으로 판단하여 나무에 대한 지식을 습득하는 것, 이것이 곧 추측이다.

이처럼 추측은 대상에 대한 경험적·실증적 지식을 습득하는 수단이며, 서양의 과학적 탐구 방법과 유사하다는 것을 알 수 있다. 서양 과학기술의 우수성이 유형의 대상에 대한 경험과 관찰에 근거한다는 것을 인지했던 최한기는 이제 전통의 기 개념을 통해 추측의 방법론을 수립함으로써 독창적 방식으로 경험적·실증적 지식을 정당화하게 된 것이다. 이처럼 최한기는 인간의 본질을 실증적 지식을 습득하게 하는 추측에서 찾는데, 인간의 본질을 인의예지의 도덕본성으로 규정한 성리학과 비교하면 매우 차별화된 견해가 아닐 수 없다.

추측의 주체인 인간뿐만 아니라 추측의 대상인 모든 사물 역시 기의 산물이다. 그렇기에 추측의 대상인 사물 역시 본질적으로 유형의 기로 인한 형체와 운화기로 인한 운동성을 띤다. 여기에서 사물의 운동성 또한 기가 형질을 갖는 유형의 존재라는 점에서 지각 가능한 일종의 물리적 운동성으로 규정된다. 그렇기에 모든 사물은 인간의 추측으로 인식할 수 있는 경험적 대상이 되는 것이다.

최한기는 지식의 경험성과 실증성을 더욱 확고히 하기 위해, 추측에 검증과 변통의 단계를 추가한다. 검증이란 지식의 오류를 점검하는 것으로서 추측을 통해 얻은 지식을 다시 그 대상에 직접 시험해 봄으로써 지식의 사실 여부를 대상을 통해 확인하는 과정이다. 즉 나무를 추측하여 나무에 관한 지식을 얻었다면, 그 지식이 수용 가능한 것인지를 나무를 통해 검증하는 과정이다. 변통은 검증을 통해 지식에 오류가 발견되었을 시, 그 지식을 수정하는 것을 말한다. 그렇기에 추측을 통해 습득한 처음의 지식은 일종의 가설로 취급되며, 검증과 변통의 단계를 거친 후에야 비로소 지식으로서 확증된다.

이처럼 기학에서 추측은 '지각 - 판단 - 검증 - 변통'의 단계를 통해 완성되는데, 대상에 대한 경험적·실증적 지식을 통해 철학을 새롭게 수립하고자 한 최한기의 의도를 읽을 수 있다. 사회질서 수립을 위한 기준을 무형의 리에 둔 성리학에 대한 비판적 관점이 최한기에게서 경험적·실증적 지식이 그 기준이 되는 것으로 변화한 것이다.

유학자인 최한기에게 가장 중요한 지식은 여전히 도덕으로 간주된다. 다만 도덕은 마음에 본래 내재된 본성이 아니라, 다른 지식과 마찬가지로 추측을 통해서 얻을 수 있는 것이다. 성리학은 맹자의 성선설을 계승하여 인간의 선한 인의예지의 도덕본성이 날 때부터 마음에 내재되어 있다고 말한다. 반면에 마음에는 추측 기능만이 주어져 있다고 파악한 최한기에게 마음은 마치 백지 상태와도 같다. 추측 활동을 통해서만 마음에 지식이 습득되며 도덕 지식도 예외는 아니다. 부형(父兄)에 대한 효와 공경조차도 생래적인 것이 아니라, 오랜 시일에 걸친 부모의 관심과 가족의 사랑을 경험하고 추측함으로써 얻게 되는 도덕적 지식이라는 설명이다.

이처럼 최한기 철학에서 도덕규범은 그 기준이 인간 내면의 본성에 있는 것이 아니라, 도덕에 대한 실증적 지식에 있게 된다. 이것은 비단 도덕규범에 그치는 것이 아니다. 법·제도·기술 등 사회에 필요한 모든 요소들도 추측 지식을 통해서만 비로소 수립될 수 있는 것이다.

3. 백성과 함께하는 정치

최한기가 시도한 동서 학문의 융합은 당시의 극심한 혼란을 바로잡고 미래사회를 대비하기 위한 고심에서 출발한 것이다. 그렇기에 그의 철학의 귀착점은 정치철학이다. 기 개념에서부터 시작된 동서 융합이 추측 중심의 인간 이해를 거쳐 정치철학에서 완성되는 것이다.

추측의 방법론은 지각과 검증이 가능한 유형의 사물을 대상으로 삼아 지식의 실증성을 추구하게 한다. 그리고 이것은 정치 영역에서도 그대로 적용된다. 다시 말해, 최한기가 추측을 통해 지식의 실증성을 추구한 것은 궁극적으로 실증적 지식의 기반 위에 정치 원리를 새롭게 구상하기 위한 것이다.

이러한 특징은 최한기의 『대학』에 대한 관점에서 잘 나타난다. 『대학』은 미래의 정치지도를 위한 교육용 책으로서, 그 안에는 유학의 정치원리가 집약되어 있다. 주지하다시피, 대학의 8조목인 '격물·치지·성의·정심·수신·제가·치국·평천하'는 미래의 정치지도자로 닦아야 하는 공부의 단계를 여덟 가지로 분류한 것이다. 그리고 이것을 압축한 것이 '수기치인(修己治人)'으로, 자신의 도덕성을 닦는 공부[수기]와 정치행위를 실천하는 공부[치인]로 구분된다.

유학자인 최한기는 『대학』의 중요성을 인지하면서도, 그 해석에서는 성리학에서 규정하는 수기치인이라는 틀을 벗어나는 특징을 보인다. 추측이라는 새로운 학문방법론을 세운 그에게 대학의 8조목은 수기치인이 아닌,

'인식과 실현'의 구조로 재해석된다.[3] '인식'과 '실현'이란 각각 '유형의 사물에 대한 추측'과 '습득한 지식의 활용'을 가리킨다. 그 결과 수기란 도덕성 함양이 아니라 추측을 통해 대상에 대한 지식을 습득하는 것이며, 치인은 습득한 지식을 정치에 활용하는 것으로서 인식과 실현의 구조를 이룬다.

추측은 지식의 활용처에 따라 추측 대상이 달라진다는 것이 특징이다. 농업에 활용할 지식은 농업과 관계된 대상을 추측함으로써 얻을 수 있고, 도구 제작에 활용할 지식은 그것에 관계된 대상을 추측함으로써 얻을 수 있다. 같은 원리로 치인, 곧 국가를 다스리는 정치 행위에 활용할 지식은 그것과 관련된 대상이 요구된다.

최한기는 국가를 다스리는 일에 포함되는 사항들을 17가지 조목으로 분류한다. 이 17가지 조목을 오늘날의 학문 구분법에 의해 분류해 보면, 인문학, 사회과학, 자연과학을 망라하는 매우 광범위한 것이다. 그렇기에 이 광범위한 사항들에 활용할 지식을 습득하기 위해서는 수많은 추측 대상이 요구된다. 대표적으로 인정(人情)을 추측해야만 그 지식으로 윤리규범을 수립하는 데 활용할 수 있고, 물리(物理)를 추측해야만 그 지식으로 도구 제작과 기계학 등에 활용할 수 있다.

이 가운데 최한기가 정치에 있어 가장 중시한 추측 대상은 '민심'이다. 그는 정치의 목적이 "백성을 다스려 편안하게 한다."는 '치민안민(治民安民)'이라는 점을 강조한다. 정치의 목적이 치민안민이라면, 이것을 위해 활용할 지식은 민심에게서 얻어야 하는 것이 추측의 방법론이다. 다시 말해, 치민안민의 가장 중요한 추측 대상은 민심이며, 그렇기에 추측을 통해 민심에

3 손병욱, 「최한기 기학의 학문체계 탐구」, 권오영 외, 『혜강 최한기 연구』, 사람의 무늬, 2016, 53쪽.

대한 실증적 지식을 습득해야만 민을 위한 정책이 진정으로 수립될 수 있다는 관점이다.

유학은 공자 이래로 민을 위한 정치를 추구해 왔다. 그리고 이것을 실현하기 위해 가장 중요한 요소는 군주의 도덕성이라고 본다. 인의예지의 선한 도덕본성이 정치를 통해 베풀어질 때 민을 위한 정치가 완성될 수 있다는 것이다. 하지만 최한기는 군주의 도덕성이 아니라, 민심을 추측하여 백성들의 기호와 욕구를 구체적으로 아는 것이 민을 위한 정치의 핵심이라고 파악한다. 민심에 대해서는 무지한 채 단순히 군주의 도덕성을 정치의 기준으로 삼는다면, 정치가 비록 도덕적 선한 본성에서 비롯되었다 할지라도 백성의 요구와는 전혀 다르게 흘러갈 수 있다는 점을 경계한 것이다.

민심은 시대와 함께 늘 변화하기 마련이다. 더욱이 19세기의 급변하는 현실 속에서 민의 기호와 욕구는 급속하게 변화할 뿐 아니라, 다원화되고 있었다. 이것이 최한기가 도덕성이 아닌 추측에 근거해야만 진정으로 백성을 위한 정치가 실현될 수 있다고 강조한 이유이다.

추측의 방법론은 지식의 실증성에 근거한 정치 원리를 수립하기 위해 고안된 것이다. 또한 정치에서 가장 중요한 추측 대상은 민심으로서, 최한기는 민심에 대한 실증적 지식에 근거해야만 민을 위한 정책이 비로소 수립될 수 있다고 본 것이다.

> 몸은 나 한 사람의 몸만 있는 것이 아니라 모든 백성들의 몸이 있고, 마음은 나 한 사람의 마음만 있는 것이 아니라 모든 백성들의 마음이 있다. 그러므로 모든 백성들의 마음을 추측하여 그 안에서 바른 원리를 찾아 나의 마음을 삼고, 백성들의 몸을 추측하여 정책을 결정해야 하니, 이것은 나 한 사람의 몸과 마음에서 나온 것과는 같지 않을 것이다.

-최한기, 『인정』 권10

최한기는 유가의 군주정 체제 하에서 정치철학을 수립하였기에, 민을 위한 정책을 수립하는 정치적 주체는 어디까지나 군주를 비롯한 소수의 관료로 한정된다. 그렇기에 백성을 위해 필요한 정책을 결정하는 것은 결국 이들 정치 지도자의 마음에 달려 있다. 하지만 이 마음은 민의 기호와 욕구에 대한 추측을 거친 마음이다. 백성의 육체적·정신적 요구가 무엇인지를 추측한 후에 그 지식을 군주의 마음에 두어야 그 지식을 활용하여 민을 위한 정책을 수립할 수 있다는 것이다. 그래야만 정치가 소수 정치지도자의 독단으로 흐르지 않고, 민을 위한 정치가 실현될 수 있다.

민심에 관한 실증적 지식에 근거한 정치가 최한기 정치철학의 핵심 내용이다. 최한기는 정치적 공론을 결정하고 집행하는 관료를 선발하는 데 있어서도 민심에 대한 추측을 기반으로 삼아야 한다고 강조한다. 그리고 이를 통해 시행되는 정치를 최한기는 '백성과 함께하는 정치(國人共治)'라고 이름한다. 그의 정치체제가 군주를 비롯한 소수의 관료만을 정치적 주체로 한정한다는 점에서 민주주의가 아닌 군주정에 속하는 것은 분명하다. 하지만 공론의 수립과 관료의 선발 및 정책의 결정에 있어 민심에 대한 추측을 기반으로 삼는다는 점에서 백성과 함께하는 정치라는 것이다.

4. 소통의 리더십

최한기는 인식과 실현의 구조로 정치원리가 수립된다고 말한다. 정치에 포괄되는 다양한 요소들을 추측하고, 추측한 지식을 종합하여 정치원리 수립에 활용할 때 참된 통치가 이루어진다고 본 것이다. 그러므로 최한기 철학에서 정치적 주체인 군주가 갖추어야 할 제일의 자격요건은 추측에 있다.

그가 군주의 자격요건을 추측에 둔 것은 개인적 독단과 소수의 이익만을 위해 정치가 흘러가는 것을 방지하고 백성 모두를 위한 정치를 실현하기 위함이다. 하지만 문제는 국정에 필요한 추측 대상이 너무 방대하다는 점이다. 최한기는 국정운영에 필요한 일의 종류로 '윤강(倫綱)·인(仁)·의(義)·예(禮)·악(樂)·형(刑)·정(政)·경사(經史)·기술(記述)·사(士)·농(農)·공(工)·상(商)·재용(財用)·산수(算數)·역상(曆象)·기명(器皿)'을 나열한다.

이와 함께 그는 자신의 정치철학 저술인 『인정(人政)』에서 민심을 가장 중요한 추측 대상으로 강조한다. 민심은 기본적으로 자신이 속한 환경 속에서 조성되는 것이며, 그렇기에 민의 기호와 욕구는 사·농·공·상이라는 신분 계층에 따라서, 그리고 지역과 세대에 따라서 각기 달라지기 마련이다. 그러므로 여러 사항들과 다양한 민심이 추측 대상으로 고려되는 한, 군주가 시행해야 할 추측의 대상은 더욱 방대해질 것이다.

최한기는 군주의 제일 자격요건을 추측으로 규정한다. 하지만 군주 한 사람이 이처럼 방대한 대상들을 하나하나 추측한다는 것은 현실적으로 불가능한 일이다. 아무리 우수한 이론일지라도 그것의 실현가능성이 희박하다면, 그 이론은 무용한 것으로 전락하고 만다. 특별히 정치라는 실천적 영역에서 이론의 실현가능성은 무엇보다 중요하다. 이에 최한기는 군주의 자격요건인 추측을 실현가능한 것으로 만들기 위해 '소통'이라는 방법을 제시한다.

최한기 기학에서 소통이란 '기와 기 사이의 소통[氣通]'을 의미하는 것으로, 곧 추측을 의미한다. 추측은 인간에게 부여된 기의 기능이고, 추측 대상인 사물도 역시 기로 구성된다. 다시 말해 추측의 주체인 인간과 추측의 대상인 사물은 모두 기의 산물이기에, 양자 간에 발생하는 추측은 곧 기와 기 사이의 소통과 원리가 동일하다는 것이다. 이처럼 최한기는 기와 기 사이의 소통을 추측으로 설명하는데, 이것을 부연하는 개념이 '형질통'과 '추측통'이다.

최한기는 형질통과 추측통, 즉 형질의 소통과 추측의 소통으로 추측을 세분화하여 설명한다. 먼저 형질통은 기로 구성된 사물의 형질인 모양·형태·크기·색·냄새 등과 인간의 형질인 감각기관과의 소통을 의미하는 것으로, 지각을 의미하는 추측의 '추'가 여기에 해당한다. 다음으로 추측통은 형질통을 통해 얻은 정보를 추측의 기가 헤아리고 판단하여 지식으로 수립함으로써 지식과 대상이 서로 소통하게 하는 것으로, 추측의 '측'이 여기에 해당하다. 이처럼 추측은 인식주체와 대상의 기가 소통하는 것이며, 지각-판단-검증-변통의 추측 과정을 거친 지식은 대상과 온전히 하나로 소통된 지식이라는 의미가 담겨 있다.

이러한 소통을 최한기는 인식론적 차원의 소통과 사회적 차원의 소통으로 구분한다. 먼저 인식론적 차원의 소통은 위에서 설명한 대로 인식 주체와 대상 간의 추측을 의미하며, 사회적 차원의 소통은 인간과 인간 사이의 추측을 말한다. 사회적 차원의 소통, 곧 인간과 인간 사이의 추측이란 서로가 가진 지식과 정보를 교류하는 것을 말한다. 타인의 말과 글을 통해 우리는 그 사람의 지식과 정보를 습득한다. 그런데 이 과정을 살펴보면, 타인의 말과 글을 귀와 눈으로 지각하는 추의 과정과 지각한 내용의 의미를 판단하는 측의 과정이 포함되어 있다. 즉 타인의 지식을 배우고 습득하는 데서도 그 수단은 여전히 추측인 것이다. 그러므로 사회적 차원의 소통은 추측을 통해 타인의 지식과 정보를 전수받는 것을 가리키며, 이것 역시 기로 구성된 인간 사이의 지적 교류라는 차원에서 소통이라 부를 수 있다는 것이다.

이처럼 인식론적 차원의 소통과 사회적 차원의 소통은 그 방식이 기와 기 사이의 소통을 의미하는 추측을 통해 이루어진다는 점에서 동일하다. 다만 기가 지칭하는 대상에서 차이가 있을 뿐이다. 인식론적 차원의 소통은 나와 대상의 기 사이의 소통이며, 사회적 차원의 소통은 나와 타인의 기 사이의 소통인 것이다. 이 가운데 정치 영역에서 최한기가 특별히 강조하는 것은 사회적 차원의 소통이다.

사회적 차원의 소통은 개인이 얻을 수 있는 정보와 지식의 한계를 뛰어넘을 수 있게 하는 수단이다. 서로 간의 지적 소통은 개인의 지식 총량을 증가시킨다. 추측의 경험은 사람마다 다르다. 남이 아는 것을 내가 알지 못하는 경우도 있고, 내가 아는 것을 남이 알지 못하는 경우도 있다. 그렇기에 서로 간의 소통을 통해 지식의 총량을 증가시킬 수 있다는 것이 최한기의 설명이다.

정치의 최고 주권자인 군주에게 그 자격은 추측에 있다. 하지만 국가 전체를 다스리는 데 있어 필요한 지식을 얻기 위해 추측해야 할 대상은 너무나 방대하다. 더욱이 민을 위한 정치를 실현하기 위해서는 국가에 속한 모든 백성의 요구와 필요도 추측 대상으로 삼아야 한다. 이러한 문제를 해결하기 위한 실천 방안으로 제시된 것이 바로 사회적 차원의 소통이다. 추측은 모든 인간이 소유한 공통된 기능이기에 관리 한사람 한사람은 자신의 추측을 통해 해당 지역의 민심에 대한 정보를 얻을 수 있다. 그리고 이렇게 얻은 민심에 대한 지식은 서로 간의 소통을 통해 점차 국인 전체의 요구를 아는 데까지 이르러 최종적으로는 군주에게 도달되는 것이다. 민심 외의 다른 지식 또한 해당 분야의 전문가와의 소통을 통해 군주가 취할 수 있게 된다. 그 결과 정치의 최종 결정권자인 군주는 국정에 필요한 모든 지식을 수렴하게 되며, 이를 통해 여러 정책 수립에 활용할 수 있는 것이다.

이러한 사회적 차원의 소통 행위 없이는 군주가 가질 수 있는 지식은 매우 제한적이다. 제한적인 지식으로 시행된 정치는 백성 전체의 요구를 반영할 수 없으며, 더욱이 당시의 국내외 사정에 무지한 채 잘못된 결정을 내리는 우를 범할 수 있다. 최한기가 군주의 자격요건을 추측이라고 한 것은 바로 이러한 점을 고려한 것이다. 그러므로 최한기 철학에 이르러 군주의 제일 자격요건은 이제 도덕성이 아닌 소통의 역량으로 대체되게 된다.

5. 동서를 융합한 철학

최한기는 동양의 기철학과 서양 과학의 성과를 융합하여 독창적인 철학 체계를 수립하고, 그것을 기학으로 명명하였다. 그는 기학의 기초가 되는 기 개념에서부터 동서융합을 시도하는데, 이로 인해 나타난 것이 형질을 지닌 유형의 기와 운화기 개념이다. 유형의 기와 운화기는 기가 인간의 감각기관으로 지각할 수 있는 형질을 갖는 동시에, 끊임없이 운동 변화하는 본질을 지닌다는 것을 말한다.

기학에서 만물은 모두 기의 산물이다. 그렇기에 기의 유형성과 운화의 성질은 만물에서도 그대로 발현한다. 인간에게 기의 유형성은 인체를 운화는 마음의 추측 기능을 구성한다. 그 결과 인간은 대상을 추측하여 경험적·실증적 지식을 습득하고, 그 지식을 다시 사회에 활용함으로써 삶을 영위하는 존재로 규정된다.

최한기가 추측을 기학의 방법론으로 정당화한 것은 경험적·실증적 지식을 통해 정치원리를 새롭게 수립함으로써 당시의 혼란한 상황을 극복하기 위해서였다. 19세기의 급변하는 조선의 현실을 목도한 그는 무형의 리와 마음의 도덕성에 근거한 성리학적 정치원리가 당시의 시대적 흐름에 부합하지 않는다고 진단한다. 그리하여 변화하는 기술과 지식, 그리고 민심에 민감하게 반응할 수 있는 정치원리를 고민하였고, 그 결과로 나온 것이 추측에 근거한 정치이다.

추측은 도덕뿐만 아니라, 변화하는 국내의 사정에 대한 경험적·실증적 지식을 얻게 하고, 이를 토대로 정치원리를 수립할 수 있게 하는 방법론이다. 하지만 문제는 소수의 관원들이 국정운영에 필요한 모든 사항들을 추측하는 데는 분명한 한계가 있다는 점이다. 이것을 해결하기 위한 방안이 소통, 특히 사회적 차원의 소통이다. 최한기는 소통을 통해 개인이 갖는 추측 지식의 한계를 극복하고자 했고, 이로 인해 군주의 제일 자격 요건은 도덕성이 아닌 소통으로 변모된다.

이처럼 최한기는 동서융합을 통해 추측의 방법론을 수립하고, 이를 바탕으로 당시의 혼란한 상황을 극복하는 새로운 사회질서를 세우고자 하였다. 이러한 그의 독창적인 철학에 대한 평가로 다음의 세 가지를 들 수 있다.

첫째, 최한기 철학은 개화기 이전에 서양문물을 주체적으로 수용할 수 있는 사상적 기반을 미리 세웠다는 점에서 의의가 있다. 19세기의 조선은 무력을 앞세운 서양 열강들의 개국 압박에 직면하는 등, 국제 정세가 급격히 변화하던 시기였다. 이에 대한 조선의 입장은 척사위정론과 쇄국정책으로 일관되어 있었다. 하지만 결국 시대적 흐름을 거스를 수 없었고 서양의 열강과 일본에 의한 강제적 개국통상이 이루어졌다.

최한기는 다가올 이러한 현실을 미리 읽고 이에 대비한 철학체계를 세운 학자이다. 서양문물에 대해 온건한 입장을 표명한 동도서기론은 최한기 철학 이후에 등장한 것일 뿐 아니라, 동서 학문의 단순결합을 주장했다는 점에서 실효성을 갖기 어려운 측면이 있다. 반면에 그의 철학은 하나의 이론체계 내에서 동서학문의 융합을 시도한 것으로, 추측이라는 단일한 방법으로 전통 윤리와 서양 과학을 동시에 취할 수 있게 했다는 점에서 강점을 갖는다. 아울러 그의 동서융합 방식은 전통의 기철학 위에 서양 과학의 성과를 주체적으로 수용했다는 점에서, 민족의 주체성을 지키면서도 서양 문물을 수용할 수 있게 하는 이론 체계로서 의의가 있다.

둘째, 정치에 있어 민심을 중요한 추측 대상으로 삼는다는 점에서 위민의 실효성을 높인다는 장점이 있다. 유학의 정치사상의 대표적 특징 중 하나는 민을 위하는 위민정치이다. 이 점은 조선의 지배이념이었던 성리학뿐만 아니라 최한기 철학에서도 마찬가지다. 하지만 그 방법에 있어서 양자는 매우 이질적이다.

성리학에서는 군주의 도덕성을 위민정치의 핵심으로 규정한다. 도덕성은 타인을 위하는 이타심을 기반으로 하는데, 군주가 이러한 이타심을 지닐 때 자신의 욕심이 아닌 백성을 위한 정치가 시행될 수 있다고 보기 때문이다. 더욱이 이러한 도덕성은 철학의 최상위 존재자인 리에 근거한 것이기에, 그 자체로 공적인 성격이 부여된다. 그 결과 정치에서 고려되어야 할 핵심사항은 군주의 도덕성으로 그것이 곧 민심과 직결된다.

반면에 기학에서는 군주에게 요구되는 제일의 자격요건을 추측과 소통으로 규정한다. 정치의 수혜자는 백성이기에, 정치 행위에 앞서 민심을 먼저 추측하여 그것에 대한 실증적 앎이 구축되어야 한다는 관점이다. 그렇기에 군주의 도덕성이 곧바로 민심으로 연결되는 것이 아니라, 백성의 사적 욕구와 필요가 바로 민심이며, 이것을 추측하여 정치적 공론의 근거로 삼아야 하는 것이다. 이처럼 최한기의 위민정치는 도덕적 잣대가 아니라 민의 입장을 있는 그대로 수렴하여 이를 통해 위민의 정책을 결정하고 시행한다는 점에서 위민의 실효성을 높인다는 장점이 있다.

셋째, 최한기 철학은 근대 민주주의의 사상적 토양을 마련했다는 점에서 의미가 있다. 1876년 강화도 조약으로부터 1910년 한일병합조약 체결 전까지의 시기를 지칭하는 '개화기'는 국내의 민주주의 기원을 살펴볼 수 있는 중요한 시기로 주목받아 왔다. 공식적으로 우리나라의 정치체제를 민주공화정으로 최초로 선포한 것은 1919년 상하이의 대한민국 임시정부에서의 일이지만, 개화기에 발생한 여러 사건과 사상적 특징으로 인해 개화기를 실질적인 한국 민주주의의 기원으로 파악한다. 하지만 개화기를 한국 민주주의의 기원으로 파악하는 것은 서구 열강과 일본에 의한 타율적 근대화의 일환으로 취급된다는 점에서 민족 주체성의 결여라는 태생적 한계를 안고 있다.

이런 점에서 개화기 이전의 실학자인 최한기 철학에서 민주주의의 사상적 토양을 발견할 수 있다는 것은 민족 주체성 차원에서 중요한 함의가 있다. 최한기가 정치에서 강조한 사회적 차원의 소통은 특별히 민주주의와 맞닿아 있는 부분이다. 그는 민의 욕구와 필요를 정치적 공론과 관료 선발 및 정책 결정의 핵심사항으로 파악하고 있으며, 이것을 실행하는 방안으로 사회적 차원의 소통을 제시한다. 물론 소통의 주체는 민이 아닌 소수의 관원으로 한정한다는 점에서 국민을 정치적 주체로 파악하는 민주주의와는 구별된다. 하지만 민이 비록 정치적 주체로 규정되지는 않을지라도, 민의 욕구와 필요가 정치에 반영된다는 점에서는 민주주의와 맞닿아 있다. 그러므로 최한기 정치철학은 유교의 군주정에 속한 것이면서도, 민주주의와 관련될 수 있는 사상적 토양을 제시했다는 점에서 유의미한 가치가 있다.

한국철학 다시읽기

제4부 근대철학

10

전병훈, 정신철학을 조제하다

김성환

* 이 글은 『우주의 정오-서우曙宇 전병훈과 만나는 철학 그리고 문명의 시간』(소나무, 2016)에서 일부 내용을 축약해 수정한 것이다.

1. 쇠락한 나라의 고단한 선비: 조선 거주기(1857-1907)의 궤적

1) 출생과 학문 연마(1857~1892)

전병훈은 1857년 7월 6일 평안남도 삼등현(三登縣) 학루리(鶴樓里)[1]에서 정선(旌善) 전씨 나성파(羅城派, 나주정씨) 전경(全卿)의 23대 손으로 태어났다.[2] 어려서 병약하여 11세에야 비로소 『논어』를 읽기 시작했지만, 20세의 청년기에 영협(寧峽)의 산꼭대기에서 고구마로 끼니를 때우며 홀로 공부할 정도

1 '삼등현'은 일제강점기에 강동군 삼등면으로 불렸으며, 지금은 평양특별시 강동군 남쪽 일대이다. 18세기 중엽에 제작된 『해동지도(海東地圖)』를 보면 민호(民戶)가 1,071호에 불과한 작은 고을로 나와 있다. 고을 아래쪽을 흐르는 강은 대동강의 지류인 남강(南江)으로 옛날에는 능성강(綾城江 혹은 能成江)으로 불렸으며, 읍치 아래쪽 강가에 오래된 누각인 황학루(黃鶴樓)가 보인다. 황학루는 본래 중국 후베이성(湖北省) 우한(武漢)에 있는 누각이다. 그 절경을 읊은 이백의 시 「삼등황학(三登黃鶴)」에서 전병훈 고향의 '삼등현'과 '황학루'의 이름이 유래했고 '학루리' 역시 황학루와 연관된 지명으로 추정된다. 한편 일제가 작성한 사찰 문건에는 전병훈의 고향(본적)을 평안남도 강동군 삼등면 인흥리(仁興里)로 적고 있다.

2 전경(全卿)은 고려 충렬왕 때 성균제주(成均祭酒)를 지냈고 1332년(충혜왕 19년)에 조적(曺頔)의 난을 평정한 공을 세워 정난공신(定難功臣)이 되었으며, 1334년(충숙왕 3년)에 나성군(羅城君, 나주의 옛 지명)에 봉해졌다. 전병훈의 아버지는 전경(全璟, 1806~1878), 어머니는 완산(完山) 이씨였다. 조부는 전익하(全翼厦, 1763~1806), 백부는 전기지(全基之)로 알려졌다. 선대에 관해 별다른 기록이 없는 것으로 미뤄볼 때, 평안도 일대의 한미한 선비집안 출신으로 추정된다.

로 학문에 몰입했다. 그러다가 당시 태천(泰川, 현 평안북도 태천군)에 머물던 운암(雲菴) 박문일(朴文一, 1822~1894)에게서 성리학을 수학한다.[3]

전병훈은 20대에 고향을 떠나 전국의 여러 명사들과 교류했다. 훗날 그의 정치적 후원자가 된 조병세의 사위로 동래(東萊) 부사였던 강암(剛庵) 이용직(李容稙, 1852~1932), 이항로의 제자였던 성재(省齋) 유중교(柳重敎, 1832~1893), 유인석(柳麟錫, 1842~ 1915) 등이 전병훈을 비범한 인물로 평가했다. 전병훈은 유중교로부터 동래 지역에 향약을 건립하라는 부탁을 받고 이를 수행하여 학문뿐만 아니라 경세의 능력까지 인정받았다. 그래서 그를 조정에 천거하려는 시도가 많았지만 모두 사양하고 고향으로 돌아갔다. 그리고 3천 권의 책을 싣고 산중에 들어가 수년간 두문불출하며 공부에 전념했다. 이때 『주자대전(朱子大全)』을 비롯한 성리학 전적들과 유교 경전에 통달했다.

한편 당시 민씨 가문의 세도가로 평안도 감사로 있던 민병석(閔丙奭, 1858~1940)이 벼슬을 주려 했으나 받지 않았고, 단지 주자(朱子)의 전례에 따라 이 지역에 덕행과(德行科)를 설치해 운영할 것을 제안했다. 항간에는 민병석이 덕행과를 건립하고 그 규범과 의식을 정리해 『덕행규범(德行敎範)』을 편찬했다고 하지만, 이는 사실 전병훈이 아이디어를 내고 구체화했던 사업이었다. 전병훈은 평안도에만 존도재(存道齋) 64곳을 세워 근 1천 명의 선비를 양성하고 경로효친 풍속을 고양해서, 이 일대에서 칭송이 자자했다.

3 박문일은 화서 이항로의 문인으로, 역시 화서의 제자였던 김평묵(金平默)·유중교(柳重敎)·최익현(崔益鉉) 등과 교분이 두터웠다. 박문일은 여러 차례 벼슬에 나갈 기회가 있었지만 모두 사양하고, 오직 성리학에만 전념한 정통 유학자였다. 저서로 『운암집』 12책을 남겼다.

2) 관직과 정치활동(1892~1907)

전병훈은 비록 민병석 등의 벼슬 제안을 거절했지만, 본인도 모르게 각지 유림이 천거하여 1892년 36세에 의금부 도사(都事)로 첫 벼슬길에 올랐다. 한양으로 거처를 옮긴 그는 1894년 청일전쟁 때 많은 계책을 냈으나 채택되지 않았고, 끝내 일본이 승리하자 크게 개탄했다. 당시 총리대신이던 김홍집(金弘集, 1842~1896)이 억지로 벼슬을 주려고 하자 고사하고, 1894년 혹은 1895년 가을 무렵 식솔들을 이끌고 가협(嘉峽, 경기도 가평)으로 은둔했다. 갑오개혁 직전 좌의정을 역임했던 조병세(趙秉世, 1827~1905)가 이 무렵 조정을 떠나 고향인 가평에 한동안 머물렀는데, 여기서 전병훈을 만나 서로 깊은 인연을 맺었다.

조병세는 몸을 굽혀 전병훈의 초가를 찾아와 상소문을 작성하는 일을 부탁했는데, 그가 1896년에 올린 폐정개혁 시무19조와 1900년에 건의한 국정개혁안은 모두 전병훈과 함께 작성한 것이다. 당시 전병훈은 시무책 개발을 위해 『반계수록(磻溪隨錄)』을 연구하고, 조병세와 함께 정치에 종사하기로 약속했다. 그러나 조병세의 상소가 시행되지 못하자, 자신이 직접 책을 저술하고 상소문을 써서 고종에게 올린다. 그는 가평 시절에 『동강야설(東岡野說)』을 저술하고, 1898년(광무 2)에는 『백선미근(百選美芹)』과 「만언소(萬言疏)」를 올렸다. 고종이 이를 가상히 여겨 1899년 초에 전병훈을 8품 중추원(中樞院) 의관(議官)으로 다시 임용했다. 그 뒤 1901년에 전라남도와 황해도의 양무감리(量務監理)를 역임했고, 1904년(고종 41)에는 정3품 통정대부(通政大夫)에 올랐다.

하지만 그 사이 다섯 차례에 걸쳐 국정개혁과 독립을 주장하는 상소를 거듭한 탓에, 결국 국경 벽지의 군수로 좌천되고 관찰사 서리(署理)를 겸한다.

1904년 양덕군수(陽德郡守)를 거쳐, 이듬해인 1905년에 부령군수(富寧郡守)로 자리를 옮겼다.[4] 이처럼 관직의 부침도 있었지만, 이미 쇠할 대로 쇠한 조선에서 그의 정치적 이상을 실현하기는 어려웠다. 급기야 1905년 일제에 의해 강제로 을사조약이 체결되자 그의 정치적 후원자이자 동지였던 조병세가 민영환 등과 함께 자결해 전병훈에게 큰 충격을 안겨 주었다.

어쨌건 전병훈은 1907년까지 부령(함경북도 부령군) 군수로 간도의 형세를 살피며 국운의 회복을 도모했다. 그는 간도 일대의 국경을 한번 바로잡으면 수천 리의 옛 땅을 회복할 수 있다는 기대를 품었다고 한다. 하지만 간도는 이미 일본과 러시아의 외교·군사적 각축장이었고, 간도 땅의 회복은커녕 일본과 러시아의 등쌀에 시달리는 백성들을 구제할 방도조차 마땅치 않았다.[5] 그러는 사이 일제는 조선침략의 야욕을 점점 노골적으로 드러냈다. 1907년 6월 이준 등을 헤이그 밀사로 파견한 것을 빌미로, 한 달 뒤인 7월 마침내 고종을 강제로 폐위시켰다. 이에 전병훈은 조선을 떠나기로 결심하고, 일본을 거쳐 중국으로 망명했다.[6] 조선의 국운이 풍전등화에 내몰렸고 전병훈의 운명도 격랑에 휩쓸렸다.

4 『승정원일기』 해당연도 기록 참고.

5 『황성신문』 1906년 4월 23일, 1907년 6월 14일 등에 실린 전병훈 관련 기사에서 그의 고충을 엿볼 수 있다.

6 당시 정황을 『황성신문』 1908년 2월 12일자에서 이렇게 전한다: "前富寧郡守 全秉薰氏가 去年十月에 教育를 視察하기 爲하야 我國 古衣冠을 着하고 日本國에 渡去하얏는딕 軍部大臣과 侍從武官長이 晩餐會를 設하고 全氏를 數次 請邀宴待훈지라, 該氏가 教育視察을 畢了하고 淸國 上海로 渡去하야 方今 視察中이라더라."

2. 건곤(乾坤) 밖 우주 사이를 떠돌다: 중국 망명기(1908~1927)의 궤적

1) 도일(渡日)과 중국 망명

1907년 10월, 전병훈은 조선의 옛 의관을 차려입고 교육시찰 명목으로 먼저 일본으로 건너갔다. 군부대신 등의 고관이 전병훈을 위해 수차례 만찬회를 열었는데, 그것은 한일합방을 목전에 둔 상황에서 전병훈을 감시하고 회유하려는 의도였다. 일본 고관들이 그를 의심해 "배를 부려서 인천으로 보내주겠다"고까지 했으나, 전병훈은 이를 고사하며 "약자를 돕고 망하는 자를 지켜주는 공명(功名)이, 남을 멸망시키는 악명(惡名)보다 낫지 않겠는가?"하는 경고를 던지고 일본을 떠나 중국으로 망명한다. 『황성신문』 1908년 2월 12일자 기사에서 전병훈이 1907년 10월 조선을 떠나 일본을 거쳐 상해로 건너간 사실을 전하고 있어서, 1908년 2월 전에 그가 중국에 도착한 것은 분명하다. 그 망명길에서 전병훈이 읊은 짧은 글이 전해지고 있다.

> 마음은 건곤乾坤 밖에서 돌고, 이름은 우주宇宙 간에 떠도네.
>
> (心運乾坤外, 名留宇宙間)

비록 10자에 불과한 단구(短句)지만, '천지의 바깥(乾坤外)' '시공의 사이(宇宙間)'를 배회하는 디아스포라의 절제된 통한이 큰 울림으로 다가온다. 그런데 이런 '바깥'과 '사이'야말로, 나이 50의 노구에 조국을 떠난 전병훈에게 열릴 새로운 운명과 철학적 모험의 여정을 표상한다. 반백년을 살았던 조선에서 그는 유교적 왕도 이념에 철저한 전형적인 유학자이자 관료였고, 다른 사상과 서구 문물을 이단으로 배격하는 편향도 여전했다. 이런 학문의 협소함은 전병훈 개인의 한계이기 이전에, 당시 조선 지식계의 전반적인 한계였다.

그는 중국으로 망명해서야 비로소 조선의 통치이념으로 경화된 성리학의 도그마에서 해방됐고, 유불도 삼교와 서양철학을 아울러 조망하는 광대하고도 원융한 학문세계로 뚜벅뚜벅 걸어 나갔다. 조선이라는 닫힌 천지와 시공 너머의 '바깥'과 '사이', 거기서 그는 동서고금의 지적 전통을 조제(調劑)해 새로운 철학의 패러다임을 창조하는 세계철학자의 길, 훗날 그 스스로 '철학의 혁신'이라고 부른 정신철학의 지평을 여는 모험을 시작했다.

2) 남중국(南京, 廣東) 거주기(1908~1913)

전병훈은 1907년 말이나 1908년 초에 본격적인 중국 생활을 시작했다. 따라서 1908년부터 그가 사망하는 1927년까지를 '중국 망명기'로 분류한다. 중국 망명 초기에 전병훈은 상해를 거쳐 남중국의 중심이었던 금릉(金陵, 현재의 남경(南京))으로 건너갔다. 그리고 이 무렵에 쉬샤오전(徐紹楨, 1861~1936)을 만났다. 이를 계기로 금릉에서 전병훈의 교유 관계가 크게 확장되었다.[7] 쉬샤오전은 전병훈에게 장런쥔(張人駿, 1846~1927)[8]을 소개했다. 당시 장런

7 쉬샤오전은 광동(廣東) 출신의 청나라 무장, 호는 '고경(固卿)'이다. 1907년 창립된 육군 제9진의 통제사(統制使)를 맡고 있었다. 훗날 그는 신해혁명에서 중추적인 역할을 하며, 군부의 요직을 거쳐 손문(孫文) 정부의 광동성장(廣東省長)과 내무부장(內政部長, 내무장관)까지 역임하게 된다. 그는 전병훈이 금릉 일대에서 각계의 명사들과 교류하도록 주선했고, 오랫동안 각별한 인연을 이어갔다.

8 장인준(張人駿)은 전병훈보다 열한 살이 많았고, 1907년부터 양광총독(兩廣總督)을 역임했다. '양광총독'은 청나라 최고위 봉강대신(封疆大臣)의 하나로, 광동과 광서를 아울러 관할했다. 그 뒤 장런쥔은 1909년부터 봉강대신으로 강소(江蘇)·안휘(安徽)·강서(江西) 세 성을 관장하는 양강총독(兩江總督) 겸 상해와 장강 일대 및 복건(福建)의 대외통

권은 청나라 최고위의 정치인이자 남중국의 실권자였다. 그는 물심양면으로 전병훈을 후원하여, 은나라가 망하자 미자(微子)가 주나라로 갔던 예우로 환대하고 관사를 제공했다. 당시 화폐로 매달 100위안(元)을 지원하기도 했다. 금릉 시기에 전병훈은 각계 요로의 명사들과 교류를 확대하고 '중한대동학회(中韓大同學會)'의 결성까지 시도했다. 그는 오로지 학식과 인품으로 현지의 최고위 인사들을 감화시키고 다른 명사를 소개받는 식으로 관계를 넓혀 나갔다. 청말 최고 권력자의 한 사람으로, 20세기 초에 서방 여러 국가를 순방하고 돌아와 국제정세에 밝던 뚜완팡(端方, 1861~1911)[9] 같은 인물과의 교류는 서구세계에 대한 전병훈의 인식 확장에도 적잖은 영향을 미쳤다. 그러다가 전병훈의 인생에서 극적인 전환이 다시 일어난다. 1909년 6월이 지나기 전, 그는 홀연히 남경을 떠나 광동(廣東)으로 이주한다. 여기서 『주역참동계』를 읽는 등 내단학을 연구했으며, 마침내 나부산에 들어가 도사 고공섬(古空蟾)[10]을 만나 도를 구했다. 그가 내단학에 입문한 계기는 분명

상과 세무를 관장하던 남양대신(南洋大臣)이 되었다. 하지만 1911년 무창봉기(武昌起義)가 폭발하고 신해혁명이 일어나자 이에 맞서다 결국 정계에서 은퇴해 말년을 보내게 된다.

9 뚜왕팡(端方)은 만주족 귀족가문 출신으로, 오교(午橋)는 자字다. 그는 청 말에 정국을 장악한 4대 총독의 한 명이었다. 훗날 북양정부의 초대 총통이 된 위안스카이와 겹사돈이기도 했다. 그는 1905년 미국·영국 등 구미 국가와 일본까지 10개 나라를 순방하고 돌아와, 양강총독 겸 남양대신을 역임했다. 뚜완팡은 서구문물과 국제정세에 밝았고, 1857년생인 전병훈보다 나이가 네 살 적었다. 비슷한 연배였던 두 사람 사이가 상당히 각별했는데, 뚜완팡이 50세가 되던 1911년 사천의 혁명운동 와중에서 불의로 피살됐기 때문에 그 인연이 길게 이어지지는 못했다.

10 고공섬의 본명은 고성명(古誠明)이다. 한자어 공섬(空蟾)은 '허공의 달(빛)'을 뜻한다. '섬(蟾)'은 곧 두꺼비로, 예로부터 사람들은 달에 두꺼비가 산다고 믿었다. 곤륜산의 여신인 서왕모의 시종이었던 항아(姮娥)가 불사약을 훔쳐 남편인 예(羿)를 살리고 달로 도망쳤다. 그 벌로 서왕모가 항아를 두꺼비로 바꿔 버렸다. 그리하여 두꺼비가 달을 상징하고, 항아는 도교에서 달의 신으로 태음성군(太陰星君)이 됐다. 한편 달(빛)은 세속을

치 않다. 다만 전병훈 스스로 이렇게 말했다.

> 아! 내가 본래 유학을 업으로 삼았으나 50세가 되도록 성취가 없고, 도道가 응결되는 징험을 보지 못했다. 동월東粤(지금의 廣東省 일대)을 떠돌며 『주역참동계』[11]를 연구했지만 스스로 해득하지 못했고, 마침내 나부산羅浮山에 들어가 참 스승(眞師) 고공섬(古空蟾) 선생을 만났다.[12]

전병훈은 경술년(1910) 봄에 처음 고공섬을 만났다. 고공섬은 구학문의 거봉으로 입산하여 면벽한 지 7년이 지나자 백발이 거의 검게 돌아와 있었고, 단지 반 치(寸) 정도 남아 있던 백발도 이듬해에 모두 검게 되어 그가 도를 이뤘음이 드러났다. 전병훈 역시 그 신기한 증거에 경탄했다.[13] 그 뒤 전병훈도 수련에 박차를 가해 나부산에서 대략 3년 남짓 내단학을 연마했고, 1913년 무렵 북경으로 이주했다.

초월한 자연의 고상한 아름다움을 표상한다. 일찍이 송(宋)의 범단신(範端臣)이 「염노교(念奴嬌)」라는 사(詞)에서 '허공을 가르는 달빛'이란 뜻의 "비공섬백(飛空蟾魄)"이란 명구를 지었다. 이런 배경에서 '공섬(空蟾)'은 세속을 초월한 산중의 고아한 기상과 불사약을 구하는 도인의 풍모를 함께 상징한다. 특히 고공섬이 은둔한 나부산은 북송의 저명한 도사 백옥섬(白玉蟾)이 수도한 장소로 유명하다. '옥섬'의 호 역시 달 속의 두꺼비를 가리킨다. '공섬'과 의미가 상통한다.

11 『주역참동계(周易參同契)』는 동한(東漢)의 황로도(黃老道) 계열 방사로 추정되는 위백양(魏伯陽)의 저술이다. 『주역』의 원리로 연단술을 논구했다.

12 余素業儒, 五十無成, 未見道凝之驗, 而梗漂東粤, 研究周易參同契, 不能自解, 遂入羅浮山, 遇眞師古空蟾先生. 『정신철학통편』(명문당 영인본, 1983), 20쪽.

13 余於庚戌春, 始遇古先生. 先生以舊學巨子, 入山面壁已七年, 白髮幾乎還黑, 只半寸留白者, 翌年盡黑. 故人皆知其成道而自不能諱掩也. 烏乎! 余甚愕異而嘆: "世果有如此神化之奇驗乎." 『정신철학통편』, 70쪽.

3) 북경 거주기(1913~1927)

전병훈은 북경으로 이주한 뒤에도 유서 깊은 도관인 백운관(白雲觀)에서 수년간 『도장』 2천 권을 빌려 읽으며 정밀히 연구하고 몸소 실천하여, 10년 만에 내단의 도를 이루는 증험을 하고 마침내 "도가 응결됐다"고 자부하기에 이른다.[14] 하지만 그게 전부는 아니었다. 그는 이 시기에 현실정치에 적극적으로 간여하는 면모를 보인다. 도사나 신선이라면 의례히 속세를 떠나 은둔한다는 통념과는 크게 다른 모습이다. 이는 사실 그가 주창한 겸성(兼聖) 철학의 실천적 구현이었다.

신해혁명이 일어난 뒤 전병훈은 예서(禮書)·예복(禮服)·예치(禮治)·조례(條例)의 「일곱 규정(七章程)」을 위안스카이(袁世凱) 정부에 제언했다. 그러자 위안스카이는 한국에 이런 대학자가 있다는 사실에 탄복하고, 손수 예복을 챙겨 들고 그의 아들인 위안커딩(袁克定)에게 답방을 지시했다고 한다.[15] 도숙정사(都肅政史) 장인관(莊蘊寬, 1866~1932)[16]에 따르면, 위안스카이가 현자를 봉양하는 양현(養賢)의 예로 전병훈을 예우하여 아무도 그 사이에서

---

14 遂入羅浮山, 遇眞師古空蟾先生. … 懇求以聞玄牝之指眞, 則盖云: "聖人亦有所不能者, 此等也." 然亦不能釋疑. 遂竭鈍精於道藏(二千餘卷), 而躬自實驗者十載, 始焉(周年)神凝玄關, 而次第道成之證驗不差, 然後乃自箴曰道凝. 『정신철학통편』, 20쪽.

15 遂革命後, 乃以禮書·禮服·禮治·條例七章程, 萬餘言, 上于袁政府, 袁手持禮服, 招立其子克定, 而手舞之曰: "韓有如此大儒, 汝卽往訪!" 「실행록」, 46쪽.

16 '도숙정사'는 민국 초에 정부기관의 감찰기능을 담당하던 숙정청(肅政廳)의 수장으로, 지금의 감사원장에 해당한다. 숙정청에는 도숙정사 1인과 숙정사肅政史 16인이 있었다. 장인관은 강소성(江蘇省) 상주(常州) 무진(武進) 출신의 관료이자 서예가로, 민국 초에 도숙정사와 심계원(审計院) 원장을 지냈으며, 고궁박물원(故宫博物院) 이사와 고궁도서관(故宫圖書館) 관장을 역임했다.

이간질을 하지 못할[17] 정도였다고 한다.

1916년 위안스카이가 죽자 리위안훙(黎元洪, 재임 1916~1917), 펑궈장(馮國璋, 재임 1917~1918), 쉬스창(徐世昌, 재임 1918~1922) 등으로 총통이 바뀌었는데, 전병훈은 이들 모두에게 교사(郊祀)의 예치를 권했다. 하지만 당시 북양정부는 군벌의 지배하에 있었고 국정의 난맥이 거듭됐다. 이 시기에 중국의 정치체제가 군주제에서 공화정으로 넘어가는 격변을 겪었고, 그런 가운데 전병훈의 정치사상도 함께 다듬어졌다. 그것은 주로 『정신철학통편』의 '정치철학' 편에 반영되었으며, 그가 북양정부에 제안한 개혁안의 흔적도 거기서 발견할 수 있다.

한편 전병훈은 늦어도 1917년 전에 '정신철학사'라는 사단(社團, 내지는 學館)을 북경 시내에 건립했다. 거기서 내단학을 연마하고 후진을 양성하며 중국과 한국의 명사들과 교류했으며, 『도진수언』, 『정신철학통편』 등을 편찬했다. 그의 철학체계에서 볼 때, 이는 '참나를 완성하고 성스러움을 겸한다(成眞兼聖)'는 사상의 실천행이었다. 특히 장상(將相)급의 제자들이 그의 문하에 모여들어 그의 학설을 현실에 구현코자 했다. 이와 관련해, 1923년 리위안훙이 다시 총통에 올랐을 때 국무총리 겸 육군총장을 역임했던 장샤오증(張紹曾, 1879~1928)이 이렇게 말했다.

> 제자인 전 총리 장샤오증이 찬상해 말했다: "선생이 중국에 거주한 지 20년에, 겸성(兼聖)의 대도를 선양하고 문하에 장상이 즐비하여, 이름을 중화의

17 都肅政史莊蘊寬, 請位置以養賢之禮, 誰作臧倉於其間乎! 「실행록」, 46쪽. 장창(臧倉)은 『맹자』 「양혜왕(하)」에 등장하는 인물로, 군주와 현인의 사이를 이간질하는 소인배의 대명사이다. 노나라의 군주 평공平公이 맹자를 만나기 위해 나가려고 할 때, 평공이 총애하는 신하 장창이 이를 저지한 데서 유래했다.

역사에 올렸다. 누차 예치의 정책을 진술해 조야가 흠모해 공경한다. 정신철학을 창조해 밝히니 전 지구에서 전해 외운다. 또한 『겸성합편(兼聖合編)』을 저술해 진리를 더욱 밝히니, 사람들이 다퉈서 '39성철(聖哲)'이라 칭하고 '26도진(道眞)'으로 찬양하며 겸성의 사표로 삼았다. 그러나 선생이 겸양하여 이에 응하지 않으셨다. 대총통 리위안훙이 이를 전해 듣고, 그 조부를 기려 '은일고진(隱逸高眞)'이라 하고, 부친을 '자선태가(慈善太家)'라고 하니, 끝내 그 효성스런 뜻을 이뤘다고 말할 수 있다."[18]

전병훈의 문하에 장상급의 인사들이 즐비했다는 이야기가 단지 허언은 아니다. 장샤오중이 다시 말한다: "우리 선생의 제자들은 장상으로 나가는 인재들이다. 황푸(黃郛, 1880~1936)[19]가 대총통의 직권을 총괄해 대리하니 사람들이 동문의 경사로 여겼다." 또한 "사람들이 선생을 세계의 한 구성요소

---

18 弟前總理張紹曾贊曰: "先生住華卄載, 闡揚兼聖大道, 門羅將相, 名載華史. 屢陳禮治政策, 朝野欽敬, 創明精神哲學, 環球傳誦. 又著兼聖合編, 眞理益彰, 人爭指稱, 以三十九聖哲, 又贊崇, 以卄六道眞, 表爲兼聖, 然先生謙讓不居. 大總統黎元洪聞之, 褒及其祖曰 '隱逸高眞', 父曰 '慈善太家', 可謂竟成其孝志者." 『全氏總譜』 6권, 39쪽. 「제가제평집」에도 중복되는 기록이 보인다. 同門前總理張紹曾曰: "先生闡揚兼聖大道, 門羅將相, 名載華史, 屢陳禮治政策, 朝野欽敬, 創明精神哲學環球傳誦." 「諸家題評集」, 48쪽.

19 황푸는 절강(浙江) 출신으로 고향에서 군사학교와 서원을 다닌 뒤, 일본으로 유학가서 나중에 의형제를 맺은 장제스와 함께 동경진무학교(東京振武學校)를 나왔다. 신해혁명에 참여했으며 위안스카이 반대운동을 벌이기도 했다. 1921년 미국으로 건너가 워싱턴 회의에 중국대표단 고문으로 초빙되었다. 1923년 2월 장샤오중 내각의 외교총장에 임명되었고, 같은 해 9월에는 가오링웨이(高凌霨) 내각의 교육총장을 맡고 북경대학과 북경사범대학에도 출강했다. 1924년 9월 안후이칭(顏惠慶) 내각의 교육총장으로 있다가, 그해 10월 21일 서북군 총사령관 펑위샹(馮玉祥)이 북경정변(北京政變)을 일으키자 내각총리를 대리했다. 그해 11월 2일부터 24일까지 총리를 대신해 대총통의 직권을 대리한다. 1926년 장제스의 요청을 받고 그에게 합류했고, 1927년 남경에 국민당 정부가 들어선 뒤 상해특별시 시장과 외교부 부장 등을 역임했다.

로 여긴다"고 칭송하기도 했다.[20] 중화민국의 제3대 총통이었던 쉬스창이 전병훈의 제자를 자처했고, 제2대를 비롯해 두 차례 총통을 역임했던 리위안훙은 전병훈의 조부와 부친을 '은일고진(隱逸高眞)'과 '자선태가(慈善太家)'로 추존했다. 그리고 이 두 총통 모두 「제가제평집」 첫머리에 '제가제평(諸家題評)'의 표제를 달았다.[21]

정관계의 고위인사들만 전병훈을 극찬한 것이 아니다. 학계와 지식인도 그에게 주목했다. 전병훈과 교류하거나 그의 문하에 있던, 당대의 기라성 같은 학자와 지식인들이 '정신철학'을 상찬했다. 중국의 저명한 근대사상가인 캉유웨이(康有爲)가 『정신철학통편』의 제호를 직접 썼으며, 서양 학술과 사상을 번역해 중국에 소개한 옌푸(嚴復)는 심지어 전병훈의 제자를 자처했다. 그 밖에도 국사관(國史館) 총재(總裁)였던 역사학자 왕슈난(王樹楠), 북경대학 총장을 역임한 리위잉(李煜瀛), 청말의 개혁가이자 학자였던 마오즈전(茅子貞), 강남의 저명한 교육자 마오치엔(茅謙), 훗날 북경도서관 관장을 지낸 장한(江翰) 등의 찬사가 이어졌다.

위의 인용문에서 장샤오증은 "(전병훈이) 정신철학을 창조해 밝히니 전 지구에서 전해 외운다"고 하는데, 이는 "『정신철학통편』이 구미 29개국 150개 대학과 미국·프랑스·스위스 세 나라의 대통령에게 배포돼 지금 이미 세계적인 책이 되었다"[22]는 띵멍차(丁夢刹)의 말과 부합한다. 또한 전병훈을 '39

---

20 張紹曾 … 曰: "我師之門輩, 出將相之才也. 黃郛公以總揆攝行大總統職權, 人以爲同門之慶事. 又曰師爲世界之一分子." 「諸家題評集」. 이 글이 실린 「제가제평집」은 1925년에 음력 7월(梧秋)에 편찬됐는데, 황푸가 1924년 11월에 대총통의 직권을 대리했으므로 그 시기가 기록에 부합한다.

21 大總統黎公元洪, 題篇首曰 「諸家題評」, 同徐公世昌亦題如是. 「諸家題評集」, 47쪽.

22 「諸家題評集」, 48쪽 '黃帝再世' 조.

성철(聖哲)'과 '26도진(道眞)' 등의 반열에 올렸다는 것이 다른 기록에도 보인다.[23] 이런 칭송이 제자들의 다소 고조된 존경심의 발로였더라도, 20세기 초 조선의 일개 망명객이 중국의 조야에서 이처럼 칭송을 받으며 성인의 반열에 추존됐다는 것은 결코 범상한 일이 아니다. 비록 격동의 시대였으나, 그 문하에서 한 시대를 풍미한 장상과 석학들이 즐비했던 것도 과거에 전례를 찾아보기 어렵다.

당시 중국에서 활동하던 단재(丹齋) 신채호(申采浩, 1880~1936)가 "한번 세계를 통일하여 만세토록 불변하는 대총통이 선생이 아니라면 다시 누가 있겠는가!"[24]라고 찬탄했는데, 이를 결코 과장으로만 볼 수 없다. 그러나 전병훈은 사람들의 이런 칭송을 즐기지 않았다. 또한 자기 학설을 어디까지나 '철학'으로 공용화하고자 했을 뿐, 이것을 종교나 숭배적 이념으로 삼는 것은 경계했다. 그는 평소 거처에 상제(玄天上帝)의 경전과 상(像)을 모시고, 그 옆으로 단군·황제·공자·노자·석가·왕인·칸트의 일곱 성인과 철인을 배위해, 아침저녁으로 분향하며 도를 이루고 세상을 구제하길 축원했다고 한다. 하지만 그것은 늘 근신하고 경외하는 공부의 일환이었지 숭배적 종교의 신앙 행위는 아니었다. 그러므로 대중들과 함께 제의를 올리는 의식(典禮)을 창건하자는 제자들의 청원은 일체 거절했다.

그는 외재적 신이나 교조·교주를 숭배하는 종교에 회의적이었고, 종교보

23 여기서 39성철은 중국 은나라의 전설적인 재상인 伊尹을 위시해 이른바 '겸성'했다고 알려진 동서고금 39인의 성인과 철인을 가리킨다. 혹은 '36성철' 내지는 '28성철'을 꼽기도 하는데, 이 숫자들은 대개 임의적이다. 한편 '26도진'은 도가(도교)에서 받드는 진인과 신선 26인을 가리킨다.

24 東漢名士申公采浩號丹齋曰, "一統世界, 萬歲不遷之大總統, 非先生誰復其人耶!" 「諸家題評集」, 47쪽 '世界總統.'

다 철학이 더 근원적이라고 단언했다. 심지어 과학 역시 종교의 폐단(도그마)에서 영향을 받아 흔들릴 수 있으며, 따라서 종교와 과학이 모두 쉽게 평정을 잃을 수 있다고 지적했다.[25] 그렇다고 전병훈이 무신론에 동조한 것은 아니다. 무신론자들은 유신론의 폐단을 바로잡다가 너무 지나쳐서 다시 편견에 빠졌다고 경고했다.[26] 다만 그는 인간에 내재된 신령함(虛靈)과 신(神)을 말하면서, 그것이 외재적 영혼이나 신(God)에 대한 숭배로 이어지는 것을 반대했다. 그는 내면의 본성을 연마하고 학문에 정진하는 동양의 지적 전통을 계승했고, 서양에서는 철학이 최고의 학술이자 근본원리의 학문이라고 찬상했다. 나아가서 이 두 전통을 아울러 존중하고 융합하고자 했다.

4) 고국과의 교류 및 지원활동

전병훈은 비록 조국을 떠나 있었으나, 북경에서 늘 고향 소식에 귀를 기울였고 조선 출신의 인사들과 교류했다. 이승희(李承熙)·신채호(申采浩)·이상설(李相卨)·이성렬(李聖烈) 등의 저명한 독립운동가들과 직접 교류하거나 그들의 활동을 칭송했다. 평안도 출신의 독립운동가였던 김평식(金平植)과 이동초(李東初)는 그의 제자로, 훗날 그를 칭송한 명사들의 어록을 모은 「제가제평집」을 편찬하기도 했다. 한편 1918년 독립운동가 윤효정이 북경의 전병훈을 찾아가서 『천부경』을 전해주자, 그 전문과 해설이 『정신철학통편』에 실리기도 했다. 한편 전병훈은 모국의 일을 직간접적으로 돌보기도

25 然宗教者未必不發源於哲學, 而科學者亦未必不剌激於教弊(教弊竟行炮烙之刑), 而憤興者也. 『정신철학통편』, 128쪽.

26 創明六十五原質而起無神論, 詆及於哲學家虛靈說, 則未免矯弊過正, 俱陷於偏見者矣. 『정신철학통편』, 128쪽.

했다.

「제가제평집」에 의하면, 전병훈은 가까운 중국 고위인사들로부터 경제적 지원을 받았다. 그가 처음 중국에 망명하여 남방에 머물 때 장런줜이 매달 100위안씩 지원했고, 북경에서는 장샤오증이 매달 50위안을 보조했다. 그런데 전병훈은 이 돈을 거의 쓰지 않고 모아 두었다가, 본국에 큰 가뭄이 든 1920년 봄에 특별히 1천 원(圓)을 보내 고향 인근의 빈민 1백 호를 구휼했다.[27] 1920년 6월 12일자《동아일보》에 실린 '전병훈 씨의 자선'이라는 제목의 기사에서 그 내용을 확인할 수 있다.

한편 그는 상해임시정부와도 연락을 주고받았다. 1921년 태평양회의[28]에 보내는 청원서를 작성해 신익희(申翼熙, 1894~1956)를 통해 이승만에게 전달하기도 했다.[29] 그가 조선의 독립을 위해 노력했음을 보여준다. 그렇지만 전병훈은 을사오적의 한 사람이었던 권중현(權重顯, 1854~1934)을 비롯해, 일제하에서 부일(附日)을 했던 인사들과도 교류를 했다.[30] 일견 이중적으로

27 「諸家題評集」, 47쪽 '捐賑誦佛' 조.

28 태평양회의는 1921년 11월 11일부터 이듬해 2월 6일까지 미국 워싱턴에서 열렸으며, 미국·영국·중국·일본 등 9개국이 군비축소 등의 태평양지역 문제를 의제로 다루었다. 당시 상해의 대한민국임시정부는 '태평양회의 외교후원회'를 조직하고, 이승만·서재필·김규식 등을 대표로 파견해 청원서를 전달하고 회의에 직접 참석해 한국의 독립에 관한 발언하려 했으나, 회의 주최 측의 거부로 무산됐다.

29 「118. 신익희(申翼熙)가 이승만(李承晩)에게 보낸 서한」「120. 이승만(李承晩)이 신익희(申翼熙)에게 보낸 서한」, 『대한민국임시정부 자료집』 제42권, 국사편찬위원회 한국사데이터베이스.

30 권중현과 함께 일제하 친일유림으로 알려진 양봉제(梁鳳濟, 1851~1926) 등의 찬사가 「제가제평집」에 실려 있다. 1980년대에 소설 『단』으로 유명하고 연정원을 세운 권태훈의 숙부가 권중현이었는데, 권태훈의 자전적 대화록에도 전병훈과 권태훈의 교류에 관한 기록이 보인다. (정재승 정리 및 역주, 『선도(仙道) 공부』, 솔, 2006, 289쪽, 379~380쪽 참고.) 양봉제는 평안북도 출신의 유학자로 전병훈과 마찬가지로 박일문의 제자였으며, 구한말 관료에서 일제가 세운 경학원의 강사로 변신해 부일활동을 했다. 하지만 겉으

보이는 이런 태도는, 그의 정신철학을 통해 이해할 수 있다. 그는 우주의 한 기운에서 나온 인류와 만물이 근원적으로 동포요 일가라고 보았다. 이념과 정치노선이 다르다고, 사람을 일방적으로 적대하지 않았다.

전병훈은 세계가 "물질만을 숭상하"고 "전쟁이 종식되지 않는다"고 한탄했지만, 이런 혼란조차 "장차 세계가 반드시 하나로 통일될 조짐"이라고 전망했다. 그는 당대의 역사적 제약을 넘어, 인류의 운명 전체에 대해 말하고자 했다.[31] 따라서 그는 친일/반일로 세상을 가르는 이분법을 넘어섰고, 사람과 교류하는 폭도 현실의 이념에 갇히지 않았다. 말하자면 전병훈은 고전적인 휴머니스트이자 박애주의자였으며, 이념대립 시대의 이데올로기스트가 아니었다.

그럼에도 불구하고 전병훈이 종생토록 조선의 독립을 갈망했던 것은 의심의 여지가 없다. 다만 1920년대의 엄혹한 일제강점기에 노구의 학자가 조국의 독립을 위해 할 수 있는 일은 극히 제한되었다. 게다가 일제가 그를 요주의 인물로 지목해 지속적으로 사찰하고 감시했다. 당시 외무성과 육·해군의 비밀 해외사찰 문건들에서 불령선인(不逞鮮人)[32]으로 분류된 그의 이름을 볼 수 있다.[33] 조선총독부 경무국(警務局)이 펴낸 『용의조선인명부(容疑朝鮮人名簿)』는 전병훈을 "한일합방에 분개해 중국으로 도항(渡航)"했으며

로는 일제에 협력하면서도 독립운동을 도왔다는 연구가 있어 주목할 필요가 있다. 정욱재, 「한말·일제하 양봉제(梁鳳濟)의 활동」, 한국인물사연구회, 『한국 인물사 연구』 제16호, 2011 참고.

31 烏乎! 天地之大運, 究以曆數, 人事如執左契, 確證不遠者, 何哉? … 當午會正中, 不是極文明之盛會耶? 揆以人事, 則今電郵舟車, 交通萬國, 而社會均産之說盛行, 將必世界一統之兆朕已開者也. 『정신철학통편』, 282쪽.

32 일제에 따르지 않는 '불온하고 불량한 조선인'을 지칭했다.

33 국사편찬위원회 한국사데이터베이스 참고.

"배일(排日)사상을 가지고 조선독립을 열망하고 있는 자"로 뚜렷이 적시하고 있다.[34]

그리하여 전병훈은 한번 망명을 떠난 뒤로, 다시는 고국 땅에 발을 디디지 못했다. 그는 말년에 중국에서 현지인들로부터 거의 성인으로 추앙받으며 한 시대를 풍미했으나, 끝내 나라 잃은 디아스포라의 한을 안고 1927년 9월 14일 71세를 일기로 북경에서 세상을 떠났다. 그리고 작고해서야 비로소 시신이 고향에 돌아와, 평안남도 평원(平原)군 순안면 북창(北倉)리의 간좌원(艮坐原)에 안치됐다.[35]

3. 정신의 재발견, '용야일로(鎔冶一爐)'의 조제(調劑)

지식인에게 어쩌면 그의 인생 역정보다 더 정직한 학문의 기록은 없을 것이다. 글과 말로 자기를 포장할 수 있어도 인생 전부를 손바닥으로 가릴 수는 없기 때문이다. 그런 점에서, 격동의 시대를 살면서 이론과 실천궁행의 합치를 추구한 전병훈의 파란만장했던 삶이야말로 그의 학문과 사상을 여실히 보여준다. 전병훈의 생애는 50세이던 1907년 중국으로 망명하는 시점에 극적으로 전환했다. 조선에서 반백 년간 정통 유학자와 관료의 길을 걸어온 노학자가, 한평생 쌓아 온 이념을 넘어 새로운 사상과 경험의 세계로 발길을 돌린 것이다.

중국으로 망명한 뒤 내단학에 발을 들인 것부터 그에게는 쉽지 않은 결단

34 朝鮮總督府 警務局, 『國外ニ於ケル容疑朝鮮人名簿』, 189쪽.

35 간좌원은 북동쪽을 등지고 서남향을 바라보는 자리를 가리킨다. 『全氏大同譜』 「羅城派」 제5권(전씨대동종약소, 1991), 126~127쪽.

이었다. 조선 성리학이 오랫동안 도교를 이단으로 배척했던 것은 주지의 사실이고, 따라서 그가 10년간 『도장(道藏)』을 끼고 내단 수련에 몰두한 자체가 성리학자로서의 자기정체성을 허무는 결단이었기 때문이다. 한편 전병훈이 조선을 떠난 1907년부터 그가 사망하는 1927년까지 20년 동안 중국 지성계는 큰 혼란과 고민에 빠져 있었다. 제국주의의 침탈이 격화되고 정치적 혼란이 계속됐지만, 철학과 문화를 논하는 담론의 열기는 그 어느 때보다 고조되었다. 특히 『정신철학통편』이 출간된 1920년 무렵, 중국에서는 전통과 결별하고 서구를 따라 근대화하려는 신문화운동의 열기가 고조되었고, 현대 신유학 태동의 계기가 되는 과현(科玄)논쟁이 벌어지는 등, 격렬한 문화 변동과 담론이 펼쳐졌다.

전병훈은 이런 분위기에서 중국 최고의 지식인들과 교류하며 서양의 철학과 과학을 습득하고, 동·서 문화 비교의 시야를 넓혔다. 그는 서양의 철학과 과학 그리고 민주와 공화의 근대 이념을 수용하고 연구했으며, 동서양 철학과 과학을 모두 한 용광로에 녹이는 '용야일로(鎔冶一爐)'를 주창하면서 독창적인 '정신철학'의 체계를 건립했다. 특히 19세기 말부터 '변법(變法)'을 주창했던 인사들과 밀접하게 교류했는데, 그의 저서에 극찬의 서평을 남긴 캉유웨이와 옌푸(嚴復) 등이 대표적이다. 그들은 한편으로는 서구의 입헌군주제와 자유·민권 사상에 따르는 변혁을 주장하면서, 다른 한편으로는 거기에 전통사상을 접맥했다. 이는 전병훈의 사상 경향과도 일맥상통했다.

그런데 당시 중국 지식인들은 주로 유교와 제자백가 사상에서 서구 근대사상과의 접점을 찾는 데 그쳤고, 더구나 외래적인 것을 중국화하려는 의욕이 지나쳐서 아전인수의 골짜기로 빠져들기 일쑤였다. 그리하여 캉유웨이의 유교국교화 운동은 신지식인들의 외면을 받았고, 옌푸 역시 위안스카이(袁世凱)의 제제운동(帝制運動)을 지지하다가 젊은이들의 빈축을 샀다.

그런데 전병훈은 유교가 아닌 도교 내단학으로 동서철학 융합의 지평을 모색했다. 그가 말하는 '정신'은 단적으로 말해, 도교 내단학의 정·기·신을 축약한 개념이다. "천지의 근원적인 정(精)·기(氣)·신(神)이 신묘하게 뭉쳐 사람의 몸[태초 인류의 조상]을 이룬다."[36] 단지 인간과 생물뿐만 아니라, 해와 달과 대지와 허공과 산천도 죄다 정·기로 이루어져 있음은 물론 신으로 가득하며, 그것이 곧 '우주의 정신'을 이룬다고 한다. 이런 우주의 정신이 인간의 생명을 낳고, 또한 인간 정신의 근원이 된다. 이런 '정신(精神)' 개념은 기원전 중국 전국(戰國)시대부터 이미 쓰였던 것으로,[37] 오늘날 영어의 spirit 혹은 mind 등의 번역어로 사용되는 '정신'과는 그 함의가 사뭇 다르다.

전병훈은 이런 '정신'을 인간의 몸(생명)을 비롯한 우주 만물 생기(生機)의 근원으로 주목하고, 정신을 뇌에 응결하는 내단학의 원리와 방법을 체계적으로 제시하면서, 정신에 관한 동서양 철학의 조제를 시도하고, 심지어 그것을 서구 근대과학의 뇌신경론과 접목시켰다. 그는 도교와 유교의 분열을 인간의 '생명(정신)가치'와 '도덕(사회)가치'의 분열로 파악하고, 이 두 가치가 본래 한 근원에서 나왔는데, 굳이 따지자면 생명(정신)가치가 근원이라고 본다. 그리하여 '정신철학'을 모든 철학의 토대로 두고, 그로부터 '심리철학' '도덕철학' '정치철학'을 차례로 재정립한다.

제한된 지면에서 전병훈 철학의 방대한 체계와 내용을 소상히 밝히기는 어렵다. 다만 그의 철학이 낯선 것에 대한 불안과 거부감을 넘어서는 사상적 자기 극복의 연속에서 나왔다는 것은 분명히 말할 수 있다. 그는 정통 성

---

36 大地之元精氣神, 妙凝以成人之軀殼(原初人祖). 『정신철학통편』, 26쪽.

37 『장자』와 『관자』 등에 '정신(精神)' 개념이 보인다. 김성환, 「형신(形神): 육체와 정신의 관계에 대한 중국철학의 담론- 발생론과 기능론의 문맥을 중심으로」, 『철학연구』 제96집, 2005 참고.

리학자로 출발했지만, 내단학 연마를 통해 유학의 틀을 벗어났다. 서양의 문화와 철학에 대한 담론이 고조되던 중국 지성계의 논의와 지식을 수용하면서 전통 지식인의 좁은 안목을 넘어섰다.

그는 동·서양의 접맥을 시도한다 해도 끝내 '중화(中華)'의 자기충족적 관념세계로 회귀하는 중국인 학자들과 달리, 특정 인종·민족·문화에 국한되지 않고 우주만물을 통관하는 '정신' 개념을 토대로 '우내일가(宇內一家)' '오주동포(五洲同胞)'의 보편적 원리를 도출하는 길로 나아갔다. 또한 중국은 물론 한국의 철학사상까지 아우르는 동아시아를 재발견했으며, 이를 서양철학과 융합하는 세계철학으로 발전시켰다.

우리는 여기서 동서고금을 통관해 하나의 보편 철학을 꿈꿨던 한 철학적 모험가의 원융한 기풍과 만나게 된다. 그것은 어느 하나를 선택하면 다른 하나를 버리는 양자택일의 행로가 아니었다. 전병훈은 단순한 자기부정과 사상적 개방의 단계를 지나, 회통과 조제(調劑)의 차원으로 나아갔다. 서로 다른 것들에서 장점을 취하고 단점을 보완하며, 본질이 통하는 지평융합의 점점을 찾아 움직이고, 취합된 것들을 하나의 화로에서 녹여냈다. 그는 말한다.

> 아! 세상의 정치가 장차 대동大同하고 통일되는 날에 오르면, 이 책이 앞길을 인도하는 선하先河요 서광이 되지 않을 줄 어찌 알겠는가? 그러니 광대한 뜻을 품은 학인이 장차 [이 책에] 합치하여 원만한 덕을 이루고자 한다면, 반드시 유·불·도와 철학 및 신구新舊 과학을 아울러 취해 한 용광로에 녹여 주조해야 한다. 그런 뒤에야 하늘의 도를 체득하고 성스러움에 통해, 만세의 근

본으로 삼을 만하고 폐단이 없을 것이다.[38]

동서고금의 철학과 과학을 "아울러 취해(幷取) 하나의 용광로에 녹여 주조(鎔冶一爐)"하는 것이 곧 그가 강조하는 '조제(調劑)'이다. 이런 '조제' 개념은 특히 율곡이 내세웠던 것으로, 당쟁을 조정하는 탕평과 중용의 방법론으로 '조제(調劑)' '보합(保合)'을 강조했다. 그 이면에는 한국 지성사를 관통하는 하나의 철학적 전통이 있다. "뭇 경전의 부분적인 면을 통합해 온갖 물줄기를 한맛의 진리 바다로 돌아가게 하고, (불교의) 지극히 공변된 뜻을 열어 모든 사상가들의 서로 다른 쟁론들을 화해시키기"를 말한 원효, "삼교를 포함해 군생을 접화하"는 나라에 고유한 현묘한 '풍류(風流)'의 도를 말한 최치원, 그리고 다시 천 년 뒤 "유·불·도와 철학 및 신구과학을 아울러 취해 한 화로에 녹여내기"를 말하는 전병훈까지, 한국철학사의 수면 아래 면면히 관류하는 화쟁(和諍)과 통관(統貫)의 흐름을 발견할 수 있다.

4. 도래할 시대를 위한 철학

옌푸는 『정신철학통편』이 '불후의 위업(不朽之盛業)'이라고 칭송했다. 그에 따르면, 이 책은 서양 위생학에 없는 내단 양생학의 전통을 다시 일으킨 것으로, 선구적이면서도 시의적절한 저술이다. 특히 옌푸는 전병훈의 정신수련 실천과 체험을 높이 평가하고, 그 제자를 자처했다.

38 烏乎! 世治將躋大同一統之日, 此篇者, 安知不作嚮導之先河曙光也. 然宏願學人, 將欲合致以成圓德, 則必也並取儒道佛哲, 新舊科學而鎔冶一爐. 然後可以爲體天通聖, 萬世可宗而無弊矣. 『정신철학통편』, 23쪽.

이 책(『정신철학통편』)은 불후의 위업이다. 서양인이 근래에 또한 날마다 위생을 말하지만, 수명 연장에 이르면 끝내 방법이 없다. 선생께서 시의적절하게 먼저 책을 저술하여 천 년간 끊어졌던 학술이 이로써 부흥하니, 잃어버리면 안 된다. 이는 선생께서 실제로 증험한 학문이라 더욱 귀중하다. 제자가 인연이 있어 진리를 전하는 스승을 만나 큰 가르침을 받고자 하는데 어떠실는지?[39]

캉유웨이는 '정신철학통편'의 제호(題號)를 직접 썼으며, 전병훈의 철학이 '빈 골짜기에 울리는 사람 발자국 소리(空谷足音)'처럼 반갑지만, 정치가 혼란하고 물질주의가 팽배해서 그것이 빛을 보려면 시기상조라고 아쉬워한다. 역으로 말해, 그것이 시대를 앞선 '미래의 철학'이라고 찬탄한 것이다.

캉유웨이가 말했다: "지금 정치가 혼란하고 물질주의가 조악한 가운데, 존귀한 논의의 정미함을 얻었다. 참으로 빈 골짜기에 울리는 사람 발자국 소리 같다. 공경해 우러르길 그칠 수 없다."
또 말했다: "세계가 대동한 뒤에, 도술이 저절로 크게 시행되고 일신할 것이다. 그러나 지금은 아직 그 때가 오지 않았다."[40]

쇠망한 나라의 일개 망명객이 자존심 강한 중국 지성계에서 이런 호응을

---

39 嚴公復(號又陵, 前淸翰林大學校長)曰 … 此乃不朽之盛業, 西人近亦日講衛生, 然至於增益壽命, 終亦無術. 先生宜就此時, 先著爲書, 千秋絶學, 以此而興, 不可失也. 此爲先生實驗之學, 尤爲可貴也. 弟爲有緣得遇傳眞之師, 願承大敎, 何如? 『정신철학통편』, 2쪽.

40 康公有爲曰 "當今政治之惡, 物質之粗, 得尊論之精微, 眞空谷足音也, 敬仰不已." 又曰 "大地大同之後, 道術自大行而日新. 今未到其時也." 『정신철학통편』, 3쪽.

얻은 것은 실로 경이로운 일이었다. 전병훈은 과거의 어느 지평에 속박된 자가 아니며, 오히려 문명의 미래 위에 떠오르는 '새벽빛'이었다. 전병훈이 그렇게 자처했고, '서우(曙宇)'로 자호를 삼았다. 하여 그의 철학은 단지 과거뿐만 아니라 당대의 역사마저 초월한다. 20세기 초 동아시아는 동서양이 만나고 제국주의와 식민지의 운명이 엇갈리던 격동의 한가운데 있었다. 심지어 전병훈 자신이 일제의 조선 침략에 분개해 중국으로 망명했지만, 그의 저술에서 이런 국면에 대한 분노나 비탄은 거의 찾기 어렵다.

당시 세계가 "물질만을 숭상한다"거나 "전쟁이 종식되지 않는다"며 한탄하지만, 현실의 문제들을 일일이 따져 논평하는 사례는 많지 않다. 대신 그는 당대의 역사적 제약을 넘어 인류의 운명 전반에 대해 말하며, 이런 점에서 그의 철학은 마치 한 시대를 초월한 듯이 보인다. 그는 '오회정중(午會正中)'의 우주적 시간대에 지구의 문명이 극치에 이르며, 그때 세계가 하나로 통일되고 영구평화의 시대가 열린다고 했다. 물질에 대한 욕망이 극에 달하는 순간이야말로 또한 그 추세가 극적으로 반전하는 지점이고, 그때 새로운 극치의 정신문명이 도래한다. 하나라 우왕 즉위 6년에 한 주기의 '오회'가 시작됐으며, 그로부터 5천여 년이 지난 현 시대가 바야흐로 '정중'에 이르는 시기라고 추산했다. 그러니 문명 차원의 전환을 수반하는 '오회정중'이 어찌 한두 해 혹은 일이십 년에 이뤄지길 바라겠는가?

> 오회정중이 또한 어찌 멀겠는가? 그러니 2백 년이 되지 않아, 천체 운행의 도수가 반드시 회전(天必轉軸)할 것이 틀림없다.[41]

41 午會正中, 亦何遠乎哉? 然不及二百年, 而天必轉軸無疑乎. 『정신철학통편』, 340쪽.

전병훈이 "멀지 않다"고 하는 시간조차 2백 년을 염두에 둔다. 게다가 그가 이 말을 한 시점에서 이제 고작 백 년이 지났을 뿐이다. 이는 그가 추구했던 철학의 목표가 궁극적으로 당대를 넘어 우주의 전 역사를 시야에 넣고 있음을 보여준다. 이런 철학의 목표가 마치 탈역사적인 것처럼 보이는 길로 그를 인도했다. 하지만 본질적으로 그는 역사성이 결여된 게 아니라, 일반이 생각하는 역사와 다른 시간대에서 역사와 현실을 사유했을 따름이다.

'오회정중'은 우주의 시간에 다시 인간의 역사를 중첩하고 부각한다. 다시 말해, 우주적 자연법의 섭리를 따라 인류문명이 극도로 융성할 장래의 어떤 시간대를 겨냥한다. 그 때 인간의 정신·심리·도덕·정치가 두루 각성하는 변곡점을 지나 높은 단계로 진화한다. 그것은 절대정신이 자기를 구현하는 헤겔의 국가, 마르크스의 공산주의, 기독교의 천년왕국, 혹은 '지금 여기'로 항상 귀환하는 새뮤얼 버틀러(Samuel Butler)의 에레혼(Erewhon)과도 구별되는 어떤 '도래할 시대를 위한 철학'이다.

5. 오회정중(午會正中): 정오의 시간

하지만 그 내용과 전망을 여기서 길게 설명하지는 않겠다. 다만 서우와 거의 동시대에 이상(李箱, 1910~ 1937)이 묘사했던 '현란을 극한 정오'의 풍경이 문득 떠오른다. 1930년대의 이상이 목도한 극도로 현란한 '정오'와 1920년의 서우가 겨냥했던 도래할 시대의 '정오', 그 두 정오가 기이한 대조와 연속을 이루기 때문이다.

> 이때 뚜— 하고 싸이렌이 울었다. 사람들은 모두 네 활개를 닭처럼 푸드덕거리는 것 같고, 온갖 유리와 강철과 대리석과 지폐와 잉크가 부글부글 끓고 수

선을 떨고 하는 것 같은 찰나, 그야말로 현란을 극한 정오다.

-이상, 「날개」, 1936

암울한 시대였지만, 일제강점기에 서울 중심부는 현란한 문명의 공간으로 빠르게 탈바꿈했다. 바야흐로 모던(근대, 현대)의 정오가 도래했다. 마치 절정의 무더위가 기승을 부리는 여름 한낮처럼, 별의별 인공의 욕망들이 이글거린다. 2020년대의 한국인은 흔히 1920년대 혹은 1930년대와 판이하게 다른 세계에 자기가 살고 있다고 생각한다. 일제강점기가 끝났고, 경제가 도약했고, 민주화를 이뤘고, 과학기술이 혁신에 혁신을 거듭하고…. 실로 놀라운 격동기를 거치지 않았는가?

그러나 이런 변화도 더 큰 시대의 조류에서 보면 단지 연속선상의 작은 사건들처럼 보일 때가 있다. 해안으로 밀려드는 엄청난 파도라도, 수백 킬로미터를 단위로 일어나는 쓰나미에서 보면 개구쟁이들이 물장구치며 튀긴 물찌똥이에 다름 아닌 것과 같다. 지금 우리가 느끼는 물질문명의 혹독함, 피로, 공허, 위험은 오래전에 이상이 본정통(本町通, 명동) 미스꼬시(현 신세계백화점 본점) 옥상 카페에서 내려다본 세계로부터 단절 없이 밀려든 것이다.[42]

이런 문맥에서 이상의 1930년대는 지금과 본질적으로 연속된다. 다만 한 세기 전에는 '박제된 천재'의 예민한 촉수에나 포착되던 모던의 혹서(酷暑)를 이제는 누구나 느낀다. '현란을 극한 정오'가 더 뜨겁고, 혹독하며, 확대

42 「날개」의 주인공은 본정통(本町通) 한복판 미스꼬시 백화점 옥상에 올라섰다. 1930년대에 '현란을 극한 정오'(모던의 시간대)를 공간으로 전이(轉移)하기에 그보다 더 적합한 장소도 없었을 것이다. 하지만 그런 장소가 이제는 더 이상 희소하지 않다. 서울 전부가 그때의 본정통이고, 눈길 닿는 도처가 미스꼬시다.

된 가운데 폭염이 극한에 달하기 때문이다. 물질과 공리(功利)의 숭배가 정점에 이른 세계, 황금만능의 병이 깊어질 대로 깊어진 시대의 살풍경이 어디나 펼쳐지고 있다. 그러나 뭣보다 계속되는 건, 그때나 지금이나 '온갖 유리와 강철과 대리석과 지폐와 잉크'를 선망하고 숭배하는 사람들의 속된 무신경증이다. 이상이 위트와 패러독스로 야유한 '가증할 상식의 병'(「날개」)이 더 만연하고, 유전되고, 깊어졌다. 한데 그마저도 이제는 '가련한 상식의 병'으로 불러야 할지 모른다.

세대를 거듭하면서 더 물질에 속박되고, 공포에 질리고, 무기력해졌다. 잘못된 것, 속된 상식에 분개하는 가증(可憎)의 의욕이 사라져간다. 대신 혐오의 정서가 그 자리를 잠식한다. '혐오'가 가련한 것은, 나를 더러운 세상의 일방적인 피해자로만 여기고 세계에 개입하는 주체로 자각하지 못하기 때문이다. 자기 나라를 '헬조선(Hell朝鮮)'으로 부르는 21세기 한국 청년들의 절망 어린 위트[43]가 그래서 안쓰럽다. 그것은 '희망과 야심의 말소된 페이지'조차 더 이상 재생하지 못하는 한 세대의 체념과 혐오를 표상한다. 청년은 이제 혐오에 의존해서 체념과 도피를 정당화할 뿐, 세계의 운명을 바꿀 책임을 자기와 결부하기를 포기한 듯이 보인다.

이런 땡볕의 한낮이 '지옥'으로 불리는 건 어쩌면 당연하다. 왜냐하면 지옥이란, 도래할 미래의 전망을 상실한 사람들이 한없이 지속될 것 같은 현재의 일상에 붙이는 체념의 이름이기 때문이다. 도저히 바뀔 것 같지 않은

---

43 1930년대의 청년 이상은 '위트와 패러독스를 바둑 포석처럼 늘어놓'으며 '날개'를 말했다. 그러나 2010년대의 청년들은 이제 '노답No答'의 절망을 '헬조선'의 위트로 늘어놓는다. 패러독스를 상실한 절망이야말로 안쓰러운 병이며, '도래할 시대를 위한 철학'이 필요한 이유를 대변한다.

끝없는 나락이야말로 지옥에 다름 아니다.[44] 한데 그런 나락에 떨어진 시대일수록, '도래할 시대를 위한 철학'이 필요한 것이다.

> 내가 바라는 것은 이 시대에 반하는, 도래할 시대를 위한 철학이다.(들뢰즈)[45]

"미네르바의 부엉이는 해질녘에야 날개를 편다"는 헤겔의 저명한 신화적 아포리즘이 절망의 나락에서 어떤 위안이 될까? 밑이 없는 구렁텅이(naraka)로 추락하는 사람에게는, 해질녘 부엉이의 울음소리처럼 우울하고 음산한 조짐도 없다. 그러므로 지금 우리에게 필요한 것은 완료된 역사의 전개를 추념하는 '미네르바의 부엉이'가 아니라, '광야의 닭 우는 소리'로 첫 새벽의 하늘을 여는 철학일 것이다.[46]

한 세기 전 한국 지성의 특징은 극한의 혼돈과 절망 한가운데서도 날개의 재생,[47] 광야의 초인, 오회정중을 기다리고 노래했다는 데 있다. 1920년의 디아스포라였던 서우가 오회정중을 향해 걷고, 1930년대의 이상은 미스꼬시 옥상에서 '현란을 극한 정오'의 사이렌 소리를 듣는다. 하지만 그들 각자의 정오가 멀리 동떨어진 건 아니다. 폭염에 헉헉대는 한낮을 한 주나 두

44 '지옥(地獄)'은 본래 불교 용어다. 산스크리트어 '나라카naraka'를 한역(漢譯)한 개념이다. 나라카는 애당초 '밑이 없는 구렁텅이'를 의미한다. '나락(奈落)'은 나라카를 음역한 것이다. '도저히 벗어날 수 없는 극한 상황'이 나락이며, 그것이 곧 지옥의 본질인 셈이다.

45 질 들뢰즈, 『차이와 반복』, 김상환 옮김, 민음사, 2004, 21쪽.

46 까마득한 날에 하늘이 처음 열리고 어디 닭 우는 소리 들렸으랴. … 지금 눈 내리고 매화 향기 홀로 아득하니 내 여기 가난한 노래의 씨를 뿌려라. 다시 천고(千古)의 뒤에 백마(白馬) 타고 오는 초인이 있어 이 광야에서 목 놓아 부르게 하리라.(이육사, 「광야」)

47 "나는 불현듯이 겨드랑이 가렵다. … 오늘은 없는 이 날개, 머릿속에서는 희망과 야심의 말소된 페이지가 딕셔내리 넘어가듯 번뜩였다. … 날개야, 다시 돋아라. 날자. 날자. 날자"(이상, 「날개」)고 하던, 그 유명한 '날개' 재생의 애잔한 야심을 말한다.

주, 혹은 하루나 이틀 지내다 보면 문득 더위의 절정에 이르게 된다. 절정이란 곧 변곡점이다. 그것은 계절의 전개가 굴곡을 이루는 자리이며, 궁극의 변화가 일어나는 반전의 지점이다. 그리하여 '현란을 극한 정오'의 폭염에서 '오회정중'을 향하는 계절의 달굼질을 본다. '눈 내리고 매화 향기 홀로 아득'한 광야에는 천고 뒤에 부를 노래의 씨를 뿌린다.

그들을 따라 우리는 반전의 변곡점이야말로 희망과 절망보다 훨씬 심오한 힘의 원천이라는 것을 발견한다. 즉 '오회정중'은 희망의 철학도 절망의 철학도 아니다. 그것은 어떤 조건에서도 끊임없이 움직이고 굴곡하여 새롭게 재생하는 세계, 언제나 현재의 추세에 반해 재창조되는 '도래할 시대를 위한 철학'이다. 그러니 전병훈 자신의 명언처럼 또한 캉유웨이가 예언했듯이, 정신철학이 '오회정중' 혹은 '세계대동(大地大同)'의 미래에 과연 새벽빛으로 떠오를지가 궁금한 게 아니다. 다만 우리가 지금 '물질에 대한 욕망이 극에 달하는', 그리하여 '파국' 아니면 '변곡점'이 될 어떤 극적인 계기를 향해 질주하는 중이고, 그래서 어쩌면 오회정중의 도래할 시대를 위한 철학이 필요한 것인지 모른다.

11

소태산, 은혜철학을 발견하다

이주연

* 이 글은 『한국종교』 54집(2023.02.15.)에 실린 필자의 논문 「원불교 기후행동의 사상적 토대로서 '은(恩)'」을 수정한 것이다.

1. 은혜를 만나다

원불교의 창시자인 소태산 박중빈(朴重彬)은 1891년에 태어나 1943년까지의 생애를 살면서, 1916년 대각 이후 원불교의 전신인 '불법연구회'를 창립하고 대중교화에 헌신했던 인물이다. 민중이 핍박받고 나라는 불안정하던 당시에 소태산은 그 시대에 필요한 공생과 자력적 삶을 직접 실천하고 권면했다. 그리고 "물질이 개벽되니 정신을 개벽하자"라는 표어를 제시했다. 과거와 달리 지금은 물질이 개벽되는 시대다. '개벽'된다는 것은 크게 열리는 것, 기존의 틀을 넘어 새롭게 전환되는 것을 의미한다. 물질이 개벽되면 인간의 삶도 풍요로워진다. 물질개벽도 필요하지만 이 풍요로움을 충분히 활용할 수 있는 정신의 개벽도 필요하다는 게 원불교 표어의 핵심 의미다.

불법연구회 창립 당시는 피폐한 삶을 살던 민중이 자신의 생활을 개선하여 자발적으로 힘을 키울 수 있을 만큼 의식과 여건이 준비되지 않은 상황이었다. 그래서 소태산은 제자들과 함께 공동체 생활을 하며 간척사업, 저축조합 등을 통해 허례허식의 폐지, 근검저축, 기도결사 운동을 실천했고, 이로써 민중의 의식을 일깨우고자 했다. 이러한 '개벽'의 시도들은 물질의 개벽과 정신의 개벽을 함께 추구한 것이었다.

이러한 전환의 중심에는 소태산 특유의 철학이 존재했다. 그는 이 세계를 궁극적 실재인 '일원(一圓)'이 그대로 나타난 것이라고 보았다. 궁극적 실재는 몇 마디 언어로 정의내리거나 수치로 가늠하기 어려울 뿐만 아니라, 가시적으로 드러나 있지도 않다. 소태산은 이러한 실재를 눈으로 인식하고 이해할 수 있는 대상으로 '사은(四恩)'을 제시하였다. '사은'은 궁극적 실재가 지닌 원동력, 즉 없어서는 살 수 없도록 하는 근본적 에너지를 은혜로 설명한 것이다. 우주의 만물은 서로 긴밀하게 연결되어 있으며, 이 관계는 '은혜'를 속성으로 삼는다. 유기물, 무기물 할 것 없이 모두가 얽혀서 존재하는데, 그저 얽혀 있는 게 아니라 은혜롭게 얽혀 있다는 것이다. 이 장에서는 이러한 은혜철학을 '은혜와의 만남', '은혜의 이해', '은혜의 실천', '은혜의 확산'이라는 네 가지 측면에서 소개하려 한다.

소태산은 대각을 이룬 후 "강연히 말하자면 자력으로 구하는 중 사은의 도움"[1]이라고 말하여, 자신이 도를 얻게 되기까지의 여정에는 많은 은혜가 존재했고 이 은혜에 관한 통찰이 깨달음에 영향을 미쳤음을 암시하였다. 그가 원불교의 전신인 불법연구회를 창립하고 방언공사와 저축조합운동 등을 통해 민중의 삶의 개혁을 주도했던 것은 이러한 통찰을 실제 현실에 그대로 구현하려 한 시도들이었다.

원불교 교리의 핵심을 도식으로 표현한 「교리도(敎理圖)」에서 주된 축을 이루는 것은 '신앙문'과 '수행문'인데, 이 중에서 신앙문의 대표 역할을 하는 '사은(四恩)'은 천지은· 부모은· 동포은· 법률은의 네 가지 은혜를 말한다. 왜 하필 '네 가지 은혜'일까? 사실 은혜는 셀 수 없이 많다. 그러나 우리는 이를 잘 인지하지 못한다. 마치 공기의 소중함을 모르는 것처럼, 소태산은 이 눈치채기 어려운 은혜의 존재를 쉽게 인지할 수 있도록 네 영역으로 구분하

1 『원불교교사』 제3장 제생의세의 경륜, 1. 교법의 연원.

여 설명하였다.

사은은 우주 만유의 속성을 은혜에 입각하여 풀어낸다. 우주의 모든 것이 연결되어 있는데 은혜를 속성으로 공유함으로써 연결되어 있다는 것이다. 은혜는 눈에 보이지 않기 때문에 파악하기 쉽지 않지만, 알고 보면 모두 서로 없이 살 수 없는 긴밀한 은혜의 관계로 얽혀 있다.

2012년에 원불교는 대각개교절(원불교 열린 날)의 대주제를 "모두가 은혜입니다"라고 정했다. 이 명제는 은혜철학의 핵심을 담고 있다. 은혜철학은 우주 만유의 연결 관계를 은혜(恩惠)의 시선으로 이해한다. '사은', 그중에서도 천지은(天地恩)은, 동포은(同胞恩)에서 언급하는 유기체, 즉 인간 및 금수초목 외에도, 하늘의 공기와 땅, 바람이나 구름, 비와 이슬 같은 무기체와 우리 자신의 관계를 말한다. 이 무기체 및 유기체들이 없다면 우리는 살 수 없으며, 따라서 모든 인간은 이들로부터 은혜를 입고 있다는 게 은혜철학의 입장이다.[2]

우주 만유의 속성을 은혜로 본다면, 여기에서 '우주 만유'는 어떻게 정의되고 있는지 생각해 볼 필요가 있다. "사은의 내역을 말하자면 곧 우주 만유로서 천지 만물 허공 법계가 다 부처 아님이 없다"[3]라는 경전 구절에서 알 수 있듯이, 우주 만유는 '천지 만물 허공 법계' 그리고 '부처'로 표현된다. 쉽게 말하면, 우리를 둘러싼 모든 것이 우주만유다.

불법연구회 초기 문헌인 「회보」 제18호 회설 「죄와 복의 근원을 알아보자」에서는 "우리의 죄와 복의 근원을 더듬어 본다면 하나님이나 부처님만

2 이주연·허남진, 「기후위기시대 원불교사상의 생태학적 재해석」, 『원불교사상과 종교문화』 93, 2022, 99-100쪽.

3 『대종경』 교의품 4장.

주는 것도 아니요, 조상이나 귀신만 주는 것도 아니라 오직 우주만물 허공법계가 다 주는 것"[4]이라 하여, '우주만물 허공법계'를 죄와 복을 줄 수 있는 권능을 가진 것으로 설명한다.

비유하자면 나의 부모나 남편, 아내만이 나에게 죄와 복을 줄 수 있는 게 아니라, 내 머리 위의 하늘, 직장 동료, 자동차, 길가의 풀 모두가 내게 죄와 복을 줄 수 있다. 특정 존재가 아닌 '우주 만유'가 모두 죄와 복을 줄 수 있는 권능을 가졌다는 것은, 곧 전 우주의 구성원이 빠짐없이 서로 영향을 주고받음을 의미한다. 이는 "개체와 개체 사이에 무량한 다양성의 관계가 서로를 규정하고 서로 영향을 미치며 어울려 존재하는 '은적 존재론'[5]이라고도 표현된다.

우주 만유가 서로 영향을 주고받는다고 할 때, 그중 제일 큰 영향력은 '존재함'을 가능케 하는 영향력일 것이다. 우리로 하여금 걸음을 걷지 못하게 하거나 음식을 먹지 못하게 하는 것보다 존재하지 못하게 하는 것이 훨씬 큰 영향력을 가지는 법이다. 예를 들어, 점심 한 끼 못먹는 건 저녁식사로 복구 가능한 아쉬움 정도일 것이나, 지금 당장 우리 자신이 펑! 하고 사라진다면? 이것은 다른 영향력에 비해 아주 높은 수위에서 다뤄져야 할 문제가 된다.

불법연구회 창립 15년이 되던 1930년, 『월말통신』 33호에는 복전(福田)으로서의 사은이 우리 존재를 가능하게, 그리고 보전하게 하는 근원이라는 내용이 등장했다.

---

4 불법연구회총부, 『회보』 18, 1935, 3쪽.

5 정순일, 「소태산 대종사의 생명철학」, 『원불교사상과 종교문화』 69, 2016, 68쪽.

천지도 우리의 복전이요, 부모도 우리의 복전이요, 동포도 우리의 복전이요, 법률도 우리의 복전이라 하겠노라. 어찌하여 사은이 우리의 복전일꼬 하면 그것은 다름이 아니라 우리는 과거에도 그 사은 가운데에서 살아왔고 현재에도 그 사은 가운데에서 살고 있고 미래에도 그 사은 가운데로 살아갈 것이니까. 언제든지 우리가 이-존재를 세상에 보전케 된 것은 오로지 그 사은에서 주는 복과를 받음이 아니겠느냐.[6]

사은에서 강조하는 은혜는 우리 삶을 가능하게 하는 현실의 은혜를 말하며, 따라서 은혜는 곧 '생명'으로도 이어진다. 우리는 '살려는 의지'를 지니며 살아가지만 '살리는 뜻'이 없으면 생존이 불가능하다. 살려는 뜻과 살리는 뜻이 마주치는 데서 우리의 삶이 가능하다. 그러므로 사은을 '살리는' 은(恩)적 존재[7]로, 즉 생명의 은(恩)적 존재로 조명한다.

소태산은 '천지 피은(被恩)의 조목'을 다음과 같이 밝혀, 우리 삶을 가능케 하는 대자연의 은혜를 말한다.

1. 하늘의 공기가 있으므로 우리가 호흡을 통하고 살게 됨이요,
2. 땅의 바탕이 있으므로 우리가 형체를 의지하고 살게 됨이요,
3. 일월의 밝음이 있으므로 우리가 삼라만상을 분별하여 알게 됨이요,
4. 풍·운·우·로(風雲雨露)의 혜택이 있으므로 만물이 장양(長養)되어 그 산물로써 우리가 살게 됨이요,
5. 천지는 생멸이 없으므로 만물이 그 도를 따라 무한한 수(壽)를 얻게 됨이

6 불법연구회, 『월말통신』 33, 1930, 7쪽.

7 김낙필, 「은사상의 생철학적 조명」, 『원불교사상과 종교문화』 9, 1986, 168쪽.

니라.[8]

그리고 '부모 피은의 조목'에서는 "만사 만리의 근본 되는 이 몸을 얻게 됨이요, 모든 사랑을 이에 다 하사 온갖 수고를 잊으시고 자력을 얻을 때까지 양육하고 보호하여 주심"이라 설명했다. '동포 피은의 조목'은 사(士)·농(農)·공(工)·상(商)·금수 초목의 은혜, '법률 피은의 조목'은 종교와 도덕, 사·농·공·상의 기관 등이다. 천지·부모의 은혜가 우리 존재를 가능케 하는 은혜라면 동포·법률의 은혜는 존재를 보전케 하는 은혜이다.

이 은혜들을 자세히 보면 어른과 같은 마음으로 우리를 존재하게 하는 은혜가 있는가 하면, 친구와 같은 마음으로 우리의 곁에서 서로의 삶의 영위를 돕는 은혜가 있다. 그래서 소태산이 '천지·부모는 부모 항이요, 동포·법률은 형제 항'이라고 하며 사은을 구분한 것도 수직적 위계에서 생명을 가능케 하는 은혜, 수평적 위계에서 생명을 보전케 하는 은혜로 설명 가능하다. 은혜철학이 지향하는—생명을 가능하게 하고 보전하게 하는—은혜는 인류 공통의 보편성을 추구하는 것이라 볼 수 있다. 내가 당장 존재하지 못하게 된다면, 또는 존재하지만 보전할 수 없다면, 이 상황을 반길 사람은 없기 때문이다.

2. 은혜를 이해하다

『정전』의 '천지은'에서는 '천지의 도(道)'를 가리켜 다음과 같이 설명하고 있다.

8 『정전』 제2 교의편 제2장 사은 제1절 천지은.

천지의 도는 지극히 밝은 것이며, 지극히 정성한 것이며, 지극히 공정한 것이며, 순리 자연한 것이며, 광대 무량한 것이며, 영원불멸한 것이며, 길흉이 없는 것이며, 응용에 무념(無念)한 것이니….

소태산은 천지의 여덟 가지 도(道)를 말하면서, 만물은 이 도가 있어 생명을 지속해 나갈 수 있다고 보았다. 그리고 사람이 천지의 은혜를 갚으려면 이 도를 "체받아서" 실행해야 한다고 하며 '보은(報恩)의 강령'을 밝혔다. '체받다'라는 말의 사전적 의미는 '행동·문장·그림·글씨 등의 본보기를 그대로 따라 닮아 가는 것', '성현의 인격이나 일원상의 진리를 그대로 닮아가는 것'이다.[9] 만약 붓글씨를 연습하는 사람이 명필가의 글씨체를 그대로 따라 쓰며 연습한다면 이것도 '체받는' 연습에 해당한다. 최대한 같아지는 것을 지향한다는 점에서, 천지의 도를 체받는다는 말은 천지의 도를 최대한 동일한 방향으로 따른다는 뜻으로 풀이된다. 그래서 과거 불법연구회 「사업보고서」에서도 "그 은혜를 갚기로 하면 오직 천지의 행동하는 것을 보아서 나의 행동도 똑 그대로만 하면 될 것"이라고 했다.

천지의 도를 체받아서 실행하기 위해 필요한 조목, 즉 '천지 보은의 조목'은 다음과 같다.

1. 천지의 지극히 밝은 도를 체받아서 천만 사리(事理)를 연구하여 걸림 없이 알 것이요,
2. 천지의 지극히 정성한 도를 체받아서 만사를 작용할 때에 간단없이 시종이 여일하게 그 목적을 달할 것이요,

9 《원불교대사전》(https://won.or.kr/) 검색어: '체받다' (검색일: 2023. 02. 22)

3. 천지의 지극히 공정한 도를 체받아서 만사를 작용할 때에 원·근·친·소(遠近親疎)와 희·로·애·락(喜怒哀樂)에 끌리지 아니하고 오직 중도를 잡을 것이요,

4. 천지의 순리 자연한 도를 체받아서 만사를 작용할 때에 합리와 불합리를 분석하여 합리는 취하고 불합리는 버릴 것이요,

5. 천지의 광대 무량한 도를 체받아서 편착심(偏着心)을 없이 할 것이요,

6. 천지의 영원 불멸한 도를 체받아서 만물의 변태와 인생의 생·로·병·사에 해탈(解脫)을 얻을 것이요,

7. 천지의 길흉 없는 도를 체받아서 길한 일을 당할 때에 흉할 일을 발견하고, 흉한 일을 당할 때에 길할 일을 발견하여, 길흉에 끌리지 아니할 것이요,

8. 천지의 응용 무념(應用無念)한 도를 체받아서 동정 간 무념의 도를 양성할 것이며, 정신·육신·물질로 은혜를 베푼 후 그 관념과 상(相)을 없이 할 것이며, 혹 저 피은자가 배은 망덕을 하더라도 전에 은혜 베풀었다는 일로 인하여 더 미워하고 원수를 맺지 아니할 것이니라.[10]

'천지 보은의 조목'은 천지로부터 은혜를 입은 인류가 해야 할 일을 언급한 것이다. 궁극적 실재 '일원'은 존재하는 것 자체만으로도 온전하고 완전한 만물의 속성이다. 이미 온전하고 완전한데, 이 속성을 보완하거나 수정할 필요는 없다. 완성의 경지에 도달한 것은 더 이상 상승해야 하는 이유를 가지지 않는 법이다. 우리는 본래 이러한 완전함을 가졌는데, 이 사실을 잊은 채 스스로의 일원을 희석시키고 덧입히며 멀리 한다.

그렇다면 우리가 할 일은 무엇인가? 은혜철학은 이때 인류가 해야 할 것을 '보은'이라고 설명한다. 만물의 완전성에도 불구하고, 생물 다양성이 위

10 『정전』 제2 교의편 제2장 사은 제1절 천지은.

협받고 기후위기는 극심해진다. 존엄성의 말살도 상승세를 이루고 있다. 그 이유는 온전하고 완전한 '일원', 그리고 이러한 일원의 현실적 드러남인 '사은'에의 보은이 누락되었기 때문이다. 보은에 관한 조목이 존재하는 것은 은혜에 대한 이해에서 한 걸음 더 나아가, 인류가 밟아야 할 정도(正道)를 제시하기 위해서다.

'천지 보은의 조목'을 살펴보면, 이원적 표현들이 유난히 눈에 띈다. '시종(始終)', '원·근·친·소(遠近親疎)와 희·로·애·락(喜怒哀樂)', '합리와 불합리', '길흉', '동정(動靜)' 등이다. 이 표현들은 문맥상 극복하고 뛰어넘어야 하는 요소들로 설명되고 있다. 즉 '시종(始終)'은 '여일'해야 하고, '원·근·친·소(遠近親疎)와 희·로·애·락(喜怒哀樂)'에는 끌리지 않아야 하며, '합리'는 취하고 '불합리'는 버려야 한다. '길흉'에 끌리지 않아야 하고 '동정(動靜)' 간 무념해야 한다는 것이다. 이 설명으로부터 우리는 이원적 요소의 극복과 초월을 짐작할 수 있다.

이원적인 개념들을 사용한 이유를 논의하기 위해 류병덕이 언급한 부정성(否定性) 원리를 참고하고자 한다. 부정성 원리는 소태산이 진리를 추구했던 하나의 방법으로, 이것도 아니고 저것도 아니라는 방식으로 대상을 설명하거나 긍정의 반대로서의 부정이 아니라 초월하는 부정을 하는 방식이다. 류병덕은 은혜가 부정의 연속에 의해 마침내 더 이상 부정할 수 없이 절대적으로 긍정된 진리를 우리에게 구현한 최고부정의 징표라고 말한다.[11] 가령 사랑이란 감정을 부정성 원리로 이해한다면, 사랑을 부정하는 것은 미움이 아니다. 사랑이 참된 부정은 무엇인가. 사랑할 수도 있고 미워할 수도 있는 것이라며, 모두를 수용할 수 있는 초월적 부정이 참된 부정이다.

11 류병덕, 『원불교와 한국사회』, 시인사, 1978, 80-83쪽.

이 원리를 바탕으로 보면 천지에 보은하기 위해 합리는 취하고 불합리를 버릴 수 있어야 하고, 길흉에 끌리지 말고, 동정(動靜) 간 무념하자는 등의 보은의 조목들은 '불합리'에 대한 상대적 개념인 '합리'를, '흉'에 대한 상대적 개념인 '길'을, '동'에 대한 상대적 개념인 '정'을 추구하자는 것이 아니다. 이 천지 보은의 조목들은 '합리'와 '불합리'를 부정하고 '흉'과 '길'을 부정하고, '동'과 '정'을 부정함으로써 언어로는 전할 수 없는 초월적 차원의 도(道)이자 일원(一圓)에 근접하도록 한 것이다. 이렇게 최고부정의 방법으로 도에 근접하는 것이 은혜에 보은하는 것이 된다. 사랑만 수용하면 도를 이루었다고 볼 수 없다. 그러나 반대편에 있는 미움까지도 수용할 수 있으면 '사랑의 도'를 이루는 셈이며, 이로써 사랑의 은혜에 보은할 수 있게 된다.

이 점에서, 천지의 여덟 가지 도는 거듭되는 부정을 통한 절대적 긍정의 상태를 지향한다. 소태산은 "우주의 대기(大機)가 자동적으로 운행하는 것은 천지의 도"라고 말한다. 이 말은 우주의 운행 자체가 도를 따른 것, 즉 해가 뜨거나 비가 오고, 눈이 내리는 것 모두가 천지의 도에 의한 일이라는 의미다. 우주의 운행은 인간의 의지가 아니라 오로지 천지의 도를 따른다. 지구의 자전과 달리 운동, 태양 활동이 우리의 의지를 따라 이루어지지 않듯이 말이다. 이때의 '운행'에는 우리의 삶도 포함된다. 우리의 삶은 날씨, 고통과 기쁨, 사랑하고 미워하는 일에 관계없이 절대긍정의 이치를 따라 전개된다고 볼 수 있다.

필자는 언젠가 '절대긍정'이라는 글씨를 크게 새긴 어느 차량의 모습을 도로에서 본 적이 있다. 그 차의 주인은 왜 '절대긍정'을 차에 새긴 것일까? 그 심경을 쉽게 헤아릴 일은 아닐 테지만, 삶에서 주어지는 어떤 상황에서도 있는 그대로를 받아들여 극복할 수 있다는 자신감의 표출이었으리라 생각된다. 원불교 경전에서 "만물은 이 대도가 유행되어 대덕이 나타나는 가운데 그 생명을 지속"한다고 한 것도 만물의 생명이 절대긍정으로 유지되고 있음을 뜻한다. 절대긍정은 '인간이라는 생명체가 암수·천지·주야·생사 따위를 비롯한 거의 무한한 대립적 양극성을 현실에서 안을 때 생명으로써 출현·존재'[12]하는 것이다.

그럼 절대긍정으로 유지되는 우리 생명을 중단시키는 것도 이 절대긍정에 포함될까? 은혜는 일원의 진리가 무한하게 움직이며 영원하게 '생멸'(生滅)하는 무한 생성력 그 자체를 의미한다.[13] 은혜의 시선으로 볼 때 생(生)과 멸(滅)은 두 가지 다 끝없이 생성되는 '작용'이다. 그리고 이 무한한 생성력으로 인해 우주가 운행되는 것이 은혜다. 죽는 것도 부정적으로 인식하면 두렵고 힘든 과정일 테지만, 우주의 운행 과정 중 하나라는 시선으로 바라보면 부정적 감정으로 바라볼 필요가 없는 일이 될 수 있다.

마치 『도덕경』 2장에 나오는 '유무상생'(有無相生), 즉 유(有)와 무(無)는 서로 말미암아서 생겨난다는 말이 유와 무의 상태를 모두 긍정하는 것처럼, 은혜 또한 생(生)과 멸(滅)을 모두 긍정한다. 지금 이곳이 캄캄한 밤일 때도 태양은 지구를 비춘다. 다만 지구가 자동적으로 운행할 뿐이다. 우주 만유는 위협적이고 적대적인 관계에 놓일 때도 없지 않지만 "알고 보면" 또는 "전체적 관점에서 본다면" 또는 "일원상 진리의 관점에서 본다면" 그 관계는 은혜의 관계이다.[14]

따라서 은혜를 양육하고 베풀어주며 보호해주는 호혜적 개념에 한정하여 설명할 수는 없다. 『정전』의 '사은'에서 "없어서는 살지 못할 관계"라는

---

12 정순일, 앞의 논문, 66쪽.

13 류병덕, 앞의 책, 146쪽.

14 한종만, 『원불교 신앙론』, 원불교출판사, 1995, 206쪽.

설명은 천지가 우주 만유의 존속을 위해 특정 존재에 무언가를 의도적으로 베풀었음을 의미하진 않는다. 소태산은 천지의 아는 바가 사람의 희로애락과 달라서, 공정하고 삿됨이 없다고 보았다. 우리를 받치고 있는 대지가 희로애락 없이 세상 만물을 키워내고 받아들이는 것과 같이 말이다. 무심하기 때문에 특정 대상을 위한 의도적인 베풂은 불가능하다. 천지의 무차별적인 도를 따라 이 우주가 운행되며, 이러한 작용이 우리 모두에겐 없어서는 살 수 없는 은혜다.

소태산은 "천지는 생멸이 없으므로 만물이 그 도를 따라 무한한 수(壽)를 얻게" 된다고 말했다. 이때 생멸이 없다는 것은 천지의 무한 생성력이 생멸하지 않음을 뜻한다. "우주 만유가 다 같이 생멸 없는 진리 가운데 한량없는 생(生)을 누린다"고 하며, "우주 만물이 모두 다 영원히 죽어 없어지지 아니하고 저 지푸라기 하나까지도 백억 화신을 내어 갖은 조화와 능력을 발휘한다"[15]는 것은 천지의 무한 생성력에 의해 만물이 무한한 수(壽)를 얻음을 의미한다. 무한 생성력에 의해 우주 만유로 하여금 그 모습을 계속 달리하며 '조화와 능력'을 발휘하도록 한다는 점에서 천지를 은혜로 정의하는 것이다. 그러므로 은혜는 "가깝게는 나 자신의 생존의 은혜를 의미하지만 넓게는 우주를 생성 발전시키고 모든 존재를 형성하는 원리이며 모든 생명을 무한히 상생상화하게 하는 통합의 기운"[16]이다.

15 『대종경』 제9 천도품 15장.

16 한종만, 「사은」, 『원불교학개론』, 원불교학교재연구회 편, 원광대학교출판국, 1985, 170쪽.

3. 은혜를 실천하다

은혜철학의 측면에서 보면, 우주 만유가 은혜로 연결되어 있다하더라도 이 은혜에 보은하지 않으면 이는 곧 배은으로 구분된다. 반대로 보은을 실천하면 이상적인 세상에서 평안하고 행복한 생활을 영위할 수 있게 된다. 특히 '동포은' 장에서는 동포 보은을 할 경우 "국가와 국가끼리 평화"[17]하게 된다고 하여, 보은을 통해 인류 보편의 평화를 이룰 수 있음을 시사한다. 다만 이런 은혜의 실천에는 '배은'과 관련해서 짚고 넘어가야 할 두 가지 쟁점이 남아 있다. 하나는 배은을 한 사람이 자신의 행위로 인해 어떤 처지에 처해지는지의 문제이고, 또 하나는 예기치 못한 위기의 원인을 피해자의 배은에 직결시킬 수 있는가의 문제이다.

첫째, 우주 만물의 은혜에 배은을 할 경우 그는 어떤 처지에 놓이게 될까? 이 문제는 인간의 지위에 대한 해석에서부터 출발할 필요가 있다. 무한 생성력에 의해 무한한 수(壽)를 얻는 우주만유, 그중에서 인간은 어떤 위치에 있는가. 소태산은 "만물 가운데 사람은 최령하니 다른 동물들은 사람을 위하여 생긴 것이라 마음대로 하여도 상관없다는 인간 본위에 국한됨"[18]을 지적하며, 비인간 존재를 도구로 여기려는 시각을 경계했다. 그런데 이때 사람이 최령하다는 입장이 전제가 된다. 그래서인지 불법연구회 초기문헌에서 인간을 최령한 존재로 정의하는 대목들이 발견된다.

· 우리 인생들은 그 우주 대기에서 제작 산출되는 수많은 물품 가운데에서

17 『정전』 제2 교의편 제2장 사은 제3절 동포은.

18 『대종경』 제6 변의품 19장.

도 제일 고귀하고 최령하다는 칭호를 받나니 그는 무슨 까닭일까요?[19]

· 가장 크고 많은 은혜를 입은 것은 오직 사람이니 그러므로 사람은 만물 중 최령의 위에 있어서 가장 고귀하고 활발하고 행복스러운 생활을 누리게 되는 것이다.[20]

· 사람은 만물 중 최령자가 되며 나아가 대우주의 지배자 곧 주인이 된다.[21]

이러한 관점은 곧 인간중심적 사고에서 비롯된 것이 아닌가? 천지에 보은해야 한다고 보는 소태산의 시선으로 다시 돌아와 생각해 보자. 천지 보은을 위해 천지의 도를 체받아야 한다는 것은 천지를 닮기 위해 최대한 근접하려는 노력이 필요함을 뜻한다. 소태산은 보은을 실행했을 때 나타나는 결과를 가리켜 "천지와 내가 둘이 아니요, 내가 곧 천지일 것이며 천지가 곧 나"인 경지에 다다르게 된다고 말한다. 천지를 닮고자 천지의 운행 원리를 그대로 따라야 한다는 의미다. 이때 인간이 천지의 도를 체받는 것은 '천지가 인간의 능력을 넘어서 있는'[22] 상태를 전제로 한다. 앞서 비유했듯이, 글씨를 체받고자 하면 나의 능력을 넘어서 있는 누군가의 완성된 글씨를 따라 쓰기 마련인 것이다.

19 이공주, 「정축을 맞으면서」, 『회보』31, 불법연구회총부, 1937, 17쪽.

20 원불교정화사 편, 「시창14년도 사업보고서」, 『원불교교고총간』5, 원불교출판사, 1994, 79쪽.

21 김영신, 「송구영신을 기념하여 영장의 본처에 돌아가자」, 『월말통신』22, 불법연구회, 1929, 56쪽.

22 시노하라 마사타케, 『인류세의 철학』, 조성환 외 옮김, 모시는사람들, 2022, 203쪽.

그럼 인간이 가장 최령하다는 위의 관점은 천지가 가진 이러한 위상에 관련하여 어떻게 이해될 수 있을까? 『정전』에서 밝힌 '천지 배은의 결과'에 따르면, 천지에 배은을 했을 때에는 "응당 사리 간에 무식할 것이며, 매사에 정성이 적을 것이며, 매사에 과불급한 일이 많을 것이며, 매사에 불합리한 일이 많을 것이며, 매사에 편착심이 많을 것이며, 만물의 변태와 인간의 생·로·병·사와 길·흉·화·복을 모를 것이며, 덕을 써도 상에 집착하여 안으로 자만하고 밖으로 자랑할 것"이므로 "이러한 사람의 앞에 죄해(罪害)가 있을 수밖에 없다"고 서술되어 있다. 이 중에서 "인간의 생·로·병·사와 길·흉·화·복"을 모르게 된다는 부분을 주목해 보자. 생로병사는 삶의 기본적인 원리다. 배은으로 인해 생로병사의 이치를 모른다면 그를 정상적인 생활을 영위하는 자라고 보기 어려울 것이다. 내가 이 세상에 나타났고, 어떤 이유에서건 병이 들었으며, 시간이 흐름에 따라 늙고 있음을 자각하지 못한다면, 평범한 일상을 보내려야 보낼 수 없다. 즉, 인간은 기본적으로 최령한 위치에 있지만, 배은을 하면 인간의 범주에 들어갈 수 없다.

소태산의 제자 전음광은 인간이 기술을 배워도 정의와 도덕으로 사용할 줄 모른 채 자기 욕심만 채우는 데 치우치면 금수와 다를 바가 없다고 강조한다. 정의와 도덕으로써 '기술적 공부'를 사용하다 보면 그때야 비로소 인간으로서 자격을 가지게 된다는 것이다.[23] 대산 김대거가 "우주의 주인 노릇을 못 하면 곧 짐승과 같은 것이니 사람이 근본 된 자격을 갖추어 책임과 의무를 다하여야 한다."[24]고 한 것도 같은 의미이다. 이들이 주목한 정의와

23 전음광, 「도덕학을 공부함에 대하여」, 『회보』41, 불법연구회총부, 1938, 25-26쪽.

24 대산종사수필법문편찬회 편, 『대산종사수필법문집』1, 원불교100년기념성업회, 2014, 387쪽.

도덕, 책임과 의무는 보은—천지의 도를 체받음—을 향한다. 즉 '보은 없는 피은(被恩)'은 인간으로서의 자격을 상실케 한다는 엄격한 기준이 적용됨을 알 수 있다. 은혜에 보은하는 것은 단지 신앙적 행위이기만 한 게 아니라 도덕과 책임에 관한 윤리적 행위가 될 수 있다고 본 것이다.

이와 같이 인간의 최령함이 성립되기 위해서는 '천지의 도를 체받아서 실행하는 보은행'이란 전제가 충족되어야 한다. 보은행을 하지 않으면 그 사람에게 인간의 꼬리표를 붙일 수 없다는 입장이다. 따라서 인간을 제일 고귀한 존재, 대우주의 지배자이자 주인 등으로 표현했던 수식어구들은 인간의 보은 여부에 따라 효력을 유지할 수도, 상실할 수도 있는 상대적인 것에 해당한다.

이와 대조적으로 천지는 '없어서는 살 수 없는' 절대적인 근원으로 정의되고 있다. 스포츠는 항상 존재하지만 선수의 기본 자질 여부에 따라 자격 상실이 가능한 것처럼, 천지는 영원불멸하지만 인간은 보은의 여부에 따라 그 자격을 상실할 수도 유지할 수도 있다. 그래서 대산은 "사람은 천지 부모 동포 법률 사이에서 산다"[25]라고 말하기도 했는데, 인간을 최령하다고 보는 관점은 위계의 문제, 즉 천지와 인간의 관계에서 인간을 우위에 있다고 본 것이라기보다 역할의 문제, 즉 보은을 실천해야 '인간다운 인간'의 범주에 들 수 있는 문제를 중심에 둔 것이다.

둘째, 개개인이 혹 보은의 실천으로 인간으로서의 자격을 유지한다 하더라도 '예기치 못한 위기'에 관한 문제는 여전히 남아있다. 우리는 평범한 시민이 예상 못한 바이러스나 사고로 인해 우연히 피해를 입거나 목숨을 잃는 상황을 접할 때가 있다. '생명의 평화'를 상실하는 순간이다. 물론 소태산은

25 앞의 책, 396쪽.

"우연히 돌아오는 고(苦)나 자기가 지어서 받는 고는 곧 천지 배은에서 받는 죄벌"[26]이라고 말했다. 그럼 '우연히' 돌아오는 고가 어떻게 인간의 배은을 '원인'으로 할 수 있을까? 우연한 일이 과연 원인을 가질 수 있는가? 고통스러운 일이 자신의 뜻과 관계 없이 우연히 발생하였음에도 천지 배은이라는 원인을 가진다면 이미 '우연한 고'가 될 수 없을 일이다. 그럼 이 주장은 모순인가? 세계 곳곳에서 발생하는 우연한 위기들이 과연 피해자 당사자들의 배은 때문에 일어났다고 단정할 수 있을지, '생명의 평화'를 상실하게 된 것이 그 '생명' 때문이라고 단언할 수 있을지 생각해 볼 문제다.

원불교학자 한기두는 천지가 우리에게 무위이화(無爲而化)로 은혜를 주기도 하지만 또한 역천자(逆 天者)에게는 무위이화로 재앙과 해독을 내린다고 말한다. 우연한 사고까지도 자기 스스로 어딘가의 잘못 때문에 얻어지는 재앙이라는 것이다.[27] 그러나 현재 발생하는 다양한 위기적 현상들이―기후 온난화, 전쟁, 예기치 못한 사고들―단순히 피해자의 배은에서 비롯된 일이라고 말하기에는 납득하기 어려운 문제들이 있으며, 이 문제는 교화의 측면에서도 논란의 여지가 있을 수 있다.

원불교경전의 「일원상서원문」에 따르면, '은생어해(恩生於害)로 혹은 해생어은(害生於恩)으로' 이 세계가 전개된다고 한다. 은혜는 본질적인 면에서 절대긍정의 작용을 하지만, 현실적 차원에서는 해(害)로 드러나기도 한다. 여기서 해가 계속 발생되는 이유는 '무지은자(無知恩者)의 이기적 주아행위(利己的 主我行爲)', '배은자(背恩者)의 장난'[28] 때문이라는 류병덕의 견해를 참

26 『정전』 제2 교의편 제2장 사은 제1절 천지은.

27 한기두, 『원불교 정전연구-교의편』, 원광대학교 출판국, 1996, 183쪽.

28 류병덕, 앞의 책, 183쪽.

조할 필요가 있다.

소태산의 뒤를 이은 정산 송규는 1961년 '삼동윤리'(三同倫理)를 제시하여 종교와 인류의 실천 방향을 언급한 적이 있는데, 그중 두 번째 강령인 '동기연계'(同氣連契)는 모든 인종과 생령이 근본은 다 같은 한 기운으로 연계된 동포이므로 대동화합 할 것을 권한다. 같은 맥락에서, 그는 개인주의나 가족주의를 지양해야 한다고 하며, 가족의 범위를 세계적으로 확장할 것을 주장하기도 했다. '내 가족의' 범주를 넘어서, 전 지구의 모든 존재를 가족으로 여기자는 것이다. 이 입장은 그 누군가의 이기적인 배은으로 인해 또 다른 누군가가 예상 못한 고통과 해를 얻을 수 있다는 문제, "혹 배은자의 장난으로 인하여 모든 동포가 고해 중에 들게 되는"[29] 상황을 놓고 봤을 때 필요한 하나의 관점이 될 수 있다. 우주 만유는 긴밀하게 얽혀 공동체를 이루고 있으며, 이 지구 구성원으로 존재하는 이상 '배은자의 장난'을 피할 수 없을 땐 그 배은으로 인한 영향권 내에 들 수밖에 없다. 따라서 보은과 불공으로 지구를 운용해 가야 한다는 게 은혜철학의 지향점이다.

4. 은혜를 확산하다

2002년부터 새만금 간척사업을 막기 위한 삼보일배가 종교 성직자들 중심으로 시작되었다. 가톨릭, 개신교, 불교, 원불교의 4대 종교가 함께한 운동이었다. 그에 앞서 2001년 2월에는 '좌우익 희생자와 뭇 생명의 해원상생을 위한 100일 기도'가 지리산에서 개최되었고 이를 시작으로 범 종교적 기도가 여러 차례 이루어졌으니, 이 기도 또한 가톨릭, 개신교, 불교, 원불교가

29 『정전』 제2 교의편 제2장 사은 제3절 동포은.

함께한 것이다.

한반도 대운하 사업이 시작됨에 따라 2009년에는 가톨릭, 개신교, 불교, 천도교, 원불교의 5대 종교가 '생명의 강 생명평화순례단'을 꾸렸다. 이들은 '한반도 대운하 백지화 종교인 생명평화 100일 도보순례'를 했다. 여기엔 '생명의 강을 모시는 원불교 사람들'도 있었다. 이후 원불교환경연대가 본격적인 활동에 나서면서 '생명평화탈핵순례'도 시작했다.[30] 이와 같이 '생명평화'를 회복시키기 위한 움직임이 다양하게 일어났다.

이 시기 생명평화운동의 특징은 범시민적·범종교적으로 진행되었다는 점이다. 원불교는 그동안 이웃 종교들과 더불어 생명평화운동에 동참했던 데 이어, 기후위기가 가속화함에 따라 정부 정책 실행에 협력하는 차원에서 탄소중립운동을 비롯한 기후행동에 나서고 있다. 이 운동은 범종교적인 성격을 띤다. 원불교가 환경운동을 지속적으로 이어가려 하는 이유는 무엇일까? 여기엔 생명의 근원을 은혜로 인식하고 실천하려는 교리적 특수성이 큰 비중을 차지하는 것으로 보인다. 왜냐하면 생명은 모든 인류의 보편적인 관심사이자 지향점이기 때문이다.

2022년 초 전산 김주원 원불교 종법사는 「신년법문」에서 "만물이 하나로 연결되어 있으며 없어서는 살 수 없는 은혜의 관계임을 깨달아 일체 만물을 부처로 모시고 더불어 살아가는 생태문명으로 대전환을 이루어 가야 할 것"을 당부하였다. 그는 기후위기에 관한 시대적 인식, 지금 시대의 종교가 찾아나서야 하는 또 다른 길을 만물과의 은혜의 관계, 그리고 이를 통해 이룩

30 오정행, 「[생명·환경·평화] 원불교환경연대 10주년을 돌아보다」, 《원불교신문》, 2020.04.30.
http://www.wonnews.co.kr/news/articleView.html?idxno=205643. (검색일: 2023.02.22)

할 생태문명에서 찾고 있다.

'원불교 제4대 제1회 설계특별위원회'가 제시한 핵심의제 중 '사은생태계 형성'은 지금 원불교가 추구해야 하는 정신개벽이 지구구성원의 생명을 위한 대전환임을 의미한다. 이 새로운 전환을 위해 원불교는 2000년대 초반부터 생명평화운동에 참여해 왔으며, 현재는 원불교환경연대, 둥근햇빛발전협동조합, 원생태 사회적협동조합, 원불교여성회 등을 중심으로 기후행동을 이어가고 있다.[31]

원불교환경연대는 '생명의 평화'를 목적으로 한다. 2011년 발생했던 후쿠시마 원전사고를 계기로 그해 '생명평화 탈핵순례'를 시작, 매주 월요일마다 소그룹으로 진행하기를 10년째 지속해 오고 있다. 2020년 5개 종단의 협의체 '종교환경회의'가 「종교인 기후행동 선언문」을 발표할 때 참여하기도 했으며, 'STOP 1.5℃ 지구살림 천지보은법회-일일초록'을 통해 '천지보은 일상수행', 'STOP 1.5℃ 초록실천', '지구살림 초록교당 활동', '탄소제로 "RE100 원불교"' 등, 마음공부와 천지은(天地恩) 보은을 결합시킨 형태의 실천 방법들을 권장하고 있다.

다음은 일상생활 속에서 때와 장소를 가리지 않고 수행을 이어가기 위해 지침으로 삼는 '일상수행의 요법' 중 1-3조이다. '일상수행의 요법'은 원불교 마음공부의 핵심인데, 그 이유는 누구나 쉽게 마음공부를 하여 도(道)를 닦고 덕(德)을 이룰 수 있어야 한다는 게 마음공부의 기치이기 때문이다. 원불교환경연대에서 제시한 '초록 일상수행의 요법'은 '일상수행의 요법'을 응용한 것으로, 개인의 내적 수행과 기후위기 대응을 통합적으로 실천할 것을

31 기존의 원불교 환경운동 활동에 대해서는 황화경의 「원불교 사은사상의 생명윤리」, 『한국종교』 40, 2016을 참조하기 바란다.

추구한다.

〈일상수행의 요법 1-3조〉[32]

1. 심지(心地)는 원래 요란함이 없건마는 경계를 따라 있어지나니, 그 요란함을 없게 하는 것으로써 자성(自性)의 정(定)을 세우자.

2. 심지는 원래 어리석음이 없건마는 경계를 따라 있어지나니, 그 어리석음을 없게 하는 것으로써 자성의 혜(慧)를 세우자.

3. 심지는 원래 그름이 없건마는 경계를 따라 있어지나니, 그 그름을 없게 하는 것으로써 자성의 계(戒)를 세우자.

〈지구를 살리는 초록 일상수행의 요법 1-3조〉[33]

지구는 원래 (대기오염)이 없건마는 (화석연료)를 따라 있어지나니, (바람에너지)로써 (미세먼지) 없는 지구를 이루자.

지구는 원래 (방사능오염)이 없건마는 (핵에너지)를 따라 있어지나니, (햇빛전기)로써 (핵 없는) 지구를 이루자.

지구는 원래 (온난화)가 없건마는 (온실가스)를 따라 있어지나니, (3덜운동)으로써 (함께 사는) 지구를 이루자.

이밖에 원불교여성회는 핵시설 반대, 에너지 절약 운동, 음식물 쓰레기 줄이기 운동, 도농연결, 시민환경교육 등을 진행한다. 2022년에는 기후행

32 『정전』 제3 수행편 제1장 일상수행의 요법

33 《원불교환경연대》, https://wool-tugboat-531.notion.site/e589ee8f44094d50bda6514200c500f9 (검색일: 2023.2.22)

동의 차원에서 채식을 위한 방법들을 공유하며, '함께 살림'이라는 휴대폰 어플을 개발하기도 했다. 원불교의 '원기 107-109 교정정책'에서 볼 수 있는 '미래준비'의 관련 내용 중에는 '지구살리기 운동'을 위해 '사은순환을 통한 자원순환운동 전개' 같은 사항들이 포함되어 있다.[34] 이 교정정책의 실행을 위해 원불교 교정원 공익복지부는 2022년부터 '절약절제 캠페인'을 진행하기 시작했다. 이 캠페인은 정부가 2020년 발표했던 '2050 탄소중립 추진전략', 그리고 앞서 제시한 「기후위기 대응을 위한 탄소중립·녹색성장 기본법」을 반영하여 시작된 것이다. 탄소발자국을 줄이는 것을 목표로 하루 30분 에너지 절전, 영상시청 줄이기, 재활용 제품 사용하기, 음식물 먹을 만큼만 담기 등의 사항을 실천하고, 그 결과를 SNS에 공유한다. 이밖에도, 2022년 개최된 '원불교 탄소중립 기후행동 결의대회', 교구별 '원불교 탄소중립학교', 'K-eco 아이디어톤' 등의 활동이 있다.

원불교는 생명사상에 바탕을 두고 환경운동을 시작했다.[35] 그 이유는 현대 한국의 환경운동이 대부분 생명사상을 주된 이념으로 삼았기 때문이며, 원불교 핵심 철학 중 하나인 은혜철학이 생명사상과 연결되기 때문이었다. 한국의 생명운동이 범종교·범시민적 생명평화운동으로 확장됨에 따라 원불교의 환경운동 또한 생명평화운동에의 참여로, 이후에는 기후행동으로 발전해왔다. 이러한 발전 과정에는 생명사상, 그리고 우주 만유의 은(恩)적 관계에 관한 사유가 기저에 지속적으로 존재해 왔다.

34 원불교 기획실 제공, 《원불교》(https://won.or.kr/) (검색일: 2023.02.22)
35 황화경, 앞의 논문, 207쪽.

5. 은혜철학의 갈무리

이상과 같이 소태산의 은혜철학에 대해 살펴보았다. 소태산에게 '은혜'는 궁극적 실재인 '일원'의 현실적 내용으로, 깨달음의 내용이자 대상이었다. 은혜철학의 핵심을 다음과 같이 요약해볼 수 있다.

첫째, 은혜는 우리를 존재하게 하고 보전하게 하는 관계, 즉 없어서는 살 수 없는 관계의 속성이다. 존재와 보전을 가능하게 한다는 점에서, 은혜는 생명으로서의 속성을 가진다.

둘째, 천지는 길함과 흉함, 동함과 정함, 태어남과 사라짐 등 이원적 개념들을 절대긍정으로 끌어안아 무한 생성하는데, 이러한 작용 속에서 우주의 뭇 생명들이 무한한 삶을 영위해 간다. 이것이 곧 은혜의 작용이다.

셋째, 은혜철학은 이러한 은혜에 보은을 실천하되 배은을 해서는 안 된다고 본다. 소태산은 인간을 최령한 존재로 여기지만, 배은을 하면 인간의 자격을 얻지 못한다고 본다. 혹 배은을 하지 않고 인간의 자격을 유지한다 하더라도, 기후이변과 같이 예기치 못한 위기를 맞닥뜨리는 게 요즘의 상황이다. 당사자가 언젠가 죄를 지은 데 따라 벌을 피할 수 없다는 인과론적 견해보다, 은혜에 대한 인식이 없는 배은자의 잘못에 의해 지구구성원이 함께 위기에 당면하게 된다는 해석의 적용 범주가 확장된 시점이다. 은혜의 인식과 실천의 확산은 평화의 공생으로 이어지게 될 것이다.

넷째, 21세기에 접어들면서 인류가 맞이한 새로운 물결, '인류세'는 종교계의 또 다른 자각과 변화를 이끌어내고 있다. 이 점에서 원불교를 포함한 종교들의 생명평화운동은 '기후위기에의 대응'으로 나타난다. 지구만물의 은혜에 대한 보은이 곧 인류의 정신개벽이 될 것이기 때문이다.

12

이돈화, 동학을 현대화하다

황종원

* 이 글은 웹진《아포리아 북리뷰》에 연재한 황종원의 "동학 다시 보기"(10~12, 2016)를 수정 보완한 것이다.

1. 이돈화의 저작

20세기의 동학 사상가 가운데 가장 주목할 만한 인물은 야뢰(夜雷) 이돈화(李敦化, 1884~1950?)이다. 이돈화는 오늘날에도 주로 동학·천도교 사상 연구자들 사이에서만 알려져 있다. 하지만 사실 그의 사상에는 한국 현대철학사에서 비중 있게 다루어도 좋을 만큼 독특한 사상적 특징과 중요한 의의가 있다.

이돈화는 1910~1940년대에 걸쳐 19세기의 동학 이론을 현대적으로 그리고 철학적으로 해석하고 조명하는 저술 활동을 활발히 펼쳤다. 동양 전통철학을 비판적으로 계승한 최제우·최시형의 사상을 기초로 삼으면서도 다양한 근대적 사상, 관념을 수용하고 서양철학의 여러 개념 또한 적극 활용함으로써 동학의 사상적 내용을 더욱 풍부하게 했고, 동학의 개념을 더욱 명료하게 했다. 그의 이런 이론적 작업의 성과는 『인내천요의(人乃天要義)』(1924), 『수운심법강의(水雲心法講義)』(1926), 『신인철학(新人哲學)』(1931), 『동학지인생관(東學之人生觀)』(1945) 등에 집결되어 있는데, 그중에서도 『신인철학』에 우선 관심을 가질 만하다. 무엇보다도 이 책에는 이돈화의 우주관, 인생관, 사회관 및 사회개혁론, 도덕관이 비교적 엄밀한 논리 속에서 체계적으로 제시되어 있고, 서양철학과 비교하는 관점에서 동학이 지니는 의의가 분명하게 드러나 있기 때문이다.

이 글에서는 『신인철학』을 중심으로 이돈화의 우주관, 인간관, 노동론 및 사회관의 특징 및 의의를 이야기하려 한다.

2. 우주관

이돈화의 우주관의 첫 번째 특징은 우주를 신(神)과 등치시켰다는 데 있다. 우주는 곧 신이다. 그는 천도교의 신을 지칭하는 명칭인 한울 개념을 다음과 같이 해석하여 우주가 곧 신이라는 명제의 타당성을 논증한다. 그는 우선 한울 개념에서 인격성을 제거했다.

> 한울은 인격적 신을 가리키는 것이 아니다. 그것은 부분에 상대되는 전체, 소아(小我)에 상대되는 대아(大我)를 지칭한다. 종교적 측면에서 볼지라도 한울은 범신론적이고 만유신론(萬有神論)적으로 해석할 수 있다.[1]

천도교는 손병희 시대에 이르러 동학의 하늘님 개념에 내포된 인격신적 함의를 크게 약화시켰는데, 이돈화 역시 그러한 맥을 이어 한울의 인격성을 부정하고 천도교의 신관을 범신론적이라고 했다. 비록 그가 만년에 이러한 신관을 다시 수정하여 동학의 신관은 일신(一神)론적 다신(多神)관이라 하여[2] 한울의 인격성을 복원시켰지만, 적어도 한울의 인격성을 약화시키고 신과 우주를 일치시키는 것은 동학사상 안에 그 근거가 있다. 즉 그것은 하늘님을 어머니-자연과 거의 동일시한 최시형의 시각과 흡사하다.

1 이돈화, 『신인철학』, 한국사상연구회, 1963, 9-10쪽.

2 이돈화, 『동학지인생관』, 천도교중앙총부, 1974, 236쪽 참조.

한울이 부분에 상대되는 전체이고 소아에 상대되는 대아를 지칭한다는 말의 의미는 어원적인 측면에서 한울 개념을 분석하고 그것의 함의를 양과 질의 두 측면에서 규정하는 다음 발언을 보면 더 분명해진다.

> 우리말에 '큰길'을 '한길'이라 하고, '한아버지'를 '큰아버지'라 하는데, 이는 '한'과 '큼'의 의미가 동일함을 뜻한다. '울'은 양적인 측면에서는 범위를 표상하는 것으로 이해될 수 있다. 공간적인 측면에서 무궁한 범위와 시간적인 측면에서 삼계(三界)를 관통하는 범위의 총합인 우주 전체를 '울'이라고 한다. … 질적인 측면에서 '울'은 '우리'라는 의미를 갖는다. '우리 집', '우리 민족' '우리 인류' 등과 같은 것이 그렇다. 여기서 '우리'란 나와 동류인 것을 포함하여 말하는 것이다. 그러므로 '한울'은 곧 '큰 나'라는 뜻으로 이해할 수 있다. 한자로 표현하면 '한울'은 곧 '대아'라는 뜻이다.[3]

한울은 '큰 울타리'라는 뜻이므로, 양적으로 그것은 모든 시공간을 아우르는 우주 전체를 가리키고, 또 '울'과 '우리'라는 단어가 같은 뿌리에서 나왔다는 전제 아래, 한울이라는 우주 안에 존재하는 것들은 모두 긴밀히 관련을 맺고 상호작용을 통해 하나로 연결되어 있다는 사실로부터 질적으로 그것은 모든 개체가 우주적 개체, 즉 대아임을 가리킨다. 이렇게 모든 존재자를 우주적 존재로 규정하는 것 역시 동학의 사상에 뿌리를 두고 있다. 모든 사람, 나아가 천지만물이 모두 하늘님을 모신 존귀한 존재라는 최제우, 최시형의 생각이 그것이다.

위와 같은 논증을 통해 이돈화는 우주와 신을 등치시켰다. 그러나 주의

3 이돈화, 『신인철학』, 9쪽.

해야 할 것은 그가 여전히 신, 즉 한울의 초월성도 인정하고 있다는 점이다. 그는 최제우의 "무궁한 이 울 속에 무궁한 내 아닌가"[4]라는 가사에서 한울의 무궁함을 초월성을 뜻하는 것으로 해석했다. "무궁하다는 말은 시간적으로 무기한 존재한다는 뜻이 아니다. 한울은 시간을 초월한 무궁이며 자존(自存)이다."[5] 또 그는 최제우의 "대도(大道)가 하늘처럼 겁회(劫灰)를 벗어났다"[6]는 시구에서, 대도는 한울의 본체적 성격을 가리키고 겁회는 현상계의 변화를 가리킨다고 보아, 이 구절을 "한울은 그 본체적 성격에서 근본적으로 시간과 공간의 제한을 받지 않는다"는 의미로 풀이했다. 나아가 "한울은 어디까지나 절대적으로 자신이 자신의 원인이 되고 타자의 제한을 받지 않으므로 그것은 자율적 조화를 한다고 할 수 있다"[7]고 하여, 한울이 초월적 성격을 갖는 것으로 생각되는 이유 또한 제시했다.

이렇게 이돈화는 본체가 시공간을 초월한다는 서양철학의 관념을 한울의 속성을 설명하는 데 도입했지만, 한울이 자율적 조화(造化)를 행한다고 생각한 점에서 그의 한울 본체는 결코 고정불변한 실체가 아니라 동양 전통의 운동성을 지닌 도(道) 혹은 천(天) 개념에 가깝다. 운동성을 지니고 부단히 조화를 행하기 때문에, 그것은 초월적인 동시에 내재적인 것으로 규정된다. 한울 본체와 현상의 관계를 불교 화엄종의 일즉다(一卽多) 다즉일(多卽一)의 논리를 원용한 다음과 같은 설명을 보면 이 점을 분명히 알 수 있다.

일자는 다수 중의 일자가 아니요, 전체·통일·절대·무궁·편재(遍在) 등의 의

4 『용담유사』, 「흥비가」.
5 이돈화, 같은 책, 11쪽.
6 『동경대전』, 「우음(偶吟)」.
7 이돈화, 같은 책, 같은 곳.

미를 지닌 일자이다. 그러므로 신은 유일일 뿐이다. 일신교에서 일자라고 하는 일자와 완전히 동일하다. 오히려 그보다도 철저하다. 다자는 일자를 떠난 다자가 아니요, 일자의 바탕이 무궁으로 전개된 다자이다. 그러므로 다자의 종합적 전체는 일자와 같은 것이다. 일자와 다자는 전혀 차이가 없다.[8]

한울 본체는 시공간을 초월한 유일한 존재이지만 동시에 그것은 현상계의 시공간 안에서 쉼 없이 자기를 전개시킴으로써 다자를 통해 자신을 표현해내는 내재적 존재이기도 한 것이다.

이돈화의 우주관의 두 번째 특징은 신 혹은 우주를 생명으로 간주했다는 데 있다. 신 혹은 우주가 생명으로 간주될 수 있는 동학사상의 내적 근거는 지기(至氣) 개념에 있다. 즉 최제우는 하늘님이 자신의 지극한 기운으로 만물을 생육하는 기화작용을 한다고 여겼다. 바로 자연에서 이루어지는 일체의 기화작용, 즉 생명현상이 신 혹은 우주본체 자신의 기운에 뿌리를 두고 있다는 생각에서 이돈화는 한울을 지기본체 혹은 생명본체라고 명명했다. 그는 이렇게 말했다; "현상계를 떠난 만유(萬有)의 근원인 '지기'(至氣) 본체는 물질(物)도 아니고 정신(靈)도 아닌, 불가사의한 생명본체이다."[9] 그는 한울을 '능산(能産)적 본체', 만유를 '소산(所産)적 자연'이라 하여 생명본체와 생명현상을 산출하는 존재와 산출되는 존재로 구분하기도 했는데, 이는 천지를 생육하는 존재로, 만물을 생육되는 존재로 보는 전통유학의 관점과 흡사하다. 또 지기본체, 즉 생명본체를 물질도 정신도 아니라고 한 것에서 그가 유물론과 유심론의 대립이라는 서양 근대철학의 딜레마를 해소하려 했

8 이돈화, 『동학지인생관』, 231쪽.
9 이돈화, 『신인철학』, 32쪽.

다는 것도 알 수 있다. 지기(至氣)가 생명본체로 간주된 이상, 그것은 의식성과 물질성을 동시에 자기 안에 지니기 때문이다.

이돈화가 위와 같이 생명본체와 생명현상을 구분했지만, 그가 훨씬 더 강조한 것은 본체와 현상 사이의 상즉성(相卽性)이다. 생명본체는 생명현상과 분리되지 않는다. 생명본체는 생명현상을 통해 자신을 드러낸다. 바꿔 말하면 신 혹은 전체로서의 우주가 생명현상을 통해 자신을 드러낸다고도 할 수 있겠다. 바로 그런 의미에서 이돈화는 만유를 우주 대생명의 표현이라 했다.

> 지기 본체가 … 현상계에 나타나는 증거를 우리는 만유의 생명 활동에서 찾을 수 있다. 만유는 다 대우주, 대생명의 표현이다. 생물계의 현상과 의식 현상은 동일한 생명에 근본을 두고 있다. 부단히 창조하고 유속(流續)하는 지기의 생명력이 일체의 의식현상과 생명현상의 근본이다. 그러므로 모든 생명현상의 근원과 흐름에는 다만 유일무이한 본원적 충동, 즉 생명 충동이 있을 따름이다.[10]

위 인용문에서 이돈화는 만유가 생명 활동을 통해 내보이는 생명현상과 의식 현상이 모두 전체로서의 우주 혹은 신 자신의 지기, 즉 생명력에 근원을 두고 있다고 하면서, 이를 '생명 충동(élan Vital)'이라고도 칭했다. 물론 신 자신의 기운인 지기(至氣)를 베르그손(Henri Bergson)의 비이성적 생명 충동 개념과 등치시킨 것은 다소 무리가 있어 보인다. 하지만 베르그손의 다음과 같은 발언은 이돈화가 한울의 창조적 진화라는 관념을 세우는 데 중요

10 이돈화, 같은 책, 31쪽.

한 힌트를 제공해준 것 같다.

> 이 생명의 흐름은 그것이 잇달아 조직해낸 그 실체들을 관통하여 한 세대에서 다음 세대로 흘러간다. 그것은 각각의 종(種)에 흩어져 있으며, 각각의 개체에 퍼져 있으나 자신의 힘이 조금도 상실되지 않았을뿐더러, 도리어 그 힘이 끊임없이 강화되어 그것의 전진과 정비례를 이룬다.

생명의 힘이 창조적 진화를 통해 끊임없이 강화된다는 이 발언에서 이돈화는 한울이 창조적으로 진화한다는 생각을 얻을 수 있었고, 이로부터 다음과 같은 견해를 제시해 종교적 창조론과 과학적 진화론의 화해를 시도한다.

> '지기' 생명이 인력의 요소에 있을 때 그것은 순수하고 단순한 척력과 인력으로 표현되고, 동물계에 있을 때 그것은 충동으로 창조적인 과정을 이루며 장차 나타날 의식의 토대를 닦는다. 그 후 한 차례 비약이 일어나 의식의 요소로 변하면 '나는 생명이요', '나는 사람이다'라는 자기 관조가 생겨나기 시작한다.[11]

이 인용문은 이돈화의 우주관의 세 번째 특징이 대우주 혹은 신을 자율적으로 진화하는 존재로 간주한 데 있다는 점을 알려준다. 최시형이 자연의 먹고 먹히는 현상을 인정하면서도 "하늘로써 하늘을 먹인다(以天食天)"는 명제를 세워 그 의미를 진화론자들과는 완전히 상반되게 설명했듯이, 이돈

11 이돈화, 같은 책, 45쪽.

화도 우주가 무기물, 식물, 동물, 인간으로 차례로 진화해왔음을 인정하되, 그러한 과학적 진화론은 단지 현상을 객관적으로 관찰한 성과일 뿐, 현상의 이면에 있는 본질은 파악하지 못한 것이라고 주장한다. 그의 관점에서 보면 현상은 본체가 작용을 일으킨 결과일 뿐이다. 따라서 과학적 진화론은 작용의 의미만을 지닐 뿐이다. 생명본체의 측면에서 말하자면 우주가 역학적 운동을 하는 무기물에서 생리적 충동을 지닌 동물을 거쳐 뚜렷한 자기의식을 지닌 인간으로 진화해왔다는 사실은 '지기' 생명, 즉 한울 자신이 자신의 생명력을 펼쳐 자기 자신을 진화시켜 왔다는 의미가 된다. 우주의 진화는 생명의 자율적 진화, 신의 창조적 진화를 의미한다는 것이다. 물론 우주의 진화와 신 자신의 진화의 일치는 우선은 앞서 살펴보았듯이 생명이라는 측면에서 신과 우주를 동일시하는 것이 논리적 전제가 되어야 한다. 그러나 그것 외에도 신을 이미 완성되어 고정불변하며 전지전능한 존재가 아니라, 진화하는 우주와 마찬가지로 영원히 성장하고 진화하는 존재로 간주해야 한다. 과연 이런 신 관념은 최시형의 '천주를 기를 것(養天主)'을 주문하는 가르침에 담겨 있다. 최시형은 이렇게 말한 바 있다.

> 하늘(한울)님을 기를 줄 아는 사람이라야 하늘님(한울)을 모실 줄 안다. 하늘(한울)님이 내 마음속에 있는 것이 마치 종자의 생명이 종자 속에 있는 것과 같다. 종자를 땅에 심어 생명을 기르는 것과 같이 사람의 마음은 도에 의하여 하늘님(한울)을 기르게 되는 것이다.[12]

내 마음속 하늘(한울)님을 종자 속 생명으로 비유하는 것에서 신을 고정

12 『해월신사법설』, 「양천주」.

불변한 존재가 아니라 일종의 자라나는 존재로 생각했음을 알 수 있다. 신이 진화한다는 이돈화의 생각은 바로 신을 종자 속 생명처럼 자라나는 존재로 간주한 최시형의 신관에 뿌리를 두고 있는 것이다.

요컨대 이돈화는 생명의 관점으로 우주와 신을 동일시했으며, 우주의 자율적 진화를 곧 신 자신의 창조적 진화라고 여겼다.

3. 인간관

이돈화의 인간관은 그의 우주관을 토대로 하고 있다. 인간에 대한 그의 논의가 대부분 우주에서 인간이 차지하는 위상과 의미에 집중되어 있기 때문이다. 따라서 여기서는 주로 인간을 우주적 존재로 바라본 이돈화의 관점이 어떤 특징과 의미가 있는지 이야기하려 한다.

앞서 이돈화가 우주 혹은 한울은 스스로 창조적인 진화를 한다고 여김으로써 종교적 창조론과 과학적 진화론을 화해시키려 했다고 한 말을 상기해보자. 이 화해는 엄밀히 말하면 동학적 신관을 바탕으로 하였기 때문에 가능했다. 즉 자연의 기화(氣化)를 하늘님의 기화로 간주한 최제우의 생각과 하늘님을 어머니-자연으로 간주한 최시형의 생각을 이어받아 우주의 진화를 한울 자신의 진화라고 여겼기 때문에 양자를 화해시킬 수 있었던 것이다. 문제는 신과 자연 혹은 신과 우주의 연속적 통일적 관계보다는 단절적 분립의 측면을 강조하는 기독교의 경우에는 창조와 진화가 대립적으로 인식되기 쉽다는 점이다. 기독교인들에게 신이 인간을 창조했다는 믿음과 인간이 동물에서 진화되었다는 사실은 서로 대립되어, 전자는 긍정되고 후자는 배격되어야 할 것으로 생각되기 쉽다. 이돈화는 이런 경향을 이렇게 묘사했다.

> 진화론이 처음 나왔을 때 종교계에 속한 모든 사람들은 격렬한 반대의 기치를 들었다. 그 까닭은 인간이 다른 동물과 같이 한 체계에서 분화되었으며 더욱이 인간이 다른 동물로부터 진화되었다는 것은 인간에 대한 모욕이요, 인간의 신성성을 파괴하기 때문이라는 것이었다.[13]

이돈화는 창조론을 믿는 사람들이 "진화론은 인간의 존귀함을 폄하한다"고 생각했다는 점에 주목했다. 인간이 동물에서 진화되어 나왔음을 인정하는 것은 인간 생명의 근원이 저급한 것에 있음을 자인하는 꼴이라는 이런 생각은 근대의 인간중심주의적 관점과도 서로 통한다.

따라서 이런 생각은 생태중심주의적 관점으로 비판할 수도 있다. 예컨대 『장자』에서처럼 "도의 관점으로 보면(以道觀之) 사물에는 귀천이 없다"[14]고 반박할 수도 있다. 그러나 인내천(人乃天)을 근본 신념으로 하는 이돈화는 그런 식의 비판을 하지 않았다. 그는 인간중심주의와는 다른, 동양 전통의 인본주의적 관점을 계승한 인내천주의에 근거해 인간은 확실히 우주 안의 다른 존재자들에 비해 더 존귀하다고 생각했다. 다만 진화론은 인간이 우주에서 차지하는 존귀한 가치를 격하시키기는커녕 오히려 그것을 증명한다고 주장했다.

> 천지만물과 인간이 하나의 체계 위에 서 있으며 하나의 체계 위에서 분화되었다는 점은 진화론이 우리에게 가르쳐준 사실이다. 이 진화론에 근거하면 인간은 어떤 다른 생물보다 마지막 단계에 생겨났음을 알 수 있다. 이 점이

13 이돈화, 같은 책, 70쪽.
14 『장자』, 「추수」.

인간을 만물의 영장이 되게 한 점이다.[15]

자연 안의 모든 존재자들과 인간이 하나의 체계 속에서 분화되었다는 사실, 그리고 인간이 그 분화 운동의 최후 단계에서 탄생했다는 사실에서 어떻게 인간이 존귀하다는 가치론적 명제가 참이라는 결론을 이끌어낼 수 있었을까?

사실에 대한 인정과 가치에 대한 판단을 넘나드는 이러한 증명이 가능한 까닭은 앞 절에서 언급했듯이 이돈화가 우주를 하나의 거대한 생명으로 보았기 때문이다. 그는 우주의 진화를 우주라는 거대한 생명이 자라온 과정으로 간주했으며, 그 자연 진화의 최후 단계에서 인간이 탄생한 것을 우주의 자연 안에서의 생명 운동이 최후의 결실을 맺은 것으로 이해했다. 그는 이 점을 나무와 열매의 비유를 통해 아래와 같이 설명했다.

> 진화론은 인간을 모욕하지도 않았고 인간의 신성성을 파괴하지도 않았다. 진화론은 오히려 인간의 고상함을 증명하며, 간접적으로는 인간의 신성성을 방증한다. 왜 그러냐 하면 진화론은 우주의 최후, 최고의 단계를 인간에서 종결시키고 있기 때문이다. 만약 우주를 커다란 나무 한 그루에 비유한다면 인간은 우주의 열매라는 위상을 지닌다. 열매는 뿌리, 줄기, 가지, 꽃, 잎보다 가장 마지막에 생겨났다. 그러나 열매는 나무 전체의 정력(精力)을 모았다는 점에서 나무 전체를 표현하고 있다. 이 점에서 인간은 우주의 열매다.[16]

15 이돈화, 같은 책, 같은 곳.
16 이돈화, 같은 책, 70-71쪽.

이돈화에게 우주는 거대한 생명이다. 따라서 그것은 살아 움직이며 성장하는 한 그루의 거대한 나무에 비유될 수 있다. 그리하여 우주의 모든 존재자들이 하나의 체계 안에서 분화되어 진화한 과정은 거대한 나무의 생장 과정으로 이해할 수 있다. 뿌리, 줄기, 가지, 꽃, 잎, 열매가 모두 나무에 매달려 있듯이 우주 안의 모든 존재자들, 예컨대 지구상의 무기물, 식물, 동물, 인간은 모두 우주 진화의 체계 안에 서 있다. 또 나무가 뿌리를 내린 후에 줄기와 가지를 뻗고, 그 후에 잎을 펼치고 꽃을 피우며, 마지막으로 열매를 맺는 것처럼, 우주의 자연에서의 진화도 무기물, 식물, 동물, 인간의 순서로 진행되었다. 더욱 중요한 것은 뿌리, 줄기, 가지, 꽃, 잎의 생장에 힘입어 열매가 맺혔으므로 열매는 나무 전체의 정력을 모아서 가지고 있다고 할 수 있는 것처럼, 자연에서 진화는 무기물에서 식물, 동물로의 진화에 힘입어 인간의 출현을 보았고, 그런 의미에서 인간은 우주 내 다른 존재자들의 정력을 모아 지닌, 우주 전체를 가장 잘 표현한 존재라는 점이다. 이처럼 우주 전체, 종교적 언어로 말하자면 한울을, 가장 잘 드러내는 존재라는 점에서 인간은 우주의 다른 어떤 존재자들보다 존귀하다고 할 수 있다는 것이다.

인간이 우주라는 거대한 생명나무의 '열매'에 해당한다는 이 같은 생각을 이돈화는 '인간격(人間格)'이라는 개념을 사용하여 철학적으로 설명하기도 했다. 그가 인간격이라는 신조어를 내놓은 까닭은 인간의 인간다움을 표시하는 기존의 인격(人格) 개념으로는 인간이 진화하는 우주 생명 안에서 '열매'의 위상을 갖는다는 함의를 온전히 담아낼 수 없다고 판단했기 때문이다. 이 점은 그가 인간격에 대한 설명을 그것과 인격 개념이 다름을 천명하는 데서 출발하고 있다는 것만 봐도 알 수 있다. "인간격은 보통 말하는 인격을 칭하는 것이 아니다. 인격은 개인의 '격(格)'을 가리킨다."[17] 그는 인간격이든 인격이든 격(格)은 기준, 품격을 뜻한다고 전제한 후에, 인격 개념에는 두 측면의 함의가 있다고 했다.

> 인격은 두 가지 측면에서 그 의미를 나누어 볼 수 있다. 하나는 생물학적 측면이고 다른 하나는 윤리학적 측면이다. 생물학적으로 인격 개념은 인간과 동물을 구분하기 위해 사용된다. 반면 윤리학적으로 그것은 개인이 갖춘 도덕적 품성의 높고 낮음을 가리키는 데 쓰인다.[18]

전자의 예로 우리는 사람들이 생리적 욕구만 채우고 오륜(五倫)의 도덕교육을 받지 않으면 사람은 금수에 가까워진다는 맹자의 다음과 같은 말을 들 수 있다; "사람이 배불리 먹고 따뜻하게 입고 편안하게 지내면서도 가르침이 없다면 금수에 가까워진다."[19] 도덕교육을 받아 인격을 갖추지 않으면 인간은 금수와 구별되지 않는다는 맹자의 말에서 우리는 인격 개념에 생물학적 함의가 있다는 점을 알 수 있다. 한편 후자의 예로는 고매한 인품을 갖추었다고 생각한 성군을 칭송하는 공자의 다음과 같은 말을 들 수 있다; "위대하다! 요의 임금 됨이. 높고 크다! 오직 하늘이 큰데 요임금이 그것을 본받았으니, 넓디넓어 백성들이 그것을 형용하지 못하는구나."[20] 똑같은 인간이지만 요임금은 일반인과는 비교되지 않을 정도로 고매한 인품을 갖추었다는 공자의 칭송에서 우리는 인격 개념에 윤리적 함의도 있음을 알 수 있

17 이돈화, 같은 책, 51쪽.
18 이돈화, 같은 책, 같은 곳.
19 『맹자』, 「공손추(상)(公孫丑上)」.
20 『논어』, 「태백」.

다. 그런데 여기서 더욱 중요한 것은 인간과 금수를 구분하기 위한 생물학적 인격 개념이든, 고매한 인격자와 보통 사람을 구분하기 위한 윤리학적 인격 개념이든, 인격은 인간 혹은 고매한 인간을 기준으로 하여 그것과 다른 것을 구별하기 위한 개념이라는 점이다.

이돈화는 이런 인격 개념과는 달리 '인간격'은 더 큰 기준, 즉 우주격(宇宙格)을 기준으로 삼는다고 한다.

> 인간격은 생물학적인 인격이나 윤리학적인 인격 개념보다 더 큰 기준이다. … 생물학적으로 인간이 다른 동물보다 고상하다는 것은 우주격 중에서 인간격을 기준으로 하여 말한 것이고, 윤리학적으로 최제우가 보통 인간보다 고상하다는 것도 우주격 중에서 인간격을 기준으로 하여 말한 것이다.[21]

이렇게 인간이 아닌 우주를 기준으로 하는 인간격 개념의 장점은 인간과 다른 동물, 고매한 인격자와 필부의 차이를 인식하면서도 우주라는 가장 큰 틀에서 인간과 만물의 공통점과 인간과 만물 사이의 긴밀하고 복잡한 연결 관계도 함께 볼 수 있게 한다는 데 있다.

이런 장점이 있는 인간격 개념을 가지고 이돈화는 앞서 언급한, '인간은 우주의 열매'라는 비유의 의미를 이렇게 설명했다.

> 인간격은 우주격 중에서 최종적인 격을 가리킨다. 그러니까 인간격이라는 말에는 우주 전체를 일원적인 것으로 보아 우주의 전체 중심이 자연계를 경유하

21 이돈화, 같은 책, 52쪽.

여 인간계에 솟아오른 우주의 중추신경의 열매라는 의미가 포함되어 있다.[22]

인간이 인간으로서 지닌 품격은 본래 인간이 우월해서 갖추게 된 것이 아니라, 우주가 진화하여 인간을 통해 최종적으로 이루어놓은 품격이라는 것이다. 우주는 그 안에 존재하는 만물이 복잡하게 연결된 통일체, 하나의 거대한 생명으로서 장구한 세월을 거쳐 자연 진화를 이루고 종국에는 인간이라는 우주의 가장 중추적 존재로까지 진화했다는 것이다. 이렇게 인간격 개념을 통해 이돈화는 인간이 우주 안에서 가장 중추적 존재임을 인정하면서도 그 중추적 지위가 우주의 장구한 진화로 인해 확보된 것이라는 점을 강조할 수 있었다.

또한 이돈화는 인간이 "우주의 '열매'로서 우주 전체의 정력을 모아 지니고 있다"는 비유의 의미 또한 인간격 개념을 운용하여 다시 아래와 같이 설명했다.

> 우주격의 중심은 자연계에 있지 않고 동물계에도 있지 않으며, 또는 자연계와 동물계를 벗어난 초자연적 신비계에도 있지 않고 오직 인간격에 의해 표현된다. 즉 우주 대생명의 중심은 인간으로부터 자연계로 내려가 초자연적인 어떤 경지에서 찾을 것이 아니라, 초자연적인 경지로부터 자연을 경유하여 인간계에서 비약을 이룬 것에서 찾아야 한다. 그러므로 인간격은 곧 우주격이다. 인간격 중에는 동물격, 자연격, 신비격이 아울러 포함되어 있다.[23]

22 이돈화, 같은 책, 같은 곳.
23 이돈화, 같은 책, 같은 곳.

엄밀히 말해 우주의 품격은 자연계, 동물계, 인간계에 모두 표현되어 있다고 할 수 있다. 그러나 우주의 품격의 가장 중추적인 부분, 즉 중심은 인간의 품격을 통해 표현된다. 인간은 초자연적인 신비한 그 어떤 것이 자연에서 오랫동안 자기를 전개한 뒤에 질적 변화를 일으켜 탄생한, 자연 진화의 최후의 산물이기 때문이다. 그런 의미에서 인간의 품격은 우주의 품격이라 할 수 있다. 인간이 인격뿐만 아니라, 동물성, 자연성, 신비성을 두루 갖추고 있는 것 또한 인간이 우주의 중심, 우주의 열매임을 증명한다. 인간은 다른 동물과 구별되는 인격뿐 아니라 동물적 본능도 지니고, 자연적 물질이기도 하며, 신비로운 생명이기도 하다. 바로 인간이 이런 다중적 품격을 지니는 것은 인간이 자연 진화의 최후 산물, 즉 열매로서 자연 진화 과정의 주요 성과를 자신 안에 응축하고 있기 때문이다.

이와같은 인간관을 압축적으로 보여주는 것이 바로 "인간의 품격이 곧 우주의 품격"이라는 명제이다. 그리고 이는 천도교의 종지(宗旨)인 인내천(人乃天)의 의미를 현대철학적으로 해석한 것이기도 하다. 그런데 이돈화의 인간관 및 인간격 개념과 관련하여 마지막으로 유의해야 할 점이 두 가지 더 있다.

첫째는 이 명제가 인간이 우주와 완전히 같다는 뜻은 아니라는 점이다. 이 점을 그는 이렇게 설명한다.

> 인간격은 이상에서 말한 것과 같이 개인의 격이 아니고, 인류 전체의 격도 아니며, 현재의 인간을 기준으로 한 격도 아니다. 우주격의 전 중심이 전 우주를 경유하여 인간에 의해 우주적 생활을 하는 격이므로 개인의 격에서는 우

> 주격을 볼 수 없고, 현재 인류 전체에서도 우주격은 볼 수 없다.[24]

어떤 개인, 심지어 현재 인류 전체에서도 우주격이 다 보이지는 않는다는 말에서 우리는 "인간격이 우주격"이라는 명제가 "현재 인간은 현재 수준에서의 우주를 가장 잘 드러낸다"는 의미임을 알게 된다.

둘째는 이 명제가 지닌 미래지향적 성격이다. 그는 이 성격을 이렇게 설명했다.

> 우주격은 영원한 신비로, 완전한 인간 혹은 미래의 인간을 통해 얼마든지 향상될 수 있는 격이다. 우리는 이런 의미의 인간격을 가리켜 인내천(人乃天)이라고 한다.[25]

이돈화는 유한한 존재로서의 인간에게 우주는 영원한 신비이지만 인간의 삶이 부단히 향상됨으로써 우주격을 집중적으로 체현한 인간격의 내용도 더욱 새로워지고 더욱 충실해질 수 있다고 생각했다.

요컨대 이돈화는 자신이 새롭게 제시한 인간격 개념을 통해 우주적 존재로서의 인간이 갖는 위상을 분명히 했다고 할 수 있다. 그리고 이렇게 정립된 인간관은 그의 사회관의 토대가 된다.

24 이돈화, 같은 책, 52-53쪽.
25 이돈화, 같은 책, 53쪽.

4. 노동론과 사회관

이돈화의 사회에 관한 논의는 노동 개념을 중심으로 전개되었고, 그로 인해 논의의 중심이 인간과 자연 혹은 인간과 사회의 유기적 관계 규명에 치중되어 있으며, 그 결과 사회의 진보를 긍정하면서도 그 기형적 발전의 문제를 심각하게 지적하고 있음을 미리 밝힌다.

이돈화의 사회관을 이해하는 데 가장 관건이 되는 것은 노동 개념이다. 그의 노동 개념에서 가장 특징적인 점은 최제우와 최시형이 말한 기화(氣化)에 노동의 함의를 부여하였다는 것이다. 기화를 노동으로 해석하면 인간뿐만 아니라 자연 또한 넓은 의미의 노동을 한다고 할 수 있게 된다. 실제로 그는 꿀벌이 꿀을 제조하는 예를 여러 차례 들면서 동물 또한 인간처럼 노동을 한다고 명확히 밝힌 바 있다. 단 "동물의 노동은 자연을 직접적으로 취하는 반면, 인간의 노동은 자연을 간접적으로 이용하여 생산하는 것"[26]이 커다란 차이라고 구분하지만 말이다. 또 이렇게 인간이든 동물이든 노동을 하는 일차적인 이유는 생명체로서의 기본적 욕구 충족을 위한 것이라는 점도 분명히 한다.

> 개체는 오직 두 가지 본능을 가지고 있으니, 하나는 개체를 살리는 식(食)의 본능, 하나는 종속(種屬)을 영생케 하는 성(性)의 본능이다.[27]

뱀이 살기 위해 개구리를 잡아먹고, 까치가 새끼를 위해 둥지를 틀며, 인

---

26 이돈화, 같은 책, 182쪽.

27 이돈화, 같은 책, 178쪽.

간이 먹고 살기 위해 일을 하는 것 등은 모두 다른 자연물을 대상으로 삼아 그것을 자신에게 유용한 형태로 변형, 가공하는 행위라는 점에서 모두 넓은 의미의 노동이라 할 수 있다는 것이다.

이처럼 기화를 노동으로 해석한 이상, 최시형이 "하늘로 하늘을 먹이는(以天食天)" 총체적 기화의 두 가지 방식으로 제시한 이질적 기화와 동질적 기화 또한 이돈화는 노동론적으로 재해석하지 않을 수 없었다. 최시형이 말한 '이질적(異質的) 기화', 즉 이종 간의 먹고 먹히는 운동은 이돈화에게는 이종을 대상으로 하는 노동을 뜻한다. 그리고 '동질적(同質的) 기화', 즉 동종 간의 협력적 운동은 이돈화에게는 동종간의 협동노동을 뜻한다. 그는 전 지구적 차원에서 이 두 형태의 노동이 부단히 이루어지고 있다는 자신의 주장의 타당성을 다윈의 진화론과 크로포트킨의 사회부조론이 뒷받침한다고 여겼다. 그는 "다윈이 자연 안에서의 생존경쟁은 개체 사이에서만 일어나는 것이 아니라 집단 사이에도 적용된다"[28]고 했지만, "집단을 조직한 개체 사이에는 필연적으로 상호부조가 행해져, 희생, 헌신, 단결의 아름다운 도덕이 행해진다"[29]고 한 점을 지적했다. 또한 크로포트킨의 『상호부조론』의 다음과 같은 견해를 자주 인용하였다.

> 비록 여러 동물들 사이에 엄청나게 많은 투쟁과 살상이 이루어지고 있지만, 동종 간, 혹은 적어도 하나의 무리를 이룬 동물 사이에는 서로 보호해주고 서로 도와주며 서로 막아주는 일이 그것들만큼 혹은 그것들보다 더 많이 존재한다.

28 이돈화, 같은 책, 100쪽.
29 이돈화, 같은 책, 같은 곳.

그가 이렇게 전 지구적 차원의 생명노동에서 생존경쟁보다 상호부조가, 다시 말해 대상 파괴적 노동보다 협동노동이 더욱 근본적임을 강조한 까닭은, 뒤에 이야기하겠지만, 인간사회 또한 그러해야 함을 주장하기 위해서였다.

아무튼 최시형의 "하늘로써 하늘을 먹인다(以天食天)"는 설을 골간으로 하고 당시 서구의 자연 질서에 관한 여러 견해를 종합해 이돈화는 전 지구적 차원에서 이루어지는 두 가지 노동 방식을 다음과 같이 설명했다.

> 한 그루의 나무가 그 자신을 키우고자 하면, 그 자체의 생명력은 외계의 조절로 인해 자라는 것과 같이, 한울은 그 자체의 자율적 성장이 기화로 나타나는 곳에서, 한편에서는 소극적 작용이 되고 다른 한편에서는 적극적 작용이 된다. 이를 천문학상으로 말하면 파괴와 건설이고, 물리학적으로 말하면 척력과 인력이 되며, 이 작용이 다시 자연계에 이르면 한쪽에서는 생존경쟁이고 다른 한쪽에서는 상호부조이다. 이 점에서 한울 전체의 본능으로 보면 생존경쟁과 상호부조는 기화의 두 작용이라 말할 수 있다. … 동질적 기화가 없으면 동질의 종을 키울 수 없고, 이질적 기화가 없으면 이질의 종과 종이 연결되는 한울 전체의 작용을 이끌 수 없다. 여기서 기화라는 말은 상호부조가 주가 되고 생존경쟁이 종이 되는 원리로 귀착된다. 한울을 잘 키우는 방법은 생존경쟁, 즉 이질적 기화를 무리하게 하는 데 있는 것이 아니고, 상호부조, 즉 동질적 기화를 합리적으로 하는 데 있다.[30]

이와 같이 이돈화가 자연 안에서 일어나는 생존경쟁 혹은 상호부조의 질

30 이돈화, 같은 책, 179-180쪽.

서를 노동론적으로 재해석할 수 있었던 것은 무엇보다 마르크스의 영향 때문으로 보인다. 그가 기화를 노동으로 재해석할 수 있었던 것도 꿀벌의 벌집 짓기를 정교한 노동이라고 찬탄한 마르크스에게서 적지 않은 시사점을 얻었기 때문으로 보이며, 인간의 노동에 대한 기본적인 생각 또한 마르크스의 영향을 받은 것으로 보인다. 예컨대 그는 노동에 대한 마르크스의 다음과 같은 서술을 인용한다.

> 노동은 우선 인간과 자연 사이의 과정으로, 인간이 자신의 활동으로 인간과 자연 사이의 물질적 교환을 매개하고 조정하며 통제하는 과정이다. 인간 자신은 일종의 자연력으로 자연의 물질과 서로 대립한다. 자신의 삶에서 유용한 형식으로 자연의 물질을 점유하기 위해 인간은 자신의 몸에 속한 자연력, 즉 팔다리, 머리, 손을 움직이게 한다. 그가 이 운동을 자신 밖의 자연에 적용시켜 자연을 개조할 때 그는 동시에 그 자신의 자연 또한 변화시키고 있는 것이다.[31]

이 인용문과 인간의 노동에 관한 이돈화의 다음과 같은 간명한 서술을 비교해 보자.

> 노동은 자연계의 에너지를 사회에 주입하여 인간의 삶을 성장하게 하는 것이다. 여기서 인간과 자연 사이의 기화작용이 의식적으로 생겨난다.[32]

---

31 마르크스, 『자본론』.
32 이돈화, 같은 책, 180쪽.

'물질적 교환'과 '기화작용'이라는 표현만 다를 뿐, 인간이 인간 자신을 위해 의식적으로 자연과 물질적 교환을 하거나 혹은 에너지를 사회로 끌어들여 자연을 개조하는 것이 노동이라는 생각은 같다.

이돈화가 자연 또한 넓은 의미의 노동을 한다고 생각했지만, 인간과 자연의 노동 사이에는 커다란 차이가 있다고 생각한 점 또한 마르크스의 영향이다. 예컨대 그는 인간의 노동은 그것이 흔히 말하는 육체노동이라 하더라도 거기에는 "노동하는 자의 사상과 감정과 노동 대상에의 주의 등 여러 가지 정신적 방면의 행위도 병행하게 된다"[33]고 하면서, 늘 정신노동이 수반되는 인간의 노동을 예컨대 꿀벌의 노동과 다음과 같이 구별했다.

> 꿀벌은 벌집을 제작함에 정교한 일을 한다. 그러나 꿀벌이 사람과 다른 점은 꿀벌은 오직 본능적 노동임에 반해, 사람은 육체적 노동 이전에 먼저 관념적으로 도안을 요구하게 된다. 즉 도안과 설계가 실제 노작보다 앞서게 된다.[34]

인간은 고도의 합목적적 노동을 한다는 점에서 동물의 본능적 노동과는 구별된다는 이돈화의 이러한 발언 역시 마르크스의 견해에 따른 것임을 알 수 있다. 그러나 이렇게 인간과 동물의 노동에 대한 구별에서 두 철학자가 나아간 사유의 방향에는 크게 다른 점이 있다. 마르크스가 인간 노동에 관심을 집중시켜 계층적 노동 분업이 초래한 사회적 불평등의 문제, 노동의 소외 문제 등을 해결하려 한 것과는 달리, 이돈화의 관심은 자연에 대한 적극적 이용과 인간의 윤리적 책임 문제로 나아간다.

---

33 이돈화, 같은 책, 148쪽.

34 이돈화, 같은 책, 같은 곳.

> 인간은 이질적 기화를 의식적으로 한다. 기화의 방법을 과학적으로 연구한다. 어떤 종이 이천식천(以天食天)에 적당하다고 인식하면 한편으로는 그 종을 먹는 동시에 다른 한편으로는 그 종을 보존 혹은 성장하게 하는 의식적 기화작용을 한다. 목축업, 농업 등은 이로부터 생겨났다. 즉 사람은 한편으로는 자연을 이용하는 동시에 다른 한편으로는 자연을 보호할 책임을 지닌다. 그렇지 않으면 사람 전체를 키울 수 없다. 사람 전체를 키우는 일은 곧 한울 전체를 키우는 운동이다.[35]

인간은 '이질적 기화', 즉 자연 이용을 의식적으로 하고, 자연을 개조하는 노동의 방법을 과학적으로 연구해 지식을 축적하고 기술을 발전시켜 왔는데, 이돈화는 이 지식과 기술, 그리고 노동양식이 한편으로는 인간을 위하면서도 다른 한편으로는 자연을 도덕적으로 고려하지 않으면 안 된다고 주장한다. 자연을 고려하지 않는 지식, 기술, 노동양식으로는 사람을 키울 수도, 우주 전체를 키울 수도 없다고 단언한다. 물론 이러한 생각은 최시형의 사상을 계승한 것이며, 바로 여기에서 이돈화와 마르크스의 노동에 관한 사유에는 커다란 차이가 존재한다.

기화(氣化), 즉 노동에 관한 위와 같은 사유를 바탕으로 이돈화는 노동하는 개인과 노동조직으로서의 사회의 관계를 규명하여 인간사회의 진보가 어떻게 가능한지, 그러면서도 그것이 초래한 심각한 문제는 무엇인지 진지하게 사색했다. 이돈화는 인간사회의 진보가 이른바 '사람성 자연'에 의해 가능하다고 생각했다. '사람성 자연'이란 간단히 말하면 사람의 자연 상태를 뜻한다. 그런데 그가 말하는 사람의 자연 상태란 홉스가 말하듯 만인의

35 이돈화, 같은 책, 180쪽.

만인에 대한 투쟁의 상태도 아니고, 루소가 말하듯 자유, 평등, 행복만이 있었던 상태도 아니다. 이돈화는 인간에게 자기중심성과 타자를 위하는 성향이 동시에 존재한다고 보았으며, 그러한 인간들이 유기적으로 결합된 사회 역시 "홉스가 주장한 것처럼 비참한 아수라장도 아니고, 루소의 눈에 비친 것처럼 사랑과 평화의 낙원도 아니며, 사실은 그 양면을 함께 지닌 것"[36]이라고 보았다. 나아가 진화론의 영향을 받아 인간의 자연 상태는 역사적으로 끊임없이 개선된다고 여겼으며, 사회부조론의 영향으로 인간의 자연 상태는 끊임없이 상호부조적 조화를 지향한다고 여겼다.

이돈화의 '사람성 자연' 개념과 관련하여 더욱 중요한 것은 앞서 우리가 다룬 노동 개념과의 연관성이다. 이돈화는 '사람성 자연'이 사회적 노동을 통해 부단히 재구성된다고 보았으며, 그 구성 방식을 아래와 같이 공식화했다.

> 개체의 본능 + 자연의 에너지 = 사람의 기능
>
> 사람의 기능 + 사람의 기능의 총화 = 사회의 기능
>
> 사회의 기능 + 사람의 기능 = 사람성 자연[37]

이돈화는 위 세 공식 중에서 앞의 두 공식은 넓은 의미의 사회적 노동을 하는 꿀벌에도 적용된다고 하면서 그 두 공식의 의미를 이렇게 설명한다.

> 개체 꿀벌에게는 꿀을 제조할 수 있는 본능이 있다. 하지만 그것 만으로는

36 이돈화, 같은 책, 100쪽.

37 이돈화, 같은 책, 111쪽.

꿀벌을 제조할 수 없다. 꿀벌의 능력은 반드시 외부에 있는 꽃의 에너지와 결합해야 실제로 꿀을 제조하는 기능을 발휘할 수 있다.(제1 공식) 이러한 개체 꿀벌의 꿀 제조 기능의 총화가 곧 꿀벌 사회의 기능이다.(제2 공식) 인간 또한 꿀벌과 마찬가지이다. 인간에게는 노동의 능력이 있지만, 그 능력은 반드시 자연의 에너지와 결합해야만 실제 노동행위로 발휘될 수 있다.(제1 공식) 이러한 개별 인간의 노동 기능의 유기적 총화가 곧 노동조직으로서의 인간사회의 기능이다.(제2 공식)

이처럼 앞의 두 공식은 개체의 노동 능력과 자연력이 결합하여 노동행위가 일어나고, 이 개체의 노동행위가 유기적으로 결합하는 데서 노동조직으로서의 사회의 기능이 생겨남을 뜻한다. 그런데 이돈화는 세 번째 공식은 인간에게만 적용될 수 있다고 했다. 세 번째 공식은 유기적 노동조직으로서의 사회가 발휘하는 기능이 다시 개별 인간에게 흡수되어 사람의 자연 상태를 재구성한다는 의미이고, 더 구체적으로 보면 사회화된 지식과 기술 등을 개별 인간이 습득하여 사람이 부단히 자신을 새롭게 할 수 있다는 의미이다. 인간에게는 당연히 이렇게 할 수 있는 이성적 능력이 있지만, 벌과 같은 동물에게는 그럴만한 능력이 없다.

벌이 수천 수만 년 동안 진화가 없는 까닭은 무엇인가? 외적인 사회적 기능이 벌의 개인 능력에 반영이 되어 그것을 자신이 소화하지 못하기 때문이다.[38]

바꿔 말하면 인간은 사회적 기능을 반영할 수 있는 능력을 갖추고 있기 때

38 이돈화, 같은 책, 112쪽.

문에 인간사회가 진보해 왔다는 것이다. 그런데 여기서 한 가지 의문이 생긴다. 인간사회의 진보가 인간의 이성적 능력 덕분이었다고 하면 될 터인데, 이돈화는 무엇 때문에 사회 진보의 동력은 '사람성 자연'이라 했을까? 그의 다음과 같은 말을 주의 깊게 보자.

> 사람성 자연이란 개체의 능률, 사회의 기능, 자연의 세력, 이 세 유기적 합성, 성장체가 인간의 집합적인 의식체계를 통해 움직이는 것을 가리킨다. 이것을 다시 설명하면 개체의 의지적 활동이라는 것은 본능적인 욕망뿐인데, 그 욕망이 자연과 조절되고 작용하는 데서 사회적 작용이 나오게 된다. 그리하여 욕동(欲動)이 자연과 조절하는 작용을 일러 노동이라는 이름을 붙일 수 있고, 노동은 다시 자연의 에너지를 생산관계로 변작(變作)시킴에 의해 사회기능이 생겨나고, 사회기능은 다시 사람성 능률에 반영이 되어, 그것이 사람의 의식으로 화(化)하여 그 시대마다의 사람성 자연을 구성하게 되는 것이다.[39]

여기에서 이돈화는 자연의 에너지가 개별 인간의 노동을 통해 사회 안으로 끊임없이 유입되되, 그 자연을 이용하는 개별 인간의 노동의 총화는 특정한 사회적 생산관계에 의해 수행되며, 그렇게 수행되는 사회적 노동의 양식은 다시 개별 인간의 능력 속에 반영됨으로써 특정 시대마다의 '사람성 자연'이 구성된다고 말한다. 그런데 우리의 물음과 관련해 주목해야 할 것은 사람성 자연을 구성한다고 하는 인용문 서두의 세 요소이다. 이 세 요소에 주목한다면, 우리는 왜 그가 사람성 자연을 사회 진보의 동력이라고 했는지 비로소 이해가 된다. 사회의 진보는 자연의 에너지가 사회로 유입되지

39 이돈화, 같은 책, 113쪽.

않으면 이루어지지 않는다. 사회의 진보는 개별 인간이 노동하지 않고 사회화된 지식과 기술을 습득하지 않아도 이루어지지 않는다. 사회의 진보는 사회적 생산 혹은 노동이 짜임새 있게 조직되지 않으면 이루어지지 않는다. 한마디로 말해 자연, 사회, 개별 인간, 세 요소 중 어느 하나가 결여되어도 사회의 진보는 이루어지지 않는다는 말이다. 사회의 진보가 단순히 인간의 이성에 의해 이루어졌다는 견해보다 그 원인을 좀 더 전면적으로 파악한 견해라 하겠다.

이돈화는 인간이 사회적 노동을 통해 역사적으로 형성하고 발전시켜 온 특수한 사회형태가 각기 어느 정도는 필연적이고 합리적이라고 했다. 예컨대 고대의 노예제사회, 중세의 농노제사회, 근대의 자본주의사회 등의 출현과 발전은 어느 정도는 필연적이고 합리적이라는 것이다. 그러면서 이 역사적 필연성과 과도적 합리성 또한 사람성 자연으로 귀결시켰다. 또한 자신이 말하는 '사람성 자연'의 '자연'이 "최제우가 늘 말하던 무위이화라는 교훈에 뿌리를 두고 있다"[40]고도 했다. 그래서 최제우가 자연의 무위이화의 원칙을 사람이 따라야 한다고 했듯이, 이돈화 역시 사람성 자연은 우선은 자연계의 자연과 합일되어야 한다고 보았다. 다만 그는 이 합일을 주로 미적 판단에 제한해 이야기한다. 즉 사람이 "자연이 아름답다"고 판단할 때 사람성 자연과 자연계의 자연은 합일된다는 것이다. 또한 사람성 자연은 그러한 인간과 자연의 조화뿐만 아니라 인간과 사회의 조화가 이루어짐으로써 최종적으로 완성된다고 말한다. 인간은 "최종적으로는 내외의 조화를 얻음으로써 심리상태의 조화는 그 완성을 보게 된다."[41] 여기서 말하는 인간과 사회

40 이돈화, 같은 책, 109쪽.
41 이돈화, 같은 책, 110쪽.

의 조화, 혹은 내외의 조화란 이돈화가 양자의 관계를 주로 노동의 측면에서 규명했음을 생각할 때 노동하는 개인과 노동조직으로서 사회의 조화를 뜻할 것이다. 과연 이돈화는 인간과 사회의 그런 조화를 꿈꾸며, 그렇지 못한 현실을 다음과 같이 비판한다.

> 사회는 개인에 대해 자모(慈母)의 자격을 갖추어야 한다. 개체의 자모도 있으려니와 사회라는 자모도 있어야 한다. 개체의 자모가 하지 못할 때에는 사회의 자모가 그것을 맡아야 한다. 사회가 그 한 개체 생명을 맡을 만한 기능을 갖추어야 한다. 그런데 지금의 경우는 개인의 자모는 있으나 사회의 자모는 없다. … 사회가 개인의 생존에 책임을 진다고 하면 개인과 사회의 상호관계에서 개인의 사회에 대한 책임은 무엇일까? 그것은 사회봉사적 노동이다. 정신과 육체에서 자신이 할 수 있는 노동으로 사회에 봉사하는 것이다. 사회라는 어머니를 길러야 한다는 도덕률이다. 개인이 독립 자존할 때부터 노동할 수 있는 힘이 쇠할 때까지 사회에 봉사하는 것이다. 말하자면 사회는 개인에 대하여 개인으로 독립 자존력이 없을 때 그 개인의 생존에 절대 책임을 지고, 개인은 사회에 대해 그 독립 자존할 만한 노동으로 봉사하는 관계를 맺는 것이 최선의 상호관계이다. 어쨌든 오늘날에는 사회와 개인의 책임이 서로 소원한 상태를 면치 못하는 기형적인 발전을 하고 있다고 볼 수 있다.[42]

이돈화는 당시 사회가 기형적인 발전을 하고 있다고 했지만, 사실상 동서고금에 걸쳐 사회는 대부분 그런 기형적 발전을 해 왔다. 사회가 자애로운 어머니 역할을 해 온 적은 별로 없다. 그런 점에서 사회가 자모(慈母)의 자격

42 이돈화, 같은 책, 182-183쪽.

을 갖추어야 한다는 생각은 이상적이지만, 이돈화에게 그 이상은 앞서 언급한 상호부조가 주(主)가 되고 생존경쟁은 종(從)이 되는 자연 혹은 우주의 섭리를 사회에서도 실현하는 것이기도 하다. 사회가 어째서 자모의 역할을 못하고 그럼으로 인해 사회에서 개인은 소외되고 사회는 기형적으로 발전해 왔는지 이돈화는 비록 충분히 그 원인을 규명하지는 못했다. 하지만 적어도 그의 사회비판 정신은 새로운 도덕과 종교의 정신으로 무장한 새로운 인간(新人)이 출현해야 한다는 논의로 이어진다.

5. 동학을 철학화한 신인철학

지금까지 이돈화의 우주관, 인간관, 그리고 노동 개념과 사회관의 핵심 내용에 대해 살펴보았다. 마지막으로 그 내용을 간단히 요약하면서 이돈화의 신인철학이 어떤 면에서 동학을 현대화, 철학화했는지 생각해 보고자 한다.

우주에 관한 논의에서 이돈화는 한울이 내재적인 동시에 초월적이라는 동학의 사유 전통을 계승했다. 이런 관념은 19세기 동학 내지 동양 전통의 생명사상을 기반으로 한 것이지만, 동시에 베르그손의 생명철학, 스피노자의 능산적 자연 개념, 진화론 등을 선택적으로 수용한 것이기도 하다.

인간에 관한 논의에서 이돈화는 우주적 존재로서 인간의 의미를 부각시켜, 인간격(人間格)이라는 새로운 개념을 제시했다. 인간격이란 우주적 존재로서의 인간의 이상적 인격이라 정의되는데, 그는 이 개념을 통해 인간이 우주의 중추적 존재로서 무궁히 진화하면서도, 다른 자연 존재들과 유기적으로 연계되어 있음을 강조했다. 이 인간격 개념 역시 기본적으로는 천도교의 인내천(人乃天) 사상 및 유학의 인간관에 뿌리를 두고 있지만, 동시에 그것은 서구 근대의 진화론과 베르그손의 생명철학에서 몇 가지 중요한 사상을 흡수해 그 내용을 더욱 충실히 한 것이다.

한편 이돈화의 노동 개념의 가장 큰 특징은 기화(氣化)를 노동으로 해석했다는 점인데, 이런 해석으로부터 자연 또한 넓은 의미의 노동을 한다는 생각이 도출된다. 그리고 동물도 넓은 의미의 노동을 한다는 생각은 마르크스에게서 수용한 것인데, 이돈화는 여기에서 한 걸음 더 나아가 자연 전체가 노동을 한다고 여겼다. 또 이런 생각을 기반으로 전 지구적 차원에서 이루어지는 생명 노동은 대상 파괴적 노동과 협동노동이라는 이중적 성격을 띠되, 협동노동이 훨씬 더 근본적이라는 점을 논증했는데, 이는 최시형의 이천식천(以天食天)설을 재해석한 결과이다. 이렇게 기화를 노동으로 이해함으로써 그는 전통 철학의 개념을 현대화했을 뿐 아니라, 자연 또한 넓은 의미의 노동을 한다고 하여 서구 근대의 노동 개념에 대한 협소한 이해를 넘어서려 했다.

이와 같은 노동론을 바탕으로 이돈화는 사람성 자연 개념으로 사회의 진보 조건이 인간의 노동, 자연의 에너지, 그리고 인간 이성임을 밝혔는데, 이러한 의미 전환을 통해 동학이 본래 지녔던 민중성과 자연 친화성을 회복하려 했다. 또한 그는 인간사회가 진보한다고 믿으면서도, 사회가 자모(慈母)의 역할을 다하지 못한다는 점에서 사회는 기형적으로 발전하고 있다고 여겼다. 이 주장 역시 최시형의 어머니-자연과 인간의 관계에 관한 견해를 사회와 개인의 관계로 확대 적용한 것이라 할 수 있다.

한국철학
다시읽기

제5부 현대철학

13

함석헌, 공공철학과 절대자유를 실천하다

- 국민철학에서 자아철학으로의 전회

김대식

1. '뜻'이라는 초월적 의지의 현시(顯示)

그동안 함석헌을 연구하고 관심을 보인 학자, 시민들이 많이 있었다. 대강만 열거해도 김경재, 김상봉, 김영태, 김영호, 김조년, 김진, 박재순, 윤영천, 이정배, 이치석, 황보윤식 같은 분들을 거명할 수 있다. 이들은 각각 교조주의적 입장, 종교주의적 관점, 현대 문제를 풀어나가는 단순한 사상가로서 등 다양한 해석학적 틀로 함석헌에 접근하였다. 또 잊혀져 가는 함석헌을 기억하고 재생산하기 위해서 당대의 거대담론과 잇대는 철학적, 사상적 사조도 있고, 시대의 변화에 맞추어 미시담론으로 열어 가려는 시각도 있다. 함석헌의 담론 안에 거시적인 이야기가 미시적인 이야기보다 상대적으로 많이 등장하는 것은 함석헌 당대의 시대적 상황—민주, 민족, 통일, 종교, 환경 등의 관심사 대두—을 반영하고 있다. 그는 이른바 시대정신의 표상이라 할 수 있다. 하지만 시대가 바뀌어 포스트모더니즘을 거치면서 우리나라에서도 거대담론보다는 미시담론 생산이 두드러지고 있는 것이 사실이다.

그러나 연구가 다변화하는 것과 함석헌 연구자가 함석헌을 따르는 지행일치, 언행일치의 삶을 사는 것은 별개다. 함석헌이 한국의 현대사에서 중요한 철학자요 사상가요 종교가로 알려진 것에 비해 오늘날 그 정신의 맥을 이어오지 못한 연유는 다름아닌 함석헌의 언어와 행동을 잇는 사람이 드물었다는 데에 있다. 이런 문제의식에서 우리가 주목해야 할 것은 '뜻'의 현시이다. 함석헌은 "뜻은 meaning이다. 절대의 의미요 의지will이다. 이 둘은 다르지 않다. 하나다. 한 뜻이다. 역사는 뜻으로 되는 역사다"[1]라고 했다. 함석헌에게 뜻이란 '초월적 의지'이다. 절대나 전체 혹은 하나라는 말에서 알 수 있듯이 함석헌의 뜻은 종교학자 루돌프 오토가 말한 누멘(Numinous)과도 같은 것이요, 칸트가 제시한 선험적 원리와 비슷하다. 이러한 뜻은 개별적 존재자의 (절대)자유의 활동이요, 그것이 나타난 운동이 '씨ᄋᆞᆯ'이요, 그 운동의 구체적인 결과가 '같이살기운동'이다.

함석헌에게도 뜻을 이루어야 할 개인적인 사명이 있었다. 그는 멈추지 않고 항상 자신의 자리에서 '탈'(脫)을 외쳤던 실천적 철학자이다. 반민주적 현실과 현장에서 참된 공동 세계를 말하려고 했고 만들고자 했던 함석헌, 민중의 고난과 고통 속에서 민중의 의식이 깨어나야 한다고 부르짖었던 함석헌은 민중이 지녀야 할 원본적 사태에 대한 명징한 인식을 그때그때 적시했다. 함석헌의 목소리의 공공성은 어쩌면 개인의 특수한 의식이 깨어나는 이른바 생각의 공공성이라고 명명해도 될 것이다. 그 목소리는 사적이고 개인적이지 않았다. 공동 세계를 지향하였고, 그 공동 세계에서 각 개인(씨ᄋᆞᆯ)과 개인이 전체를 위해서 어떻게 연대해야 하는지 쉼 없이 목울대를 세웠다.

개별 민중의 생각을 학습시키고 훈육하고 관리하려는 모든 규정과 범주를 벗어나서[탈] 개인의 절대자유를 지향하면서 살아가도록 한 그의 삶은 개인의 자유로운 삶이면서 동시에 공적인 삶이었다. 머물지 않고 항상 흐르면서[생성철학] 세계를 변혁하려는 그의 태도는 시원을 향해 나아가는 철학적 실천이었다. 인간의 근원적 사유와 실천은 무엇인가에 대한 끊임없는 고민은 글과 글, 말과 말, 단어와 단어, 음성과 음성 사이의 틈 속에 숨어 있었

1 함석헌, 「뜻으로 본 한국의 오늘」, 『사상계』 171호, 1967년 7월, 353쪽.

다. 그 행간의 사유는 무엇이었을까? 당대의 규정과 범주를 벗어나서 새로운 세계를 염원하는 민중의 의지, 곧 그것은 보편적인 '뜻'에서 찾을 수 있을 것이다. 개인의 초월적 의지, 곧 뜻만이 가장 소중하다. 세계의 뜻도 역사의 뜻도 공동체의 뜻도 결국 개인의 뜻에서 나오기 때문이다.

"철학하지 않는 인종은 살 수 없다. … 생각은 생명의 자발이다. … 살려거든 생각해야 한다."[2] 이렇게 철학, 사유, 생명의 자유를 민중의 '바탈'로 하기 위한 생각의 공공성은 곧 자아의 확장이다. 생각이 없는 자아가 공공성, 공적인 삶, 공적인 인간으로서 함께 살기, 더불어 공동체를 이룰 수 없음은 자명하다. "나는 생각한다"(cogito)를 우선으로 생각한 함석헌은 데카르트의 코기토 철학과 칸트의 비판철학과도 맞닿아 있다. 데카르트는 생각하는 것, 즉 이성의 능력은 인간이 동물과 구분되는 특성이라는 것을 강조하면서 그것은 모든 인간에게 공평하게 분배되어 있다고 말한다.[3] 그런 의미에서 생각하는 존재가 원본적 사실이다. 개별 민중의 생각함이 제일 먼저 무전제의 전제로서 출발해야 하는 당위성이다.

칸트는 『판단력비판』에서 '공통감'을 강조함으로써 미에 대한 보편적 만족감이 개별적 존재자의 소통과 합의를 통해서 가능하다는 것을 보여주었다.[4] 그렇다고 해서 칸트가 공동체적 감각, 공동체적 보편성에만 중점을 두었다고 섣부르게 판단하면 안 된다. 대상에 대한 각 주체의 이성과 감성이 수용하고 인식하는 그 처음은 일치와 합의가 명료하지 않다는 것을 먼저 인정해야 한다. 그다음 생각과 생각, 감각과 감각이 어떻게 다른가를 서로 이

2 함석헌, 『(함석헌전집2) 인간혁명의 철학』, 한길사, 1983, 378쪽.

3 르네 데카르트, 『방법서설 외』, 김형효 옮김, 삼성출판사, 1985, 43-44쪽 참조.

4 임마누엘 칸트, 『판단력비판』, 백종현 옮김, 아카넷, 2009, 37-38 해제; §20-§22.

야기하는 것이 중요하다. 그런 감각은 선험적으로, 보편적으로 가지고 있는 인간의 능력이다. 이러한 공동체의 보편적 감각과 인식에는 당파성이 없어야 한다. 불편부당성을 견지해야 한다. 수평적 관계, 평평한 관계의 존재가 되어야 가능한 일이다. 그렇게 선험적인 공동체적 감각을 잘 활용하다 보면 마침내 공동체가 제대로 된 합의와 일치된 의견에 이르게 된다.

공공성을 생각하면 언뜻 사유화, 사적 관계, 개별화된 극단적 개인의 이익과 구분되는 느낌을 갖는다. 인터넷의 발달로 수많은 정보가 노출되고 매체만 있으면 언제든지 접근 가능한 상태로 세계 익명의 사람들에게 데이터가 고스란히 전달될 수 있는 것은 인간의 지식이나 지구의 자원도 사유화될 수 없다는 것을 말해주고 있다.[5] 그렇다고 개인이 공적 존재로 편입된다는 말은 아니다. 현대 문명 속의 개인은 파편화되기 쉽기 때문에 공공성이나 공적 존재가 지닌 '뜻'이라는 보편타당성에 접근, 합의, 동의할 수도 있지만, 반대로 공공의 선험적 원리인 '뜻'에 더불어 들어설 틈이 존재하지 않을 위험도 도사리고 있다. 요는 개인의 이성과 감각을 짓밟지 않고 견뎌내는 성숙한 민중의식이 필요하다는 것이다. 우리는 개인의 뜻에 동의를 구하지 않고 곧장 공공성이나 공동체적 이익을 앞세울 수 없다. 개인차를 존중하지 않는 공공성과 공공철학은 불가능하다. 각 개인의 생각과 감각을 존중하고, 그 인격과 의견을 존엄하게 여길 때 공공성을 논할 수 있는 공동체적 이성이 가능해진다.

5 제러미 리프킨, 『한계비용 제로 사회』, 안진환 옮김, 민음사, 2014, 306쪽.

2. 뜻의 공적 증언자로서의 민중과 절대자유주의

함석헌이 민족주의나 국가주의, 심지어 가족주의에 대한 거부감을 표출하고 있다는 증거는 그의 입말을 담은 전집 곳곳에 등장한다. 이는 자신이 경험한 일본의 군국주의적 전체주의나 우리나라의 국가주의에 대한 환멸에서 비롯된 것이 아닌가 싶다. 2차 세계대전 당시 일본의 제국주의가 국가와 민족을 앞세워 모든 개별 민족이나 개인의 자유를 말살하였다는 것은 널리 알려진 사실이다. 또한 군사정권 시절 우리나라 정부는 재건을 위한다는 명분으로 국가자본주의를 통한 잘 살기운동을 전개하면서 개인의 자유를 철저하게 억압했다.[함석헌은 이를 통렬하게 비판한다. 나중에 '같이살기운동'을 대안으로 내세운 것도 그 대척점에 있다고 볼 수 있다] 1900년대를 살았던 함석헌으로서는 개인의 자유가 보장되는 민주주의(민중정치)를 열망한다는 것은 지극히 당연한 일이다.

이것이 나중에 개별 민중의 절대자유로 이어지는 것은 어쩌면 예측된 수순이었는지 모른다. 정치체제로서 민주주의를 내세우지만 실상 우리가 아는 민주주의와는 전혀 다른 정치 현실을 목도하게 된다. "민주주의는 아르케가 없다는 것, 즉 원리를 갖지 않겠다는 것 … 능력 없는 자들, 자격 없는 자들이 스스로 자기를 통치하겠다는 것, 이것이 민주주의의 본령이다. … 공론장이 중요하다. … 의사소통이 이루어지는 공공 영역, 담론을 만드는 장, … 공동 세계, 공공 영역은 이야기가 만들어지고 공적 문제에 대해 자신의 이성을 용기 있게 사용하는 것, … 이게 공론장이다."[6] 이럴 때 문제가 되

6 정용주, 「신규 교사는 어떻게 능숙한 경력 교사가 되는가」, 홍세화 외, 『불온한 교사 양성 과정』, 교육공동체 벗, 2012, 92-94쪽.

는 것이 생활세계의 식민화가 이루어질 수밖에 없다는 점이다. 자기 이성을 사용하여 자신의 문제를 결정하지 못하기 때문이다. 국가나 제도, 체제, 조직의 언어나 위계적 질서의 기호, 관료적 수행에 집중이 되기 때문이다. 의식의 식민화, 이성의 식민화나 다름이 없다.[7]

정용주의 명료한 지적처럼 정치체제의 주인은 민중이어야 한다. 민중정치에서 민중이 스스로를 다스린다는 본래 의미는 사라진 채 특정계급이 민중을 다스리는 상황이 연출되는 것은 잘못되어도 한참 잘못된 것이다. 함석헌은 "정치는 본래 싸움이다. 다스리고 다스림 받음의 관계다. 다스림이란 말부터 틀린 말이다. 정치라면 민중이 제일이지 남의 다스림을 받을 리가 없다. 그러나 … 현실 정부는 언제나 정직한 대표자가 아니고 사사 야심을 가지는 자들이다"[8]라고 비난하다.

지배와 피지배의 관계가 구조화되어 있는 정치체는 올바른 것이 아니다. 자신의 이야기도 풀어내기 어렵고, 타자와 함께 어떤 담론을 생산하지도 못하는 타율적 존재의 반이성적 존재는 민주사회에서 용인될 수 없다. 지금 우리나라는 대의민주주의니 정당정치니 하면서 마치 이러한 정치제도가 민주주의의 원형인 것처럼 호도하고 있다. 민중은 자기 이성을 스스로 사용하지도 못하면서 대한민국의 국민인 것처럼 착각하며 살고 있다. 국민은 자기를 다스리지도 못하고 다스림을 당하고 있다. 이 때 "국민이라는 정체는 무엇인가?"라는 질문을 하게 된다.

---

7 정용주, 「신규 교사는 어떻게 능숙한 경력 교사가 되는가」, 홍세화 외, 『불온한 교사 양성 과정』, 92-94쪽.

8 함석헌, 「민중이 정부를 다스려야 한다」, 『사상계』, 1963년 4월, 통권 120호, 10쪽.

도대체 국민이란 무엇인가? 국민은 노동자도 농민도, 의사도 회사원도, 아버지도 자식도 아니다. 국민이란 말만 가지고 본다면 구체적인 사회적 내용이 없는, 한 국가의 전체 구성원을 의미한다. … 따라서 국민은 자발적인 주체로서의 민중이라는 개념과 대립하며, 단일 국가 단위를 넘어서는 민족이나 인류의 개념과도 구별된다. 바로 이런 국민이 일제시대 '황국신민의 서사'에 나오는 국민이며 박정희 시대 '국민교육헌장'에 나오는 국민이다. 그리고 전두환 시대 '국민윤리'가 가르쳤던 국민이다.[9]

이러한 국민의 성격은 다음에 보이는 '민(民)'의 유래를 이해하면 좀 더 명확해진다.

갑골문이나 금문의 연구자들에 따르면 민(民)이란 글자는 한쪽 눈을 찔러 상해를 입힌 노예들을 가리키는 말이었다. 그 후 민이란 개념은 직접 생산에 종사하는 농민들, 즉 피지배층을 가리키는 말로 변화했다. 반면 백성이란 표현은 성씨를 가진 사람들로, 조상신에게 제사를 지내는 것과 같은 행위로 씨족 질서를 유지할 수 있는 귀족들, 즉 지배층 일반을 가리키는 용어다.[10]

강신주는 인민(人民)과 신(臣)이 어떤 신분이었는가에 대해 문헌을 통해서 그 어원적 인식의 지평을 넓혀준다. "인민이라는 표현도 인은 지배층으로서 정치나 예식 등의 정신노동에 종사하는 부류층"이었으며, "민은 농업

9 이병창, 「국민주의의 선동은 여기서 멈추어야 한다」, 김인성, 이병창 외 지음, 『진보의 블랙박사를 열다』, 들녘, 2012, 96쪽.

10 강신주, 『철학의 시대: 춘추전국시대와 제자백가』, 사계절, 2011, 55-56쪽.

등의 육체노동을 담당했던 피지배층"을 가리켰다. "형(刑)이라는 것도 민에게 작용했던 가혹한 형벌을 의미"였고, "주나라에서는 소인에 해당하는 신분을 민, 귀족들은 인"이라고 불렀다. "국인(國人)은 국읍이나 도읍에서 직접 생산을 담당했던 주나라 시대의 민중"을 지칭했고, "신(臣)은 주나라의 노예들로 노예들 중에 가정을 이루고 있던 노예"를 일컬었다.[11]

그런 의미에서 함석헌의 '씨올'이라는 개별성의 선언은 반복적으로 규정된, 국민이라는 내용 없는 개념의 뒤엎음이다.[12] 선언을 뜻하는 declaration은 프랑스어 déclaration에서 온 말이다. 이 말의 뜻은 '봉건 영주에게 충성서를 한 대가로 주어진 땅의 목록'을 가리켰다. 이후 17세기까지 왕의 공적 명령을 뜻하게 되었는데, 곧 선언한다는 행위는 주권자의 몫이라는 의미가 함축된 것이다.[13] 영주에서 왕, 그리고 시민(민중)으로 권력이 옮겨진 것처럼, 씨올이라는 개념과 의미를 창안한 것은 일대 선언, 주체적 사유 선언, 민중의 뜻 인식 선언이라 할 수 있다. 전체주의 혹은 국가주의에서 개별 민중의 자유로 더 가깝게 다가가는 계기를 마련한 것이다.

이와 같은 국가주의에 대한 철폐는 민중의 정체성에서도 나타난다. 함석헌은 "민은 어느 계급만도 아니다. 민은 개체면서 전체로 전체면서 개체, 여럿이면서 하나, 하나면서 여럿이다", "자유 진영도 공산 진영의 통일도 아닌 그 대립을 초월한 자리에서 통일이 이루어질 수 있다"[14]라고 주장한다. 이것은 민중이 자기 자신의 계급적 규정성을 탈피하고 특정한 사상적 이념에 경도되어 자신이 판단되는 것을 경계하는 것이라 볼 수 있다. 자신을 특정

11 강신주, 위의 책, 56-65쪽.

12 이병창, 「국민이라는 말의 텅빈 내용」, 앞의 책, 97쪽.

13 류은숙, 『인권을 외치다』. 푸른숲, 2009, 35쪽.

14 함석헌, 「민족통일의 종교」, 『사상계』, 1961년 3월, 통권 92호, 36-45쪽.

정당이나 한 국가의 구성원으로 등치시켜서 민중 스스로의 정체를 제한하여 개별 민중자신의 절대 자유를 향유하지 못한다면 그것을 인간이라고 말할 수 없다. 다시 말해서 인간은 뜻이라는 초월적 의지에 부합한 자기 뜻의 실현자라는 의식이 없다면 한갓된 정당이나 정치인 혹은 국가라는 일정한 공공성(公共性)을 가장한 사적(私的) 원리에 자신의 초월적 의지를 양도하는 어리석음을 범할 수밖에 없다는 것이다.

박명림에 의하면, 국가(state)라는 말은 '직립하다'라는 뜻의 'stare'에서 나왔다. 이 개념은 교황이나 지주와 같은 다른 주체 혹은 집단의 압력이나 결정에서 벗어나 독자역인 영역의 결정권을 갖는 존재라는 의미이다. 마침내 국가는 자기 독자성, 자기 결정성, 최고성을 성격을 띠면서 절대적 배타성을 갖는 기관으로 등장한다. 그런데 여기서 간과하지 말아야 할 것이 있다. 국가가 직립한다는 것은 인간의 복수성을 전제로 한다는 것이다. 이 말은 국가가 존립하기 위해서는 인간의 직립이 우선되어야 한다는 말이다. 바로 민중은 국가보다 앞선 존재자들로서 국가는 이들의 공동가치나 공준(公準)을 창출하는 체제이다. 따라서 국가는 사적 존재가 아니라 공적 존재이다. 특정한 영토 안에 있는 존재자의 신체와 안전을 보호하고 인간으로서의 권리를 보장하며, 그들의 삶의 조건을 안정시키기 위한 토대와 기회를 제공해야 한다. 국가는 그런 의미에서 공공기구이다. 따라서 국가는 복수적 존재자인 인간이 서로 사익의 충돌과 갈등을 일으킬 수 있는 세계에서 공적 조정의 역할을 수행해야 한다.[15]

본래 그리스 폴리스 정치에서 탄생한 민주주의는 민중의 자기 지배 원칙

15 박명림, 「민주공화국에서 국가를 다시 생각하다」, 도정일·박원순 외 지음, 『다시, 민주주의를 말한다』, 휴머니스트, 2010, 67-96쪽.

의 기구였다. 시간이 지나면서 민주주의를 표방하는 국가조차도 국가가 탈공공화, 사사화, 시장화되었다. 이처럼 공공성이 사사화되면서 사적 시장의 논리, 기업의 논리, 돈의 논리가 공적 영역을 장악하고 말았다. "원래 법적인 공공성은 사회에서 더 많이 가진 자, 더 힘센 자들을 공적인 합의의 원칙 아래 규율하는 것을 말합니다. … 그런데 사적 영역에서 힘과 재산을 많이 가진 사람들은 공적으로 규율하지 않으면 공적인 영역을 장악하거나 식민화하게 되고, 그럴 경우 공적인 영역은 금방 사사화됩니다." 이로 인해 우리는 임금격차, 노동임금, 주택 구입 기간, 교육 통계, 사교육, 출산, 육아, 세금 등과 같은 문제로 공공성의 해체 시대에 살고 있다.[16]

지금 우리 시대는 다시 나라의 본래성을 회복하기 위해서라도 "시민됨"(citizenship), "시민성"(citizenhood)에 대한 재인식이 필요한 때이다. 시민됨의 인정이라는 것은 주권을 이양함으로써 공적 존재(즉 국가)를 형성한 뒤 국가의 역할을 통해 안전과 권리와 형평을 제공받는 것을 의미한다. 국가는 시장으로 다가감으로써 스스로 사사화로 기울어지지 않도록 해야 한다. 달리 말하면 이는 국가와 시장 대 시민사회로 재편되어야 한다는 것이다. 나아가 국가의 공공성 회복은 좋은 공동체 만들기와 좋은 시민 되기와 떼려야 뗄 수 없다. "지금 가장 중요한 것은 국가의 공공성을 회복하여 개인 삶의 공공적 안정성과 예측가능성을 보장하는 공동체를 만드는 것입니다."[17]

이와 같은 문제의식은 함석헌에게서도 동일하게 읽힌다. 1980년대에 그는 전체의 자리가 '나라'가 되어 권력이 하나를 대표하는 때가 되었다고 말한다. 또한 그 나라를 유지하기 위해서 제도, 법, 군대, 경찰의 조직이 생겨

16 박명림, 위의 책, 67-96쪽.

17 박명림, 위의 책, 67-96쪽.

났다는 분석은 국가주의를 비판하는 사람들과도 맥을 같이 한다. 함석헌은 근대국가의 등장으로 민중정체의 본질이 임금의 윤리가 되고, 계급사회가 되고, 도덕도 계급사회를 지탱하는 수단이 되었다고 보고 있다.[18] 시대가 많이 바뀌었다. 오늘날 공동세계는 "국가지상주의", "민족숭배사상"이 아니라 '세계시민주의'를 요청한다.[19] "국가요, 민족이요, 다 소꿉질이다. 소꿉질은 쓸데없는 일은 아니다. 어느 아이도 소꼽을 놀아야 어른이 되는 모양으로 가족주의 아니고는 민족에까지 자랄 수 없고, 민족주의 아니고는 국민으로까지 자랄 수 없었고, 국가주의 아니고는 전쟁해 보지 않고는 오늘의 역사 단계에 오지 못했을 것이다. 그러나 자라고 나면 모든 것이 소꿉질이요, 소꿉질이 돼 버리면 다 버려야 한다."[20] 국가주의, 민족주의, 가족주의에 대한 날선 비판이다.

그래서 함석헌이 다시 뜻을 통한 공적 증언자로서의 민중을 기대했던 것이다. 함석헌은 "생각이 역사를 움직이는 힘이 되려면 공적인 증언으로 나와야 한다. 증언은 곧 행동이다. 참말함이다"라고 말하면서, 교사 훈시, 종교가의 설교, 관료 명령 가지고 안 된다고 강조한다.[21] 민중 자신이 뜻이라는 초월적 의지를 현시할 수 있는 능력을 기르고 그 뜻을 실현시킬 수 있는 주체적 존재가 되려면 공적 증언자가 되어야 한다. 교사, 종교가, 관료, 법(제정자)과 같은 대타자에게 자신의 이성과 의지를 위탁할 것이 아니다. 함석헌은 "데모크라시, 즉 민의 정치는 여론의 정치다. 여론은 민, 곧 많은 나

18 함석헌, 『인간혁명의 철학』, 한길사, 1983, 352쪽.
19 함석헌, 위의 책, 379쪽.
20 함석헌, 위의 책, 385쪽.
21 함석헌, 「사상과 실천」, 『사상계』, 1956년 12월, 통권 41호, 30쪽.

의 말이다. 인격의 소리다."[22]라고 말한다. 적확한 말이다. 개별자가 초월적 의지인 뜻을 부여받았는데, 노동과 양육과 살림을 하느라 그것을 실현할 또 다른 존재자에게 참을 말하도록 한다면, 역사의 변혁은 언제 이루어질 수 있을까? 함석헌의 공공성과 공공철학은 국가주의나 탈을 쓴 대의민주주의가 아니다. 개별 민중이 국가나 민족의 획일주의나 보편주의에 빠지지 않으면서, 인간의 절대 자유를 억압하는 모든 강권과 강제와 지배에 저항하는 공적 증언, 공적 행동을 할 때 비로소 역사를 바로 잡을 수 있다. 그러한 의식을 가진 민중이어야 절대 자유의 온전한 실현자는 물론 참말(진리의 말)의 구현자가 되어 민중 자신을 직접 다스리는 공적 증언자가 되는 것이다.

3. 비폭력의 생태적 공공철학과 '뜻'이 펼쳐진 장으로서 자연

개별적 생명체는 각각 낱개이지만 전체로 보면 하나하나가 다 소중한 생명이다. 그 생명체는 자신만의 생명의 아르케(arche, 시원과 원리)를 가지고 있다. 거칠게 말하면 개별 생명체의 생명은 자신으로부터 기원한다. 서로가 관계망 속에서 살아가고 있다고 말하기에 앞서, 생김과 수명과 시기와 섭생 등이 다 다르다는 차원에서 보면 각각의 생명체에는 자신만의 아르케가 있다. 따라서 이 세계는 각각의 아르케를 존중해야만 전체 유기체가 존속할 수 있다. 함석헌은 민중 자신이 개별이자 전체라는 것을 다음과 같이 표현한다. "민중이 純(순)이므로 하나다. 한 소리만 하는 것이 민중이다. 한 소리가 참 智(지)다. 정말 지는 민중이다. … 인자무적어천하(人者無敵於天下)라 민중은 仁(인)이다. 전체기 때문에 대적이 있을 리 없다. … 민중은 생

22 함석헌, 『인간혁명의 철학』, 358쪽.

명 그 자체다."[23]

함석헌은 민중을 순하고 지혜롭고 어질다고 규정한다. 다소 민중을 이상화한 듯하지만, 이것이야말로 민중의 이상이어야 한다는 것을 적시한 것일 수도 있다. 민중은 생명의 개별자인 동시에 전체이기 때문이다. 전체 안에서 개별을 논해야 하지만 민중의 개별은 오로지 각자 하나의 목소리로서 전체가 될 수 있다. 그것이 앞에서 말한 초월적 의지인 '뜻'의 명령에 따라서 사는 것이다. 그러므로 오늘날 "민중이 생명 그 자체다"라고 함석헌이 설파한 민중의 생명적 자기 정체성을 무시할 수 없다.

지금 세계는 사물인터넷이나 인공지능 등을 통한 자본주의의 새로운 패러다임의 전환을 꾀함으로써 미래 전망이 매우 비관적이다. 제러미 리프킨은 "자동화, 로봇공학, 인공지능은 제조업과 물류 부문뿐 아니라 사무직 종사자와 서비스업의 인간 노동력도 빠르게 제거하고 있다"[24]고 분석한다. 기계와 인간 사이의 갈등을 시사한 전망은 노동자의 무지갯빛 삶을 보장하지 않을 것이다. 더군다나 이러한 삶의 빠른 변화는 생태적인 문제를 더 가속화할 것이고 인간의 삶은 더 피폐해질 것이다. 제러미 리프킨은 한계비용 제로 사회가 도래하면 이 문제가 다소 해결될 것처럼 이야기하지만 말이다; "물질주의 풍조의 쇠퇴는 지속가능성과 환경에 대한 책무에 점점 더 전념하는 성향에서도 드러난다. … 물질주의에서 지속 가능한 양질의 삶으로의 변화는 지구에서 가장 잘 사는 사람들의 생태발자국을 극적으로 줄일 수 있다는 전망을 열어 준다."[25]

23 함석헌, 「백두산 호랑이」, 『사상계』 통권 70호, 1959년 5월, 228쪽.

24 제러미 리프킨, 『한계비용 제로 사회』, 205쪽.

25 제러미 리프킨, 위의 책, 456-459.

이에 대한 대안으로 리프킨은 윤리적 감정의 존재로서의 "호모 엠파티쿠스"(Homo Empathicus)를 주창한다. 이른바 이념적 의식에서 심리적 의식으로의 전환을 제안하는 것이다. 이는 다시 "정치적 경계선을 넘어서는 곳까지 공감적 욕구를 확대하여 결사적 유대를 포함"하는 데로 나아간다. 그래서 그는 "공감은 문명이고 문명은 공감이다"라고 공언한다.[26]

리프킨은 또 "연민은 서로의 존재를 축하하고 이 지구를 함께 돌아다니는 동반자로서 공동의 유대를 인정하는 우리의 방식이다."라고 말한다. 이것은 결국 지구의 모든 생물을 포함하여 인류 전체를 하나의 가족으로 여기는 공감의 확장으로 나아가야 한다는 것이다. 인간은 물론이고 무생물을 포함하여 모든 유기적 생명체들까지 확대가족으로 인식하고, 그러한 연민의 감정으로 대할 수 있어야 한다는 것이다. 이것은 생명의 공존, 생명의 공통성, 생명의 공동체성을 가능하게 하는 제안이다.[27]

마찬가지로 함석헌에게도 인간적이고 생명적인 평화의 역설, 연민의 감정 윤리를 품고 있는 발언이 보인다. 그에 앞서 헤밍웨이의 소설 한 부분을 읽어 보겠다;

> "물고기는 내 친구지." … 그러자 그는 먹을 것이 아무것도 없는 그 큰 물고기가 가엾어졌다. … 저 물고기는 얼마나 많은 사람들의 식량이 될까, 그는 생각했다. 그들은 저 물고기를 먹을 만한 자격이 있는 자들일까? 물론 아니지. 물고기의 태도나 그것이 지닌 굉장한 위엄으로 보아 아무도 그런 자격을 가졌을 것 같지 않아. 난 이런 건 이해하지 못해. 그는 생각했다. 하지만 인

---

26 제러미 리프킨, 위의 책, 481-485쪽.

27 제러미 리프킨, 위의 책, 486-487쪽.

간이 해나 달, 또는 별을 죽이지 않아도 된다는 것은 좋은 일이야. 바다에 의지하고 살면서, 우리의 참 형제들을 죽여야 한다는 것만도 충분히 어려운 일이니까.[28]

헤밍웨이의 소설 속에서 우리는 어부의 연민의 감정, 혹은 기저에 깔린 멈칫거리는 행위를 읽을 수 있다.

평화는 타자에 대한 존엄과 가치에 대해서 멈칫거리다가 마침내 멈춰 버리는 행위이다. 타자에게 죽임과 살육, 억압과 강제를 행사하려고 할 때, 문득 자기 자신에 대한 반성적 의식, 동일한 동료의식을 갖게 되면 폭력을 멈추게 된다. 동료로서 타자의 얼굴은 한없는 연민과 무한한 윤리적 책임을 불러일으키는 원본적 대상이다. 헤밍웨이는 하나의 생명체가 다른 이들을 또 다른 생명이 되기 위한 최소한 타자로서, 동일한 생명의 대상(혹은 주체)으로 인식해야 한다는 문제의식을 던져준다. 다시 말해서 평화란 나와 너, 타자 일반이 동일하고 평등한 생명적 주체라는 데서 출발해야 한다. 선진국이라고 해서, 강대국이라고 해서, 군사적으로 우월한 무기 체계를 가지고 있다고 해서 다른 나라를 죽음으로 몰아가서는 안 된다. 약소국에 대해서, 혹은 약자에 대해서 '충분하다'라는 것은 없다. 평화는 충분조건이 아니라 필요조건이다.

멈춤, 정지, 중지의 철학, 혹은 완전한 종지(終止)의 상태는 생명의 상호의존적 관계, 상호부조적 관계를 정언명령으로 받아들이는 것이다. 너를 죽이면 마침내 나도 죽게 된다는 생명적 현실태를 내다보는 시선을 견지하면, 아수라장 같은 삶의 전쟁터 속에서도 타자의 죽음에서 발생한 나의 생명 사

28 어니스트 헤밍웨이, 『노인과 바다』, 정홍택 옮김, 소담출판사, 1991, 74쪽.

건과 죽음의 사건을 발견한다. 타자의 죽음은 곧 나의 생명 사건('나는 살아 있음'의 증거)이지만, 언젠가는 나의 죽음 사건으로 또 다른 타자에게 생명 사건을 일으키는 증거임을 확인하는 과정이기도 하기 때문이다. 그러므로 중지와 종지의 의지만이 폭력을 제어하고 평화를 이어가는 힘이 된다. 삶의 전쟁터에서 비의식적인 폭력이 자행되기에 앞서 나의 의식적인 폭력에 대한 깊은 성찰로 중지와 종지의 의지로 가능한 한 생명의 상호부조 관계를 구현하려고 노력한다면, 타자를 비폭력, 반폭력적으로 대하는 것은 물론 이 세계를 평화로운 삶의 장으로 만들어 갈 수 있을 것이다.

함석헌은 이를 실현할 실마리를 간디의 사티아그라하(진리파지), 아힘사(불살생)에서 찾는다. "… 사티아그라하(진리파지, 참을 지킴) … 비폭력 저항운동이지 무저항주의 아니다. 죽어도 저항해 싸우자는 것이다. 다만 폭력 곧 사나운 힘을 쓰지 말자는 주의다."[29] 그는 저항과 투쟁, 그리고 혁명을 해도 폭력은 안 된다는 정언명령을 받아들이고 "실천 가능한 말을 한 사람 간디 비폭력저항 그 길밖에 없다"[30]고 확언함으로써 그의 평화철학의 절대 지침으로 받아들인다. 노동자의 삶이 더 힘들고 어려울수록, 자본주의가 지속적인 이윤을 추구하면서 반생명적인 만행을 자행하는 일이 점점 더 많이 벌어질 것이다. 민중은 민중끼리, 자본가는 지구의 환경을 더 착취하면서 노동자를 사물 취급 할 것이다. 이때에 나 혼자만, 인간만 잘 살아보겠다고 세상을 아귀다툼의 소굴로 만들 수 없다. 연민의 감정, 종지의 윤리를 가능하게 하는 비폭력적 저항과 불상생의 실천적 행동으로 생명적 공동세계를 만들어가야 한다. 저항은 체제에의 저항이기도 하지만, 자칫 사도마조히스트

29 함석헌, 「성웅 간디옹의 길」, 『사상계』 통권 91호, 1961년 2월, 83쪽.

30 함석헌, 「건전한 사회는 어떻게 건설한 것인가?」, 『사상계』 통권 38호, 1956년 9월, 148쪽.

처럼 체제에 폭력으로 맞서려는 또 다른 자기 자신의 폭력적 의지에 대한 저항도 있음을 알아야 한다. 그렇게 갈등과 번민하면서 생명의 아르케를 존중하려는 노력이 씨ᄋᆞᆯ의 모습이다.

4. '뜻'의 육화로서 '같이살기운동'

앞에서 언급한 생각의 공공성에서 정치적 공공성, 그리고 생태적 공공성은 '같이살기운동'을 통해서 자기철학이 좀 더 분명하게 드러난다. 같이살기운동은 함석헌이 추구했던 씨ᄋᆞᆯ철학 혹은 민중철학의 목적일 것이다. 1960년대의 천안씨ᄋᆞᆯ농장도 그것을 실험적으로 만들어보기 위한 운동이었다. 그는 민중이 자기 생각을 가지고 어떻게 연대하면서 살 것인가를 고민할 수밖에 없었다. 민중이 모래알처럼 살지 않기 위해서 자기 생각, 자기 계몽을 할 수 있는 실험적인 장이 필요했을 것이다. 자기 목적적 삶을 사는 것은 개인의 자유이지만, 그 자유는 공적으로 느슨한 연대의 같이살기운동을 통해서 가능하다는 것을 검증하려고 했던 것은 아니었을까? 물론 지금은 천안씨ᄋᆞᆯ농장은 없다. 이상 속에서 하나의 흔적으로 남아 있을 뿐이다.

> 전체는 아무 내용이 없다. 내용을 초월한 것이 전체다. 전은 부분의 합한 것이 아니다. 부분의 합인 내용으로서의 전은 늘 변한다. … 全(전)이기 때문에 또 公(공)이라 한다. … 전체를 위한 것이 공의요 전체의 입장에서 분배한 것이 공평이다. 공의 반대는 사인데 사는 나다. 부분이다. 부분이 아무리 커도 부분인 이상 공은 못 된다. … 전체가 참이오, 전체가 선이요, 전체가 미다.[31]

31 함석헌, 「새윤리 上」, 『사상계』 통권 33호, 1956년 4월, 108-127쪽.

전체와 개별, 보편과 특수는 이종교배가 아니다. 그렇다고 어중간한 장소(limbo)도 아니다. 특수한 개인의 자아가 전체의 자아와 만나야 한다. 지금까지는 전체의 자아만 강조했다. 기실 지금도 그렇다. 하지만 개인의 자아가 훨씬 더 중요하게 대두되는 시대에 살고 있다. 전체적 자아를 위해서 사람들은 개인의 자아를 무시하거나 잘라냈다. 수많은 개인의 자아가 사라졌다. 상처를 받은 사람들은 림보에 머무르려고 한다. 생명체도 마찬가지다. 지구상의 모든 생명체가 유기적(有機的, organic) 존재라고는 하지만 오히려 조직화 혹은 체계화한다는 명분으로 개별 생명체를 유기(遺棄)한다.

그런데 공과 사, 공과 공, 사와 사가 맞부딪히게 만드는 걸림돌이 있다. 저명한 역사가로서 현대 문명을 잘 파헤치고 있는 유발 하라리(Yuval Noah Harari)는 민중정치와 과학기술의 관계에 대해서 다소 냉소적인 시선을 던진다. 그가 보기에 과학기술은 민주주의의 공공성의 적으로, 민중의 자기 생각을 지배하면서 전체의 뜻을 잠식할 수 있다. 앞에서 언급한 것처럼, 함석헌이 말한 뜻은 전체이자 초월자이자 초월적 의지이자 고난 받는 씨ᄋᆞᆯ의 정체성을 나타내는 개념이다. 뜻을 인식하고 뜻을 실천하는 총체적인 장, 생활세계가 과학기술로 왜곡된다면 민중의 같이살기운동은 실제로 와해될 수 있다.

주지하는 바와 같이 20세기의 정치구조 가운데 민주주의야말로 인류에게 희망적인 가능성을 열어준 정치체제라는 점은 부인할 수 없을 것이다. 하지만 21세기에 들어서면서 과학기술의 문명적 혜택은 민주정체의 순기능보다 역기능을 더 많이 발생시키고 있다. 잘 알다시피 오늘날 인터넷을 기반으로 하는 과학기술은 수많은 정보와 데이터가 집적되는 문명의 상징이다. 인터넷은 그 많은 정보량을 정치인과 유권자가 현명하고 진지하게 판단할 수 없을 정도로 빠르게 확산시킨다. 이로 인해 오히려 민주정체에 저해 요인이 된다는 말이 흘러나오고 있다. 정치인과 유권자는 미래의 예측은 물론, 계획, 목표, 가치 설정을 할 수 없기에 두 계층 사이의 괴리가 더 심화될 수 있다는 것이다. 게다가 두 계층뿐만 아니라 민주정체에 참여하는 대부분의 민중들의 이성적 인식과 감성적 판단도 과학기술로 인해 타율적일(소외될) 수밖에 없다.[32] 이는 달리 말하면, 민중의 자율적 생각에 의한 뜻의 실현 정치, 같이살기의 현실 정치가 불가능해질 수 있다는 것이다.

하라리가 지적하고 있는 것처럼, 인류의 위기는 핵전쟁, 지구온난화(기후변화), 그리고 과학기술에 의한 실존적 위기에 노출되어 있다. 개인의 실존뿐만 아니라 둘러-있음의-세계, 곧 환경세계에 크나 큰 위험요소를 갖고 있는 현재는 '같이살기운동'의 공공성을 더욱 더 사사화의 운동으로 만들 가능성이 높다. 지구는 코로나19의 팬데믹 현상을 통하여 이를 경험하였다. 이에 유발 하라리는 "과학기술이 사회를 바꾸는 것은 사실이나 사회를 어떤 방향으로 이끌지까지 결정하는 것은 아닙니다"[33]라고 말하면서 과학기술의 지나친 권력에 선을 긋는다. 여기에 편승하여 다니엘 코엔(Daniel Cohen)도 "경제성장을 위해서는 노동자의 생산성을 높여야 하는데, 현재로서는 새로운 과학기술이 오히려 일자리를 빼앗아버리는 측면이 강합니다. … 과학기술은 격차를 야기할 뿐만 아니라 재생산하고 심화시키고 있습니다"[34]라고 말하면서 같이살기운동에 저해 요인으로 진단하고 있다.

다니엘 코엔은 인간의 인간성에 더 큰 방점을 찍는다; "지금 우리에게 필

32 유발 하라리, '제1장 인류는 어떤 운명을 맞이할 것인가', 유발 하라리 외, 『초예측』, 정현옥 옮김, 웅진지식하우스, 2019, 23-27쪽.

33 유발 하라리 외, 위의 책, 28-29쪽.

34 다니엘 코엔, '제5장 기술이 인간을 행복하게 해주는가', 유발 하라리 외, 위의 책, 148-149쪽.

요한 것은 컴퓨터를 이기는 것도, 컴퓨터 자체가 되는 것도 아닙니다. 진정 필요한 것은 컴퓨터를 수단으로 충분히 활용하면서 우리의 인간성이 확보된 미래라고 생각합니다."[35] 함석헌도 기술사용에 대한 문제를 지적하면서 새로운 종교가 나올 것이라는 조심스러운 전망과 함께 새로운 정신이 필요하다는 것을 역설한다; "과학과 기술의 발달은 낡은 종교를 몰아내고야 말 것이다", "기계는 볼 수 없는 정신의 무한한 능력이 나타난 것이다."[36] 하지만 그 새로운 종교가 구체적으로 무엇을 말하는지는 명시적으로 부언하지 않는다. 다만, 기술과 과학으로 인해서 인간의 종교조차, 정신세계조차도 일대 변혁이 일어날 것이라는 암시는 읽어낼 수 있다. 다시 말해서 인간성의 미래, 종교의 미래는 많이 달라질 것이라는 점이다. 따라서 인간을 완제품, 궁극적인 생산품으로 간주하고 인간성을 지닌 인간이 기술과 과학을 선도하지 않으면 파국으로 치달을 수 있다는 것을 명심해야 한다. 기술이나 과학, 더 나아가 인공지능(지적 기계)이 아닌 인간, 곧 인간의 정신과 생각, 의식만이 반예술적인 삶의 현상인 무기력, 생존경쟁, 이기심, 소비와 소유, 불평등을 비롯한 핵무기나 핵전쟁의 기술을 막을 수 있기 때문이다.[37]

현대문명비평가들의 "다시 인간을 생각하라, 다시 인간성을 염두에 두어라"라는 한결같은 지적은 함석헌의 같이살기운동의 이념을 떠올리게 만드는 대목이다. 함석헌의 같이살기운동의 기조는 '협화'(協和, harmony)이다. 경쟁이나 독점이 아니라 화(和)하는 것이다. 조화로운 관계가 되는 것이다. 상호부조하는 것이다.

---

35 다니엘 코엔, 위의 책, 155쪽.

36 함석헌, 『인간혁명의 철학』, 88쪽, 366쪽.

37 다니엘 코엔, 위의 책, 162쪽.

> 가장 잘 현대를 표시하는 요소면서도, 종교적으로 도덕적으로 앞을 생각한다는 많은 사람에게 넘겨봄을 당하는 것은 기계라는 괴물이다. 사람이 본래 기능의 인간이기는 하지만 오늘날처럼 사람이 기계화한 때는 없다. 현대를 불행하게 한 원인이 대부분 기계 때문이었고 어떤 의미로는 기계를 저주하고도 싶지만 인류는 결코 기계를 손에서 놓을 리 없다. 앞으로 점점 더 쓸 것이다. 그럼 기계를 미워만 하는 것은 인간을 알고 사랑하는 일이 아니요, 그것을 어떻게 바로 쓰나 하는 것을 연구해서만이 옳은 해결을 얻을 것이다. … 사람의 혼이란 렌즈를 가운데 놓고 하늘나라와 기계의 나라가 대칭적으로 설 것이다. 사람들이 만든 인조인간에 새 종교의 성격이 나타날 것이다.[38]

그러므로 이왕지사 과학기술 틈바구니에서 살아야 한다면, 차라리 "인화"(人和)하는 것이요, "사랑의 합창"을 해야 할 것이라고 함석헌은 풀고 있다. 그럼으로써 "나라 사랑, 남 사랑, 나 사랑, 진리 사랑, 생명 사랑, 그 사랑이 꿈틀거리기 시작하면 잊었던 노래를 저절로 하게 될 것"이라고 말한다.[39]

이와 같은 함석헌의 공공성으로서 같이살기운동은 지구 전체를 향한 움직이어야 한다. 또한 같이살기운동의 관념은 에셀이 개념화한 "지구나라"라는 생명의 터전에서 시작되어야 한다. 거기에는 온갖 생명체의 아르케가 존재하는, 새로운 우리의 고향이다. 에셀이 말하듯이 그들은 "지구라는 새로운 고향의 진정한 세계시민으로 우리에게 다가"오는 것이기 때문이다.[40]

---

38 함석헌, 『인간혁명의 철학』, 366쪽.

39 함석헌, 위의 책, 278-284쪽.

40 스테판 에셀, 『분노한 사람들에게: 공감하라 행동하라 세상을 바꿔라』, 유영미 옮김, 뜨인돌, 2012, 16쪽.

5. 함석헌의 철학적 실천, '절대자유'를 위한 저항

함석헌은 한국철학사에서 절대자아의 철학을 확립한 인물이다. 종래의 철학이 수입철학 일변도였고, 한국철학이라고 해 봐야 성리학을 기반으로 한 퇴계나 율곡의 철학이 전부였다. 그런데 함석헌은 다석 유영모의 영향을 받아 한글철학을 기반으로 하는 씨ᄋᆞᆯ철학을 창안하였다. 그것은 국가주의나 민족주의, 그리고 가족주의, 교회주의를 넘어서 새로운 시대로 나아가고자 하는 사상적 몸부림이었고 철학적 실천이었다. 필자는 이러한 함석헌의 시도에서 아나키즘을 본다. 그의 철학, 즉 제도적 종교를 비판한 것은 물론이고 국가주의나 민족주의가 아닌 세계시민철학(세계민중주의)을 부르짖은 것도 아나키즘과 매우 흡사하다고 보는 것이다. 이 점에 대해서는 함석헌을 아나키스트로 규정하는 김상웅의 평전에서도 엿볼 수 있다.

모름지기 민주주의의 기원이 되는 공화국은 본래 '공적인 일'을 의미한다. 국가나 군주의 사적인 일이 공적인 일이 되는 것이 아니라 개별 민중의 공적인 일이 중심이 되는 국가를 의미한다. 따라서 국가의 역할은 개별 민중의 공익, 공공성의 가치가 구현되도록 하는 게 마땅하다.[41]

하지만 한국 사회는 다시 국가주의가 기승을 부리고 있다. 이러한 상황에서 어떤 철학이 개인과 공동체에 필요한지를 다시 생각하게 된다. 이런 점에서 함석헌의 철학과 사유방식, 세계와 사물, 사람을 읽어내는 방식은 여전히 유효하다. 오늘날의 한국 사회는 함석헌이 개별자이면서 전체를 생각하는 자아로서 한 시대를 살아갔던 1900년대보다 문명이나 문화가 많이 달라진 것이 사실이다. 하지만 그에 비해서 우리의 민주 정치 의식이나 철학

41 홍세화, 「반전된 불온성의 한계」, 홍세화·진웅용 외, 『불온한 교사 양성과정』, 16-18쪽.

적 사유나 실천, 세계관이나 물질관이 성숙했다고 말할 수 없다. 되레 민중이 저항해야 할 조건이나 상황들이 더 많아졌는지 모른다. 돌이켜보면 민중 자신에게서 아르케가 발생하는 삶이 얼마나 있는지 알 수가 없다.

함석헌이 21세기의 이 땅에 다시 온다면 이렇게 외칠 것이다: "생명의 길은 끊임없는 반항의 길이다."[42] 그런데 이 반항은 인격의 자주성에서 비롯된다. 치기 어린 아집이 아니라 인격적인 주체성을 지닌 인간이 반항할 수 있다. 특히 함석헌은 "항거는 곧 나는 스스로 나이려 하는 데서 나온다"고 말한다. 자기다움, 자기의 생각으로 자기 스스로 하는 행동, 그리고 자유함을 지닌 인간이 진정한 저항을 할 수 있다고 주장한다. 지금의 폭력정치, 권력주의에 대해 저항을 할 수 있는 원동력을 어디서 발생시켜야 할까?[43] 함석헌의 긴 글을 인용하면 다음과 같다.

> 그리고 혼자서 하는 항거는 참 항거가 아니요, 대중이 조직적으로 해서만 역사를 보다 높은 단계로 이끄는 참 항거이다. 원수를 사랑하라 하지 않았느냐고 네가 묻느냐? 그렇다. 원수를 사랑해야 한다. 그러나 그것은 자유하는 인격만이 할 수 있다. 노예에게는 도덕이 없다. 자아를 가지지 못한 물건이 어떻게 누구를 사랑할 수 있겠느냐? 왜 대중적인 항거를 해야 된다고 하는가? 참삶은 하나 됨에만 있기 때문이다. 생각을 서로 주고받는 것이 중요하다. 사상은 서로 통합으로만 보다 높은 지경에 이를 수 있다. 악을 이길 수 있는 것은 전체의 생각뿐이다. 폭력으로 아무리 악을 몰아내려 하여도 전체의 어

42 함석헌, 「레지스땅스」, 『사상계』 통권 157호, 1966년 3월, 282쪽; 함석헌, 『인간혁명의 철학』, 187쪽.

43 함석헌, 위의 책, 189-190쪽.

느 구석에 통하지 못한 마음이 있으면 악은 거기에 둥지를 튼다.[44]

우리는 이 인용문에서 전체가 서로 생각을 주고받아야 한다는 그의 전체론(전체주의가 아닌)적 사고방식이 짙게 깔려 있음을 알 수 있다. 개인과 개인, 씨올과 씨올이 서로 연대하면서 큰 힘을 기를 수 있다는 논조이다. 마음과 마음을 모으고, 생각과 생각을 맞대는 연대, 그 틈 사이에 어떤 악이 자라지 못하도록 해야 한다는 강한 의지가 엿보인다.[45] 개인이 느슨한 연대를 통하여 같이살기운동을 전개하는 가장 중요한 밑바탕에는 인간의 절대자유가 있다. 절대자유가 담보되어야 씨올이고, 절대자유가 있어야 생명이다. 절대자유가 없이 전체를 생각할 수 없으며, 만일 그렇게 된다면 개인은 사익만을 좇는 존재가 된다. 그래서 함석헌은 말한다.

> 자유야말로 생명의 근본 바탈이다. 진화(to evolve)하는 것이 생명이다. 생명이 진화하는 것이기 때문에 역사는 혁명적(to revolve)이 아닐 수 없다. 역사가 혁명의 과정이라면 인생이 어찌 저항적이 아닐 수 있겠는가? … 무저항주의라고 아는 체 그런 소리를 하지 마라. 그것은 사실은 저항의 보다 놓은 한 방법뿐이다. 바로 말한다면 비폭력저항이다. 악을 대적하지 말라 한 예수가 그렇게 맹렬히 악과 싸운 것을 보아라. 말은 들을 줄 알아야 한다.[46]

민중의 존재론적 꿈틀거림은 절대자유를 얻기 위하여 반항하고 저항하

44 함석헌, 위의 책, 191쪽.
45 함석헌, 위의 책, 191-192쪽.
46 함석헌, 위의 책, 179쪽.

는 것이다. 민중의 저항이 없다면 이미 지배를 당한 것이다. 같이 살 수도 없다. 조화로운 존재가 될 수도 없다. 경쟁적 관계, 살육의 관계로 변질될 뿐이다. 그러기 때문에 더더욱 저항이다. 지금까지 국가는 민중을 억압하고 압박하고 지배하기 위하여 국민철학을 강요하고 보편적이고 획일화된 인간상을 원했다. 현재라고 해서 달라진 것은 없다. 민주정치체제나 자본주의 경제체제에 곁들여서 과학기술까지도 인간을 지배, 관리, 통제하려고 한다. 남은 것은 저항이다.

> 반항, 항의, 생명의 바탕이 만일 자유에 있다면 그 자유를 구속하고, 뺏으려는 세력이 밖에서 오고 말라 붙으려는 제도 전통의 때가 안에서 끼려 할 때, 거기 대해 일어나 걸러대는 정신이야말로 가장 귀한 도덕이라 할 수밖에 없다. 영어를 나는 잘 모르지만 그 중에 resist란 말처럼 좋은 것은 없다." … 만일 resitst란 말이 없다면 나는 영어를 아니 배울 것이다.[47]

> 죄악을 이기는 참 반항은 평화정신으로만 비폭력으로만 될 것 아닌가? 모든 사람이 다 자유로 온전한 발달을 할 수 있는 참 평화, 창조적 평화는, 죄악의 세력에 대해 한 몸을 내놓고 날쌔게 끈덕지게 걸려내서만 될 것 아닌가? … 반항은 하지만 미워하진 말자. 싸우기는 하지만 주먹질은 말자. 모순인가? 모순이라 할 것이다. 그러나 모순이 무서울 것 없어? 삶은 모순인데.[48]

지금까지 씨ᄋᆞᆯ철학을 민중의 삶으로 승화시키지 못했다. 그 원인은 무엇

47 함석헌, 「겨울이 만일 온다면」, 『사상계』 통권 66호, 1959년 1월, 200쪽.
48 함석헌, 위의 글, 203쪽.

일까? 민중이 생각을 깊게 들이파지 않았을 뿐만 아니라 모래알같이 살았기 때문이다. 앞으로는 창조적 평화를 위한 삶을 기획해야 한다. 자유를 말살하려는 모든 지배와 강압과 강제에 비폭력적 평화정신으로 저항하며, 동시에 때가 끼고 제도에 물들려는 마음으로부터 자유로운 삶을 살기 위해서 서로 연대해야 한다. 공적인 삶, 공공성의 다른 이름은 연대이다. 그리고 자신의 이성을 어떤 집단에도 구속되지 않고 민중 자신의 의견을 표명할 수 있는 것이 공공성이다. 다시 말해서 개별자의 의견을 쉽사리 무시한채 동의나 찬동을 이끌어내어 보편적 합의로 결정하는 것이 아니다. 차이의 인정이요 의견의 존중이다.[49] 공적인 것의 아르케는 개별자의 자아에서 비롯되기 때문에 그 기원은 개별자의 자아에 맞춰야 한다. 설령 갈등과 대립이 있더라도 말이다.

"있음은 잊음이다. 사라짐은 삶이다. 쓰지 않은 글이 글이다."[50] 역설법을 사용하여 있음, 사라짐, 글로서의 저항을 나타내는 말법은 다시 민중을 민중답게 하고, 민중의 사고를 민중 스스로 하기 위한 안내일 뿐이다. 함석헌의 말법에서 강요는 없다. 말에 기울어져 그 말에 파묻힌다면 함석헌의 의도는 끝이다. 자신에게서도 아르케는 나오지 않는다. 글에서도 역설적 화법이 두드러진다. 역설은 다시 자신에게서만 기원이 되는 곳으로 끊임없는 환원을 유도한다. 그래서 민중 자신이 민중의 생각과 행동의 기원이 되는 그 '뜻'을 향한 몸부림이 있을 뿐이다. 이것은 가다머의 말 "철학세계에서 … 언어는 단지 대화 속에서 자신을 완성한다는 것입니다"[51]를 떠올리게 한

49 한나 아렌트, 『인간의 조건』, 이진우·태정호 옮김,한길사, 1996, 90-112쪽.

50 함석헌, 「씨알의 설움」, 『사상계』 통권 77호, 1959년 12월, 156쪽.

51 한스 게오르크 가다머, 『교육은 자기 교육이다』, 손승남 옮김, 동문선, 2004, 29쪽.

다. 가다머는 대화를 통해 인격적 성장을 촉진할 수 있다고 생각하였다.

> 민중이 뭐냐? 씨알이 뭐냐? 곧 나다. 나대로 있는 사람이다. 모든 옷을 벗은 사람, 곧 알 사람이다. 알은 實, 참, real이다. … 그러나 씨알로 감은 결국 하나님으로 감이다. … 씨알은 하늘 말씀의 내려온 것이요, 씨알의 운동은 곧 하늘로 올라가는 운동이다.[52]

씨ᄋᆞᆯ은 변화 생성한다. 멈추지 않는다. 그것은 늘 시원을 향한 운동이다. 머물면 고이고 고이면 썩는다. 썩으면 민중이 아니다. 민중은 생명이기 때문이다. 생명은 더불어 생명이지 낱개 생명이 아니다. 다만 민중 자신이 그것을 스스로 깨닫는 낱개 생명이 먼저이다. 그렇게 끊임없이 변화 생성하여 움직이는 운동으로서의 씨ᄋᆞᆯ은 초월자에게까지 다다른다. 전체요 생명이요 뜻으로 가는 것이다. 그렇게 순수한 곳을 향하여 환원에 환원을 거듭하다 보면 자신도 모르는 사이에 나란히 가고 있는 동무와 참이요 온전한 알사람이 되어 있는 낱개요 전체인 자기 자신을 발견하게 된다.

궁극적으로 함석헌은 "세계의 윤리"를 부르짖는다.

> 그런데 그 윤리를 향하는 주인은 누구냐 하면 사람, 민이다. … 민의 세기가 온다. 근세 이래의 인류가 당한 모든 어려움은 민 하나를 낳자는 운동이었다. 민은 제가 제 노릇을 하는 사람이다. 제가 제 주인이다. … 앞날의 윤리는 민의 윤리, 자유의 윤리일 것이다. 그러므로 그것은 평화의 윤리다. 이전

52 함석헌, 「씨알의 설움」, 161쪽.

의 문화는 다시 생존경쟁의 철학 위에 서지 않을 것이다.[53]

제 생각을 하자는 함석헌, 제 주인 되자는 함석헌, 제 자유 누리는 민중이 되자는 함석헌. 그것이 평화의 철학임을 갈파함으로써 생각의 공공성을 공표한 한국의 현대철학자 함석헌. 지금, 그가 유달리 그리워진다.

53 함석헌, 『인간혁명의 철학』, 358쪽.

14

변찬린, 선맥과 풍류도의 하늘을 열다

이호재

1. 흔붉 변찬린은 누구인가?

흔붉 변찬린(1934-1985)은 그의 호 '흔붉'이 말하듯이 한민족의 뿌리 사상에 바탕을 두고 인류 역사에 새로운 문명의 씨앗을 뿌린 순수한 토종 사상가이다. 오로지 낡은 문명과 한국 근현대의 문제의식을 한몸에 부둥켜안고 한민족의 영성(靈聖)을 온몸으로 증언한 풍류학자이다. 그는 한민족의 역사에 뒤덮힌 사대주의와 식민주의라는 '침묵의 카르텔'을 벗겨 내고 동방의 선맥(僊脈/仙脈)의 풍류세계를 연다. 그의 삶 자체가 풍류의 화신체로서의 숨결이었다.

그의 구도자적 삶을 알고 그의 저술을 읽어본 사람이라면 어떻게 그가 아직까지 세상에 알려지지 않았는가 의아해 하곤 한다.[1] 그는 일제강점기의 굴욕, 해방정국의 환희와 설렘, 한국전쟁의 참극, 분단조국의 비애, 정치적 혼란과 독재, 그리고 경제성장의 명암 등 근현대의 굴곡진 역사를 오롯이 체험한다. 또한 철학 사상적인 측면에서 동서 사유가 합류되고, 종교문화 측면에서 기존의 전통종교가 재편되고 민족종교가 부흥되며, 기독교가 급성장하던 시기였다. 변찬린은 젊은 시절부터 동양과 서양의 단절된 문명과 종교와 사상을 소통시킨다는 사명을 가지고 폭넓은 지적 경험을 하였다. 동

1 이호재, 『흔붉 변찬린: 한국종교사상가』, 문사철, 2017.

서양의 종교와 철학, 역사와 문학을 포함하여 고생물학, 과학, 종교학, 신학 등 다양한 학문을 배우는 계기가 된다. 30대 중반에 발생한 의문의 사건으로 하루에도 서너 차례 죽음의 문턱을 넘나드는 절체절명의 위기에 빠진다. 가까스로 죽음의 문턱에서 살아 돌아왔지만 남은 삶은 자신의 말대로 '산송장'이었다. 그렇다고 변찬린을 '은둔의 구도자'라고 오해하여서는 안 된다. 누구보다도 높은 진리의 깨달음을 추구하며 깊은 믿음을 가지고 지성의 두께로 무장한 채 신화적 삶을 살았기 때문이다.

그의 유언시집이 될 뻔한 『선방연가』(1972), 청년 시절부터 쓰기 시작한 그의 사상적 편력을 알 수 있는 『선, 그 밭에서 주은 이삭들』(1988), 특히 그의 주저로 알려진 "번개와 피와 아픔과 눈물과 고독 속에서 쓴 『성경의 원리』 상·중·하 세 권(1979-1982)은 두 사이비 종교(기독교와 맑스교)의 괴뢰로 전락된 이 민족과 세계 앞에 제출한 나의 피 묻은 각서"라는 역사적 사명감을 가지고 저술되었다.[2] 당대 지성인을 독자로 가졌던 『씨올의 소리』, 해방 이후 민족종교의 부흥에 큰 역할을 한 『증산사상연구』, 당대 종교인의 글이 실린《종교신문》 등에 자신의 역사 인식과 종교사상이 담긴 독창적인 글들을 발표한다. 또한 1977년에 '새교회'를 창립하여 한국교회와 한국 종교계의 변혁의 전초기지로 삼아 포스트 종교운동을 펼친 종교개혁가로서의 면모도 보인다.[3]

2 변찬린 생전에 발표되었던 저술과 글들은 최근에 모두 개정신판 형태로 출간되었다. 변찬린, 『선, 그 밭에서 주은 이삭들』, 문사철, 2022.; 변찬린, 『선방연가』, 문사철, 2022.; 변찬린, 『선맥·경전·혼붉학』, 동연, 2023.; 변찬린, 『성경의 원리 上』, 한국신학연구소, 2019.; 변찬린, 『성경의 원리 中』, 한국신학연구소, 2019.; 변찬린, 『성경의 원리 下』, 한국신학연구소, 2019.; 변찬린, 『요한계시록 신해』, 한국신학연구소, 2019. 등이다. 새교회에서 경전 강의한 삼백여 개의 〈육성테이프〉는 아직 미공개 상태이다.

3 이호재, 『포스트종교운동』, 문사철, 2018, 256-389쪽.

필자는 변찬린의 삶과 사상을 연구하면서 그를 알 만한 다양한 분야의 사람들을 인터뷰하였다. 그러나 어느 누구도 그의 삶과 사상을 온전하게 회상해 주는 사람은 없었다. 그는 사회적 잣대로 그 무엇 하나 자신을 증명할 만한 '꼬리표'를 가지지 않은 채 바람처럼 살다가 세상을 떠났다. 영원을 사모하는 그의 구도의 삶은 스스로 '권위'가 된다.

우주를 순례하는 구도자.
잠시 지구별에 와서
하나님과 악마를 만나고
성인들과 연인들을 만나고
비의의 내면
성실과 고독으로 뭉친 핵
그 마음의 핵력(核力)을 개방하기 위하여
홀로 고행한 무명한 자각자(自覺者)
여기 누워 있다.
-변찬린, 『선, 그 밭에서 주은 이삭들』, 257쪽

변찬린에 대한 최초의 연구서인 필자의 『ᄒᆞᆫ ᄇᆞᆰ 변찬린: 한국종교사상가』(2017)에 대해 철학자 김상일은 이렇게 적고 있다.

『성경의 원리』 그리고 『선(禪), 그 밭에서 주은 이삭들』을 그 무렵(1988년경)부터 접할 수 있었다. 은퇴한 후 서재 정리할 때와 미국으로 책들을 가져갈 때에도 빼놓지 않고 꼭 챙긴 책이 이 두 책이다. (중략) 한국의 선맥과 기독교의 부활 사상을 상호교차적이며 융합적으로 이해한 것은 변찬린이 세계 종교계에서 최초라고 평가된다. 어느 누구도 변찬린과 같이 '성경은 선맥이다'라는 논지를 초지일관 주장하지 못했다.[4]

신학자 서창원은 변찬린의 성서해석을 체계화한 'ᄒᆞᆫᄇᆞᆰ 성경해석학'을 "경전 해석의 새로운 패러다임으로 독창적인 해석학으로 자리매김하기를 기대한다"고 평가한다. 신학자 김흡영은 변찬린의 선맥과 도맥을 『옥스퍼드 한국 성서 핸드북』(The Oxford Handbook of the Bible in Korea(Oxford Handbooks)에 소개하였다. 철학자 조성환은 최병헌의 '같은 하늘론'과 변찬린의 '다른 하늘론'을 비교하면서 개벽의 하늘은 두 하늘을 아우러야 한다고 평가한다.[5] 이 외에도 적지 않은 학자들이 변찬린의 사상에 주목하기 시작하였다.

우리는 변찬린을 ᄒᆞᆫᄇᆞᆰ문명사가, 종교개혁가, 풍류학자, 영성철학자, 새교회창시자, 생명사상가 등 다양한 관점에서 조망할 수 있지만, 이 책에서는 '선맥(僊脈)과 풍류도의 하늘을 열었다'는 그의 자전적인 체험을 바탕으로 서술하고자 한다. 변찬린은 '동방의 선맥'을 근간으로 하여, 생활철학인 "풍류객(風流客)", 인식논리인 "풍류심(風流心)", 존재론인 "풍류체(風流體)"의 세 가지 양태의 풍류적 인간의 특성을 제시하며 치열한 '철학함'의 사색을 선보인다. 고난을 초극한 그의 삶 자체가 곡해된 "풍류객"의 인식에 시각 교정을 요청한다.

또한 한국 지성사에 짙게 드리운 사대주의와 식민주의를 극복한 후 인식

4 김상일, 「한국의 풍류사상과 기독교를 선맥사상으로 융합한 사상가의 복원」, 《교수신문》, 2017.12.18.

5 조성환, 「한국인의 하늘철학」, 《개벽신문》 85호, 2019년 6월.

되는 자발성-포용성-회통성-창발성이라는 "풍류심"은 민족성과 보편성을 아우른 해석 체계임을 입증하고 있다. 나아가 호모 사피엔스의 창조적 진화의 완성태인 "풍류체"는 인류에 제시한 궁극적 인간으로서 포스트휴먼 시대의 새로운 인간형으로 거듭나고 있다. 그의 삶 자체가 풍류적 영성의 현대적 표현으로 영성(靈聖) 철학의 새로운 사유 형태를 제안하고 있다.

2. 풍류의 화신체—풍류객, 풍류심, 풍류체

변찬린이 열어 젖힌 풍류도의 세계는 더 이상 역사의 뒤안길에서 피안의식에 의해 추방당하는 영성이 아니라 역사의 현장에서 우리가 함께 구현해야 할 당위명령으로 다가온다. 선맥과 풍류도의 하늘에서 펼쳐지는 선맥 르네상스는 인간혁명, 사유혁명, 생활혁명을 동반한다. 그는 과학기술의 발달로 인해 확장되는 공간세계와 가속화되는 시간 속도에 따라 변혁되는 시대변화에 기존의 사유 체계로는 새로운 문명에 적응할 수 없다는 절박한 인식을 갖는다. 그는 '새 시대에 새 인간의 탄생'이라는 질문을 선취하며, 이에 대답하는 삶을 살았다. 그가 제시한 풍류객, 풍류심, 풍류체이란 풍류적 인 인간은 관습화된 인간의 개념과 운명에 대해 근본적인 혁신을 요청한다. 과학적 인간이 제기하는 트랜스휴먼과 포스트휴먼이 공존하는 미래세계에 풍류적 인간은 인간이 구현해야 할 궁극적 인간으로 인류를 각성시킨다.

1) 풍류객—고통을 극복한 무소유의 면류관

영원을 사모하는 '영원의 구도자'는 진리를 향해 나아가는 도(道)의 나그네이다. 참 구도자는 이름과 사회적 흔적을 남기지 않으려고 오히려 애쓴다. 이런 풍류 구도자의 속성 때문에 한민족의 사상적 계보는 빈약해 보일 수 있다. 풍류객으로서 토종사상가들이 역사의 외면을 받는 것은 어제 오늘의 얘기가 아니다. 파계승으로 (소성)거사를 자처한 원효, 바다의 고고한 구름인 고운 최치원, 송도삼절의 하나인 화담 서경덕, 율곡과 남명과 민중이 알아준 토정 이지함, 비운의 역사적 증언자인 매월당 김시습, 백성을 구하겠다는 수운 최제우, 한민족 역사를 일깨운 단재 신채호, 선풍을 불러일으킨 경허 등이 대표적이다. 역사적 풍류객은 이처럼 자신은 안락의 자리에서 사회적 성공자본을 움켜쥔 채 남에게만 호령하는 뭇 현대의 직업종교인, 직업지식인, 직업정치인 등과는 거리가 한참 멀다. 풍류객은 오히려 자신을 사회적 잣대의 꼭대기에 자리매김하지 않으려 스스로 애쓴다. 민중의 고통과 아픔을 자신의 허물로 삼아 보살행을 감행하는 풍류객은 명예와 권력을 탐낼 하등의 이유가 없다. 변찬린은 이런 측면에서 극적이다. 처절한 인간 이해를 바탕으로 생사의 기로에서 외치는 풍류객의 말에 사적인 가식과 탐욕이 자리할 공간은 없다. 그가 생전에 낸 저술에 '한 붉', '변찬린' 이외에는 적을 수 있는 사회적 학력과 경력이 전혀 없었다. 철저히 이름없는 구도자인 민중으로 살았다. 풍류객으로서 변찬린은 "번개와 피와 아픔과 고통과 고독"의 가시밭의 좁은 길임을 증언한다. 풍류객은 고통을 극복한 후 무소유의 자리에서 향유할 수 있는 구도의 열매이다. 열매의 향기를 맡으면 고난의 뿌리를 안다.

풍찬노숙(風餐露宿) 유리걸식(遊離乞食)하기를 이십여성상(二十餘星霜)
온갖 혈로(血路)를 뚫고 죽었다 살아나기를 세 번 경험 후
해골대(骸骨台)에서 산자의 도맥(道脈)을 발견하였다.
-변찬린, 1970년대 초 유고

아! 촉루(髑髏)를 갈아 마셔 본 자 아니고 어찌 이 도를 깨닫겠는가.
괴괴한 구약의 밤, 썩은 시신을 안고 통곡해 본 자 아니고
어찌 산 자의 하나님을 알 수 있겠는가.
-변찬린, 『성경의 원리 上』, 69쪽

풍류객으로서 변찬린은 "술 먹고 춤추는 행위를 풍류로 착각하는 지경이 되고 말았다. 술 잘 먹고 노래 잘 부르는 한량들을 풍류객이라고 부르는 것도 풍류도가 자취를 감춘 이후 속화된 현상에서 나타난" 것이라고 한탄한다. 변찬린은 언어 마술사로서 풍류의 원상을 복구하려고 시도한다. 그는 그저 바람이 되고 싶어 한다.

나는 바람이 되고 싶습니다. 나를 새바람 하늬바람이 되게 하십시오.
풍류의 멋장이가 되어 바람을 피우고 싶습니다. 나는 돌 승(僧)이 아닙니다.
나는 종교꾼이 아닙니다. 절로 부는 바람 어디서 왔다 어디로 가는지 알지 못하는 신령한 바람이 되게 하십시오.
바이 머무른 바 없는 마음을 내는 풍류체가 되어 피리 구멍으로 나들이하는 가락이 되게 하십시오.
저 석두(石頭)들이 굳게 고집한들 그 몸에 바늘귀만 한 구멍이 없겠습니까?
그 구멍으로 흐르는 바람이 되어 피리 소리를 내겠습니다.
어느 곳에 가든지 피리를 부는 무애한 풍류객이 되게 하십시오.
-변찬린, 『선, 그 밭에서 주은 이삭들』, 221쪽

도(道)의 나그네인 변찬린은 모든 사심을 버리고 원초적 생명성을 간직한 채 〈촉루배(髑髏杯)〉를 노래한다. 풍류객의 멋이다. 생사를 초월한 풍류객

은 온유하고 겸손하다. 구도의 정점에서 누릴 수 있는 생명의 찬가이다. 풍류객은 구도를 완성한 인간이 쓰는 하늘의 면류관이다.

새볽이여
내 대취(大醉)해 묻노니 그대 촉루배(髑髏杯)를 아는가?
해골의 술잔을 모르는 지성인들과 어이 도를 청담(淸談)하겠는가?
오라! 새날의 대인(大人)들이여.
우리의 마실 술잔은 유리의 잔도 황금의 배(盃)도 아닌 해골바가지로다.
파스칼과 키엘케골과 니-체와 본 헤퍼의 하이얀 해골 속에
텁텁한 막걸리를 부어 마시노니 이 또한 멋진 풍류가 아니겠는가?
원효와 율곡과 퇴계와 수운의 하이얀 촉루 속에
죠니워카를 부어 마시노니 이 또한 멋진 도락(道樂)이 아니겠는가?
명동과 무교동과 세종로와 태평로에
우리들의 〈촉루배〉를 개업할 성모(聖母)는 없으신고? (중략)
피나게 고독할 때면 그림자와 대작(對酌)하고
상한 심우(心友)와 대작할 때면 서로의 아픔을 무언(無言)으로 달래자.
홀연히 큰 초상이 날 이 세계
우리는 이 상가에서 풍류의 멋을 잃지 말자.
담수지우(淡水之友)여
그대 허리에 찬 호로병(胡露甁)에 아직 술이 남아 있느뇨?
허허허.
-변찬린, 『선, 그 밭에서 주은 이삭들』, 95-97쪽

영원의 구도자는 구차하게 학연과 지연과 세속의 인연으로 자신의 '정통

과 권위'를 자랑하지 않는다. 또한 사회의 거추장한 타이틀로 자신을 증명할 거리조차 만들지 않는다. 서른두 살에 아무도 모르는 자리에서 쓴 구도의 지향점을 이렇게 읊는다.

> 청자 빛 저무는 성인(聖人)의 하늘, 바람 부는 저 허공에 보이지 않는 섬세한 거미줄이 있어 학처럼 날아가는 자유혼을 은밀히 폭로한다.
> 제신(諸神)의 그물, 성인의 거미줄, 사상의 철조망에 한 번 걸리면 네 무슨 능력으로 벗어나겠느뇨? (중략)
> 새 날 참 자유한 지인(至人)은 유클리드 기하학의 정리(定理) 모양 날줄과 씨줄로 정교하게 짜인 〈종교의 그물〉, 〈사상의 거미줄〉과 〈정치의 낚시〉를 벗어나 무하유(無阿有)에 대붕(大鵬)이 비상하듯 성인(聖人)의 알을 까고 온 나래로 도약하여 신령한 새 땅에 소요(逍遙)하시리.
> 제신(諸神)과 성인과 사상, 이 치밀한 도망(道網)과 영망(靈網)과 레이다 망에 걸리지 않고 판 밖에 먹줄 밖에 탈출한 참사람은 도(道)의 정상으로 진화한 지인(至人)이니라.
> -변찬린, 『선, 그 밭에서 주은 이삭들』, 36-37쪽

풍류객은 절대 종파와 교파의 노예, 특정 조직의 노예, 명예의 노예, 자본의 노예, 이데올로기의 노예가 아니다. 풍류객은 산 좋고 물 좋은 정자에서 고상한 시나 신명나는 노래를 읊는 역사의 철부지가 아니다. 투철한 역사인식으로 역사를 추동하며 민중과 함께 영원을 향해가는 새로운 실존이다. 변찬린의 삶은 "십자가 보살행"의 구도심을 지닌 채 무소유의 자리에서 민중과 더불어 자유 안에서 자율할 수 있는 역사적 성인이야말로 참 풍류객임을 웅변하는 듯하다.

2) 풍류심
—새로운 성경 해석으로 한국 종교와 한국교회의 혁신의 기틀을 놓다

풍류심을 구현한 역사적 위인은 선맥에서 발현한다. 원효, 지눌, 서산, 퇴계, 율곡, 다산, 혜강, 흔붉 등은 외국에 유학하지 않고 종주국의 사상을 포용·회통·창발하는 저술을 낸 토종 사상가이다. 변찬린이 진리를 향한 구도의 길에 나가게 된 동기도 이데올로기의 노예가 된 자신을 자각하는 데서 비롯된다.

> 얼이 빠진 이 나라의 구도자들은 선교사들이 전해준 교파와 교리의 주형에 찍혀 고정화되었고 우리들의 몸에 맞지 않는 피에로 같은 서구신학의 옷을 입고 어릿광대의 춤을 추고 있습니다. 교파와 교리의 주형에 찍혀 죽은 내 심령을 자각하던 날 저의 출애굽은 감행되었고 그날부터 시작된 방황과 고뇌와 모색과 초극의 가시밭길은 저를 현대의 광야로 퇴수시켰습니다.
>
> -변찬린, 『성경의 원리 下』, 572-573쪽

변찬린은 그동안 종주국에서 발생한 종교와 철학 등 종주국 담론을 수용하여 '사상의 대리전'을 열었던 사대주의자와 식민주의자들의 학문적 경향을 탈피한다. 그의 당초 꿈은 세계 경전을 해석하는 것이었다. 그러나 당시 종교계에서 성서가 서구 기독교의 교파신학과 교리에 의해 성서의 진리와 영성이 충분히 해명되지 못한 사실을 직시한다. 이는 그가 기독교의 성서라는 틀을 탈피하여 인류의 경전인 '성경'이라는 새로운 관점을 포착하는 계기가 된다. 이를 근거로 원효, 퇴계, 율곡 등과 같은 한민족의 경전 해석의 정신을 계승하여 기독교의 성서 해석에 착수한다.

더럽혀진 역사를 보면 원효 같은 위대한 화쟁혼이 있었고 당나라에 유학하고 돌아와서도 풍류의 얼을 고이 간직한 고운이 있었고 썩은 선비들이 사색당쟁의 개판을 칠 때도 퇴계와 율곡과 같은 사상의 거봉들이 정신의 산맥을 융기하지 않았던가. 그런데 어찌하여 '기독교의 원효', '기독교의 고운', '기독교의 퇴계와 율곡'은 없는가.

-변찬린, 『성경의 원리 下』, 9-10쪽

원효가 당나라의 종파불교가 신라에 재현되자 화쟁론으로 통불교라는 한국 불교 전통을 만들었듯이, 변찬린은 서구의 다양한 교파신학이 한국에 재현되자 풍류심으로 서구 성서 해석을 뛰어넘는 독창적인 성서 읽기로 성경 해석의 전통을 전환시킨다. 『성경의 원리』 4부작은 "어느 교파의 교리를 막론하고 창세기부터 요한계시록에 이르도록 일관된 해석을 한 교파는 없다."고 진단하고서, "성경을 성경으로 해석한다"는 원칙을 고수하면서도 한국의 선맥으로 서구의 성서해석학적 전통을 포월한 새로운 성서 해석을 내놓는다. 게다가 과학을 포함한 현대 학문을 주체적으로 수용하여 서구의 성서 읽기를 뛰어넘는다. 더 나아가 역(易)과 성서, 한자와 성서, 민족종교의 경전과 성서, 경전과 과학을 간-텍스트적으로 대화시켜 풍류심을 내장한 한민족의 경전해석의 우월성과 보편성을 증명한다.[6] 그의 저술 자체가 한국의 고유한 선맥의 풍류성이 가진 사유의 자발성과 포용성과 회통성과 창발성을 학술적으로 증명한 현대적 사례라고 할 수 있다. 예를 들면 그는 구약의 야훼는 이스라엘의 부족신으로서 신적 존재에 불과하다고 지적하고, 모세와 예수의 '부활의 도맥'과 에녹과 멜기세덱과 엘리아의 '변화의 도맥'

6 변찬린, 『선맥·경전·ᄒᆞᆫ붉학』.

을 제기하여, 서구 신학의 배타적인 구원관에 새로운 대안을 제시한다. 심지어 기독교의 부활과 불교의 윤회사상을 대화시키고 있다. 그의 사상적 기저에는 한국의 전통 도맥인 '선맥(僊脈)'이라는 종교적 기제가 작동한다.

> 성경 속에 뻗어 내린 대도의 정맥(正脈)은 선맥(僊(仙)脈)이었다. 성경은 선(僊)을 은장한 문서이다. 에녹과 멜기세덱과 엘리야와 모세와 예수로 이어지는 도맥은 이날까지 미개발의 황금광맥이었다. 산 자의 영맥인 선(僊)은 동방의 지혜가 아니면 해독할 수 없는 비의이다. 『성경의 원리』 상·중·하 삼권은 선맥을 따라 난삽한 성경의 암호를 해독하였다.
>
> -변찬린, 『성경의 원리 上』, 11쪽

수입 신학이 범람하는 식민 신학과 '상황 신학'에 자족하는 사대 신학의 경향을 가진 기독교 신학자와는 궤를 달리하면서 변찬린은 새로운 성서 해석서를 쓴다. 새로운 성서 해석이 없는 기독교의 다양한 신학은 서구 신학의 아류적 신학 사유에 불과하다. 왜냐하면 새로운 성서 해석이 없는 기독교 신학은 다른 종교를 정복하는 배타적인 태도 혹은 종교 대화를 표방한 느슨한 기독교 지상주의에 귀결될 수밖에 없는 신학적 구조를 가지기 때문이다.

그러나 풍류심은 특정 사상과 특정 교리의 대리인의 입장이 아닌 풍류객으로서의 역사적 자의식을 가지고 진리를 찾는 한국인의 해석적 전통이다. 풍류심은 다양한 언어를 회통하여 메타언어로서 독창적인 해석을 하는 의미체계이기도 하다. 더구나 이런 경전 해석의 원리와 구조는 다른 종교의 경전 해석에도 적용할 수 있을 만큼 포용적이다. 한국교회사가 박종현은 "성서 전체를 하나의 관점에서 일관되게 해석한 경우는 변찬린이 처음이었다. 그의 이러한 성서 이해는 기독교를 서구의 역사적 전통에서 바라보는 것이 아니라 완전한 새로운 이해를 가능하게 한 탁월한 시도였다."라고 평가한다. 성서학자 조용식은 "변찬린의 성서해석이 '성서해석의 나침반'으로서의 가치를 가진다"고 강조하고 있다. 또한 종교학자 윤승용은 변찬린 선생의 성경해석학과 ᄒᆞᆫ볽사상은 윤성범, 유동식, 변선환 등과 같은 기독교 정복주의 태도를 가진 토착화 신학 그룹, 유영모, 함석헌 등의 주체적인 성경 해석 그룹, 영통계시파들의 문제의식을 아우르는 신학사상으로, 또한 새 축(軸)의 시대 '한국적 기독교'의 해석 틀로 평가한다.[7] 변찬린만큼 한국의 경전과 성서를 능통하게 대화시키고 한국의 도맥인 선맥과 세계경전인 성서를 '포월적'으로 해석한 사례는 아직까지 없다. 엄밀히 말하면 한국에 기독교가 전래된 이래 통전적인 성서해석서로는 『성경의 원리』 4부작이 최초이자 유일한 사례이다.

풍류심은 변찬린의 저술에서 보듯이 다른 사상을 주체적으로 수용하고 창발하는 포월적인 마음이지만, 동시에 어떠한 것에도 얽매이지 않는 인간의 자유로운 본성을 말하기도 한다. 풍류심은 선맥에서 발현하는 자유한 한국인의 본성이다. 이런 인간 본래의 마음을 회복한 풍류심은 인공지능과 같은 비유기체 생명과는 근본적으로 차별화된다. 인공지능은 지식의 축적으로 작동되지만, 풍류심은 축적된 지식을 버릴 수도 있는 자율적인 심성이다. 지식의 노예가 된 인공지능과 인공생명과는 달리 풍류심을 가진 인간은 지식으로부터 자유롭다. 풍류심은 인공지능의 노예에서 탈피할 수 있는 한민족의 심성에 내장된 풍류의 향기이다. 나날이 지식을 더하는 것(爲學日益)

7 윤승용, 「ᄒᆞᆫ볽 변찬린, 새 축(軸)의 시대 '한국적 기독교' 해석 틀을 만들다」, 《미디어붓다》, 2018.01.10.

은 인공지능의 삶이지만, 나날이 덜어내어 도를 구현하는(爲道日損) 풍류심은 풍류체로 탈바꿈할 수 있는 원동력이다.

3) 풍류체와 포스트휴먼—'로고스 늪'을 점화하라

> 세균 앞에서, 병마 앞에서, 운명 앞에서, 사신(死神) 앞에서, 나는 순금빛 젊은 날을 몽땅 빼앗겼지만 믿음의 품위와 구도자의 성실만은 잃지 않았습니다. 황무(荒蕪)한 세계심전(世界心田)에 〈성(誠)의 종자〉가 묻친 마음을 받고 왔으니 이 도인(桃仁)을 발심시켜 꽃피우고 생명수 맨 윗가지에 영(靈)으로 수렴될 열매를 맺기 위하여 성지(誠之)의 자세로 자강불식 건행(健行)하지 않을 수 없었고 용맹정진 가부좌하지 않을 수 없었습니다. (중략)
> 플라톤의 공화국에서 추방당한 시인들보다 고성(古聖)들에게서 배우고 싶었습니다. 때문에 시인이 되고픈 마음은 없었고 〈사람다운 사람〉이 되고픈 대원(大願)만이 발(發)했습니다. 도상의 구도자로서 아직 가인(假人)의 지경을 벗어나지 못하고 있지만 드디어 〈오메가 점〉에 도달할 것입니다.
> -변찬린, 『선방연가』, 117-118쪽

변찬린은 영원한 우주 역사에 펼쳐진 유한한 지구 역사를 선사시대와 역사 시대, 그리고 영의 시대 등으로 구분한다. 그는 새로운 시대의 다리와 문명의 가교 역할을 자임하면서 "나는 다리(橋)입니다. 낡은 세대와 새 세대를 잇는 가교입니다. 역사 시대와 영의 시대를 잇는 대교입니다. 마지막 때의 예언자이며 새 시대의 전도자입니다. 빛나는 후생들이여. 나를 다리 삼아이 허무의 심연을 건너가십시오."[8]라고 말한다.

지금은 지구공동체가 영의 시대로 비약하려는 문명대전환기이다. 그는 낡은 하늘의 생명관을 비판하고 풍류체로 존재 변형될 가능태인 인간 존재의 가치를 각성시키고자 생명의 본질을 직면시킨다. 영의 시대에 진입하기 위해 우리 인간은 반드시 풍류체로 존재-탈바꿈되어야 한다. 그러나 역사 시대에는 풍류체라는 생명의 실상이 은폐되어 있다고 폭로한다. 흔히 인간이 죽으면 그 혼(魂)은 하늘로, 백(魄)은 땅으로 간다는 유교적 세계관, 해탈을 하지 못하면 연기법에 의해 윤회의 삶을 산다는 불교적 세계관, 수련을 통해 몸의 장생불사를 꿈꾸는 도교적 세계관, 그리고 죽으면 영혼이 하늘나라에 간다는 그리스도교적 세계관에서 살고 있다. 누구나 죽음은 인간에게 주어진 숙명이라고 말한다. 그러나 변찬린은 '인류의 사주팔자는 죽음'이라는 명제에 근본적인 문제를 제기한다.

> 모든 고등종교가 죽음에서 해방되는 영생의 차원을 약속하고 있지만 우리들은 여전히 죽어 가고 있는 존재라는 데 문제점이 있는 것이다. 육신은 죽어 묘혈(墓穴) 속에 인봉되고 마음과 정신과 영혼만이 자유로이 하늘나라에 가고 열반에 들고 무하유향(無何有鄕)에 소요한다면 이것이 참 영생하는 경지일까? 인간은 영육이 쌍전할 때 온전한 존재이므로 영생의 차원도 영육이 쌍전하여 비상해야 한다.
>
> -변찬린, 『선맥·경전·흔붉학』, 117-118쪽

하나님은 산 자의 하나님이지 죽은 자의 하나님이 아니다. 이 날까지 모든

8 변찬린, 『선, 그 밭에서 주은 이삭들』, 215쪽.

종교는 인간이 죽으면 그 영혼이 천당 가서 하나님과 해후한다고 거짓 가르쳐 왔다.

-변찬린,『성경의 원리 上』, 458쪽

만물의 영장인 인간이 시체를 자손에게 남기고 거추장한 장례의식을 치르는 것은 선맥을 잃어버린 비본질적인 생명 현상에 불과하다. '선맥과 풍류도의 하늘'에는 죽으면 영혼이 하늘나라에 간다는 피안신앙이 존재하지 않는다. 풍류체의 도맥은 "장생불사(長生不死) 환골탈태(換骨奪胎) 천의무봉(天衣無縫) 우화등선(羽化登仙)의 선적 개념(仙的概念)들은 (중략) 이 나라 고유(固有)한 종교(宗敎)인 풍교(風敎) 곧 인간을 풍류체(風流體)의 신선(神仙)으로 만들어 영생(永生)의 차원(次元)으로 우화등선(羽化登仙)케 하는 대도(大道)"[9]라고 밝힌다.

변찬린은 다양한 종교 텍스트를 분석한 후 장생불사, 환골탈태, 천의무봉, 우화등선의 도리를 알고 있는 백성은 동이족이라고 단언한다. 이런 풍류의 도맥이 근대에 발현한 것이 동학을 비롯한 신종교 사상의 핵심 사상이다. 동학의 '다시 개벽'과 지상선경, 정역의 역수개벽(曆數開闢)과 유리세계(瑠璃世界), 증산교의 삼계개벽(三界開壁)과 후천선경, 대종교의 개천개벽(開天開闢)과 이화세계, 원불교의 정신개벽(精神開闢)과 용화회상(龍華會上)이 이를 말한다. 과연 개벽의 후천세계에는 어떤 인간들이 살까? 근대 민족종교에서 주장하는 '완성된 인간'은 우리와 어떤 차이가 있을까? 유교, 불교, 도교 그리고 기독교 등에서 '완성된 인간'은 어떤 존재 양태를 가지는가? 특히 기독교의 거듭남(요한복음, 3장 7절-8절)이란 개념이 도덕적으로 개과천선

9 변찬린.「僊(仙)攷」,『甑山思想硏究』5집, 1979, 201-202쪽.

하는 윤리적 차원을 말하는 것일까? 그렇다면 바울이 말한 존재변형한 '신령한 몸'(고린도전서, 15장 44절)은 무엇을 말하는 것일까? 도교에서 말하는 장생불사는 몸의 영생만을 추구한다는 통설은 정당한가? 그렇다면 33살에 요절한 예수가 장생하지 않고도 부활하여 승천한 사실(불사)은 어떻게 이해하여야 할까? 예수가 부활해야 할 근거는 무엇인가? 이런 꼬리를 물고 이어지는 질문에 변찬린은 선맥의 영생관을 평이하게 서술한다.

> 인간이 타락하지 않고 대도를 잃어버리지 않았다면 이 땅 위에서 무병장수하다가 지혜가 백수(白首)가 되면 산에 가서 선화(僊化)될 때 그 육신은 산바람 결에 흩어 순식간에 원소 분해하여 풍화(風化)시켜 버리고 풍류체가 되어 우화등선하여 귀천(歸天)하였을 것이다.[10]

피안신앙과 피안감성을 탈피한 인간 생명의 본질과 실상인 풍류체를 변찬린은 이렇게 정의한다.

> 선(僊)은 곧 풍류체이다. 형체 없는 바람처럼 자유한 자가 되어 생명의 피리구멍으로 나들이하는 영, 영은 바람이며 바람은 영이다. 영은 풍류체이다. 본래 모습이 없지만 방편 따라 자유자재로 모습을 나타낼 수 있는 〈무형(無形)이면서 무한형(無限形)〉의 모습! 이것이 풍류체이다. 풍류체가 되면 지구의 좁은 마당을 뛰어넘어 우주를 넘나드는 자유로운 존재가 된다.
> -변찬린, 『성경의 원리 下』, 568쪽

10 변찬린, 『선맥·경전·ᄒᆞᆫ붉학』, 121쪽.

풍류체는 호모사피엔스의 자리에서 궁극적 인간으로 완성된 새로운 종, 즉 "호모사피엔스(Homo Sapiens)의 가지에서 분화되어 부활한 초인(超人)"이다. 풍류체는 세계종교가 지향한 궁극적 인간형이며, 창조적 진화의 완성체로서 새로운 인간형이다. 우리는 풍류체로 변화될 가능성이 있는 가능태이다.

그렇다면 새로운 차원으로 존재 탈바꿈을 할 수 있는 인간은 누구일까? 변찬린이 거론하는 존재변형하는 인간의 유형을 안다면 이해에 도움을 받을 수 있을 것이다. 그들은 다음과 같다; 단군, 정령위, 난랑, 최치원, 수운이 말한 시천주를 체현한 완전한 인간, 증산이 말한 풍류도를 깨친 '풍씨(風氏)', 대종교에서 말하는 성통공완한 온전한 인간, 원불교의 영육쌍전한 자, 성서에 등장하는 에녹, 멜기세덱, 엘리야, 모세(신명기, 34장 6절; 유다서, 1장 9절), 부활 승천한 예수(누가복음, 24장), 성령으로 거듭난 사람, 미륵불 등이다. 이처럼 풍류체는 인간의 종교적 욕구를 충족시키는 죽음을 극복한 완전한 인간이다. 인간에게 내장된 "영(灵)의 종자", "성(誠)의 종자", "여래(如來)의 씨"는 영생의 풍류체로 변화할 영생적 기제이다. 변찬린은 영생의 종자인 "로고스 늪"이 인간의 몸에 내재해 있다고 한다.

> 신의 광맥 속에서 사고해 낸 종교와 사상의 불꽃이 소멸되어 갈 때 지인(至人)은 무진장한 매장량이 있는 영(灵)과 마음의 원광(原鉱)을 개발하리라. 영(灵)의 광맥은 무한으로 뻗어 영원 속에 누워 있도다. 마음의 청산에서 〈로고스 늪〉을 채굴하여 점화하는 날. 거룩한 안식의 날. 영(灵)의 시대가 개명되리.
> -변찬린, 『선, 그 밭에서 주은 이삭들』, 189쪽

그는 인간에게 내장된 '로고스 늪'이라는 영생의 종자가 발아하여 열매가

맺도록 번개가 머릿골을 쪼개고 "각(覺)의 인자"를 때려 신비한 능력을 방출하여야 한다고 강조한다. 인간에게 내장된 '로고스 늪'을 계발하여 '선맥의 종자'가 발현한다면 풍류체가 될 수 있다. 중요한 점은 같은 상징물일지라도 이를 자각하는 인간의 인식 차원과 행동양식에 따라 피안세계와 영생세계가 결정된다. 비유컨대 숯과 금강석은 똑같은 탄소로 구성되어 있지만 특정 조건에 따라 숯과 금강석으로 구분된다. 마찬가지로 피안의식의 생명관을 극복하지 못한 인간과 피안의식을 극복한 인간의 차이도 확연히 다르다. '로고스 늪'은 시체를 남기지 않고 장생불사 - 환골탈태 - 천의무봉 - 우화등천할 수 있는 영성적 기제이다.

> 영(灵)의 원광(原鑛)을 개발할 능력을 주십시오. 이 심산(心山)에 무진장으로 매장된 〈로고스 늪〉을 개발하여 영생의 불꽃을 점화하게 하십시오. (중략) 하나님이 광주(鑛主)이신 로고스의 산. 그 청맥(青脈)을 개발하기 위하여 입산한 나는 시굴(試掘)의 첫 삽을 파 헤쳤습니다. 산을 사랑하고 산에 소요하는 선(仙). 로고스의 산에서 저 예수가 엘리야와 모세를 만나듯 나도 모든 성인(聖人)들과 만나게 하여 주십시오. 나의 변화산에서 나를 우화(羽化)시켜 주십시오.
>
> -변찬린, 『선, 그 밭에서 주은 이삭들』, 232-233쪽

그러나 역사적 고난을 체화한 풍류객의 생활과 선맥의 하늘님을 체험한 풍류심을 갖지 못한 인간은 풍류체로 변화할 가능성이 없다. 우리는 진시황의 불사약은 자연에 존재하지 않았고, 외단이라는 인공 장생약이 숱한 생명을 앗아간 역사적 사실을 알고 있다. 지금 우리는 생명공학의 기술을 이용한 또 다른 형태의 과학적 '불사약과 외단'을 이용하여 영생할 수 있다고 선전하는 시대에 살고 있다. 물론 과학적 유토피아가 제시하는 트랜스휴먼

과 포스트휴먼은 현재의 인간보다 더 빠르고, 더 강하고, 더 오래 살 수 있는 가능성을 제시한다. 그러나 인간의식의 고양 없는 과학기술의 성과물은 낡은 문명의 연장선상에서 자본의 횡포가 힘을 발휘하게 할 가능성이 더 높다. 경제적 양극화가 심화되는 자본주의 체제에 기초한 과학적 영생물이 모든 사람에게 공평하게 제공될 수 있을까? 과학적 인간이 그리는 미래상은 자본의 양극화로 인해 영성의 양극화마저 초래하는 설계도일 가능성이 농후하다. 인간의식의 비약적 혁명이 전제되지 않는 한 사고의 한계와 자본의 탐욕과 과학기술의 결합은 과학적 유토피아와 과학적 디스토피아가 공존하는 미래의 불확실성을 더욱 증폭시킬 것이다.

변찬린은 과학적 유토피아의 선전으로 인간 자체의 가능성 계발을 경시하고 오히려 생명과학, 로봇공학과 인공지능의 결합으로 생명 형태를 조작하는 행태에 대해 강력하게 경고한다. 타락한 인간, 무명에 빠진 인간이 의식변화와 인격혁명이 수반되지 않는 채 무책임한 과학기술의 힘을 빌려 영생을 할 수 있다는 주장에 대해 비판적이다. 그는 이미 1982년 〈유고노트〉에서 문명의 가을에 인간의 지혜와 능력이 극대화되어 과학적 유토피아가 제시한 영생하는 인간에 열광할 것이라고 예견한 바 있다.

> 컴퓨터와 사고하는 로보트, 유전공학으로 전대미문의 과학 기적을 행하면서 인간을 지상 천국의 환상 속으로 인도하며 핑크빛 무드에 빠져들게 할 것이다. 인간의 능력을 극대화한 컴퓨터와 로보트 그리고 유전공학과 분자생물학은 기적의 약, 기적의 농산물, 기적의 섬유, 기적의 화학제품을 만들어 내어 지상 천국의 꿈을 앞당길 것이다. 심지어 복제 인간을 만들어내고 불로장수하는 약도 개발하여 타락한 인간이 영생할 수 있다고 과대광고를 할 것이다.
> -변찬린, 『요한계시록 신해』, 210쪽

변찬린은 과학적 유토피아가 제시하는 과학적 성과를 맹목적으로 배타하지 않는다. 다만 이런 놀라운 과학적 성과를 만들어내는 인간 존재, 그리고 인간 자체에 내장되어 있는 영생적 기제인 '로고스 늪'을 계발하는 데 더욱 관심을 집중한다. 그가 제시한 풍류체라는 궁극적 인간상은 특정 텍스트의 해석을 통해 얻은 담론이 아니라, 다양한 종교 텍스트를 회통하고 이론물리학, 생명공학 등 현대학문의 전문지식에 바탕을 둔 결론이다. 풍류체는 생명과학과 기계문명의 도움을 받지 않고도, 선맥의 '로고스 늪'을 발현할 때 궁극적 인간인 새로운 존재로 탈바꿈할 수 있다는 희망의 메시지이다. 우리는 인간의 잠재적 가능성을 다시 성찰해 보아야 한다. "물질이 개벽되니 정신을 개벽하자"는 원불교의 표어처럼, 개벽하는 과학세계의 놀랄 만한 비약적 현상을 반추하면서, 우리에게 미개발 영역인 인간 존재탈바꿈의 영자(靈子)인 '로고스 늪을 점화하라'는 변찬린의 제안은 여전히 유효하다.

> 나는 생명의 비밀을 엿보았습니다. 어느 날엔가 나를 구성한 원소들이 바람에 날려 기화(氣化)되고 시해선(屍解仙)될 때 드디어 인간은 자연화되어 천장지구(天長地久)할 것을…. 나는 새로운 실재로 변화 받을 것을 환희 알고 있습니다.
>
> -변찬린, 『선, 그 밭에서 주은 이삭들』, 226-227쪽

새로운 인공유기체와의 '협력'과 '공존'이라는 유토피아뿐만이 아니라 '대결'과 '전쟁'이라는 디스토피아가 초래할지도 모르는 예측 불가능한 상황에서 풍류체는 '인간의 궁극적 가능성', 즉 '인간이란 무엇인가'에 대한 근본적인 '화두'에 우리를 대면시키고 있다.

3. 동방의 선맥 르네상스의 대선언
—고조선문명-풍류(선맥)담론-영성시대[11]

영원의 구도자로서 변찬린은 궁극을 사색한다. 그의 상황은 '삶은 죽음의 연습'이라는 한가한 말을 할 여유조차 없다. 그는 한국을 낡은 세계사의 결론이며 새 문명의 출발지라고 상정한다. 역사시대의 고난을 짊어진 분단 한국은 낡은 문명의 차별과 분열과 모순을 해체하고 이를 근본적으로 해결해야 할 사명을 가진 국가라고 천명한다.

> 고요한 동방 아침의 나라가 밝아오면 영(灵)의 시대가 개막되리.
> -변찬린, 『선, 그 밭에서 주은 이삭들』, 183쪽

> 대무(大巫)는 새날을 개명하는 한국인의 사명입니다. 화쟁(話諍)은 한국 혼의 저력입니다. 내 조국은 더러운 세계사의 죄악을 속죄하기 위하여 보혈을 흘리고 있지 않습니까?
> -변찬린, 『선, 그 밭에서 주은 이삭들』, 231쪽

> 세계를 건질 수 있는 종교와 사상이 있다면 〈평화〉의 두 글자 뿐인데 이 사명 을 받은 민족은 세계역사를 조사해 보면 우리 민족의 풍류도밖에는 없음을 깊이 명심해야 한다.
> -변찬린, 『선맥·경전·ᄒᆞᆫ볽학』, 159쪽

11 구체적인 내용은 다음을 참고할 것. 이호재, 『선맥과 풍류해석학으로 본 한국 종교와 한국교회』, 동연, 2022, 22-63쪽.

새 날 모든 길은 한국으로 통할 것을 나는 알고 있습니다.

-변찬린, 『선, 그 밭에서 주은 이삭들』, 229쪽

변찬린은 우주의 기원과 인류의 역사와 한민족의 운명을 조망하면서 사대주의와 식민주의, 즉 학문 제국주의와 화이 세계관과 그리스도교 세계관에 갇힌 낡은 하늘을 벗겨내고 '선맥과 풍류도의 하늘'을 연다. 그가 말하는 하늘은 푸른 하늘(sky)을 말하는 것이 아니다. 하늘은 '인간의 자각'과 '마음의 열림 차원'을 말한다. 인간은 누구나 자신이 경험한 각양각색의 하늘 아래 살고 있는 존재이다. 동시에 각자의 노력 여하에 따라 누구나 더 높은 하늘 즉 새로운 자각의 차원을 열 가능성이 있다.

한민족의 시작인 개천절도 천지(창조)개벽을 말하는 것이 아니다. 죽음과 차별을 소재로 한 다른 나라의 신화와는 달리 우리의 개벽신화는 홍익인간과 재세이화의 평화의 신시공동체(神市共同體)를 이야기한다. 고대 한국의 역사적 공간에서 전승되어 온 광명한 세계에서 펼쳐진 신시공동체의 평화의 선맥(僊/仙脈)은 역사적 문화공동체인 한국의 도맥(道脈)을 형성한다. 선맥은 자생적인 고조선 문명의 원형이다.[12] 선맥의 풍류성은 환웅의 이화론(理化論), 원효의 화쟁론(和諍論), 최치원의 포함론(包含論), 서산의 삼가론(三家論), 동학의 기화론(氣化論), 증산의 상생론(相生論), 대종교의 삼일론(三一論), 원불교의 병진론(竝進論), 김정설의 오증론(五證論), 변찬린의 장자론(長子論) 등으로 풍류적 맥락이 계승되고 있다. 이런 한민족의 영성적 정체성

12 변찬린, 「僊(仙)攷」, 『甑山思想研究』 5輯, 1979.; 이능화, 『조선도교사』, 이종은 옮김, 보성문화사, 1985.; 정재서, 『한국도교의 기원과 역사』, 이화여자대학교출판부, 2006.; 안동준, 『한국도교문화의 탐구』, 지식산업사, 2008.; 이호재, 『선맥과 풍류해석학으로 본 한국 종교와 한국교회』, 동연, 2022, 36-45쪽.

인 선맥의 풍류성은 유교, 불교, 도교에 정통한 최치원이 기술한 「난랑비서(鸞郎碑序)」에 출전을 둔다. 「난랑비서」에 의하면 '풍류'는 유교와 불교와 도교의 문서가 아닌 신선의 역사인 『선사(仙史)』에 기록되어 있기에 '완전한 인간'으로 존재탈바꿈한다는 존재성, 공자의 가르침과 노자의 가르침과 석가모니의 가르침을 이미 포함(包含)하고 있다는 포용성, 뭇 생명의 본성을 발현시킨다는 생명론적 공동체성, 유·불·도의 가르침이 공동체 윤리로 작동한다는 실천성 등이 공명하는 풍류 우주관을 바탕으로 한다.

> 풍류도의 본질은 선(僊)이다. 선맥(僊脈)인 풍류도는 대도이다. 대도 속에는 유불선의 분립된 개념이 존재하지 않는다. 유(儒)니 불(佛)이니 도(道)니 하는 열교(裂敎)의 개념은 풍류도가 맥이 끊어진 이후에 나타난 비 본래적이고 제2의적인 개념임을 잊어서는 안 된다.
>
> -변찬린, 『선맥·경전·흔붉학』, 119쪽

> 풍류도는 샤마니즘처럼 유불선을 혼합한 종교가 아니라 본래부터 풍류도는 삼교의 진리를 그 안에 내포하고 있다. 그러므로 샤마니즘과 풍류도를 혼돈하지 말아야 한다.
>
> -변찬린, 『선맥·경전·흔붉학』, 334쪽

그러나 우리는 선맥을 잊어버린 역사에 살고 있다. 한국 종교 지평에 유교와 불교와 도교 등은 중국을 통해 전래되고, 기독교는 서구에서 전래되었다. 또한 서구 문명과 인문학의 학문적 제국주의의 위세에 눌려 발생한 오리엔탈리즘과 옥시덴탈리즘이라는 이중적 틀 안에서 이를 극복하는 것은 한국 지성인의 절박한 과제이다. 이런 측면에서라도 다른 학문분야와는 달리 '선맥의 자생설'이 주장되는 근본 원천이 무엇일까 하는 문제는 진지하게 성찰되어야 한다. 선맥의 풍류성은 고대에는 (중국) 도가의 방사에 의해 무맥과 음양사상 등과 혼융되어 중국 도교사의 틀 안에서 이해된다.[13] 이로 인해 선맥은 신화적인 상상력이란 선입견으로, 유교의 사문난적 규정으로, 불교의 몰이해로, 과학의 합리성이란 이름으로, 그리스도교의 비신화론으로 인하여 허구의 산물로 인식된 채 왜곡되어 왔다. 현대에는 기독교 신학자에 의해 선맥의 풍류성을 오히려 무맥과 혼돈하여 한국의 문화적 원형을 오해하게 만든다.

우리는 망각하고 있는 선맥의 풍류성을 현대화하여 한민족의 사상적 맥락을 재조명하여야 한다. 그러기 위해서는 선맥의 풍류성과 무맥의 무교성의 유사성과 차별성을 인식해야 한다. 또한 이것이 변찬린의 '풍류선맥정통론'을 이해하는 첩경이 될 것이다. 선맥과 무맥에는 어떠한 차이가 있는지 살펴보면 다음과 같다.

첫째, 선맥은 한국 종교전통의 기층적인 영성의 본류이며, 무맥은 인류 보편적인 종교현상이다. 한국의 원형적 영성에는 이 두 맥이 공존하지만 선맥이 결핍된 무맥만이 강조되었다.

둘째, 선맥에서는 산 자의 하늘님인 지고신(Supreme God)이 발현하고, 무맥에서는 다양한 기능신(function god)인 신령이 강신 체험된다.

셋째, 선맥은 자발적이고 포용적이고 회통적이고 창발적인 개혁적인 영성인 반면 무맥은 수동적이고 혼합적이고 습합적이고 현실구복적 영성이다. 이는 포함에 대한 해석학적 차이에서 발생한다. 일부 (신)학자는 '포함(包含)'의 개념에 대해 외래사상을 적극적으로 수용한다고 진일보한 해석을

13 酒井忠夫, 福井文雅, 『道教 1, 道教とわ何か』, 平河出版社, 1985, 5-27쪽.

하지만, 포함에 내재된 자발성과 회통성과 창발성을 경시하여 결국에는 기독교 지상주의(포괄주의)를 지향하며 사상적 사대주의에 빠진다. 소극적으로는 외래 사상을 단순하게 수동적으로 수용하여 혼합하는 정도로 이해하면서 한국의 지성사를 외래사상의 경연장으로 만들어 버리는 자발적 식민주의에 빠지기도 한다. 다시 말해 포함은 '이미 자체 내에 가지고 있다는 의미'로 습합 혹은 혼합이 아닌 포월적 개념이며 다양한 사상을 창발하게 하는 해석적 기제이다.

넷째, 선맥의 풍류성은 신인합발(神人合發)의 종교성이지만, 무교성은 신인합일(神人合一)의 타력적 영성이다. 풍류성은 인간에 내재된 신성이 지고신과 공명하는 현상으로 지속성을 가질 수 있는 종교성이지만, 무교성은 타력적인 신령의 '신병(神病)' 현상에 의한 일시적인 현상이다.

다섯째, 풍류성은 선맥과 연계되어 '완전한 인간'으로 존재 탈바꿈을 한다. 반면 무교성은 존재론적인 인격 변화 혹은 존재 탈바꿈의 특성은 드러내지 않고 현실 조화를 추구하는 영성이다. 이것은 선맥과 무맥의 근본적인 차이점이다.

여섯째, 선맥은 창조적 소수자에게 발현되는 영성이지만 무맥은 현실 안주와 조화를 추구하는 대중에게 주로 나타난다. 이로 인해 두 영성이 공존하는 상태에서 어떠한 영성이 개인에게 혹은 사회풍조에 주도적으로 발현되는가는 대단히 중요하다.

일곱째, 선맥과 무맥은 제도적인 조직에서 발현되는 영성이 아니라 인간에게 발현된다는 공통점을 가지고 있다.

여덟째, 무맥의 대중성이 선맥의 창발성에 의해 포용될 때에는 공존과 조화를 이루지만, 무맥의 혼합성이 강조될 때에는 선맥의 개혁적인 영성이 발현되기 어렵다. 우리는 두 맥의 특성을 이해하고 선맥의 자리에서 무맥을 포용할 수 있어야 한다. 이것이 한민족이 동방의 선맥 르네상스를 개막하고 새 문명인 영성 시대를 여는 세계사적 사명이다.

〈선맥의 풍류성과 무맥의 무교성 비교〉

구분	선맥의 풍류성	무맥의 무교성
도맥	한국 종교전통의 본류	보편적 종교현상
신앙대상	지고신(선맥의 하나님)	다양한 신령
종교체험	신인합발	신인합일
종교적 기제	능동적 기제: 자발성, 포용성, 회통성, 창발성, 개혁적 영성	수동적 기제: 타발성, 수용성, 종합성, 현실구복적 영성
존재론적 차원	존재변형한 창조적 소수자	현실 조화/안주를 추구하는 대중
인식론적 차원	포함론(包含論) ⊃ 유교+ 불교 + 도교 + 그리스도교 … * 주체적 수용	습합론(習合論) ≒ 유교+불교+도교+그리스도교 * 외래종교 전래사
실천론적 차원	엘리트지향으로 사회개혁	대중지향으로 공동체성 강조
무교적 표현	대무(大巫)	소무(小巫)
두 맥의 관계	선맥에 의해 무맥이 완성	무맥은 선맥의 수용성만 발현

동방학자 김범부에 의해 재발견된 풍류 담론[14]은 기독교 신학자인 유동식에 의해 대중화된다.[15] 최영성은 풍류의 역사성과 신비성을 강조하고,[16] 이은경은 '동아시아의 미학의 근원'으로 한중일 삼국의 풍류를 조명하고 있다.[17] 그러나 변찬린은 선맥의 풍류성이 은폐된 다음에 나타난 무맥의 무교

14 김범부, 『화랑외사(花郞外史)』, 이문출판사, 1981.; 김범부, 『풍류정신』, 정음사, 1986.

15 유동식, 「풍류신학」, 『신학사상』, 1983.

16 최영성, 『고운 최치원의 철학사상』, 문사철, 2012.; 최영성, 「한민족의 전통사상, 풍류사상」, https://www.youtube.com/watch?v=yiBTVpzAhjs(2023.8.13.)

17 이은경, 『풍류 - 동아시아 미학의 근원』, 보고사, 1999.

성이 한국의 종교적 원형이라는 유동식의 풍류신학[18]과는 완연히 다른 '풍류선맥정통론'을 주장한다. 풍류신학이 세상이 알려지지 전인 1970년대 초의 일이다. 변찬린에 의해 촉발된 선맥의 도맥은 민족종교와 기독교 신학에도 온기를 불어넣고 있다.[19] 고난의 가시밭길을 걸어가는 구도의 여정에서 개천한 '선맥과 풍류도의 하늘'을 변찬린은 이렇게 고백한다.

> 옛날 원효와 고운(孤雲)과 퇴계와 율곡에게 지혜를 주셨던 아버지께서 제게 번갯불을 주셨고 청자(靑磁)빛 비색(秘色)의 하늘을 향해 저를 개안시켜 주시고 본래의 대도(大道)인 풍류도(風流道)와 선맥(僊脈)의 하늘을 개천시켜 동방의 지혜(동양의 지혜가 아님) 로 『성경의 원리』라는 각서를 쓰게 했음을 감사합니다.
>
> -변찬린, 『성경의 원리 下』, 573쪽

18 필자의 풍류신학 비판과 그 대안으로 제시한 선맥신학과 도맥신학, 그리고 풍류해석학에 대해 김흡영과 서창원은 기독교 신학에서 신학적 대안으로의 가능성에 관심을 갖고 있다. 이호재, 『선맥과 풍류해석학으로 본 한국 종교와 한국교회』, 동연, 2022, 162-227.에 대해 김흡영, 「도(道)의 나그네, 풍류해석학: 성서에 도맥이 있다」, 『기독교사상』(770), 2023, 195-201쪽과 이에 대한 이호재, 「성서의 근본은유의 도맥은 선맥이다」, 『기독교사상』(773), 2023, 193-199쪽.; 서창원, 「서평 선맥과 풍류해석학으로 본 한국」, 『한국종교』(54), 2023, 479-488쪽.

19 변찬린의 『성경의 원리』(1979-1882)에서 언급한 선맥과 도맥, 기독교의 신관과 세계관에 대한 내용은 기독교 신학을 포함하여 한국 종교계에 확산되고 있는 중이다. 예를 들면 『증산도의 진리』, 대원출판사, 1981, 38쪽.; 안경전, 『이것이 개벽이다 上』, 대원출판, 2001, 716-718.; 안경전, 『이것이 개벽이다 上』, 대원출판, 2002, 234쪽, 258-259쪽.; 안경전, 『이것이 개벽이다 上』, 대원출판, 2013, 249-250쪽.; 김흡영, "도의 신학의 입장에서 본 김용복의 '선토피아(仙境)생명학', 『예언자 신학자 김용복의 생명 사상과 삶』, 동연, 2023, 46-72쪽.; 이호재, 「에큐메니안과의 인연, 감사인사 그리고 초대: 한밝 변찬린의 삶과 사상, 해석에 대한 장기연재를 마치며」, 『에큐메니안』, 2023.05.14. 등이다.

산 자의 도맥, 즉 선맥의 하늘을 개천한 후 변찬린의 목소리는 직설적이고 즉답적이다. 죽음을 수차례 경험한 후 역사를 도피하지 않고 역사의 광장에서 궁극을 노래한다. 선맥은 한국인에게 내장되어 있는 영성의 씨앗이다.

4. 동방의 구도자 '새붉'의 탄생[20]

> 내가 영(灵)의 시대를 예언하고 지인(至人)의 탄생을 선언하고 인간의 원리를 개봉하고 미래를 노래하니 저 하찮은 소인들은 대소(大笑)합니다.
> 〈종교에서 탈출하기 위하여 출애굽 하라〉, 〈성인들을 살리기 위하여 고성(古聖)들을 초극하라〉, 〈세계의 평화를 위하여 해원굿을 하자〉 이렇게 대갈(大喝)하니 천박한 종교꾼들은 알아듣지 못합니다.
> 사랑의 공동체와 신령한 공동각을 증거하니 오만한 석두(石頭)들은 개별의 각을 고집합니다.
> 〈책을 분서하라〉, 〈도서관을 방화하라〉, 〈사상을 폐기하라〉 이렇게 충고하니 문어 대가리 지성들은 냉소합니다.
> 자유와 자율과 성과 사랑을 노래하니 저 천민인 도덕가들은 비난합니다.
> 〈영(灵)의 원광을 개발하라〉, 〈로고스 늪을 채굴하라〉, 〈성령의 불을 가동하라〉 이렇게 외치면 미신하는 과학자들은 믿지 않습니다.
> 불신과 몰이해와 냉대 속에 나는 침묵해야 합니까? 나는 화성에 서 온 괴인(怪人)아닌 이 땅에서 천명(天命)을 받은 사람인데 왜 고독히 소외당해야 합니까?
> -변찬린, 『선, 그 밭에서 주은 이삭들』, 234쪽

20 변찬린의 『선, 그 밭에서 주은 이삭들』의 필자의 해제 부분을 참고하여 재작성한 것이다.

변찬린은 자신의 꿈을 계승할 제자를 양성하기 어려운 상황에서 자신의 구도 경험과 종교 체험을 바탕으로 1965년부터 『동방의 빛, 화쟁의 혼, 새붉에게』라는 구도의 지침서를 남긴다. '새붉'은 노자의 상사(上士), 박(樸), 장자의 지인(至人)과 진인(眞人), 주역의 대인, 불교의 보살, 유가의 군자, 기독교의 의인을 포월하는 동방의 구도자이자 새 문명의 구현자로 변찬린에 의해 창안된다. 새붉은 변찬린이 1977년 새교회를 창립할 때 그 의미가 확대되고 정교해진다. '새'가 단순히 동방의 빛과 화쟁의 혼이라는 의미뿐만 아니라 '새로움', '하늘의 사명자', '동방의 한국', '역사 시대와 영의 시대를 연결하는 가교적 기능', '새처럼 비상', '금같은 귀한'이란 의미를 가지고 재탄생한다. 한마디로 새붉은 역사 시대에 태어나 영의 시대를 맞이할 동방의 '새로운 빛'이란 의미이다. 인간이 낡은 권위의 세뇌로 인해 종파종교의 노예로, 이데올로기의 괴뢰로, 정치적 당파의 주구로, 과학적 유토피아의 나팔수에 불과한 것은 인간의 본 모습이 아니라는 것이다. 허깨비 인간으로서 현존 인간은 본래 가치를 상실한 비인간인 배우(俳優)이자 가짜 인간(假人)이며 큰 사람이 아닌 조무래기 소인(小人)에 불과하고 큰 앎을 잃어버리고 작은 앎에 집착하는 소지(小知)라고 경각심을 일깨운다.

새붉은 그리스도교, 불교 등 종파종교의 분별, 패권국가를 지향하는 국제정치의 제국화, 선진국과 개도국의 빈부의 양극화, 분열적 인간의 탐욕에 의해 초래된 우주 생태계의 위기 등을 포함한 낡은 문명을 해결해야 할 동방의 사명자이다. 변찬린은 세계 정신유산의 축적지대인 동방의 구도자인 새붉만이 낡은 문명의 문제를 해결하고 새 문명을 개척해 낼 수 있다고 독려한다. 풍류심을 가진 풍류객으로서 새붉은 홀로 깨달았다고 교만하지 않으며 홀로 구원을 얻었다는 독단에 빠지지 않고, 고난의 십자가를 진 채 중생을 위해 보살행을 감행해야 하며, 역사적 자의식을 가지고 '공동의 각'을 통해 '사랑의 공동체'를 이루어야 할 집행자로 제안된다. 당연히 '사랑의 공동체'는 인간뿐만이 아니라 만물까지 포함되는 관계성과 공동체성이 강조되는 우주공동체이다.

> 새붉이여
> 〈십자가의 보살행〉과 〈공동의 각〉은
> 역사의 방향이며 〈사랑의 공동체〉는
> 창조적 진화의 내실(內實)이며 수렴임을 깊이 대각하자.
> -변찬린, 『선, 그 밭에서 주은 이삭들』, 211쪽.

낡은 문명과 낡은 종교, 그리고 닫힌 세계관에 봉착한 인류의 문명을 예견한 듯 변찬린은 새 문명과 새 종교, 그리고 열린 미래에 대한 인간의 가치를 재인식하고 문명 전환기에 대처해야 할 처방전을 제시하고 있다. 하나의 경구가 하나의 담론 주제가 될 수 있는 통찰력 있는 문명담론이다. "사고의 대혁명을 일으켜 생명을 갱신하고 영(灵)을 개벽하여 지인(至人)으로 회귀하라"는 인간혁명, "지인(至人)의 날, 영의 시대가 도래하면 〈하나님 어머니〉께 새 예배를 드리자"는 신관혁명, '성인을 우상숭배의 대상으로서 삼지 말고 친구로 상대하자'는 종교혁명, '과학적 미신을 타파하고 기계를 영화(靈化)하자'는 과학혁명, '우주를 홀로 산보하다 역사의 광장에서 백성과 혁명하자'는 역사혁명, '낡은 문명의 종교와 국가와 이데올로기를 사라지게 하자'는 문명혁명, '만유의 조화로움을 구현하자'는 생태계혁명, '지천태의 태극기가 바람에 나부끼고 무궁한 꽃이 만발하게 하자'는 한국혁명 등을 포함한 문명사적 통찰력을 담고 있다. 이 처방전의 구현자는 새붉이다. 그는 이러한 지점에서 인간의 우주적 자리를 재정립하고, 새 문명의 기틀을 바로 세워야 한다고 주장한다. 새붉은 깨달음과 믿음과 실천이 일체가 된 바탕 위에 동방 르네상스의 부흥이 자신의 세계사적 책무라는 것을 자각하기를 당부한다.

변찬린의 격려와 응원은 짜인 연출에 의해 기획된 것이 아니며, 그의 당부는 구도자의 진실한 마음과 성실한 행동을 바탕으로 한 말이기에 더욱 깊은 울림으로 다가온다. 구도의 반려인 새붉에게 때론 간곡하게 때론 준엄하게 때론 다정하게 때론 추상과 같은 호령으로 낡은 문명과 낡은 인간에 대한 근원적 성찰을 요구하며 영성 시대의 주인공임을 일깨운다.

5. 선맥과 풍류도의 하늘을 열다

"선맥과 풍류도의 하늘"을 연 변찬린은 낡은 역사의 막내이자 새 시대의 기수라는 자각을 하고 한국인의 뿌리 정신인 '훈붉'을 호로 삼아 동방의 선맥 르네상스의 부흥을 선언한다. 이는 단순히 국수주의적인 과거를 지향하지 않고 자신의 삶의 체험을 통해 분단 한국의 세계사적 의미와 낡은 문명을 혁신시킬 문명사적 사건으로 자리매김한다.

변찬린은 선맥이라는 대도의 역사가 역사의 전면에 나서지 못하고 무교성이 한국의 영성 세계를 주도한 도착된 역사라고 진단한다. 이로 인해 한국의 지성사가 외래종교와 사상을 환원주의적으로 해석하는 '격의철학'시대, '격의종교'시대를 온전하게 벗어나지 못한 채 인간은 피안의식에서 탈피하지 못하고 '죽음에 이르는 병'에 걸린 나약한 존재로 전락한 현상을 비판한다. 고대 한국의 광명이세, 홍익인간, 선맥의 평화의 도맥은 최치원이 규명한 '풍류'가 포함삼교, 접화군생하는 영성으로 규정되며, 민족종교에서는 개벽세계와 지상선경의 핵심사상이기도 하다. 그는 '풍류 선맥 정통론'

을 앞세워 풍류사상을 재조명할 뿐 아니라 자신의 삶 자체를 풍류의 화신체로서 선맥의 하늘님을 체험하고 풍류심을 회복한 후 선맥의 풍류성으로 인류의 경전인 성서를 새롭게 해석하여 성서 해석의 패러다임을 전환시킨다. 민족의 영성과 기독교 영성의 포월적 초극이다. 변찬린의 저술은 망각된 선맥을 한국의 사유지평과 세계신학의 나침반으로 현대에 재현한 풍류학자로서의 역사적 사례이다.

특히 선맥에서 발현하는 풍류객체, 풍류심, 그리고 풍류체라는 풍류적 인간상의 제시는 자칫 잊혀질 뻔한 인간 존재의 가능성에 대한 재발견이다. 이는 동시에 피안의식과 피안철학으로 전개되었던 이성 사유의 중심에서 영성(靈聖)사유로서 인간존재를 재성찰할 것을 요청한다. 만물의 고난과 역사적 고통을 짊어진 풍류객은 당연히 인류의 지식을 포용하는 풍류심으로 인류 지식의 최전선에 서는 문명사적 책임감을 가져야 한다. 밝은 지혜로서 폭넓은 지식을 포용하고, 증식하는 지식에 냉철한 지혜로 성찰하여 의식 변화와 과학문명이 공명하는 영성 세계를 맞이해야 한다. 인간에서 내재된 선맥의 하나님과 합발하여 영원한 우주에 동참하는 풍류체로서의 변화는 우리가 맞이해야 할 열린 미래이다. 인간은 풍류객처럼 살고 만물의 영장답게 시체를 남기지 않고 풍류체가 되어야 한다. 풍류체가 되기 위해 우리는 풍류심을 가져야 한다. 풍류적 인간관은 과학기술이 지향하는 트랜스휴먼과 포스트휴먼과는 차별화되는 영성철학의 하나의 가능성 있는 응답이다. 변찬린이 제안한 풍류적 인간은 '나'라는 인간이 '완성된 인간'인가를 판단하는 하나의 지표로서 우리에게 되묻고 있다.

그의 주장은 결코 민족적이고 배타적이고 독단적이지 않다. 자신의 고유의 정체성을 유지하면서 타자도 창발시키는 영성이 풍류적인 '포함론'이다. 풍류성은 다양한 사상체계를 포용하고 회통하고 창발한다. 그의 저술은 한

민족의 역사적 자의식을 가지고 선맥의 풍류세계를 보편성을 가진 언어로 제시하고 있다. 또한 이의 창조적 계승을 위해 그는 인류문명과 세계종교와 사상, 한국의 종교전통과 역사적 인물에 대한 방대한 사유체계와 절정의 종교체험을 내면화하며 새붉이라는 새 시대의 구도자를 창안하여 사명자로 위촉하면서 선맥 르네상스를 구현할 것을 당부한다.

삶으로서 체득되고 검증된 인문학만이 역사를 계승하고 추동한다. 그가 개천(開天)한 '선맥과 풍류도의 하늘'은 그만큼 영성적 권위를 가진다. 자신의 삶 자체를 문명과 역사와 학문에 투영하여 역사적 구도자로서 이를 증언하고 있다.

좌담회

〈한반도의 사상가〉를 찾아서

일　시: 2023년 9월 2일 토요일 오후 3시-5시
장　소: 원주 경희한의원
참석자: 강명근 공제욱 김종운 김용우 조성환

강명근: 안성의료복지사회적협동조합 임상의사
공제욱: 한국사회사 연구자, 상지대 명예교수
김종운: 한의학 박사, 경희한의원 원장
김용우: 한알마을 대표, 〈한반도의 사상가〉 강좌 기획

* 이 좌담회는 이번 강좌를 기획하고 수강한 한알마을 회원 네 명이 모여서 강좌에 대하 평가와 전망을 주고받은 것이다. 질문과 진행은 조성환이 맡았다.

〈한반도의 사상가〉의 기획 의도

김용우 한반도의 근대화 과정은 개화파의 주도 아래 이루어졌습니다. 1945년 일제의 패망 이후 남(南)은 자본주의적 근대화의 길을 걸었고 북(北)은 사회주의적 근대화의 길을 걸었습니다. 두 개의 실험은 모두 서구 근대 문명의 인간 중심주의에 입각해서 자연을 타자화하는 개발 문명입니다. 특히 한반도의 성장중심 근대문명은 남과 북의 이념적 대립과 물리적 대결의 폐해와 더불어 극복되어야 할 과제입니다.

그래서 남북문제는 평화와 통일의 문제이기도 하지만 문명전환의 문제이기도 합니다. 한반도에서 삶을 영위하는 사람이라면 한반도 근대화에 대한 성찰과 문명 전환을 위한 사유와 실천의 필요성을 알고 있습니다. 이 시점에서 서구적 근대화를 주도한 서구철학이 수용되기 이전에 한반도를 삶터로 하여 살아온 사람들의 사유방식을 성찰적으로 조망함으로써 탈근대문명을 창조해 낼 수 있는 한반도 철학의 가능성을 점검해 보려는 것입니다.

그런데 문명전환의 주역은 민(民)입니다. 아무리 탁월한 철학자와 연구 집단이 있다 한들 민으로부터의 문제의식과 삶의 해결 방안이 실험되고 실천되지 않는 한 현실에서의 구현은 요원합니다. 특히 근대문명을 주도하고 문명의 상징적 실체들이 모여 있는 수도권과 대도시는 문명의 폐해에 대한 문제제기는 쉬워도 대안과 해결을 실험하기가 쉽지 않습니다. 이와 달리 문명의 변방은 중심이 가지고 있는 팽팽한 긴장감은 없지만 과거로부터 있어 온

다양한 삶의 요소들을 간직하고 있고, 문명전환의 다양한 씨앗과 실험의 가능성을 잉태하고 있습니다(非中是邊). 이에 따라 지역 시민사회의 사유 능력을 신장시키고 제기되는 제반 문제에 대한 창조적이고 자주적인 대안을 모색할 역량을 기르는 것이 중요합니다. 특히 근대화 과정에서 축적된 원주지역 선배들의 생명사상과 생명운동의 실천 경험은 지역 시민사회가 성찰적으로 수용해야 할 모범입니다. 이러한 문제의식에서 지역 시민사회의 '한반도 철학'과 '지구인문학'에 대한 탐구를 통해 생명사상과 생명운동의 새로운 차원으로의 전환을 모색하기 위해(離邊非中) 이번 강좌를 기획하였습니다.

후속강좌 〈지구인문학〉 기획

공제욱 2023년 봄학기 〈한반도의 사상가〉 강좌에 이어서, 2023년 가을에 계획되어 있는 후속 강좌는 기후위기나 생태위기 등에 대한 해답을 시도한 이론들을 공부하는 강좌입니다. "이 시대의 과제에 대한 해결책이 무엇인가?" 하는 궁금증이 이러한 강좌로 이어졌습니다. 그런데 내용은 주로 서구의 이론들을 소개하는 것으로 알고 있습니다. 앞으로는 한국의 전통에 기초한 한국의 이론이 나와서 공부할 수 있으면 좋겠습니다.

김용우 양식이 있는 지식인들은 대체로 지금이 문명전환기라고 말합니다. 호모사피엔스가 지구의 우점종으로 진화하는 과정에서 '문명의 전환기'라고 인식한 경우가 있었을까요? 혹시 있었다면 일부 선각자의 예언적 말씀 정도일 것입니다. 광범위하고 대중적인 목소리로 문명전환을 외치면서 전환의 방향과 길을 모색한 적은 아직 없었습니다. 근대문명의 가장 큰 긍정성은 문맹률을 낮춤으로써 누구나 문자를 읽고 쓰면서 자신의 의견을 개진할 수 있게 되어 의식의 대중적 진화의 길을 열었다는 데 있습니다. 그것은 이제 '문명의 전환'이 예언자적 선각자에 의해 권위적으로 이루어지는 것이 아니라 보편적인 각성과 생활 실천에 의해 구현됨을 의미합니다. 또한 각종 정보통신과 교통의 발달은 공간 간의 소통을 확대시키고 사람들 사이의 거리를 좁힙니다. 그래서 문명과 권력의 변두리라 할지라도 철학적 각성과 연대가 있으면 전환의 진앙지가 될 수 있을 뿐만 아니라 행성의 중심이 될 수 있게 되었습니다. 이것은 문명의 중심에서 벗어나 문명의 종점 혹은 변두리에서 문명전환의 각성이 시작되지만, 그곳에 갇히는 것이 아니라 새로운 차원의 사람과 삶으로 거듭남으로써 의식전환이 확산된다는 의미입니다. 원효의 말을 빌리면, "비중시변(非中是邊) 이변비중(離邊非中)"의 차원 변이가 시작되는 곳이 문명전환의 중심지입니다.

근대문명에서 지역은 문명의 변두리이자 국가권력과 자본의 식민지입니다. 그러나 지역은 모든 변화의 원천답게 문명의 모순 발현에 예민한 촉수이기도 합니다. 이를테면 다시개벽의 출발이 경주라는 변방에서 시작되었고, 동학혁명은 고부(정읍)라는 변두리에서 일어났습니다. 임마누엘 칸트는 경주와 같은 고도이지만 변두리에 위치한 쾨니히스베르크에서 태어나서 그곳에서 자신의 철학을 전개하였습니다. 똑같이 변방이고 지역이지만 문명의 모순에 예민하게 촉수를 대고 외부의 새로움에 문을 열고 전환을 모색하는 공간에만 기회가 돌아가는 법입니다. 한알마을의 일련의 학습 계획은 문명전환의 실질적 가능성을 탐색하고 실천을 모색하는 지역공동체의 노력입니다.

인류 역사 이래로 물질문명이 현재의 문명보다 풍요로웠던 적은 없었습니다. 하지만 지금 인간은—어쩌면 지구상의 모든 생명체는—단일한 종(species)이나 개체(individuality)를 넘어 행성공동체로서의 자각적 의식과 자치 능력을 요구받고 있습니다. 이러한 전환은 일부 선각자의 선구적인 의식도 필요하지만 대중적인 탐구와 실천능력 위에서 가능하다고 봅니다.

강좌를 들은 소감

김용우 그동안 단편적으로만 알아 왔던 사상가의 사상을 구체적으로 알 수 있었습니다. 한반도를 중심으로 활동해 온 대표적인 사상가들의 사유 주제와 흐름을 일별하는 데에는 많은 도움이 되었습니다. 다만 인물 중심의 강좌로 구성되다 보니 특정 인물의 사상이 그 시대를 대표하는 듯한 느낌을 주는데, 오해가 없어야겠습니다. 훌륭한 강사들의 강의가 돋보인 강좌였다고 봅니다.

공제욱 한 번의 강좌에서 한 사상가를 다 소개하기는 어렵기 때문에, 사실 처음부터 한계가 있을 수밖에 없었습니다. 한 분의 사상가를 조망하려면 그분의 생애도 말해야 하고 저술도 언급해야 하기 때문에, 사상 자체에 대한 소개는 간략해질 수밖에 없습니다. 그럼에도 불구하고, 이번 강좌는 각 사상의 핵심을 소개해 주었기 때문에 의미가 있다고 봅니다. 또한 그동안 알려지지 않았던 사상가를 많이 소개한 점은 이번 강좌의 참신한 점이라고 봅니다.

강명근 한반도에서 자기 사유를 전개하고 삶의 지표를 제시한, 그동안 알지 못했던 굵직한 사상가들이 많다는 느낌을 받았습니다. 그럼에도 국민윤리 차원에서 일종의 '교'(教)로서 발굴되고 제시되었던 박종홍이나 범부의 '화랑도'나 '홍익인간'을 넘어서는, 이 땅에 씨앗으로 뿌려져서 뿌리 내리고 결실하여 확장되는, 즉 자생성과 착근성(embeddedness)이라는 이중의 의미에서 토착성을 띠는 사상은 드물다는 생각이 들었습니다. 그러나 그 양태는 정신사적 척박함의 징표라기보다 오히려 이 땅을 살아낸 이들이 일궈낸 내면의 폭을 반증하는 것이 아닐까 하는 생각도 지울 수 없었습니다. 지면으로 드러난 '거대한 뿌리'의 일부를 슬쩍 보았다고나 할까요?

김종운 사상사 또는 인물사에 대한 깊은 지식이 없는 상태에서 한반도 사상가 각각의 인물들을 떠올렸을 때는 그저 지나간 역사 속 현인들의 박제된 기록에 불과하다고 생각할 것입니다. 그러나 강좌가 진행될 때마다 각 사상가가 살아가던 당대의 고뇌와 탐구 과정이 어느 정도 현실감 있게 다가와, 시간과 공간적 간극을 뛰어넘어 공감할 수 있었습니다. 이는 각 강좌를 진행한 강사님들이 오랜 연륜과 내공으로 열정적으로 강의해 주신 덕분이라고 생각합니다.

강좌에 대한 평가

김용우 처음으로 한반도의 사상가들을 일별해 볼 수 있었다는 점과, 조선후기 홍대용, 최한기, 전병훈 등을 새롭게 알 수 있었던 점은 큰 성과라고 봅니다. 현대에 와서는 박중빈, 이돈화, 변찬린에 대한 조망이 의미가 있습니다. 앞으로 이들의 사상을 좀 더 깊이 공부할 수 있는 계기가 되었습니다. 반면에 조선시대 지배층의 사유를 지배했던 유학의 경우, 퇴계 이황만으로는 한반도적 특질을 알기 어려웠으며, 조선후기 이후 다양한 사상의 등장과 유학사상의 퇴조가 어떤 관련을 갖는지를 밝히지 못한 점이 아쉬웠습니다.

공제욱 일반적으로 한국철학사 등에서 잘 소개되지 않은 사상가가 많이 포함된 점이 성과입니다. 한 번의 강좌로 한 사상가를 모두 소개해야 하는 한계에도 불구하고 상당히 깊게 다루어진 점도 성과라고 봅니다. 반면에 조선시대의 성리학자들이 많은데, 예를 들어 이율곡이나 남명 조식, 주기론자 서경덕 등이 있는데, 이황만 소개한 것은 아쉬운 점입니다. 또한 수운 최제우나 해월 최시형이 빠진 부분도 아쉽습니다. 이전의 한알마을 강좌에서 최제우와 최시형은 비교적 자세하게 다루었기 때문이라고 생각하지만, 이 책을 읽는 독자의 입장에서 보면 아쉬운 부분이라고 할 수 있을 것입니다.

강명근 '한반도'라는 장소성을 사상의 거소이자 탄생성의 모태로 본 것

(한국이라는 근대적 국가 정체성이 아니라), 그것과 연고를 지닌 주요 사상가를 시기별로 선별하되 해당 사상가에 대한 전문 연구자가 강의에 임한 것, 다양한 구성 속에서도 일관성을 확보하기 위해 오리엔테이션 강의를 맨 앞에 배치한 점 등이 돋보였습니다. 중요하지만 그간 주목받지 못했던 전병훈, 변찬린 등을 찾아내어 소개한다는 점도 성과로 들 수 있습니다(전문연구자가 아닌 일반인에게 소개하는 마당에 이를 펼쳐 놓을 엄두를 내는 무모함(?)은 아무나 하는 게 아니라는 생각). 그간 출판되었던 개론서 차원의 한국철학사를 염두에 두면 이 모든 점들이 이번 강좌의 빛나는 점이었다고 봅니다.

다만 시대 순으로 다루었지만, 이를 전관하는 통사적인 흐름을 파악할 수 있는 관점의 부재가 다소 아쉬웠습니다. 전체를 일별하는 조성환 교수의 오리엔테이션 강좌가 있었지만 한반도 철학(또는 사상)이 있다면 일종의 계보학적 탐구를 통해, 한국사상사의 줄기와 갈래를 파악하는 노력이 필요하다고 봅니다. 앞으로의 과제라면 이번에 살펴보지 못한 무수한 사상가들이 남아 있다는 점입니다. 개인적으로는 한반도의 토착 사상을 밑절미로 하여 독특한 공공철학적 사유를 동북아의 관점에서 전개하고 있는 김태창, 사상가로서의 김지하, 함석헌과는 다른 결의 유영모, 민중신학의 안병무(이 점에서도 아직 우리에게는 포스트콜로니얼리즘이 필요하다), 북으로 간 윤노빈이 떠오릅니다. 연구자 집단을 포함한 우리에게 이 땅에서 전개된 사상사적 재료의 풍요로움을 일깨워주는 것이자 이 강좌의 후속 강좌를 잇는 필요성을 시사하는 것으로 봅니다. 최치원의 사상을 범부와 함께 다룬 것은 조금 아쉬웠습니다. 범부는 최치원의 사상사적 해설자를 넘어서는 측면이 있지 않나 생각합니다.

김종운 강좌가 온·오프라인으로 동시에 이루어짐으로써 멀리서도 동시에 수강하고 질문도 할 수 있다는 것은 매우 큰 성과(장점)라고 생각됩니다.

아쉬운 점을 꼽자면, 각 강좌마다 넘치는 수많은 궁금증과 질문거리가 있었는데 시간적 제약으로 충분한 대화를 나눌 수 없었습니다. 고조선의 홍익사상에 대한 조명이 없었던 것도 아쉽게 생각합니다.

특히 인상 깊었던 사상가

김용우 변찬린입니다. 강의 한 번 듣고 깊이 논할 수는 없겠지만, 우리는 보통 서구 근대문명이 기독교 사상을 바탕으로 확산되어 왔다고 이해하는데, 변찬린 선생의 저술을 보면 기독교 사상을 한반도 사람의 시선에서 전면적으로 재해석한 것 같습니다. '포함삼교' 정신의 현대적 구현이 아닌가 생각되고, 새로운 문명으로 가는 디딤돌로서 한반도 고유의 사유가 될 수 있다고 봅니다.

공제욱 그동안 한국철학사에서 잘 소개되지 않았던 원측, 전병훈, 변찬린 등을 알게 된 것이 좋았습니다. 원측은 중국과 티벳의 불교 사상에 많은 영향을 미친 인물이라는 사실을 새롭게 알게 됐고, 전병훈은 도교의 시각에서 동서양의 여러 사상과 종교를 아우르는 시도를 한 대단한 사상가라고 처음 알게 되었습니다. 한국 전통의 풍류사상과 기독교를 결합시킨 독특한 사상가인 변찬린에 대해서도 처음 접하였는데 깊은 인상을 받았습니다. 잘 몰랐던 사상가를 새롭게 알게 된 점이 좋았습니다. 범부 김정설의 시각을 통해 최치원의 풍류 정신을 소개한 최재목 교수의 강의도 인상 깊었습니다.

강명근 전병훈이 인상적이었습니다. 전혀 몰랐던(그가 교유했던 캉유웨이의 『대동서』는 들어봤지만), 그럼에도 도저한 사상적 지평을 펼친 철학자라는 점에서 인상이 깊었습니다. 강의를 해주신 김성환 교수님이 전병훈을 만난 '사건'도 인상 깊었습니다. 만남이라는 사건과 그 사건에의 충실성을 통해 주체가 형성되고 진리가 현현하는 장면을 보는 듯했습니다. 연구자는 어떠한 과정을 통해 진리의 주체가 되는지, 모범을 본 듯하여 좋았습니다.

김종운 전병훈과 변찬린은 처음 접한 인물인데 그들이 제시한 높은 학문적, 철학적 경지에 매우 강한 인상을 받았습니다. 두 인물 모두 구한말 서구 문명의 침탈적 도래와 민족 수난기에 생존했던 지식인으로 고뇌하면서 출구를 탐색한 역정에 경의를 표하지 않을 수 없습니다. 전병훈이 말한 "오회정중(午會正中)의 우주적 시간에 지구의 문명이 극치에 이를 것이며, 그때 세계가 하나로 통일되고 영구 평화의 시대가 열릴 것"이라는 예언이 기대됩니다. 아울러 변찬린이 말하는 "영(靈)의 시대에 완성된 인간은 풍류심을 가지고 풍류객으로 살다가 풍류체로 죽어야 한다"는 말은 오늘 우리가 무엇을 깊이 탐구해야 할지를 생각하게 합니다.

새로운 시각을 열어준 사상가

김용우 전병훈의 '성진겸성(成眞兼聖)', 참 나를 완성하고 성스러움을 겸한다는 말이 와 닿았습니다. 다만 그는 인간에 내재된 신령함(虛靈)과 신(神)을 말하면서, 그것이 외재적 영혼이나 신(God)에 대한 숭배로 이어지는 것을 반대했습니다. 그는 내면의 본성을 연마하고 학문에 정진하는 동양의 지적 전통을 계승했고, 서양에서는 철학이 최고의 학술이자 근본 학문이라고 평가했으며, 이 두 전통을 아울러 존중하고 융합하고자 했습니다. 전병훈은 단순한 자기부정과 사상적 개방의 단계를 지나, 회통과 조제(調劑)의 차원으로 나아갔습니다. 서로 다른 것들에서 장점을 취하고 단점을 보완하며, 본질이 통하는 지평융합의 접점을 찾아 움직이고, 그렇게 취합된 것들을 하나의 화로에서 녹여냈습니다. 그는 "아! 세상의 정치가 장차 대동(大同)하고 통일되는 날에 이르면, 이 책이 앞길을 인도하는 선하(先河)요 서광이 되지 않을 줄 어찌 알겠는가? 그러니 광대한 뜻을 품은 학인이 장차 [이 책에] 합치하여 원만한 덕을 이루고자 한다면, 반드시 유·불·도와 철학 및 신구(新舊) 과학을 아울러 취해 하나의 용광로에 녹여 주조해야 한다. 그런 뒤에야 하늘의 도를 체득하고 성스러움을 통해, 만세의 근본으로 삼을만하고 폐단이 없을 것이다."고 했습니다. 전병훈의 철학은 고대 풍류도의 "포함삼교(包含三敎) 접화군생(接化群生)"의 철학 방법을 따르고 있습니다. 오늘날 세계는 하나의 지구촌과 행성지구에 걸맞은 철학을 필요로 하고 있습니다. 새로운 문명을 창도할 사상과 철학의 탄생은 전병훈의 철학내용과 방법에 의해 추구되어야 한다고 생각합니다.

공제욱 제 전공인 사회학의 시각으로 볼 때 정치에서 소통과 공치(共治)가 중요하다고 본 최한기의 주장은 흥미로웠습니다. 또한 전병훈은 '정신철학'에 기초하여 '정치철학'까지 재정립하였다고 하는데, 내용을 잘 모르지만 '정치철학'을 논한 원문을 살펴보면 흥미로울 것 같습니다.

강명근 보건 분야에서 일하는 사람으로서 전병훈이 특별히 흥미로웠습니다. 그가 유학을 넘어 접속한 것이 내단학(몸과 건강의 문제와 밀접한 관련성을 가지며, 몸의 유한성을 넘으려는 유구한 시도가 담긴)이었으며, 그가 사용하는 용어 중에서 '조제(調劑)'는 마치 베르나르 스티글레르의 '파르마콘'과 같은 느낌을 주었습니다. 함석헌에 대한 접근도 신선했습니다.

김종운 인체의 기(氣)의 흐름을 조절하는 것으로 질병을 예방하고 치료하는 한의학 종사자로서 최한기의 '기학(氣學)'이 특히 흥미로웠습니다. 한의학에서는 '기'를 우주에 가득한 생명 에너지라는 실용적 개념으로 이해합니다. 따라서 성리학의 이기론(理氣論)에서 말하는, 우주의 존재 원리와 현상으로서의 이기(理氣)의 '기(氣)'와는 단어는 같지만 의미는 상당한 차이가 있습니다. 한의학에서의 '기'와 성리학 또는 최한기의 기학에서의 '기'의 차이는 별도로 논구해 보려고 합니다. 최한기는 구한말의 국가적·시대적 어려움이 서양처럼 객관적이고 증험 가능한 논리체계, 즉 과학이 결여된 동아시아 유학의 이념적 사고의 한계에서 비롯되었음을 자각하고, 이를 극복하기 위한 방편을 모색했다는 점을 높이 사지 않을 수 없습니다. 그 결과 성리학, 불학, 도학 등이 말하는 이(理), 무(無), 허(虛)와 같은 무형의 애매모호한 철학적 추구를 비판하고, 눈에 보이고 검증 가능한 형질의 탐구를 통해 실용적 가치를 추구하면서 '통민정치'라는 정치적 시스템으로까지 발전시키려 했다는 의미에서, 주자를 뛰어넘고 불교나 도교와도 대등하거나 한 단계 넘어선 '기학'을 주창할 수 있었다고 생각합니다. 한편 그는 이기론의 기(氣) 개념으로 서양의 물질성을 설명하려고 하였는데, 한의학에서 접근하는 기의 이해와 부합하지 않는 무리한 해석이 있었던 것으로 보입니다. 동양의 기학으로 서양의 과학을 등치시키려는 그의 시도에 의욕이 앞선 것이 아닌가 생각되는데, 이러한 추정에 시비를 설명해 줄 분이 있으면 고맙겠습니다.

한국철학의 가능성

김용우 한반도의 사상 중 중요한 키워드를 꼽으라면 하늘(天), 개벽(開闢), 화쟁(和諍) 또는 포함삼교(包含三敎), 생명과 접화군생(接化群生)이 떠오릅니다. 지금 지구에서는 근대 산업문명과 그에 따르는 기후변화 문제 등에 대한 성찰로 '인류세' 담론을 중심으로 '행성지구'에 대한 논의가 한창입니다. 또한 근대과학에 대한 다양한 비판에도 불구하고 근대과학이 이루어놓은 과학적 성과들을 철학에 반영(?) 내지는 수용(?)하는 논의도 다양합니다. 특히 우주에 대한 탐구와 우주론의 진전은 지동설 이후 새로운 천동설의 등장이라 할 만합니다. 그런데 한국철학은 근대과학을 마주하기 이전부터 통시적 직관으로 발전시켜 온 하늘관을 비롯한 생명론 등이 있습니다. 이것을 발판으로 한국철학이 서구 근대과학의 성과와 현대철학을 성찰적으로 융합 내지는 회통, 창조할 수 있는 가능성을 가지고 있지 않나 생각합니다.

공제욱 유교, 불교, 선도 혹은 도교 등은 분명히 다른 종교이지만 한국에서는 종종 이러한 종교들이 통합되어 나타납니다. '유·불·도 삼교 회통'이라는 사유는 원래 한반도에 있었다고 하는 풍류도와 함께 한반도에서 자주 등장하는 사유방식입니다. 이렇게 다양한 종교 혹은 사상을, 그 대립점을 강조하기보다는 유사성을 중심으로 통합하여 보는 정신은 이 시대에 특히 필요한 사유방식이라고 할 수 있습니다. 이러한 사유방식은 원측에서도 보이고, 원효의 화쟁 사상에도 보입니다. 이러한 전통이 한국철학에 있기 때문에 앞으로 동서양의 철학을 통합한다든가, 그리스도교나 이슬람교와 같은 다양한 종교들을 포함한 진정한 종교의 탄생도 가능하다고 봅니다. 이러한 가능성은 전병훈, 변찬린에도 있고 동학과 원불교에도 있다고 봅니다. 따라서 전병훈, 변찬린, 동학, 원불교의 전통을 이어서 기존의 종교를 새롭게 통합하는 미래 사상이나 미래 종교가 한국에서 탄생할 수도 있겠지요.

강명근 "해 아래 새로운 것이 없다"는 말은 사상의 영역에서 특히 두드러집니다. 서로 각축하는 만 갈래의 사상을 통해 현재의 문제점을 넘어가는 통섭적 철학을 구축하는데 한반도 사상가들이 방법론적 시사점을 주고 있다고 생각합니다. 사상적 탐구가 지향해야 하는 지점이 의미와 가치라는 점에서, 불교를 슬쩍 비틀어 은혜를 중심으로 하는 긍정적 기운의 담론을 구성한 박중빈의 원불교 사상은 한반도가 빚어내는 또 다른 사상의 온기를 보여줍니다. 몇몇 사상가의 경우, 이를테면 홍대용을 한국과학사의 인물(신동원, 한국과학문명사강의)에서 끄집어 내어 한국사상가의 반열에 놓고 다룬 것은 제게는 참신했습니다. 책에는 없고 강의에만 나온 내용입니다만, 21세기의 홍대용을 실심실학자, 개벽사상가로 파악하는 한편 지구학자로서의 토머스 베리에 견주고, 포스트휴머니스트로서 인류세 담론의 맹아를 찾아 연결하는 시도도 시사하는 바가 있습니다. 우리의 근대사상이 탈근대 과제의 지렛대가 될 수 있음을 엿볼 수 있었습니다.

김종운 역사적으로 볼 때 한국은 과학 문명에 있어 세계 문명의 패권을 쥐고 있던 서구에 비해 열등하다는 의식을 가지고 있었고, 사상이나 종교, 철학에 있어서도 마찬가지였다고 할 수 있습니다. 그러나 한국의 철학자들을 접하면서 그들의 우주관 생명관을 바탕으로 한 한국철학은 그 자체의 완성도만으로도 범세계적 철학으로 가치를 인정받을 수 있거나 뛰어 넘을 수 있다는 확신이 들었습니다.

한국철학의 과제

김용우 이번 강좌를 통해 새삼 확인하게 된 것이지만, 한국철학 연구자도 많지 않고, 한국철학자도 귀하고, 한국철학의 정체성에 대한 논의도 저조합니다. 그렇지만 철학은 당대를 읽고 꿰뚫어야 합니다. 현 시기의 중요한 문제는 서구의 이원철학을 기반으로 한 근대화가 빚어낸 기후변화, 그리고 '인류세'로 지칭되는 인간과 지구에 대한 새로운 인식론, 현대과학이 이룩한 성과로서의 AI(인공지능)와 포스트휴먼, 생명의 조작과 위기 등 다양하게 제기됩니다. 한국철학의 정체성은 지속적으로 조망해야 하지만 한국철학이라고 해서 현실과 동떨어진 한반도의 옛것과 전통적 사유에 시선을 고정시킬 필요는 없습니다. 오히려 열린 자세로 서구철학과 문명에 대한 성찰적 비판과 대안을 만들어 나갈 필요가 있습니다. 특히 현대과학에 대해서는 학습하는 자세로 접근하고, 세계화를 넘어 행성지구론에 근접하는 다시개벽의 화두를 들어야 한다고 봅니다.

공제욱 현재의 한국철학의 과제는 이 시대의 문제를 무엇이라고 보느냐에 따라 달라질 것입니다. 이 시대의 문제를 평화 공생, 생명 존중, 생태위기 해결 등이라고 본다면 그 시대적 과제에 답할 수 있어야 합니다. 그러한 의미에서 한국철학의 과제도 평화, 생명, 기후위기, 생태위기 등에 답하는 것이어야 할 것입니다. 한국철학은 원효, 지눌, 동학, 원불교 등 훌륭한 철학 전통이 있기 때문에 이러한 과제에 충분한 답할 수 있다고 봅니다. 한국 전통의 철학을 잘 활용하면서 이 시대의 문제에 답을 제시하는 것이 한국철학의 과제라고 봅니다.

강명근 기후위기에 대응하는 탈성장으로 나아가는 새로운 문명의 개벽, 한반도와 동북아를 넘는 지구적 평화체제의 구축 등 당면한 과제는 많습니다. 이 문제를 해결하기 위해 바탕에 두어야 하는 것은 사람을 바꾸고 공동의 발심을 가능하게 하는 사상적 개벽입니다. 세계 이해를 넘어서는 실천적 문제의식이 철학의 출발점으로 늘 작용했으면 좋겠습니다. 그러기 위해서는 먼저 한반도 사상을 갈무리하는 것, 장소의 현상학을 통해 지역-로컬의 기반학을 정초하는 것이 관건이고, 이를 바탕으로 세계철학에 합류하여 현재의 지구적 문제를 해결하기 위한 인류의 안간힘에 합류하는 '조제'를 실천해야 합니다. 사회성만 갖는 것이 아니라, 인간의 내면, 영성적 고양, 주체의 해석학에 대한 고민이 필요합니다. 이 땅에서 일구어진 사상은 이 점에서 강점을 보여주는데, 이를 적극적으로 살려내려는 노력이 있어야 하겠습니다. 최한기나 홍대용의 철학적 실천이 하나의 전범을 보여준다고 생각하는데, 현대 자연과학을 통해 폭발적으로 확장된 인간과 세계에 대한 이해와 공명하면서 공진화할 수 있는 철학적 지평을 확보해야 한다고 봅니다.

김종운 현재 범지구적으로 겪고 있는 환경위기, 기후위기, 생존위기, 건강위기, 정치 위기, 종교 갈등 등을 풀어 갈 수 있는 사상적, 철학적, 영성적 지향점과 방법론을 한국의 철학이 제시할 수 있다고 생각합니다. 이 점에 착안하여 앞으로의 연구 활동이 지속되기를 바랍니다.

찾아보기

[ㅅ]

[ㅇ]

[ㅈ]

[ㅊ]